诚信文选

李世平/主编　王妍/副主编

图书在版编目(CIP)数据

诚信文选/李世平主编. —上海：立信会计出版社，2019.12
ISBN 978-7-5429-6100-6

Ⅰ.①诚… Ⅱ.①李… Ⅲ.①社会公德教育—学习参考资料 Ⅳ.①D648.3

中国版本图书馆 CIP 数据核字(2019)第 256209 号

策划编辑　窦瀚修　方士华
责任编辑　方士华
封面设计　南房间

诚信文选

出版发行	立信会计出版社
地　　址	上海市中山西路 2230 号　　邮政编码　200235
电　　话	(021)64411389　　传　　真　(021)64411325
网　　址	www.lixinph.com　　电子邮箱　lixinaph2019@126.com
网上书店	http://lixin.jd.com　　http://lxkjcbs.tmall.com
经　　销	各地新华书店
印　　刷	浙江临安曙光印务有限公司
开　　本	787 毫米×1092 毫米　　1/16
印　　张	26　　插　页　1
字　　数	534 千字
版　　次	2019 年 12 月第 1 版
印　　次	2019 年 12 月第 1 次
印　　数	1—1 200
书　　号	ISBN 978-7-5429-6100-6/D
定　　价	82.00 元

如有印订差错，请与本社联系调换

序　言

"人而无信，不知其可也"。早在两千多年前，孔子就把诚信作为个人安身立命之本，并教导其弟子做到"言必信，行必果"。因此，"信"在儒家传统中一直与仁义礼智并称为"五常"，成为儒家念兹在兹的"大道"——核心价值。先秦诸子百家争鸣，政治观点互不相让，但诚信是各家均重视的价值观，《庄子》有"不精不诚，不能动人"，《墨子》有"言不信者行不果"，《韩非子》有"小信成则大信立，故明主积于信"，《吕氏春秋》有《贵信》篇，道家、墨家、法家、杂家均视诚信为其"道"之重要组成部分，所以说，诚信是中国古代思想家共同强调的道德准则。

今天，我们倡导的社会主义核心价值观将"诚信"与"爱国、敬业、友善"并列，便是传承中华民族的传统美德。"人与人交往在于言而有信，国与国相处讲究诚信为本"，习近平总书记也在多个场合强调诚信在个人立身处世、国家友好交往中的重要地位，诚信这一"思想理念和道德规范，不论过去还是现在，都有其永不褪色的价值"。因此，2019年10月，中共中央、国务院印发的《新时代公民道德建设实施纲要》要求"继承发扬中华民族重信守诺的传统美德，弘扬与社会主义市场经济相适应的诚信理念、诚信文化、契约精神"，推动践行以"诚实守信"等为主要内容的职业道德。

作为会计诚信文化的传播者和会计诚信教育的发源地，上海立信会计金融学院（以下简称"立信"）的校名即来自《论语》"民无信不立"。从潘序伦先生1928年创校至今，立信一直重视诚信文化的研究与诚信教育的普及，潘序伦先生在其发表的一系列文章中对会计诚信做了全面深入的研究和强调，并且在会计师执业和立信办学中以亲身经历现身说法，身教与言教结合，厚植诚信理念，传播诚信文化。

90余年来，立信人传承潘序伦先生重视诚信教育和诚信文化建设的优良传统，始终坚持以信立校、以信兴校、以信筑梦，在实践中逐步探索形成了"六环节—六目标"的诚信教育体系，从入学到就业、从课内到课外、从实践到网络，同向同行，立体推进。如今，学校校园内的诚信小卖部、诚信打印店、免监考点、学生发展银行、毕业生诚信报告等鲜活的特色案例，无不说明"诚信"已润物细无声地渗透到校园的每一个角落。

2017年，立信入选上海高校"课程思政"教育教学改革整体试点单位，学校以全国高校思想政治工作会议和全国教育大会精神为指导，以立德树人为根本，以全员全过程全方位育人为目标,以课堂教学为主渠道,充分挖掘思想政治理论课程、综合素质课程、专业课程等三类课程的德育因子和诚信元素,将知识传授、能力培养、价值塑造有效地聚合到每门课程当中,坚持每一门课程都要"守好一段渠"。学校还结合自身历史传统、专业特点、时代特征,打造"信用中国""财经中国"两门"中国系列"特色课程,受到欢迎,反响良好,得到主流媒体广泛关注和报道。2019年,学校出台《全面落实立德树人根本任务纲要》,提出要用3年时间,坚持党建引领、立德树人、人才强校、学科攀升、服务驱动、机制创新六大战略,集中力量打好20项攻坚战,全面落实立德树人根本任务。

"众人拾柴火焰高",立信致力于推进诚信育人资源共享,发挥育人合力,探讨思政育人之道,扩大诚信文化辐射圈,2017年,在上海市教卫工作党委、上海市教委、中国高等教育学会高等财经教育分会的指导下,发起成立了"全国高校诚信文化育人联盟",定期组织开展年会和诚信教育展示活动。同时,学校组建了开放性学术机构"上海诚信文化研究中心",定期发布社会信用体系建设报告。

在开展诚信教育和诚信文化建设的过程中,立信人不断总结经验,提炼核心理念,创新教育形式,形成了一系列诚信教育和诚信文化研究的成果,推出诚信主题系列丛书,有配合诚信教育课程的《大学生诚信教育概论》《大学生诚信教育经典案例》,有旨在诚信文化传播与普及的《诚信故事100例》,有侧重诚信文化研究的《大学诚信文化教育论》。如今,呈现在读者面前的这本《诚信文选》是立信诚信文化研究与诚信教育的最新成果。

《诚信文选》精选古今中外关于诚信的经典论述,分中国古代、中国近代、中国现代、西方、立信五篇,展现中西贤哲对诚信的道德坚守、价值分析和文化传承。中国古代篇既有孟子、荀子、韩非子等先秦诸子关于诚信的论述,也有《贞观政要》《臣轨》中李世民、武则天、魏征等封建王朝君臣对诚信治国的理解,还有程颐、朱熹等理学家关于诚信为学、诚信修身的传道之论。中国近代篇则既有晚清名臣曾国藩书信中关于诚信的肺腑之言,也有近代学者章太炎、刘师培、冯友兰等对诚信的深刻剖析,还有教育家蔡元培、张伯苓、杨昌济等对诚信伦理的倡导与传承,更有早期中国共产党人陈独秀、恽代英有关诚信之于人格修养及社会建设重要性的阐述和力呼。中国现代篇则既有从道德伦理角度对诚信进行的深入分析与探讨,也有从学术和学科视角对诚信、信任和信用概念的澄清和整合,还有从经济、法律契约与政治伦理等角度对诚信原则的剖析与研究。西方篇则既有柏拉图、亚里士多德、西塞罗等古希腊、古罗马哲学家对诚信伦理的思辨与演说,也有近代思想家对信用制度、契约关系中诚信的解析与论辩,还有当代学者从社会复杂性、资本主义等角度对诚信原则的综合分析。

此外,作为古今中外诚信论述的一部分,同时也是立信诚信文化的重要遗产,以潘序伦先生为首的立信前辈学者对诚信教育和诚信文化有许多精彩的分析与思考,《诚信文选》将其单独列为立信篇,收录了章乃器、李文杰等曾在立信任职任教的专家名师有关诚信的论述,既是对立信诚信研究文献的汇集整理,也是对立信先辈的缅怀纪念,更是对立信诚信文化传统的继承发扬。

通读《诚信文选》,我们会得出这样一种认识:诚信既是一种道德伦理规范,也是一种制度规范,诚信在市场经济制度、法律制度中均占有重要地位。因此,现代社会在传承诚信美德与诚信文化的同时应有所超越,这就需要把诚信伦理落实为一种基础性的制度安排,即建立社会信用体系。习近平总书记对建设社会信用体系十分重视,强调指出,"既要抓紧建立覆盖全社会的征信系统,又要完善守法诚信褒奖机制和违法失信惩戒机制,使人不敢失信、不能失信"。国务院印发的《社会信用体系建设规划纲要(2014—2020年)》,对社会信用体系建设做出了全面部署。

2018年11月,习近平总书记在上海考察时又特别强调:上海要"推动改革开放向纵深发展……深入推进重要领域和关键环节改革,加强系统集成,继续抓好国资国企、民营经济、商事制度、社会信用、人才发展、城市管理、民生保障等改革举措的完善和落实,放大改革综合效应。要深化资本市场改革,吸引培育本土更多科创企业发展壮大。要瞄准最高标准、最高水平,优化政务服务,打造国际一流营商环境。"诚信无疑是创设一流营商环境,构建现代化市场经济体系的核心和保障。2019年11月5日,习近平在第二届中国国际进口博览会开幕式上再次强调:"我们是一个守信的国家,我们说出来的话都是要算数的。"一个讲信用的市场,才是稳定且有良好秩序的市场,才能尽可能降低甚至消除"不确定性",成为一个开放、包容、有活力的市场,真正让人"近悦远来"。随着大数据、云计算、人工智能技术的迅速发展,信用记录的获取、整合、调用、分析变得越来越便利,社会信用体系的建设必将加速完善,诚信这一历久弥新的道德伦理规范在现代社会也将建立在更加坚实的制度基础上,全社会对诚信将实现内在精神需要与外在制度约束的统一。

学术如积薪,后来者居上。诚信教育与诚信文化研究也将随着技术的进步与社会的演进不断发展,大数据、云计算、人工智能技术的发展和社会信用体系的全面完成将推动诚信教育与诚信文化研究的新变革,《诚信文选》的编辑出版也只是一个阶段性成果,期待后来者有更高水平的研究。

是为序。

李世平

2019年12月

目　录

中国古代篇

民无信不立 …………………………………………………………… 3
诚乃天之道 …………………………………………………………… 5
君子之道以忠信而得 ………………………………………………… 7
不诚无物 ……………………………………………………………… 11
礼者义之实也 ………………………………………………………… 19
信言不美　美言不信 ………………………………………………… 23
不精不诚　不能动人 ………………………………………………… 25
言不信者行不果 ……………………………………………………… 28
明主重信 ……………………………………………………………… 29
信立而霸 ……………………………………………………………… 30
小信成则大信立 ……………………………………………………… 33
人主必信 ……………………………………………………………… 35
义信 …………………………………………………………………… 36
履信 …………………………………………………………………… 37
巧伪不如拙诚 ………………………………………………………… 39
君臣论诚信 …………………………………………………………… 41
臣子以诚信为本 ……………………………………………………… 43
圣人至诚 ……………………………………………………………… 45
诚为圣人之本 ………………………………………………………… 50
学贵信，信在诚 ……………………………………………………… 51
忠信合一 ……………………………………………………………… 58
主忠信 ………………………………………………………………… 60

忠信之"信"与五常之"信"	62
德者,忠信而已	68
致良知	70
论"民无信不立"	71

中国近代篇

复贺耦庚中丞	75
居业	76
诚实	77
言必信 行必果	80
释诚信	82
征信论	84
修德	88
戒失信	90
我之爱国主义	91
做事应以"诚"字为标准	96
社会性之修养	97
告学生	102
信	105
冯氏族约	118
诚及与天为一	122
存诚敬	132

中国现代篇

诚信观念与道义原则	141
诚信、信任与信用:概念的澄清与历史的演进	149
诚实信用原则的概念及其历史沿革	160
诚信的经济学分析	169
诚信:现代市场经济有效运行的道德基础	179
诚信,一个历久常新的民法原则	189
论政府诚信	197
我国政府诚信问题探究	207

诚信是一种社会资源 ········· 215
诚信与当代社会文明 ········· 221
诚信观的构成及其对诚信教育的启示 ········· 229
科研诚信是全球永远的课题 ········· 237

西 方 篇

苏格拉底之死——用生命诠释诚信 ········· 247
具体的德性：诚实 ········· 252
对莱古鲁斯坚守诚信的探讨 ········· 255
论说谎 ········· 262
论敌对双方间的诚信 ········· 266
论许诺的约束力 ········· 270
商业对于人民习俗的影响 ········· 276
如何教育孩子遵守诺言 ········· 278
论出自人类之爱而说谎的所谓法权 ········· 282
信用在资本主义生产上的作用 ········· 286
论守信 ········· 291
契约关系的道德 ········· 297
信用：资本主义精神 ········· 302
说真话、撒谎和协定 ········· 306
道德迷宫、道德勇气和诚信问题 ········· 309
诚信伦理与资本主义 ········· 316
诚信才是明智之举 ········· 319
作为社会复杂性简化机制的信任 ········· 324
信任的三个维度 ········· 331

立 信 篇

中国之会计师职业 ········· 341
敬告国内有志于会计职业之青年 ········· 363
吾国之会计师职业 ········· 367
谈谈会计人员的职业道德 ········· 370
会计师职业与信用制度之关系 ········· 373

会计从业员应有的修养 ………………………………………… 375
怎样做一个成功商人 …………………………………………… 377
潘校长演讲词录 ………………………………………………… 380
信用制度革新论 ………………………………………………… 382
信用概论 ………………………………………………………… 386
理想中的会计人员 ……………………………………………… 397
会计师在社会上之地位及其职责 ……………………………… 399
会计人员道德谈 ………………………………………………… 400

后记 ……………………………………………………………… 403

中国古代篇

民无信不立

《论语》

曾子曰:"吾日三省吾身——为人谋而不忠乎?与朋友交而不信乎?传不习乎?"

子曰:"道千乘之国,敬事而信,节用而爱人,使民以时。"

子曰:"弟子,入则孝,出则悌,谨而信,泛爱众,而亲仁。行有余力,则以学文。"

子夏曰:"贤贤易色;事父母,能竭其力;事君,能致其身;与朋友交,言而有信。虽曰未学,吾必谓之学矣。"

子曰:"君子不重,则不威;学则不固。主忠信。无友不如己者。过,则勿惮改。"

有子曰:"信近于义,言可复也。恭近于礼,远耻辱也。因不失其亲,亦可宗也。"

——《学而》

子曰:"人而无信,不知其可也。大车无輗,小车无軏,其何以行之哉?"

——《为政》

子以四教:文,行,忠,信。

——《述而》

子曰:"笃信好学,守死善道。危邦不入,乱邦不居。天下有道则见,无道则隐。邦有道,贫且贱焉,耻也;邦无道,富且贵焉,耻也。"

——《泰伯》

子贡问政。子曰:"足食,足兵,民信之矣。"

子贡曰:"必不得已而去,于斯三者何先?"曰:"去兵。"

子贡曰:"必不得已而去,于斯二者何先?"曰:"去食。自古皆有死,民无信不立。"

——《颜渊》

樊迟请学稼。子曰:"吾不如老农。"请学为圃。曰:"吾不如老圃。"

樊迟出。子曰:"小人哉,樊须也!上好礼,则民莫敢不敬;上好义,则民莫敢不服;上好信,则民莫敢不用情。夫如是,则四方之民襁负其子而至矣,焉用稼?"

子贡问曰:"何如斯可谓之士矣?"子曰:"行己有耻,使于四方,不辱君命,可谓士矣。"

曰:"敢问其次。"曰:"宗族称孝焉,乡党称弟焉。"

曰:"敢问其次。"曰:"言必信,行必果,硁硁然小人哉!——抑亦可以为次矣。"

曰:"今之从政者何如?"子曰:"噫!斗筲之人,何足算也?"

——《子路》

子张问行。子曰:"言忠信,行笃敬,虽蛮貊之邦,行矣。言不忠信,行不笃敬,虽州里,行乎哉?立则见其参于前也,在舆则见其倚于衡也,夫然后行。"子张书诸绅。

子曰:"君子义以为质,礼以行之,孙以出之,信以成之。君子哉!"

——《卫灵公》

子张问仁于孔子。孔子曰:"能行五者于天下为仁矣。"

"请问之。"曰:"恭,宽,信,敏,惠。恭则不侮,宽则得众,信则人任焉,敏则有功,惠则足以使人。"

——《阳货》

(选自杨伯峻译注:《论语译注》,中华书局 2006 年版。)

诚乃天之道

《孟子》

当尧之时，天下犹未平，洪水横流，泛滥于天下，草木畅茂，禽兽繁殖，五谷不登，禽兽逼人，兽蹄鸟迹之道交于中国。尧独忧之，举舜而敷治焉。舜使益掌火，益烈山泽而焚之，禽兽逃匿。禹疏九河，瀹济漯而注诸海，决汝汉，排淮泗而注之江，然后中国可得而食也。当是时也，禹八年于外，三过其门而不入，虽欲耕，得乎？

后稷教民稼穑，树艺五谷；五谷熟而民人育。人之有道也，饱食、暖衣、逸居而无教，则近于禽兽。圣人有忧之，使契为司徒，教以人伦，——父子有亲，君臣有义，夫妇有别，长幼有序，朋友有信。放勋曰："劳之来之，匡之直之，辅之翼之，使自得之，又从而振德之。"圣人之忧民如此，而暇耕乎？

——《滕文公上》

孟子曰："居下位而不获于上，民不可得而治也。获于上有道，不信于友，弗获于上矣。信于友有道，事亲弗悦，弗信于友矣。悦亲有道，反身不诚，不悦于亲矣。诚身有道，不明乎善，不诚其身矣。是故诚者，天之道也；思诚者，人之道也。至诚而不动者，未之有也；不诚，未有能动者也。"

——《离娄上》

孟子曰："有天爵者，有人爵者。仁义忠信，乐善不倦，此天爵也；公卿大夫，此人爵也。古之人修其天爵，而人爵从之。今之人修其天爵，以要人爵；既得人爵，而弃其天爵，则惑之甚者也，终亦必亡而已矣。"

——《告子上》

孟子曰："万物皆备于我矣。反身而诚，乐莫大焉。强恕而行，求仁莫近焉。"

公孙丑曰："《诗》曰：'不素餐兮'。君子之不耕而食，何也？"

孟子曰："君子居是国也，其君用之，则安富尊荣；其子弟从之，则孝悌忠信。'不素餐兮'，孰大于是？"

——《尽心上》

浩生不害问曰："乐正子何人也？"

孟子曰："善人也，信人也。"

"何谓善？何谓信？"

曰："可欲之谓善，有诸己之谓信，充实之谓美，充实而有光辉之谓大，大而化之之谓圣，圣而不可知之之谓神。乐正子，二之中、四之下也。"

孟子曰："尧舜，性者也；汤武，反之也。动容周旋中礼者，盛德之至也。哭死而哀，非为生者也。经德不回，非以干禄也。言语必信，非以正行也。君子行法，以俟命而已矣。"

——《尽心下》

（选自杨伯峻编著：《孟子译注》，中华书局1960年版。）

君子之道以忠信而得

《大学》

第一章

大学之道,在明明德,在亲民,在止于至善。知止而后有定,定而后能静,静而后能安,安而后能虑,虑而后能得。物有本末,事有终始。知所先后,则近道矣。

古之欲明明德于天下者,先治其国;欲治其国者,先齐其家;欲齐其家者,先修其身;欲修其身者,先正其心;欲正其心者,先诚其意;欲诚其意者,先致其知;致知在格物。

物格而后知至,知至而后意诚,意诚而后心正,心正而后身修,身修而后家齐,家齐而后国治,国治而后天下平。

自天子以至于庶人,壹是皆以修身为本。其本乱,而末治者否矣。其所厚者薄,而其所薄者厚,未之有也。

第二章

《康诰》曰:"克明德。"《大甲》曰:"顾諟天之明命。"《帝典》曰:"克明峻德。"皆自明也。

第三章

汤之《盘铭》曰:"苟日新,日日新,又日新。"《康诰》曰:"作新民。"《诗》曰:"周虽旧邦,其命惟新。"是故君子无所不用其极。

第四章

《诗》云:"邦畿千里,惟民所止。"《诗》云:"缗蛮黄鸟,止于丘隅。"子曰:"于止,知其所止,可以人而不如鸟乎!"《诗》云:"穆穆文王,於缉熙敬止!"为人君,止于仁;为人臣,止于敬;为人子,止于孝;为人父,止于慈;与国人交,止于信。

《诗》云:"瞻彼淇澳,菉竹猗猗。有斐君子,如切如磋,如琢如磨。瑟兮僩兮,赫兮喧兮。有斐君子,终不可谖兮!"如切如磋者,道学也;如琢如磨者,自修也;瑟兮僩兮者,恂慄也;赫兮喧兮者,威仪也;有斐君子,终不可谖兮者,道盛德至善,民之不能忘也。

《诗》云:"於戏!前王不忘。"君子贤其贤而亲其亲,小人乐其乐而利其利,此以没世不忘也。

第五章

子曰:"听讼,吾犹人也,必也使无讼乎!"无情者不得尽其辞。大畏民志,此谓知本。

第六章

〔所谓致知在格物者,言欲致吾之知,在即物而穷其理也。盖人心之灵莫不有知,而天下之物莫不有理,惟于理有未穷,故其知有不尽也。是以《大学》始教,必使学者即凡天下之物,莫不因其已知之理而益穷之,以求至乎其极。至于用力之久,而一旦豁然贯通焉,则众物之表里精粗无不到,而吾心之全体大用无不明矣。此谓物格。〕此谓知之至也。

第七章

所谓诚其意者:毋自欺也。如恶恶臭,如好好色,此之谓自谦。故君子必慎其独也!小人闲居为不善,无所不至,见君子而后厌然,掩其不善,而著其善。人之视己,如见其肺肝然,则何益矣。此谓诚于中,形于外,故君子必慎其独也。曾子曰:"十目所视,十手所指,其严乎!"富润屋,德润身,心广体胖。故君子必诚其意。

第八章

所谓修身在正其心者,身有所忿懥,则不得其正;有所恐惧,则不得其正;有所好乐,则不得其正;有所忧患,则不得其正。心不在焉,视而不见,听而不闻,食而不知其味。此谓修身在正其心。

第九章

所谓齐其家在修其身者,人之其所亲爱而辟焉,之其所贱恶而辟焉,之其所畏敬而辟焉,之其所哀矜而辟焉,之其所敖惰而辟焉。故好而知其恶,恶而知其美者,天下鲜矣!故谚有之曰:"人莫知其子之恶,莫知其苗之硕。"此谓身不修不可以齐其家。

第十章

所谓治国必先齐其家者,其家不可教而能教人者,无之。故君子不出家而成教于国。孝者,所以事君也;弟者,所以事长也;慈者,所以使众也。《康诰》曰:"如保赤子。"心诚求之,虽不中不远矣。未有学养子而后嫁者也。一家仁,一国兴仁;一家让,一国兴让;一人贪戾,一国作乱。其机如此。此谓一言偾事,一人定国。尧、舜帅天下以仁,而民从之,桀、纣帅天下以暴,而民从之。其所令反其所好,而民不从。是故君子有诸己而后求诸人,无诸己而后非诸人。所藏乎身不恕,而能喻诸人者,未之有也。故治国在齐其家。

《诗》云:"桃之夭夭,其叶蓁蓁。之子于归,宜其家人。"宜其家人,而后可以教国人。《诗》云:"宜兄宜弟。"宜兄宜弟,而后可以教国人。《诗》云:"其仪不忒,正是四国。"其为父子兄弟足法,而后民法之也。此谓治国在齐其家。

第十一章

所谓平天下在治其国者,上老老而民兴孝;上长长而民兴弟;上恤孤而民不倍。是以君子有絜矩之道也。所恶于上,毋以使下;所恶于下,毋以事上;所恶于前,毋以先后;所恶于后,毋以从前;所恶于右,毋以交于左;所恶于左,毋以交于右。此之谓絜矩之道。

《诗》云:"乐只君子,民之父母。"民之所好好之,民之所恶恶之,此之谓民之父母。《诗》云:"节彼南山,维石岩岩。赫赫师尹,民具尔瞻。"有国者不可以不慎,辟则为天下僇矣。《诗》云:"殷之未丧师,克配上帝。仪监于殷,峻命不易。"道得众则得国,失众则失国。是故君子先慎乎德。有德此有人,有人此有土,有土此有财,有财此有用。德者,本也;财者,末也。外本内末,争民施夺。是故财聚则民散,财散则民聚。是故言悖而出者,亦悖而入;货悖而入者,亦悖而出。

《康诰》曰:"惟命不于常。"道善则得之,不善则失之矣。《楚书》曰:"楚国无以为宝,惟善以为宝。"舅犯曰:"亡人无以为宝,仁亲以为宝。"《秦誓》曰:"若有一个臣,断断兮无他技,其心休休焉,其如有容焉。人之有技,若己有之。人之彦圣,其心好之,不啻若自其口出,实能容之。以能保我子孙黎民,尚亦有利哉!人之有技,媢疾以恶之;人之彦圣,而违之俾不通,实不能容。以不能保我子孙黎民,亦曰殆哉!"唯仁人放流之,迸诸四夷,不与同中国。此谓唯仁人为能爱人,能恶人。见贤而不能举,举而不能先,命也。见不善而不能退,退而不能远,过也。好人之所恶,恶人之所好,是谓拂人之性,灾必逮夫身。

是故君子有大道:必忠信以得之,骄泰以失之。生财有大道:生之者众,食之者寡,为之者疾,用之者舒,则财恒足矣。仁者以财发身,不仁者以身发财。未有上好仁而下不好义者也,未有好义其事不终者也,未有府库财非其财者也。孟献子曰:"畜马乘不察于鸡豚,伐冰之家,不畜牛羊;百乘之家,不畜聚敛之臣。与其有聚敛之臣,宁有盗臣。"此谓国不以利为利,以义为利也。长国家而务财用者,必自小人矣。彼为善之,小人之使为国家,灾害并至。虽有善者,亦无如之何矣!此谓国不以利为利,以义为利也。

(选自王国轩译注:《大学·中庸》,中华书局2006年版,第3～37页。)

不诚无物

《中庸》

第一章

天命之谓性,率性之谓道,修道之谓教。道也者,不可须臾离也,可离非道也。是故君子戒慎乎其所不睹,恐惧乎其所不闻。莫见乎隐,莫显乎微,故君子慎其独也。喜怒哀乐之未发,谓之中;发而皆中节,谓之和。中也者,天下之大本也;和也者,天下之达道也。致中和,天地位焉,万物育焉。

第二章

仲尼曰:"君子中庸,小人反中庸。君子之中庸也,君子而时中;小人之中庸也,小人而无忌惮也。"

第三章

子曰:"中庸其至矣乎!民鲜能久矣!"

第四章

子曰:"道之不行也,我知之矣:知者过之,愚者不及也。道之不明也,我知之矣:贤者过之,不肖者不及也。人莫不饮食也,鲜能知味也。"

第五章

子曰:"道其不行矣夫!"

第六章

子曰:"舜其大知也与!舜好问而好察迩言,隐恶而扬善,执其两端,用其中于民,其斯以为舜乎!"

第七章

子曰:"人皆曰予知,驱而纳诸罟擭陷阱之中,而莫之知辟也。人皆曰予知,择乎中庸而不能期月守也。"

第八章

子曰:"回之为人也,择乎中庸,得一善,则拳拳服膺弗失之矣。"

第九章

子曰:"天下国家可均也,爵禄可辞也,白刃可蹈也,中庸不可能也。"

第十章

子路问强。子曰:"南方之强与?北方之强与?抑而强与?宽柔以教,不报无道,南方之强也,君子居之。衽金革,死而不厌,北方之强也,而强者居之。故君子和而不流,强哉矫!中立而不倚,强哉矫!国有道,不变塞焉,强哉矫!国无道,至死不变,强哉矫!"

第十一章

子曰:"素隐行怪,后世有述焉,吾弗为之矣。君子遵道而行,半途而废,吾弗能已矣。君子依乎中庸,遁世不见知而不悔,唯圣者能之。"

第十二章

君子之道费而隐。夫妇之愚,可以与知焉,及其至也,虽圣人亦有所不知焉。夫妇之不肖,可以能行焉,及其至也,虽圣人亦有所不能焉。天地之大也,人犹有所憾。故君子语大,天下莫能载焉;语小,天下莫能破焉。《诗》云:"鸢飞戾天,鱼跃于渊。"言其上下察也。君子之道,造端乎夫妇,及其至也,察乎天地。

第十三章

子曰:"道不远人。人之为道而远人,不可以为道。《诗》云:'伐柯伐柯,其则不远。'执柯以伐柯,睨而视之,犹以为远。故君子以人治人,改而止。忠恕违道不远,施诸己而不愿,亦勿施于人。君子之道四,丘未能一焉:所求乎子以事父,未能也;所求乎臣以事君,未能也;所求乎弟以事兄,未能也;所求乎朋友先施之,未能也。庸德之行,庸言之谨,有所不足,不敢不勉,有余不敢尽。言顾行,行顾言,君子胡不慥慥尔?"

第十四章

君子素其位而行,不愿乎其外。素富贵,行乎富贵;素贫贱,行乎贫贱;素夷狄,行乎夷狄;素患难,行乎患难,君子无入而不自得焉。在上位,不陵下,在下位,不援上。正己而不求于人,则无怨。上不怨天,下不尤人。故君子居易以俟命,小人行险以徼幸。子曰:"射有似乎君子,失诸正鹄,反求诸其身。"

第十五章

君子之道,辟如行远必自迩,辟如登高必自卑。《诗》曰:"妻子好合,如鼓瑟琴。兄弟既翕,和乐且耽。宜尔室家,乐尔妻帑。"子曰:"父母其顺矣乎!"

第十六章

子曰:"鬼神之为德,其盛矣乎!视之而弗见,听之而弗闻,体物而不可遗。使天下之人,齐明盛服,以承祭祀,洋洋乎!如在其上,如在其左右。《诗》曰:'神之格思,不可度思,矧可射思!'夫微之显,诚之不可掩如此夫!"

第十七章

子曰:"舜其大孝也与!德为圣人,尊为天子,富有四海之内,宗庙飨之,子孙保之。故大德必得其位,必得其禄,必得其名,必得其寿。故天之生物,必因其材而笃焉。故栽者培之，倾者覆之。《诗》曰：'嘉乐君子，宪宪令德。宜民宜人，受禄于天。保佑命之，自天申之。'故大德者必受命。"

第十八章

子曰："无忧者其惟文王乎！以王季为父，以武王为子；父作之，子述之。武王缵大王、王季、文王之绪，壹戎衣而有天下。身不失天下之显名，尊为天子，富有四海之内，宗庙飨之，子孙保之。武王末受命，周公成文武之德，追王大王、王季，上祀先公以天子之礼。斯礼也，达乎诸侯大夫，及士庶人。父为大夫，子为士，葬以大夫，祭以士。父为士，子为大夫，葬以士，祭以大夫。期之丧，达乎大夫。三年之丧，达乎天子。父母之丧，无贵贱一也。"

第十九章

子曰："武王、周公，其达孝矣乎！夫孝者：善继人之志，善述人之事者也。春秋修其祖庙，陈其宗器，设其裳衣，荐其时食。宗庙之礼，所以序昭穆也；序爵，所以辨贵贱也；序事，所以辨贤也；旅酬下为上，所以逮贱也；燕毛，所以序齿也。践其位，行其礼，奏其乐，敬其所尊，爱其所亲，事死如事生，事亡如事存，孝之至也。郊社之礼，所以事上帝也。宗庙之礼，所以祀乎其先也。明乎郊社之礼、禘尝之义，治国其如示诸掌乎！"

第二十章

哀公问政。子曰："文武之政，布在方策。其人存，则其政举；其人亡，则其政息。人道敏政，地道敏树。夫政也者，蒲卢也。故为政在人，取人以身，修身以道，修道以仁。仁者，人也，亲亲为大。义者，宜也，尊贤为大。亲亲之杀，尊贤之等，礼所生也。（在下位不获乎上，民不可得而治矣。）故君子不可以不修身。思修身，不可以不事亲；思事亲，不可以不知人；思知人，不可以不知天。"

天下之达道五，所以行之者三。曰君臣也，父子也，夫妇也，昆弟也，朋友之交也：五者，天下之达道也。知、仁、勇三者，天下之达德也，所以行之者一也。或生而知之，或学而知之，或困而知之，及其知之一也。或安而行之，或利而行之，或勉强而行之，及其成功一也。子曰："好学近乎知，力行近乎仁，知耻近乎勇。知斯三者，则知所以修身；知所以修身，则知所以治人；知所以治人，则知所以治天下国家矣。"

凡为天下国家有九经，曰：修身也，尊贤也，亲亲也，敬大臣也，体群臣也，子庶民也，来百工也，柔远人也，怀诸侯也。修身则道立，尊贤则不惑，亲亲则诸父昆弟不怨，敬大臣则不眩,体群臣则士之报礼重,子庶民则百姓劝,来百工则财用足,柔远人则四方归之,怀诸侯则天下畏之。

齐明盛服,非礼不动,所以修身也。去谗远色,贱货而贵德,所以劝贤也。尊其位,重其禄,同其好恶,所以劝亲亲也。官盛任使,所以劝大臣也。忠信重禄,所以劝士也。时使薄敛,所以劝百姓也。日省月试,既廪称事,所以劝百工也。送往迎来,嘉善而矜不能,所以柔远人也。继绝世,举废国,治乱持危,朝聘以时,厚往而薄来,所以怀诸侯也。

凡为天下国家有九经,所以行之者一也。凡事豫则立,不豫则废。言前定则不跲,事前定则不困,行前定则不疚,道前定则不穷。

在下位不获乎上,民不可得而治矣。获乎上有道:不信乎朋友,不获乎上矣。信乎朋友有道:不顺乎亲,不信乎朋友矣。顺乎亲有道:反诸身不诚,不顺乎亲矣。诚身有道:不明乎善,不诚乎身矣。

诚者,天之道也;诚之者,人之道也。诚者,不勉而中,不思而得,从容中道,圣人也。诚之者,择善而固执之者也。博学之,审问之,慎思之,明辨之,笃行之。有弗学,学之弗能弗措也;有弗问,问之弗知弗措也;有弗思,思之弗得弗措也;有弗辨,辨之弗明弗措也;有弗行,行之弗笃弗措也。人一能之,己百之;人十能之,己千之。果能此道矣,虽愚必明,虽柔必强。

第二十一章

自诚明,谓之性;自明诚,谓之教。诚则明矣,明则诚矣。

第二十二章

唯天下至诚,为能尽其性;能尽其性,则能尽人之性;能尽人之性,则能尽物之性;能尽物之性,则可以赞天地之化育;可以赞天地之化育,则可以与天地参矣。

第二十三章

其次致曲,曲能有诚,诚则形,形则著,著则明,明则动,动则变,变则化,唯天下至诚为能化。

第二十四章

至诚之道,可以前知。国家将兴,必有祯祥;国家将亡,必有妖孽。见乎蓍龟,动乎四体。祸福将至：善，必先知之；不善，必先知之。故至诚如神。

第二十五章

诚者自成也，而道自道也。诚者物之终始，不诚无物。是故君子诚之为贵。诚者，非自成己而已也，所以成物也。成己，仁也；成物，知也。性之德也，合外内之道也，故时措之宜也。

第二十六章

故至诚无息。不息则久，久则征，征则悠远，悠远则博厚，博厚则高明。博厚，所以载物也；高明，所以覆物也；悠久，所以成物也。博厚配地，高明配天，悠久无疆。如此者，不见而章，不动而变，无为而成。

天地之道，可一言而尽也：其为物不贰，则其生物不测。天地之道：博也，厚也，高也，明也，悠也，久也。今夫天，斯昭昭之多，及其无穷也，日月星辰系焉，万物覆焉。今夫地，一撮土之多，及其广厚，载华岳而不重，振河海而不泄，万物载焉。今夫山，一卷石之多，及其广大，草木生之，禽兽居之，宝藏兴焉。今夫水，一勺之多，及其不测，鼋鼍蛟龙鱼鳖生焉，货财殖焉。

《诗》云："维天之命，於穆不已！"盖曰天之所以为天也。"於乎不显，文王之德之纯！"盖曰文王之所以为文也，纯亦不已。

第二十七章

大哉圣人之道！洋洋乎！发育万物，峻极于天。优优大哉！礼仪三百，威仪三千，待其人然后行。故曰苟不至德，至道不凝焉。故君子尊德性而道问学，致广大而尽精微，极高明而道中庸。温故而知新，敦厚以崇礼。是故居上不骄，为下不倍。国有道其言足以兴；国无道其默足以容。《诗》曰："既明且哲，以保其身。"其此之谓与？

第二十八章

子曰："愚而好自用，贱而好自专，生乎今之世，反古之道。如此者，灾及其身者也。"非天子，不议礼，不制度，不考文。今天下车同轨，书同文，行同伦。虽有其位，苟无其德，不敢作礼乐焉；虽有其德，苟无其位，亦不敢作礼乐焉。子曰："吾说夏礼，杞不足征也；吾学殷礼，有宋存焉；吾学周礼，今用之，吾从周。"

第二十九章

王天下有三重焉,其寡过矣乎!上焉者,虽善无征,无征不信,不信民弗从。下焉者,虽善不尊,不尊不信,不信民弗从。

故君子之道,本诸身,征诸庶民,考诸三王而不缪,建诸天地而不悖,质诸鬼神而无疑,百世以俟圣人而不惑。质诸鬼神而无疑,知天也;百世以俟圣人而不惑,知人也。是故君子动而世为天下道,行而世为天下法,言而世为天下则。远之则有望,近之则不厌。

《诗》曰:"在彼无恶,在此无射。庶几夙夜,以永终誉!"君子未有不如此而蚤有誉于天下者。

第三十章

仲尼祖述尧、舜,宪章文、武,上律天时,下袭水土。辟如天地之无不持载,无不覆帱,辟如四时之错行,如日月之代明。万物并育而不相害,道并行而不相悖。小德川流,大德敦化,此天地之所以为大也!

第三十一章

唯天下至圣,为能聪明睿知,足以有临也;宽裕温柔,足以有容也;发强刚毅,足以有执也;齐庄中正,足以有敬也;文理密察,足以有别也。溥博渊泉,而时出之。溥博如天,渊泉如渊。见而民莫不敬,言而民莫不信,行而民莫不说。是以声名洋溢乎中国,施及蛮貊。舟车所至,人力所通,天之所覆,地之所载,日月所照,霜露所队,凡有血气者,莫不尊亲,故曰配天。

第三十二章

唯天下至诚,为能经纶天下之大经,立天下之大本,知天地之化育。夫焉有所倚?肫肫其仁!渊渊其渊!浩浩其天!苟不固聪明圣知达天德者,其孰能知之?

第三十三章

《诗》曰:"衣锦尚䌹。"恶其文之著也。故君子之道,暗然而日章;小人之道,的然而日亡。君子之道,淡而不厌,简而文,温而理,知远之近,知风之自,知微之显,可与入德矣。

《诗》云:"潜虽伏矣,亦孔之昭!"故君子内省不疚,无恶于志。君子之所不可及者,其唯人之所不见乎?

《诗》云:"相在尔室,尚不愧于屋漏。"故君子不动而敬,不言而信。

《诗》曰:"奏假无言,时靡有争。"是故君子不赏而民劝,不怒而民威于铁钺。

《诗》曰:"不显惟德,百辟其刑之。"是故君子笃恭而天下平。

《诗》云:"予怀明德,不大声以色。"子曰:"声色之于以化民,末也。"

《诗》曰:"德辅如毛。"毛犹有伦。"上天之载,无声无臭。"至矣!

(选自王国轩译注:《大学·中庸》,中华书局2006年版,第44～140页。)

礼者义之实也

《礼记》

昔者仲尼与于蜡宾,事毕,出游于观之上,喟然而叹。仲尼之叹,盖叹鲁也。言偃在侧,曰:"君子何叹?"孔子曰:"大道之行也,与三代之英,丘未之逮也,而有志焉。大道之行也,天下为公,选贤与能,讲信修睦。故人不独亲其亲,不独子其子,使老有所终,壮有所用,幼有所长,矜寡孤独废疾者皆有所养。男有分,女有归。货恶其弃于地也,不必藏于己;力恶其不出于身也,不必为己。是故谋闭而不兴,盗窃乱贼而不作,故外户而不闭。是谓大同。今大道既隐,天下为家,各亲其亲,各子其子,货力为己,大人世及以为礼,城郭沟池以为固,礼义以为纪;以正君臣,以笃父子,以睦兄弟,以和夫妇,以设制度,以立田里,以贤勇知,以功为己。故谋用是作,而兵由此起。禹、汤、文、武、成王、周公,由此其选也。此六君子者,未有不谨于礼者也。以著其义,以考其信,著有过,刑仁讲让,示民有常。如有不由此者,在埶者去,众以为殃。是谓小康。"

言偃复问曰:"如此乎礼之急也?"孔子曰:"夫礼,先王以承天之道,以治人之情,故失之者死,得之者生。《诗》曰:'相鼠有体,人而无礼。人而无礼,胡不遄死'。是故夫礼必本于天,殽于地,列于鬼神,达于丧、祭、射、御、冠、昏、朝、聘。故圣人以礼示之,故天下国家可得而正也。"

言偃复问曰:"夫子之极言礼也,可得而闻与?"孔子曰:"我欲观夏道,是故之杞,而不足征也,吾得《夏时》焉。我欲观殷道,是故之宋,而不足征也,吾得《坤乾》焉。《坤乾》之义,《夏时》之等,吾以是观之。夫礼之初,始诸饮食,其燔黍捭豚,污尊而抔饮,蒉桴而土鼓,犹若可以致其敬于鬼神。及其死也,升屋而号,告曰:'皋!某复'!然后饭腥而苴孰,故天望而地藏也。体魄则降,知气在上,故死者北首,生者南乡,皆从其初。昔者先王未有宫室,冬则居营窟,夏则居橧巢。未有火化,食草木之实,鸟兽之肉,饮其血,茹其毛。未有麻丝,衣其羽皮。后圣有作,然后修火之利,范金合土,以为台榭、宫室、牖户,以炮以燔,以亨以炙,以为醴酪;治其麻丝,以为布帛。以养生送死,以事鬼神上帝。皆从其朔。故玄酒在室,醴盏在户,粢醍在堂,澄酒在下。陈其牺牲,备其鼎俎,列其琴瑟管磬钟鼓,修其祝嘏,以降上神与其先祖,以正君臣,以笃父子,以睦兄弟,以齐上下,夫妇有所。是谓承天之祜。作其祝号,玄酒以祭,荐其血毛,腥其俎,孰其殽,与其越席,疏布以幂,衣其浣帛,醴盏以献,荐其燔炙,君与夫人交献,以嘉魂魄。是谓合莫。然后退而合亨,体其犬豕牛羊,实其簠簋笾豆铏羹,祝以孝告,嘏以慈告。是谓大祥。此礼之大成也。"

孔子曰:於呼哀哉!我观周道,幽、厉伤之。吾舍鲁何适矣!鲁之郊禘,非礼也。周公其衰矣。杞之郊也,禹也,宋之郊也,契也。是天子之事守也。故天子祭天地,诸侯祭社稷。祝嘏莫敢易其常古,是谓大假。祝嘏辞说,藏于宗祝巫史,非礼也,是谓幽国。盏斝及尸君,非礼也,是谓僭君。冕弁兵革藏于私家,非礼也,是谓胁君。大夫具官,祭器不假,声乐皆具,非礼也,是谓乱国。故仕于公曰臣,仕于家曰仆。三年之丧与新有昏者,期不使。以衰裳入朝,与家仆杂居齐齿,非礼也,是谓君与臣同国。故天子有田以处其子孙,诸侯有国以处其子孙,大夫有采以处其子孙,是谓制度。故天子适诸侯,必舍其祖庙,而不以礼籍入,是谓天子坏法乱纪。诸侯非问疾吊丧而入诸臣之家,是谓君臣为谑。是故礼者,君之大柄也,所以别嫌明微,傧鬼神,考制度,别仁义,所以治政安君也。故政不正则君位危,君位危则大臣倍,小臣窃。刑肃而俗敝,则法无常,法无常而礼无列,礼无列则士不事也。刑肃而俗敝,则民弗归也。是谓疵国。

故政者,君之所以藏身也。是故夫政必本于天,殽以降命。命降于社之谓殽地,降于祖庙之谓仁义,降于山川之谓兴作,降于五祀之谓制度。此圣人所以藏身之固也。故圣人参于天地,并于鬼神,以治政也。处其所存,礼之序也;玩其所乐,民之治也。故天生时而地生财,人其父生而师教之,四者君以正用之,故君者立于无过之地也。

故君者,所明也,非明人者也。君者,所养也,非养人者也。君者,所事也,非事人者也。故君明人则有过,养人则不足,事人则失位。故百姓则君以自治也,养君以自安也,事君以自显也。故礼达而分定,故人皆爱其死而患其生。故用人之知,去其诈;用人之勇,去其怒;用人之仁,去其贪。故国有患,君死社稷谓之义,大夫死宗庙谓之变。故圣人耐以天下为一家,以中国为一人者,非意之也,必知其情,辟于其义,明于其利,达于其患,然后能为之。何谓人情?喜、怒、哀、惧、爱、恶、欲,七者弗学而能。何谓人义?父慈、子孝、兄良、弟弟、夫义、妇听、长惠、幼顺、君仁、臣忠,十者谓之人义。讲信修睦,谓之人利。争夺相杀,谓之人患。故圣人所以治人七情,修十义,讲信修睦,尚辞让,去争夺,舍礼何以治之?饮食男女,人之大欲存焉。死亡贫苦,人之大恶存焉。故欲恶者,心之大端也。人藏其心,不可测度也。美恶皆在其心,不见其色也。欲一以穷之,舍礼何以哉!

故人者,其天地之德,阴阳之交,鬼神之会,五行之秀气也。故天秉阳,垂日星;地秉阴,窍于山川。播五行于四时,和而后月生也,是以三五而盈,三五而阙。五行之动,迭相竭也。五行、四时、十二月,还相为本也。五声、六律、十二管,还相为宫也。五味、六和、十二食,还相为质也。五色、六章、十二衣,还相为质也。故人者,天地之心也,五行之端也,食味、别声、被色而生者也。

故圣人作则,必以天地为本,以阴阳为端,以四时为柄,以日星为纪,月以为量,鬼神以为徒,五行以为质,礼义以为器,人情以为田,四灵以为畜。以天地为本,故物可举也。以阴阳为端,故情可睹也。以四时为柄,故事可劝也。以日星为纪,故事可列也。月以为量,故功有艺也。鬼神以为徒,故事有守也。五行以为质,故事可复也。礼义以为器,故事行有考也。人情以为田,故人以为奥也。四灵以为畜,故饮食有由也。

何谓四灵?麟、凤、龟、龙,谓之四灵。故龙以为畜,故鱼鲔不淰;凤以为畜,故鸟不獝;麟以为畜,故兽不狨;龟以为畜,故人情不失。故先王秉蓍龟,列祭祀,瘗缯,宣祝嘏辞说,设制度,故国有礼,官有御,事有职,礼有序。

故先王患礼之不达于下也,故祭帝于郊,所以定天位也;祀社于国,所以列地利也。祖庙,所以本仁也;山川,所以傧鬼神也;五祀,所以本事也。故宗祝在庙,三公在朝,三老在学,王前巫而后史,卜筮瞽侑皆在左右。王中心无为也,以守至正。故礼行于郊而百神受职焉,礼行于社而百货可极焉,礼行于祖庙而孝慈服焉,礼行于五祀而正法则焉。故自郊、社、祖、庙、山川、五祀,义之修而礼之藏也。

是故夫礼,必本于大一,分而为天地,转而为阴阳,变而为四时,列而为鬼神。其降曰命,其官于天也。夫礼必本于天,动而之地,列而之事,变而从时,协于分艺。其居人也曰养,其行之以货力、辞让、饮、食、冠、昏、丧、祭、射、御、朝、聘。

故礼义也者,人之大端也,所以讲信修睦而固人之肌肤之会、筋骸之束也;所以养生、送死、事鬼神之大端也;所以达天道、顺人情之大窦也。故唯圣人为知礼之不可以已也。故坏国,丧家,亡人,必先去其礼。故礼之于人也,犹酒之有蘖也;君子以厚,小人以薄。故圣王修义之柄、礼之序,以治人情。故人情者,圣王之田也,修礼以耕之,陈义以种之,讲学以耨之,本仁以聚之,播乐以安之。故礼也者,义之实也。协诸义而协,则礼虽先王未之有,可以义起也。义者,艺之分,仁之节。协于艺,讲于仁,得之者强。仁者,义之本也,顺之体也,得之者尊。故治国不以礼,犹无耜而耕也;为礼不本于义,犹耕而弗种也;为义而不讲之以学,犹种而弗耨也;讲之于学而不合之以仁,犹耨而弗获也;合之以仁而不安之以乐,犹获而弗食也;安之以乐而不达于顺,犹食而弗肥也。

四体既正,肤革充盈,人之肥也。父子笃,兄弟睦,夫妇和,家之肥也。大臣法,小臣廉,官职相序,君臣相正,国之肥也。天子以德为车,以乐为御,诸侯以礼相与,大夫以法相序,士以信相考,百姓以睦相守,天下之肥也。是谓大顺。大顺者,所以养生、送死、事鬼神之常也。故事大积焉而不苑,并行而不缪,细行而不失,深而通,茂而有间,连而不相及也,动而不相害也。此顺之至也。故明于顺,然后能守危也。

故礼之不同也,不丰也,不杀也,所以持情而合危也。故圣王所以顺,山者不使居川,不使渚者居中原,而弗敝也。用水、火、金、木、饮食必时。合男女、颁爵位必当年、德,用民必顺,故无水旱昆虫之灾,民无凶饥妖孽之疾。故天不爱其道,地不爱其宝,人不爱其情。故天降膏露,地出醴泉,山出器、车,河出马图,凤凰、麒麟皆在郊棷,龟、龙在宫沼,其余鸟兽之卵胎,皆可俯而窥也。则是无故,先王能修礼以达义,体信以达顺故,此顺之实也。

(选自王文锦译解:《礼记译解》,中华书局2001年版,第287～308页。)

信言不美　美言不信

《老子》

上善若水。水善利万物而不争,处众人之所恶,故几于道。
居善地,心善渊,与善仁,言善信,政善治,事善能,动善时。
夫唯不争,故无尤。

——《八章》

太上,下知有之;其次,亲而誉之;其次,畏之;其次,侮之。信不足焉,有不信焉。
悠兮其贵言。功成事遂,百姓皆谓:"我自然"。

——《十七章》

孔德之容,惟道是从。
道之为物,惟恍惟惚。惚兮恍兮,其中有象;恍兮惚兮,其中有物。窈兮冥兮,其中有精;其精甚真,其中有信。
自今及古,其名不去,以阅众甫。吾何以知众甫之状哉!以此。

——《二十一章》

希言自然。
故飘风不终朝,骤雨不终日。孰为此者?天地。天地尚不能久,而况于人乎?故从事于道者,同于道;德者,同于德;失者,同于失。
同于德者,道亦德之;同于失者,道亦失之。
信不足焉,有不信焉。

——《二十三章》

上德不德,是以有德;下德不失德,是以无德。
上德无为而无以为;下德无为而有以为。
上仁为之而无以为;上义为之而有以为。
上礼为之而莫之应,则攘臂而扔之。
故失道而后德,失德而后仁,失仁而后义,失义而后礼。
夫礼者,忠信之薄,而乱之首。
前识者,道之华,而愚之始。是以大丈夫处其厚,不居其薄;处其实,不居其华。故去彼取此。

——《三十八章》

圣人常无心,以百姓心为心。

善者,吾善之;不善者,吾亦善之;德善。

信者,吾信之;不信者,吾亦信之;德信。

圣人在天下,歙歙焉,为天下浑其心,百姓皆注其耳目,圣人皆孩之。

——《四十九章》

为无为,事无事,味无味。

大小多少,图难于其易,为大于其细;天下难事,必作于易,天下大事,必作于细。是以圣人终不为大,故能成其大。

夫轻诺必寡信,多易必多难。是以圣人犹难之,故终无难矣。

——《六十三章》

信言不美,美言不信。

善者不辩,辩者不善。

知者不博,博者不知。

圣人不积,既以为人己愈有,既以与人己愈多。

天之道,利而不害;圣人之道,为而不争。

——《八十一章》

(选自陈鼓应:《老子注译及评介》,中华书局2009年版。)

不精不诚　不能动人

《庄子》

一

孔子游乎缁帷之林，休坐乎杏坛之上。弟子读书，孔子弦歌鼓琴，奏曲未半。

有渔父者，下船而来，须眉交白，被发揄袂，行原以上，距陆而止，左手据膝，右手持颐以听。曲终而招子贡子路，二人俱对。

客指孔子曰："彼何为者也？"

子路对曰："鲁之君子也。"

客问其族。子路对曰："族孔氏。"

客曰："孔氏者何治也？"

子路未应，子贡对曰："孔氏者，性服忠信，身行仁义，饰礼乐，选人伦，上以忠于世主，下以化于齐民，将以利天下。此孔氏之所治也。"

又问曰："有土之君与？"

子贡曰："非也。"

"侯王之佐与？"

子贡曰："非也。"

客乃笑而还，行言曰："仁则仁矣，恐不免其身；苦心劳形以危其真。呜呼，远哉其分于道也！"

子贡还，报孔子。孔子推琴而起曰："其圣人与！"乃下求之，至于泽畔，方将杖挐而引其船，顾见孔子，还乡而立。孔子反走，再拜而进。

客曰："子将何求？"

孔子曰："曩者先生有绪言而去，丘不肖，未知所谓，窃待于下风，幸闻咳唾之音以卒相丘也。"

客曰："嘻！甚矣子之好学也！"

孔子再拜而起曰："丘少而修学，以至于今，六十九岁矣，无所得闻至教，敢不虚心!"

客曰:"同类相从,同声相应,固天之理也。吾请释吾之所有而经子之所以。子之所以者,人事也。天子诸侯大夫庶人,此四者自正,治之美也,四者离位而乱莫大焉。官治其职,人处其事,乃无所陵。故田荒室露,衣食不足,征赋不属,妻妾不和,长少无序,庶人之忧也;能不胜任,官事不治,行不清白,群下荒怠,功美不有,爵禄不持,大夫之忧也;廷无忠臣,国家昏乱,工技不巧,贡职不美,春秋后伦,不顺天子,诸侯之忧也;阴阳不和,寒暑不时,以伤庶物,诸侯暴乱,擅相攘伐,以残民人,礼乐不节,财用穷匮,人伦不饬,百姓淫乱,天子之忧也。今子既上无君侯有司之势,而下无大臣职事之官,而擅饰礼乐,选人伦,以化齐民,不亦泰多事乎?"

"且人有八疵,事有四患,不可不察也。非其事而事之,谓之总;莫之顾而进之,谓之佞;希意道言,谓之谄;不择是非而言,谓之谀;好言人之恶,谓之谗;析交离亲,谓之贼;称誉诈伪以败恶人,谓之慝;不择善否,两容颊适,偷拔其所欲,谓之险。此八疵者,外以乱人,内以伤身,君子不友,明君不臣。所谓四患者:好经大事,变更易常,以挂功名,谓之叨;专知擅事,侵人自用,谓之贪;见过不更,闻谏愈甚,谓之很;人同于己则可,不同于己,虽善不善,谓之矜。此四患也。能去八疵,无行四患,而始可教已。"

二

孔子愀然而叹,再拜而起曰:"丘再逐于鲁,削迹于卫,伐树于宋,围于陈蔡。丘不知所失,而离此四谤者何也?"

客凄然变容曰:"甚矣子之难悟也!人有畏影恶迹而去之走者,举足愈数而迹愈多,走愈疾而影不离身,自以为尚迟,疾走不休,绝力而死。不知处阴以休影,处静以息迹,愚亦甚矣!子审仁义之间,察同异之际,观动静之变,适受与之度,理好恶之情,和喜怒之节,而几于不免矣。谨修而身,慎守其真,还以物与人,则无所累矣。今不修之身而求之人,不亦外乎!"

孔子愀然曰:"请问何谓真?"

客曰:"真者,精诚之至也。不精不诚,不能动人。故强哭者虽悲不哀,强怒者虽严不威,强亲者虽笑不和。真悲无声而哀,真怒未发而威,真亲未笑而和。真在内者,神动于外,是所以贵真也。其用于人理也,事亲则慈孝,事君则忠贞,饮酒则欢乐,处丧则悲哀。忠贞以功为主,饮酒以乐为主,处丧以哀为主,事亲以适为主,功成之美,无一其迹矣。事亲以适,不论所以矣;饮酒以乐,不选其具矣;处丧以哀,无问其礼矣。礼者,世俗之所为也;真者,所以受于天也,自然不可易也。故圣人法天贵真,不拘于俗。愚者反此。不能法天而恤于人,不知贵真,禄禄而受变于俗,故不足。惜哉,子之蚤湛于人伪而晚闻大道也。"

孔子又再拜而起曰："今者丘得遇也，若天幸然。先生不羞而比之服役，而身教之。敢问舍所在，请因受业而卒学大道。"

客曰："吾闻之，可与往者与之，至于妙道；不可与往者，不知其道。慎勿与之，身乃无咎。子勉之！吾去子矣，吾去子矣！"乃刺船而去，延缘苇间。

颜渊还车，子路授绥，孔子不顾，待水波定，不闻拏音而后敢乘。

子路旁车而问曰："由得为役久矣，未尝见夫子遇人如此其威也。万乘之主，千乘之君，见夫子未尝不分庭伉礼，夫子犹有倨傲之容。今渔父杖拏逆立，而夫子曲要磬折，言拜而应，得无太甚乎？门人皆怪夫子矣，渔父何以得此乎？"

孔子伏轼而叹曰："甚矣由之难化也！湛于礼义有间矣，而朴鄙之心至今未去。进，吾语汝！夫遇长不敬，失礼也；见贤不尊，不仁也。彼非至人，不能下人，下人不精，不得其真，故长伤身。惜哉！不仁之于人也，祸莫大焉，而由独擅之。且道者，万物之所由也，庶物失之者死，得之者生，为事逆之则败，顺之则成。故道之所在，圣人尊之。今渔父之于道，可谓有矣，吾敢不敬乎！"

（选自陈鼓应注译：《庄子今注今译》（杂篇·渔父），中华书局1983年版，第815～825页。）

言不信者行不果

《墨子》

君子战虽有陈,而勇为本焉;丧虽有礼,而哀为本焉;士虽有学,而行为本焉。是故置本不安者,无务丰末;近者不亲,无务来远;亲戚不附,无务外交;事无终始,无务多业;举物而暗,无务博闻。是故先王之治天下也,必察迩来远。君子察迩而迩修者也。见不修行,见毁,而反之身者也,此以怨省而行修矣。谮慝之言,无入之耳;批扞之声,无出之口;杀伤人之孩,无存之心,虽有诋讦之民,无所依矣。是故君子力事日强,愿欲日逾,设壮日盛。君子之道也,贫则见廉,富则见义,生则见爱,死则见哀,四行者不可虚假,反之身者也。藏于心者无以竭爱,动于身者无以竭恭,出于口者无以竭驯。畅之四支,接之肌肤,华发隳颠,而犹弗舍者,其唯圣人乎!

志不强者智不达,言不信者行不果。据财不能以分人者,不足与友;守道不笃、遍物不博,辩是非不察者,不足与游。本不固者末必几,雄而不修者其后必惰,原浊者流不清,行不信者名必秏。名不徒生,而誉不自长,功成名遂,名誉不可虚假,反之身者也。务言而缓行,虽辩必不听;多力而伐功,虽劳必不图。慧者心辩而不繁说,多力而不伐功,此以名誉扬天下。言无务为多而务为智,无务为文而务为察。故彼智无察,在身而情,反其路者也。善无主于心者不留,行莫辩于身者不立。名不可简而成也,誉不可巧而立也。君子以身戴行者也。思利寻焉,忘名忽焉,可以为士于天下者,未尝有也。

(选自〔清〕孙诒让著,孙以楷点校:《墨子间诂·修身》,中华书局1986年版,第7~10页。)

明主重信

《商君书》

国之所以治者三：一曰法，二曰信，三曰权。法者，君臣之所共操也；信者，君臣之所共立也；权者，君之所独制也。人主失守则危。君臣释法任私，必乱。故立法明分，而不以私害法，则治。权制独断于君则威。民信其赏，则事功成；信其刑，则奸无端。惟明主爱权重信，而不以私害法。故上多惠言而不克其赏，则下不用；数加严令而不致其刑，则民傲死。凡赏者，文也；刑者，武也。文武者，法之约也。故明主任法。明主不蔽之谓明，不欺之谓察。故赏厚而信，刑重而威必。不失疏远，不违亲近。故臣不蔽主，而下不欺上。

世之为治者，多释法而任私议，此国之所以乱也。先王县权衡，立尺寸，而至今法之，其分明也。夫释权衡而断轻重，废尺寸而意长短，虽察，商贾不用，为其不必也。故法者，国之权衡也。夫倍法度而任私议，皆不知类者也。不以法论知、罢、贤、不肖者，惟尧，而世不尽为尧。是故先王知自议誉私之不可任也，故立法明分，中程者赏之，毁公者诛之。赏诛之法不失其议，故民不争。授官予爵不以其劳，则忠臣不进；行赏赋禄不称其功，则战士不用。

凡人臣之事君也，多以主所好事君。君好法，则臣以法事君；君好言，则臣以言事君。君好法，则端直之士在前；君好言，则毁誉之臣在侧。公私之分明，则小人不疾贤，而不肖者不妒功。故尧、舜之位天下也，非私天下之利也，为天下位天下也。论贤举能而传焉，非疏父子亲越人也，明于治乱之道也。故三王以义亲天下，五霸以法正诸侯，皆非私天下之利也，为天下治天下。是故擅其名而有其功，天下乐其政，而莫之能伤也。今乱世之君臣，区区然皆擅一国之利而管一官之重，以便其私，此国之所以危也。故公私之交，存亡之本也。

夫废法度而好私议，则奸臣鬻权以约禄，秩官之吏隐下而渔民。谚曰："蠹众而木析；隙大而墙坏。"故大臣争于私而不顾其民，则下离上。下离上者，国之隙也。秩官之吏隐下以渔百姓，此民之蠹也。故有隙、蠹而不亡者，天下鲜矣。是故明王任法去私，而国无隙、蠹矣。

（选自石磊译注：《商君书·修权》，中华书局2009年版，第120～125页。）

信 立 而 霸

《荀子》

　　国者，天下之制利用也；人主者，天下之利埶也。得道以持之，则大安也，大荣也，积美之源也；不得道以持之，则大危也，大累也，有之不如无之；及其綦也，索为匹夫不可得也，齐湣、宋献是也。故人主天下之利埶也，然而不能自安也，安之者必将道也。

　　故用国者，义立而王，信立而霸，权谋立而亡。三者，明主之所谨择也，仁人之所务白也。絜国以呼礼义而无以害之，行一不义，杀一无罪而得天下，仁者不为也。擽然扶持心、国，且若是其固也。之所与为之者之人，则举义士也；之所以为布陈于国家刑法者，则举义法也；主之所极然帅群臣而首乡之者，则举义志也。如是，则下仰上以义矣，是綦定也；綦定而国定，国定而天下定。仲尼无置锥之地，诚义乎志意，加义乎身行，著之言语，济之日，不隐乎天下，名垂乎后世。今亦以天下之显诸侯诚义乎志意，加义乎法则度量，著之以政事，案申重之以贵贱杀生，使袭然终始犹一也。如是，则夫名声之部发于天地之间也，岂不如日月雷霆然矣哉！故曰：以国齐义，一日而白，汤、武是也。汤以亳，武王以鄗，皆百里之地也，天下为一，诸侯为臣，通达之属，莫不从服，无它故焉，以济义矣。是所谓义立而王也。

　　德虽未至也，义虽未济也，然而天下之理略奏矣，刑赏已诺，信乎天下矣，臣下晓然皆知其可要也。政令已陈，虽睹利败，不欺其民；约结已定，虽睹利败，不欺其与。如是，则兵劲城固，敌国畏之；国一綦明，与国信之；虽在僻陋之国，威动天下，五伯是也。非本政教也，非致隆高也，非綦文理也，非服人之心也，乡方略，审劳佚，谨畜积，修战备，齺然上下相信，而天下莫之敢当。故齐桓、晋文、楚庄、吴阖闾、越勾践，是皆僻陋之国也，威动天下，强殆中国，无它故焉，略信也。是所谓信立而霸也。

　　絜国以呼功利，不务张其义，齐其信，唯利之求，内则不惮诈其民而求小利焉；外则不惮诈其与而求大利焉，内不修正其所以有，然常欲人之有。如是，则臣下百姓莫不以诈心待其上矣。上诈其下，下诈其上，则是上下析也。如是，则敌国轻之，与国疑之，权谋日行而国不免危削，綦之而亡，齐闵、薛公是也。故用强齐，非以修礼义也，非以本政教也，非以一天下也，绵绵常以结引驰外为务。故强，南足以破楚，西足以诎秦，北足以败燕，中足以举宋。及以燕、赵起而攻之，若振槁然，而身死国亡，为天下大戮，后世言恶则必稽焉。是无它故焉,唯其不由礼义而由权谋也。

三者,明主之所以谨择也,而仁人之所以务白也。善择者制人,不善择者人制之。

国者,天下之大器也,重任也,不可不善为择所而后错之,错险则危;不可不善为择道然后道之,涂秽则塞;危塞则亡。彼国错者,非封焉之谓也,何法之道,谁子之与也?故道王者之法与王者之人为之,则亦王;道霸者之法与霸者之人为之,则亦霸;道亡国之法与亡国之人为之,则亦亡。三者,明主之所以谨择也,而仁人之所以务白也。

故国者,重任也,不以积持之则不立。故国者,世所以新者也,是悴悴,非变也,改王改行也。故一朝之日也,一日之人也,然而厌焉有千岁之固,何也?曰:援夫千岁之信法以持之也,安与夫千岁之信士为之也。人无百岁之寿,而有千岁之信士,何也?曰:以夫千岁之法自持者,是乃千岁之信士矣。故与积礼义之君子为之则王,与端诚信全之士为之则霸,与权谋倾覆之人为之则亡。三者,明主之所以谨择也,而仁人之所以务白也。善择之者制人,不善择之者人制之。

……

用国者,得百姓之力者富,得百姓之死者强,得百姓之誉者荣。三得者具而天下归之,三得者亡而天下去之;天下归之之谓王,天下去之之谓亡。汤、武者,循其道,行其义,兴天下同利,除天下同害,天下归之。故厚德音以先之,明礼义以道之,致忠信以爱之,赏贤使能以次之,爵服赏庆以申重之,时其事、轻其任以调齐之,潢然兼覆之,养长之,如保赤子。生民则致宽,使民则綦理,辩政令制度,所以接天下之人百姓,有非理者如豪末,则虽孤独鳏寡必不加焉。是故百姓贵之如帝,亲之如父母,为之出死断亡而不愉者,无它故焉,道德诚明,利泽诚厚也。乱世则不然,污漫突盗以先之,权谋倾覆以示之,俳优、侏儒、妇女之请谒以悖之,使愚诏知,使不肖临贤,生民则致贫隘,使民则极劳苦。是故百姓贱之如俚,恶之如鬼,日欲司间而相与投藉之,去逐之。卒有寇难之事,又望百姓之为己死,不可得也,说无以取之焉。孔子曰:"审吾所以适人,适人之所以来我也。"此之谓也。

伤国者何也?曰:以小人尚民而威,以非所取于民而巧,是伤国之大灾也。大国之主也,而好见小利,是伤国。其于声色、台榭、园囿也,愈厌而好新,是伤国。不好循正其所以有,啖啖常欲人之有,是伤国。三邪者在匈中,而又好以权谋倾覆之人断事其外,若是,则权轻名辱,社稷必危,是伤国者也。大国之主也,不隆本行,不敬旧法,而好诈故,若是,则夫朝廷群臣亦从而成俗于不隆礼义而好倾覆也。朝廷群臣之俗若是,则夫众庶百姓亦从而成俗于不隆礼义而好贪利矣。君臣上下之俗莫不若是,则地虽广,权必轻;人虽众,兵必弱;刑罚虽繁,令不下通。夫是之谓危国,是伤国者也。

儒者为之不然,必将曲辨:朝廷必将隆礼义而审贵贱,若是,则士大夫莫不敬节死制者矣。百官则将齐其制度,重其官秩,若是,则百吏莫不畏法而遵绳矣。关市几而不征,质律禁止而不偏,如是,则商贾莫不敦悫而无诈矣。百工将时斩伐,佻其期日而利其巧任,如是,则百工莫不忠信而不楛矣。县鄙将轻田野之税,省刀布之敛,罕举力役,无夺农时,如是,则农夫莫不朴力而寡能矣。士大夫务节死制,然而兵劲。百吏畏法循绳,然后国常不乱。商贾敦悫无诈则商旅安,货通财,而国求给矣。百工忠信而不楛,则器用巧便而财不匮矣。农夫朴力而寡能,则上不失天时,下不失地利,中得人和,而百事不废。是之谓政令行,风俗美,以守则固,以征则强,居则有名,动则有功。此儒之所谓曲辨也。

[选自〔清〕王先谦:《荀子集解·王霸篇》,中华书局1988年版。]

小信成则大信立

《韩非子》

《经六》：小信成则大信立，故明主积于信。赏罚不信，则禁令不行，说在文公之攻原与箕郑救饿也。是以吴起须故人而食，文侯会虞人而猎。故明主信，如曾子杀彘也。患在尊厉王击警鼓与李悝谩两和也。

《说六》：晋文公攻原，裹十日粮，遂与大夫期十日。至原十日，而原不下，击金而退，罢兵而去。士有从原中出者，曰："原三日即下矣。"群臣左右谏曰："夫原之食竭力尽矣，君姑待之。"公曰："吾与士期十日，不去，是亡吾信也。得原失信，吾不为也。"遂罢兵而去。原人闻曰："有君如彼其信也，可无归乎！"乃降公。卫人闻曰："有君如彼其信也，可无从乎！"乃降公。孔子闻而记之曰："攻原得卫者，信也。"

文公问箕郑曰："救饿奈何？"对曰："信。"公曰："安信？"曰："信名。信名，则群臣守职，善恶不逾，百事不怠；信事，则不失天时，百姓不逾；信义，则近亲劝勉，而远者归之矣。"

吴起出，遇故人而止之食。故人曰："诺。"期返而食。吴子曰："待公而食。"故人至暮不来，吴起至暮不食而待之。明日，早令人求故人。故人来方与之食。

魏文侯与虞人期猎。明日，会天疾风，左右止文侯，不听，曰："不可以风疾之故而失信，吾不为也。"遂自驱车往，犯风而罢虞人。

曾子之妻之市，其子随之而泣，其母曰："女还，顾反为女杀彘。"妻适市来，曾子欲捕彘杀之。妻止之曰："特与婴儿戏耳。"曾子曰："婴儿非与戏也。婴儿非有知也，待父母而学者也，听父母之教。今子欺之，是教子欺也。母欺子，子而不信其母，非以成教也。"遂烹彘也。

楚厉王有警鼓，与百姓为戒，饮酒醉，过而击。民大惊。使人止之，曰："吾醉而与左右戏而击之也。"民皆罢。居数月，有警，击鼓而民不赴，乃更令明号而民信之。

李悝警其两和，曰："谨警敌人，旦暮且至击汝。"如是者再三而敌不至，两和懈怠，不信李悝。居数月，秦人来袭之，至几夺其军。此不信患也。一曰：李悝与秦人战，谓左和曰："速上，右和已上矣。"又驰而至右和曰："左和已上矣。"左右和曰："上矣。"于是皆争上。其明年，与秦人战。秦人袭之，至几夺其军。此不信之患。

有相与讼者。子产离之,而毋使通辞,到至其言以告而知也。

惠嗣公使人伪关市,关市呵难之,因事关市以金,关市乃舍之。嗣公谓关市曰:"某时有客过而予汝金,因谴之。"关市大恐,以嗣公为明察。

〔选自〔清〕王先慎:《韩非子集解·外储说左上》,中华书局1998年版。〕

人主必信

《吕氏春秋》

凡人主必信，信而又信，谁人不亲？故《周书》曰："允哉允哉！"以言非信，则百事不满也。故信之为功大矣。信立，则虚言可以赏矣。虚言可以赏，则六合之内皆为己府矣。信之所及，尽制之矣。制之而不用，人之有也；制之而用之，己之有也。己有之，则天地之物毕为用矣。人主有见此论者，其王不久矣；人臣有知此论者，可以为王者佐矣。

天行不信，不能成岁；地行不信，草木不大。春之德风，风不信，其华不盛，华不盛则果实不生。夏之德暑，暑不信，其土不肥，土不肥则长遂不精。秋之德雨，雨不信，其谷不坚，谷不坚则五种不成。冬之德寒，寒不信，其地不刚，地不刚则冻闭不开。天地之大，四时之化，而犹不能以不信成物，又况乎人事？

君臣不信，则百姓诽谤，社稷不宁。处官不信，则少不畏长，贵贱相轻。赏罚不信，则民易犯法，不可使令。交友不信，则离散郁怨，不能相亲。百工不信，则器械苦伪，丹漆染色不贞。夫可与为始，可与为终，可与尊通，可与卑穷者，其唯信乎！信而又信，重袭于身，乃通于天。以此治人，则膏雨甘露降矣，寒暑四时当矣。

齐桓公伐鲁。鲁人不敢轻战，去鲁国五十里而封之。鲁请比关内侯以听，桓公许之。曹翙谓鲁庄公曰："君宁死而又死乎？其宁生而又生乎？"庄公曰："何谓也？"曹翙曰："听臣之言，国必广大，身必安乐，是生而又生也；不听臣之言，国必灭亡，身必危辱，是死而又死也。"庄公曰："请从。"于是明日将盟，庄公与曹翙皆怀剑至于坛上。庄公左搏桓公，右抽剑以自承，曰："鲁国去境数百里。今去境五十里，亦无生矣。钧其死也，戮于君前。"管仲、鲍叔进。曹翙按剑当两陛之间曰："且二君将改图，毋或进者！"庄公曰："封于汶则可，不则请死。"管仲曰："以地卫君，非以君卫地。君其许之！"乃遂封于汶南，与之盟。归而欲勿予，管仲曰："不可。人特劫君而不盟，君不知，不可谓智；临难而不能勿听，不可谓勇；许之而不予，不可谓信。不智不勇不信，有此三者，不可以立功名。予之，虽亡地亦得信。以四百里之地见信于天下，君犹得也。"庄公，仇也；曹翙，贼也。信于仇贼，又况于非仇贼者乎？夫九合之而合，壹匡之而听，从此生矣。管仲可谓能因物矣。以辱为荣，以穷为通，虽失乎前，可谓后得之矣。物固不可全也。

[选自许维遹：《吕氏春秋集释·贵信》，中华书局2009年版。]

义 信

〔晋〕傅 玄

盖天地著信,而四时不悖;日月著信,而昏明有常;王者体信,而万国以安;诸侯秉信,而境内以和;君子履信,而厥身以立。古之圣君贤佐,将化世美俗;去信须臾,而能安上治民者,未之有也。

夫象天则地,履信思顺,以壹天下,此王者之信也。据法持正,行以不贰,此诸侯之信也。言出乎口,结乎心,守以不移,以立其身,此君子之信也。讲信修义,而人道定矣。若君不信以御臣,臣不信以奉君,父不信以教子,子不信以事父,夫不信以遇妇,妇不信以承夫;则君臣相疑于朝,父子相疑于家,夫妇相疑于室矣。小大混然而怀奸心,上下纷然而竞相欺,人伦于是亡矣。

夫信由上而结者也。故君以信训其臣,则臣以信忠其君,父以信诲其子,则子以信孝其父。夫以信先其妇,则妇以信顺其夫,上秉常以化下,下服常而应上,其不化者,百未有一也。夫为人上,竭至诚,开信以待下,则怀信者欢然而乐进,不信者赧然而回意矣。老子不云乎:"信不足焉,有不信也。"故以信待人,不信思信;不信待人,信斯不信。况本无信者乎?

先王欲下之信也,故示之以款诚,而民莫欺其上;申之以礼教,而民笃于义矣。夫以上接下,而以不信随之,是亦日夜见灾也。周幽以诡烽灭国,齐襄以瓜时致杀,非其显乎!故祸莫大于无信,无信则不知所亲,不知所亲,则左右尽己之所疑,况天下乎!信者亦疑,不信亦疑,则忠诚者丧心而结舌,怀奸者饰邪以自纳。此无信之祸也。

[选自〔晋〕傅玄:《傅子·义信篇》。见〔清〕严可均辑校:《全上古三代秦汉三国六朝文》,中华书局1958年版。]

履 信

〔南北朝〕刘 子

信者,行之基,行者,人之本。人非行无以成,行非信无以立。故行之于人,辟济之须舟也。信之于行,犹舟之待楫也。将涉大川,非舟何以济之?欲泛方舟,非楫何以行之?今人虽欲为善而不知立行,犹无舟而济川也;虽欲立行而不知立信,犹无楫而行舟也。是适郢土而首冥山,背道愈远矣。

自古皆有死,人非信不立。故豚鱼著,信之所及也。允矣哉,言非信不成。齐桓不背曹刿之盟,晋文不弃伐原之誓,吴起不亏移辕之赏,魏侯不乖虞人之期。用能德光于宇宙,名流于古今,不朽者也。故春之得风,风不信则花萼不茂,花萼不茂则发生之德废。夏之得炎,炎不信则卉木不长,卉木不长则长嬴之德废。秋之得雨,雨不信则百谷不实,百谷不实则收成之德废。冬之得寒,寒不信则水土不坚,水土不坚则安静之德废。以天地之灵,气候不信,四时犹废,而况于人乎?

昔齐攻鲁,求其岑鼎,鲁侯伪献他鼎而请盟焉。齐侯不信,曰:"使柳季云是,则请受之。"鲁使柳季,柳季曰:"君以鼎免国,信者,亦臣之国。今欲破臣之国,全君之国,臣所难也。"乃献岑鼎。小邾射以邑奔鲁,曰:"使季路要我,吾无盟矣。"乃使子路,子路辞焉。季孙谓之曰:"千乘之国,不信其盟而信子之一言,子何辱焉?"子路曰:"彼不臣而济其言,是义之也,由不能矣。"

夫柳季、季路,鲁之匹夫,立信于衡门,而驰声于天下。故齐邾不信千乘之盟,而重二子之言,信之为德,岂不大哉!

秦孝公使商鞅攻魏,魏遣公子昂逆而拒之。鞅谓昂曰:"昔鞅与公子善,今俱为两国将,不忍相攻,愿一饮宴以休二师。"公子许焉,遂与之会。鞅伏甲虏公子,击破魏军。及惠王即位,疑其行诈,遂车裂于市。

夫商鞅,秦之柱臣。名重于海内,贪诈伪之小功,弃诚信之大义,一为不信,终身见尤,卒至屠灭,为天下所笑也。呜呼!无信之弊,一至于此,岂不重乎?

故言必如言,信之符也。同言而信,信在言前;同教而行,诚在言外。君子知诚信之为贵,必抗信而后行。指麾动静,不失其符。以施教则立,以莅事则正,以怀远则附,以赏罚则明。由此而言:信之为行,其德大矣。

(选自傅亚庶撰:《刘子校释·履信》,中华书局1998年版。)

巧伪不如拙诚

〔南北朝〕颜之推

名之与实,犹形之与影也。德艺周厚,则名必善焉;容色姝丽,则影必美焉。今不修身而求令名于世者,犹貌甚恶而责妍影于镜也。上士忘名,中士立名,下士窃名。忘名者,体道合德,享鬼神之福祐,非所以求名也;立名者,修身慎行,惧荣观之不显,非所以让名也;窃名者,厚貌深奸,干浮华之虚称,非所以得名也。

人足所履,不过数寸,然而咫尺之途,必颠蹶于崖岸,拱把之梁,每沈溺于川谷者,何哉?为其旁无余地故也。君子之立己,抑亦如之。至诚之言,人未能信,至洁之行,物或致疑,皆由言行声名,无余地也。吾每为人所毁,常以此自责。若能开方轨之路,广造舟之航,则仲由之言信,重于登坛之盟,赵熹之降城,贤于折冲之将矣。

吾见世人,清名登而金贝入,信誉显而然诺亏,不知后之矛戟,毁前之干橹也。宓子贱云:"诚于此者形于彼。"人之虚实真伪在乎心,无不见乎迹,但察之未熟耳。一为察之所鉴,巧伪不如拙诚,承之以羞大矣。伯石让卿,王莽辞政,当于尔时,自以巧密,后人书之,留传万代,可为骨寒毛竖也。近有大贵,以孝著声,前后居丧,哀毁踰制,亦足以高于人矣;而尝于苫块之中,以巴豆涂脸,遂使成疮,表哭泣之过,左右童竖,不能掩之,益使外人谓其居处饮食,皆为不信。以一伪丧百诚者,乃贪名不已故也!

有一士族,读书不过二三百卷,天才钝拙,而家世殷厚,雅自矜持,多以酒犊珍玩,交诸名士,甘其饵者,递共吹嘘。朝廷以为文华,亦尝出境聘。东莱王韩晋明笃好文学,疑彼制作,多非机杼,遂设宴言,面相讨试。竟日欢谐,辞人满席,属音赋韵,命笔为诗,彼造次即成,了非向韵。众客各自沈吟,遂无觉者。韩退叹曰:"果如所量!"韩又尝问曰:"玉珽杼上终葵首,当作何形?"乃答云:"斑头曲圈,势如葵叶耳。"韩既有学,忍笑为吾说之。

治点子弟文章,以为声价,大弊事也。一则不可常继,终露其情;二则学者有凭,益不精励。

邺下有一少年,出为襄国令,颇自勉笃,公事经怀,每加抚恤,以求声誉。凡遣兵役,握手送离,或赍梨枣饼饵,人人赠别,云:"上命相烦,情所不忍,道路饥渴,以此见思。"民庶称之,不容于口。及迁为泗州别驾,此费日广,不可常周,一有伪情,触涂难继,功绩遂损败矣。

或问曰:"夫神灭形消,遗声余价,亦犹蝉壳蛇皮,兽迒鸟迹耳,何预于死者,而圣人以为名教乎?"对曰:"劝也,劝其立名,则获其实。"且劝一伯夷,而千万人立清风矣;劝一季札,而千万人立仁风矣;劝一柳下惠,而千万人立贞风矣;劝一史鱼,而千万人立直风矣。故圣人欲其鱼鳞凤翼,杂沓参差,不绝于世,岂不弘哉?四海悠悠,皆慕名者,盖因其情而致其善耳。抑又论之,祖考之嘉名美誉,亦子孙之冕服墙宇也,自古及今,获其庇荫者亦众矣。夫修善立名者,亦犹筑室树果,生则获其利,死则遗其泽。世之汲汲者,不达此意,若其与魂爽俱升、松柏偕茂者,惑矣哉!

(选自王利器:《颜氏家训集解·名实篇》,中华书局1993年版。)

君臣论诚信

〔唐〕吴　兢

贞观初,有上书请去佞臣者。太宗谓曰:"朕之所任,皆以为贤,卿知佞者谁耶?"

对曰:"臣居草泽,不的知佞者,请陛下佯怒以试群臣,若能不畏雷霆,直言进谏,则是正人,顺情阿旨,则是佞人。"

太宗谓封德彝曰:"流水清浊,在其源也。君者政源,人庶犹水,君自为诈,欲臣下行直,是犹源浊而望水清,理不可得。朕常以魏武帝多诡诈,深鄙其为人,如此,岂可堪为教令?"

贞观十年,魏征上疏曰:

"臣闻为国之基,必资于德礼;君之所保,惟在于诚信。诚信立则下无二心,德礼形则远人斯格。然则德礼诚信,国之大纲,在于君臣父子,不可斯须而废也。故孔子曰:'君使臣以礼,臣事君以忠。'又曰:'自古皆有死,民无信不立。'文子曰:'同言而信,信在言前;同令而行,诚在令外。'然则言而不行,言无信也;令而不从,令无诚也。不信之言,无诚之令,为上则败德,为下则危身。虽在颠沛之中,君子之所不为也。"

"夫君能尽礼,臣得竭忠,必在于内外无私,上下相信。上不信则无以使下,下不信则无以事上,信之为道大矣!昔齐桓公问于管仲曰:'吾欲使酒腐于爵,肉腐于俎,得无害霸乎?'管仲曰:'此极非其善者,然亦无害于霸也。'桓公曰:'如何而害霸乎?'管仲曰:'不能知人,害霸也;知而不能任,害霸也;任而不能信,害霸也;既信而又使小人参之,害霸也。'晋中行穆伯攻鼓,经年而弗能下,馈间伦曰:'鼓之啬夫,间伦知之。请无疲士大夫,而鼓可得。'穆伯不应,左右曰:'不折一戟,不伤一卒,而鼓可得,君奚为不取?'穆伯曰:'间伦之为人也,佞而不仁。若使间伦下之,吾可以不赏之乎?若赏之,是赏佞人也。佞人得志,是使晋国之士舍仁而为佞。虽得鼓,将何用之?'夫穆伯,列国之大夫;管仲,霸者之良佐,犹能慎于信任,远避佞人也如此,况乎为四海之大君,应千龄之上圣,而可使巍巍之德盛,复将有所间然乎?"

"若欲令君子小人是非不杂,必怀之以德,待之以信,厉之以义,节之以礼。然后善善而恶恶,审罚而明赏。则小人绝其佞邪,君子自强不息,无为之治,何远之有?善善而不能进,恶恶而不能去,罚不及于有罪,赏不加于有功,则危亡之期,或未可保,永锡祚胤,将何望哉?"

贞观十七年,太宗谓侍臣曰:"《传》称'去食存信',孔子曰:'人无信不立。'昔项羽既入咸阳,已制天下,向能力行仁信,谁夺耶?"

房玄龄对曰:"仁、义、礼、智、信,谓之五常,废一不可。能勤行之,甚有裨益。殷纣狎侮五常,武王伐之,项氏以无仁信为汉高祖所夺,诚如圣旨。"

[选自〔唐〕吴兢撰,骈宇骞等译注:《贞观政要》,中华书局2012年版,第159~167页。]

臣子以诚信为本①

〔唐〕武则天

凡人之情,莫不爱于诚信。(诚谓无虚操,信谓不愆期。言能忠诚信实者,则人皆爱矣。)诚信者,即其心易知。(言无诚信者,则不可知矣。)故孔子曰:"为上易事,为下易知。"(上有诚信则易事,下有诚信则易知。)非诚信无以取爱于其君,非诚信无以取亲于百姓。(人有诚信,则君爱之,君有诚信,则人亲之,言致亲爱唯在诚信也。)故上下通诚者,则暗相信而不疑;其诚不通者,则近怀疑而不信。(言君臣诚通者,则暗合而无疑;诚间者,则虽近而不信也。)

孔子曰:"人而无信,不知其可。(郑玄曰:"不知其可者,言不可行也。")大车无輗,小车无軏,其何以行之哉?"(郑玄曰:"大车,柏车;小车,羊车。輗穿辕端著之,軏因辕端节之。车待輗軏而行,犹人之行不可无信也。")

《吕氏春秋》曰:"信之为功大矣。(谓天地、四时、君臣、父子、兄弟、朋友皆待信而成,故曰大也。)天行不信,则不能成岁;地行不信,则草木不大。春之德风,风不信则其花不成;夏之德暑,暑不信则其物不长;秋之德雨,雨不信则其谷不坚;冬之德寒,寒不信则其地不刚。夫以天地之大,四时之化,犹不能以不信成物,况于人乎!(言人不可以无信也。)故君臣不信,则国政不安;(有倾危也)。父子不信,则家道不睦;(失孝慈也)。兄弟不信,则其情不亲;(无恭友也)。朋友不信,则其交易绝。(不能久也)。夫可与为始,可与为终者,其唯信乎!(信则终始不二。)信而又信,重袭于身,(袭犹服也)。则可以畅于神明,通于天地矣。"(畅亦通也。)

昔鲁哀公问于孔子曰:"请问取人之道。"孔子对曰:"弓调而后求劲焉,马服而后求良焉,士必悫信而后求智焉。(言弓不调而劲,则摧折;马不服而良,则驰骋;士不信而智,则虚诈也。)若士不悫信而有智能,譬之豺狼不可近也。"(夫士无悫信而有智能,适足济其奸雄之诡而为乱于家国,犹豺狼而肆虐,其可近哉?)昔子贡问政。子曰:"足食,足兵,民信之矣。"(郑玄曰:"政有此三者,则国强也。")子贡曰:"必不得已而去,于斯三者何先?"曰:"去兵。"子贡曰:"必不得已而去,于斯二者何先?"曰:"去食。自古皆有

---

① 本篇采用注疏体写成,疏文内容特以括号标出。

死,民无信不立。"(郑玄曰:"言人所特急者,食也。自古皆有死,必不得已,食又可去也。")

《体论》曰:"君子修身,莫善于诚信。(言诚信乃修身之本。)夫诚信者,君子所以事君上,怀下人也。(怀,体也。)天不言而人推高焉,地不言而人推厚焉,四时不言而人与期焉,(有信故也。)此以诚信为本者也。故诚信者,天地之所守而君子之所贵也。(天地有诚信,然后万物成;君子有诚信,然后百行著。故天地所守,君子所贵也。)

《傅子》曰:"言出于口,结于心。(结谓缠结。)守以不移,以立其身。(谓守其前言而不移易也。)此君子之信也。故为臣不信不足以奉君,为子不信不足以事父。(奉,又事也。言事君事父不可以无信。)故臣以信忠其君,则君臣之道益睦;子以信孝其父,则父子之情更隆。(言臣不能以信忠于其君,则君臣之道离贰;子不能以信孝于其父,则父子之情衰薄也。)夫仁者不妄为,(为得其时)。知者不妄动。(动合于礼)。择是而为之,(不为非也。)计义而行之。(计合于义而后行之。)故事立而功足恃也,身没而名足称也。(由其动为不失故也。)虽有仁智,必以诚信为本。盖以诚信为本者,谓之君子;(言虽有仁智,苟无诚信,则不可以为君子也。)以诈伪为本者,谓之小人。(言小人必无诚信也。)君子虽殒,善名不减;(身没而名扬也。)小人虽贵,恶名不除。"(位隆而恶著也。)

[选自〔唐〕武则天:《臣轨·诚信》,见〔日本〕林衡:《佚存丛书》,江苏广陵古籍刻印社1992年版。]

圣 人 至 诚

〔唐〕李 翱

复 性 书 上

人之所以为圣人者，性也；人之所以惑其性者，情也。喜怒哀惧爱恶欲，七者皆情之所为也。情既昏，性斯匿矣。非性之过也，七者循环而交来，故性不能充也。水之浑也，其流不清，火之烟也，其光不明，非水火清明之过，沙不浑，流斯清矣，烟不郁，光斯明矣。情不作，性斯充矣，性与情不相无也。

虽然，无性则情无所生矣。是情由性而生，情不自情，因性而情，性不自性，由情以明。性者天之命也，圣人得之而不惑者也；情者性之动也，百姓溺之而不能知其本者也。圣人者岂其无情耶？圣人者，寂然不动，不往而到，不言而神，不耀而光，制作参乎天地，变化合乎阴阳，虽有情也，未尝有情也。然则百姓者，岂其无性者耶？百姓之性与圣人之性弗差也，虽然，情之所昏，交相攻伐，未始有穷，故虽终身而不自睹其性焉。火之潜于山石林木之中，非不火也；江河淮济之未流而潜于山，非不泉也。石不敲，木不磨，则不能烧其山林而燥万物；泉之源弗疏，则不能为江为河，为淮为济，东汇大壑，浩浩荡荡，为弗测之深。情之动静弗息，则不能复其性而烛天地，为不极之明。

故圣人者，人之先觉者也。觉则明，否则惑，惑则昏，明与昏谓之不同。明与昏性本无有，则同与不同二者离矣。夫明者所以对昏，昏既灭，则明亦不立矣。是故诚者，圣人性之也，寂然不动，广大清明，照乎天地，感而遂通天下之故，行止语默，无不处于极也。复其性者贤人，循之而不已者也，不已则能归其源矣。《易》曰："夫圣人者，与天地合其德，日月合其明，四时合其序，鬼神合其吉凶，先天而天不违，后天而奉天时。天且弗违，而况于人乎？况于鬼神乎？"此非自外得者也，能尽其性而已矣。子思曰："唯天下至诚为能尽其性。能尽其性，则能尽人之性。能尽人之性，则能尽物之性。能尽物之性，则可以赞天地之化育。可以赞天地之化育，则可以与天地参矣。其次致曲，曲能有诚，诚则形，形则著，著则明，明则动，动则变，变则化，唯天下至诚为能化。"圣人知人之性皆善，可以循之不息而至于圣也，故制礼以节之，作乐以和之。安于和乐，乐之本也;动而中礼,礼之本也。故在车则闻鸾和之声,行步则闻佩玉之音,无故不废琴瑟,视听言行,循礼而动,所以教人忘嗜欲而归性命之道也。道者至诚也,诚而不息则虚,虚而不息则明,明而不息则照天地而无遗,非他也,此尽性命之道也。哀哉!人皆可以及乎此,莫之止而不为也,不亦惑耶?

昔者圣人以之传乎颜子,颜子得之,拳拳不失,不远而复其心,三月不违仁。子曰:"回也其庶乎,屡空。"其所以未到于圣人者一息耳,非力不能也,短命而死故也。其余升堂者,盖皆传也,一气之所养,一雨之所膏,而得之者各有浅深,不必均也。子路之死也,石乞孟黡以戈击之,断缨,子路曰:"君子死,冠不免。"结缨而死。由也,非好勇而无惧也,其心寂然不动故也。曾子之死也,曰:"吾何求焉,吾得正而毙焉,斯已矣。"此正性命之言也。子思,仲尼之孙,得其祖之道,述《中庸》四十七篇,以传于孟轲。轲曰:"我四十不动心。"轲之门人达者公孙丑、万章之徒,盖传之矣。遭秦灭书,《中庸》之不焚者,一篇存焉。于是此道废缺,其教授者,惟节行、文章、章句、威仪、击剑之术相师焉,性命之源,则吾弗能知其所传矣。

道之极于剥也必复,吾岂复之时耶?吾自六岁读书,但为词句之学,志于道者四年矣,与人言之,未尝有是我者也。南观涛江入于越,而吴郡陆傪存焉,与之言之,陆傪曰:"子之言,尼父之心也。东方如有圣人焉,不出乎此也,南方如有圣人焉,亦不出乎此也。惟子行之不息而已矣。"呜呼!性命之书虽存,学者莫能明,是故皆入于庄、列、老、释。不知者谓夫子之徒不足以穷性命之道,信之者皆是也。有问于我,我以吾之所知而传焉,遂书于书,以开诚明之源,而缺绝废弃不扬之道,几可以传于时,命曰《复性书》,以理其心,以传乎其人。乌戏!夫子复生,不废吾言矣。

复 性 书 中

或问曰:"人之昏也久矣,将复其性者,必有渐也,敢问其方。"

曰:"弗虑弗思,情则不生,情既不生,乃为正思。正思者,无虑无思也。《易》曰:'天下何思何虑。'又曰:'闲邪存其诚。'《诗》曰:'思无邪。'"

曰:"已矣乎?"

曰:"未也,此斋戒其心者也,犹未离于静焉。有静必有动,有动必有静,动静不息,是乃情也。《易》曰:'吉凶悔吝,生乎动者也。'焉能复其性耶?"

曰:"如之何?"

曰:"方静之时,知心无思者,是斋戒也。知本无有思,动静皆离,寂然不动者,是至诚也。《中庸》曰:'诚则明矣。'《易》曰:'天下之动,贞夫一者也。'"

问曰:"不虑不思之时,物格于外,情应于内,如之何而可止也?以情止情,其可乎。"

曰:"情者性之邪也,知其为邪,邪本无有。心寂然不动,邪思自息。惟性明照,邪何所生？如以情止情,是乃大情也,情互相止,其有已乎？《易》曰:'颜氏之子,其殆庶几乎？有不善未尝不知,知之未尝复行也。'《易》曰:'不远复,无祗悔,元吉。'"

问曰:"本无有思,动静皆离。然则声之来也,其不闻乎？物之形也,其不见乎？"

曰:"不睹不闻,是非人也,视听昭昭而不起于见闻者,斯可矣。无不知也,无弗为也。其心寂然,光照天地,是诚之明。《大学》曰:'致知在格物。'《易》曰:'易无思也,无为也,寂然不动,感而遂通天下之故。非天下之至神,其孰能与于此？'"

曰:"敢问'致知在格物'何谓也？"

曰:"物者,万物也,格者,来也,至也。物至之时,其心昭昭然明辨焉,而不应于物者,是致知也,是知之至也。知至故意诚,意诚故心正,心正故身修,身修而家齐,家齐而国治,国治而天下平。此所以能参天地者也。《易》曰:'与天地相似,故不违；知周乎万物,而道济天下,故不过；旁行而不流,乐天知命,故不忧；安土敦乎仁,故能爱；范围天地之化而不过,曲成万物而不遗,通乎昼夜之道而知,故神无方而易无体。一阴一阳之谓道。'此之谓也。"

曰:"生为我说《中庸》。"

曰:"不出乎前矣。"

曰:"我未明也,敢问何谓'天命之谓性'？"

曰:"人生而静,天之性也,性者天之命也。"

"'率性之谓道'何谓也？"

曰:"率,循也,循其源而反其性者,道也。道也者,至诚也。至诚者,天之道也。诚者定也,不动也。"

"'修道之谓教'何谓也？"

曰:"诚之者,人之道也。诚之者,择善而固执之者也。修是道而归其本者明也。教也者,则可以教天下矣,颜子其人也。'道也者,不可须臾离也,可离非道也。'说者曰:其心不可须臾动焉故也。动则远矣,非道也。变化无方,未始离于不动故也。'是故君子戒慎乎其所不睹,恐惧乎其所不闻,莫见乎隐,莫显乎微,故君子慎其独也。'说者曰:不睹之睹,见莫大焉,不闻之闻,闻莫甚焉。其心一动,是不睹之睹,不闻之闻也,其复之不远矣。故君子慎其独,慎其独者,守其中也。"

问曰:"昔之注解《中庸》者,与生之言皆不同,何也？"

曰:"彼以事解者也,我以心通者也。"

曰:"彼亦通于心乎？"

曰:"吾不知也。"

曰:"如生之言,修之一日,则可以至于圣人乎？"

曰:"十年扰之,一日止之,而求至焉,是孟子所谓以杯水而救一车薪之火也。甚哉！止而不息必诚，诚而不息必明，明与诚终岁不违，则能终身矣。造次必于是，颠沛必于是，则可以希于至矣。故《中庸》曰：'至诚无息，不息则久，久则征，征则悠远，悠远则博厚，博厚则高明。博厚所以载物也，高明所以覆物也，悠久所以成物也。博厚配地，高明配天，悠久无疆。如此者，不见而章，不动而变，无为而成，天地之道，可一言而尽也。'"

问曰："凡人之性，犹圣人之性。故曰：'桀纣之性，犹尧舜之性也。其所以不睹其性者，嗜欲好恶之所昏也，非性之罪也。'曰：'为不善者非性耶？'"

曰："非也，乃情所为也。情有善有不善，而性无不善焉。孟子曰：'人无有不善，水无有不下。夫水，搏而跃之，可使过颡，激而行之，可使在山。是岂水之性哉，其所以导引之者然也。人之性皆善，其不善亦犹是也。'"

问曰："尧舜岂不有情耶？"

曰："圣人至诚而已矣。尧舜之举十六相，非喜也。流共工，放驩兜，殛鲧，窜三苗，非怒也。中于节而已矣。其所以皆中节者，设教于天下故也。《易》曰：'知变化之道者，其知神之所为乎？'《中庸》曰：'喜怒哀乐之未发谓之中，发而皆中节谓之和。中也者，天下之大本也。和也者，天下之达道也。致中和，天地位焉，万物育焉。'《易》曰：'唯深也，故能通天下之志；唯几也，故能成天下之务；唯神也，故不疾而速，不行而至。'圣人之谓也。"

问曰："人之性犹圣人之性，嗜欲爱憎之心，何因而生也？"

曰："情者妄也，邪也。邪与妄则无所因矣。妄情灭息，本性清明，周流六虚，所以谓之能复其性也。《易》曰：'乾道变化，各正性命。'《论语》曰：'朝闻道，夕死可矣。'能正性命故也。"

问曰："情之所昏，性即灭矣，何以谓之犹圣人之性也？"

曰："水之性清澈，其浑之者沙泥也。方其浑也，性岂遂无有耶？久而不动，沙泥自沈。清明之性，鉴于天地，非自外来也。故其浑也，性本勿失，及其复也，性亦不生。人之性，亦犹水也。"

问曰："人之性本皆善，而邪情昏焉，敢问圣人之性，将复为嗜欲所浑乎？"

曰："不复浑矣。情本邪也，妄也，邪妄无因，人不能复。圣人既复其性矣，知情之为邪，邪既为明所觉矣，觉则无邪，邪何由生也？伊尹曰：'天之道，以先知觉后知，先觉觉后觉者也。予天民之先觉者也，予将以此道觉此民也，非予觉之而谁也？'如将复为嗜欲所浑，是尚不自觉者也，而况能觉后人乎？"

曰："敢问死何所之耶？"

曰："圣人之所明书于策者也，《易》曰'原始反终'，故知死生之说，'精气为物，游魂为变'，是故知鬼神之情状，斯尽之矣。子曰：'未知生，焉知死？'然则原其始而反其终，则可以尽其生之道。生之道既尽，则死之说不学而自通矣。此非所急也，子修之不息，其自知之,吾不可以章章然言且书矣。"

复 性 书 下

　　昼而作,夕而休者,凡人也。作乎作者,与万物皆作;休乎休者,与万物皆休,吾则不类于凡人,昼无所作,夕无所休。作非吾作也,作有物;休非吾休也,休有物。作耶休耶? 二者离而不存。予之所存者,终不亡且离也。人之不力于道者,昏不思也。天地之间,万物生焉,人之于万物,一物也,其所以异于禽兽虫鱼者,岂非道德之性乎哉? 受一气以成形,一为物而一为人,得之甚难也。生乎世,又非深长之年也。以非深长之年,行甚难得之身,而不专于大道,肆其心之所为,则其所以自异于禽兽虫鱼者亡几矣。昏而不思,其昏也终不明矣。吾之生二十有九年矣,思十九年时如朝日也,思九年时亦如朝日也。人之受命,其长者不过七十、八十、九十年,百年者则稀矣。当百年之时,而视乎九年时也,与吾此日之思于前也,远近其能大相悬耶? 其又能远于朝日之时耶? 然则人之生也,虽享百年,若雷电之惊相激也,若风之飘而旋也,可知耳矣。况千百人而无一及百年之年者哉! 故吾之终日志于道德,犹惧未及也。彼肆其心之所为者,独何人耶!

　　　　　　　　　　[选自〔唐〕李翱:《李文公集》,商务印书馆1919年版。]

诚为圣人之本

〔北宋〕周敦颐

诚者,圣人之本。"大哉乾元,万物资始",诚之源也。"乾道变化,各正性命",诚斯立焉。纯粹至善者也。故曰:"一阴一阳之谓道,继之者善也,成之者性也。"元亨,诚之通;利贞,诚之复。大哉《易》也,性命之源乎!

——《诚上第一》

圣,诚而已矣。诚,五常之本,百行之原也。静无而动有,至正而明达也。五常、百行,非诚非也,邪暗塞也。故诚则无事矣。至易而行难,果而确,无难焉。故曰:"一日克己复礼,天下归仁焉。"

——《诚上第二》

[选自〔北宋〕周敦颐撰,徐洪兴导读:《周子通书》,上海古籍出版社2000年版,第31~32页。]

学贵信,信在诚

〔北宋〕程 颐

《大学》曰:"物有本末,事有终始,知所先后,则近道矣。"人之学莫大于知本末终始。致知在格物,则所谓本也,始也;治天下国家,则所谓末也,终也。治天下国家,必本诸身,其身不正而能治天下国家者无之。格犹穷也,物犹理也,犹曰穷其理而已也。穷其理,然后足以致之,不穷则不能致也。格物者适道之始,欲思格物,则固已近道矣。是何也?以收其心而不放也。

知者吾之所固有,然不致则不能得之;而致知必有道,故曰"致知在格物"。

《大学》论意诚以下,皆穷其意而明之,独格物则曰"物格而后知至",盖可以意得而不可以言传也。自格物而充之,然后可以至圣人。不知格物而先欲意诚心正身修者,未有能中于理者。

"致知在格物",非由外铄我也,我固有之也。因物有迁,迷而不知,则天理灭矣,故圣人欲格之。

随事观理,而天下之理得矣。天下之理得,然后可以至于圣人。君子之学,将以反躬而已矣。反躬在致知,致知在格物。

学莫贵于自得,得非外也,故曰自得。

学莫大于平心,平莫大于正,正莫大于诚。

君子之学,在于意必固我既亡之后,而复于喜怒哀乐未发之前,则学之至也。

心至重,鸡犬至轻。鸡犬放则知求之,心放则不知求,岂爱其至轻而忘其至重哉?弗思而已矣。今世之人,乐其所不当乐,不乐其所当乐;慕其所不当慕,不慕其所当慕,皆由不思轻重之分也。

颜渊叹孔子曰:"仰之弥高,钻之弥坚,瞻之在前,忽焉在后,夫子循循然善诱人,博我以文,约我以礼,欲罢不能,既竭吾才,如有所立卓尔,虽欲从之,末由也已。"此颜子所以善学孔子而深知孔子者也。

有学不至而言至者,循其言亦可以入道。荀子曰:"真积力久则入。"杜预曰:"优而柔之,使自求之;厌而饫之,使自趋之。"管子曰:"思之思之,又重思之,思之而不通,鬼神将通之,非鬼神之力也,精神之极也。"此三者,循其言皆可以入道,而荀子、管子、杜预初不能及此。

自其外者学之,而得于内者,谓之明。自其内者得之,而兼于外者,谓之诚。诚与明一也。

闻见之知,非德性之知。物交物则知之,非内也,今之所谓博物多能者是也。德性之知,不假闻见。

君子不以天下为重而身为轻,亦不以身为重而天下为轻。凡尽其所当为者,如"可以仕则仕","入则孝"之类是也,此孔子之道。蔽焉而有执者,杨、墨之道也。

能尽饮食言语之道,则可以尽去就之道;能尽去就之道,则可以尽死生之道。饮食言语,去就死生,小大之势一也。故君子之学,自微而显,自小而章。《易》曰:"闲邪存其诚。"闲邪则诚自存,而闲其邪者,乃在于言语饮食进退与人交接之际而已矣。

人皆可以至圣人,而君子之学必至于圣人而后已。不至于圣人而后已者,皆自弃也。孝其所当孝,弟其所当弟,自是而推之,则亦圣人而已矣。

多权者害诚,好功者害义,取名者贼心。

君贵明,不贵察;臣贵正,不贵权。

称性之善谓之道,道与性一也。以性之善如此,故谓之性善。性之本谓之命,性之自然者谓之天,自性之有形者谓之心,自性之有动者谓之情,凡此数者皆一也。圣人因事以制名,故不同若此。而后之学者,随文析义,求奇异之说,而去圣人之意远矣。

自性而行,皆善也。圣人因其善也,则为仁义礼智信以名之;以其施之不同也,故为五者以别之。合而言之皆道,别而言之亦皆道也。舍此而行,是悖其性也,是悖其道也。而世人皆言性也,道也,与五者异,其亦弗学欤!其亦未体其性也欤!其亦不知道之所存欤!

道孰为大?性为大。千里之远,数千岁之日,其所动静起居,随若亡矣。然时而思之,则千里之远在于目前,数千岁之久无异数日之近,人之性则亦大矣。噫!人之自小者,亦可哀也已。人之性一也,而世之人皆曰吾何能为圣人,是不自信也。其亦不察乎!

自得者所守固,而自信者所行不疑。

学贵信,信在诚。诚则信矣,信则诚矣。不信不立,不诚不行。

或问:"周公勋业,人不可为也已。"曰:"不然。圣人之所为,人所当为也。尽其所当为,则吾之勋业,亦周公之勋业也。凡人之弗能为者,圣人弗为。"

君子之学,要其所归而已矣。

民可明也,不可愚也;民可教也,不可威也;民可顺也,不可强也;民可使也,不可欺也。

孔子曰:"枨也欲,焉得刚?"甚矣欲之害人也。人之为不善,欲诱之也。诱之而弗知,则至于天理灭而不知反。故目则欲色,耳则欲声,以至鼻则欲香,口则欲味,体则欲安,此皆有以使之也。然则何以窒其欲? 曰思而已矣。学莫贵于思,唯思为能窒欲。曾子之三省,窒欲之道也。

好胜者灭理,肆欲者乱常。

可以仕则仕,可以止则止,可以久则久,可以速则速,此皆时也,未尝不合中,故曰"君子而时中"。

"喜怒哀乐之未发谓之中。"中也者,言寂然不动者也。故曰"天下之大本"。"发而皆中节谓之和。"和也者,言感而遂通者也,故曰"天下之达道"。

学也者,使人求于内也。不求于内而求于外,非圣人之学也。何谓不求于内而求于外? 以文为主者是也。学也者,使人求于本也。不求于本而求于末,非圣人之学也。何谓不求于本而求于末? 考详略,采同异者是也。是二者皆无益于身,君子弗学。

墨子之德至矣,而君子弗学也,以其舍正道而之他也。相如、太史迁之才至矣,而君子弗贵也,以所谓学者非学也。

庄子,叛圣人者也,而世之人皆曰矫时之弊。矫时之弊,固若是乎? 伯夷、柳下惠,矫时之弊者也,其有异于圣人乎? 抑无异乎? 庄周、老聃,其与伯夷、柳下惠类乎? 不类乎? 子夏曰:"虽小道,必有可观者焉,致远恐泥。"子曰:"攻乎异端,斯害也已。"此言异端有可取,而非道之正也。

君子以识为本,行次之。今有人焉,力能行之,而识不足以知之,则有异端者出,彼将流宕而不知反。内不知好恶,外不知是非,虽有尾生之信,曾参之孝,吾弗贵矣。

学莫贵于知言,道莫贵于识时,事莫贵于知要。所闻者所见者外也,不可以动吾心。

孟子曰:"其为气也,至大至刚,以直养而无害。"此盖言浩然之气至大至刚且直也,能养之则无害矣。

伊尹之耕于有莘,傅说之筑于傅岩,天下之事,非一一而学之,天下之贤才,非一一而知之,明其在己而已矣。

君子不欲才过德,不欲名过实,不欲文过质。才过德者不祥,名过实者有殃,文过质者莫之与长。

或问:"颜子在陋巷而不改其乐,与贫贱而在陋巷者,何以异乎?"曰:"贫贱而在陋巷者,处富贵则失乎本心。颜子在陋巷犹是,处富贵犹是。"

通乎昼夜之道,而知昼夜,死生之道也。

知生之道,则知死之道;尽事人之道,则尽事鬼之道。死生人鬼,一而二,二而一者也。

孔子曰:"有德者必有言。"何也? 和顺积于中,英华发于外也。故言则成文,动则成章。

学不贵博,贵于正而已矣。言不贵多,贵于当而已矣。政不贵详,贵于顺而已矣。

意必固我既亡之后,必有事焉,此学者所宜尽心也。夜气之所存者良知也,良能也,苟扩而充之,化旦昼之所害为夜气之所存,然后可以至于圣人。

孟子曰:"尽其心者知其性也,知其性则知天矣。"心也,性也,天也,非有异也。

人皆有是道,唯君子为能体而用之。不能体而用之者,皆自弃也。故孟子曰:"苟能充之,足以保四海;苟不充之,不足以事父母。"夫充与不充,皆在我而已。

德盛者,物不能扰而形不能病。形不能病,以物不能扰也。故善学者,临死生而色不变,疾痛惨切而心不动,由养之有素也,非一朝一夕之力也。

心之躁者,不热而烦,不寒而慄,无所恶而怒,无所悦而喜,无所取而起。君子莫大于正其气,欲正其气,莫若正其志。其志既正,则虽热不烦,虽寒不慄,无所怒,无所喜,无所取,去就犹是,死生犹是,夫是之谓不动心。

志顺者气不逆,气顺志将自正。志顺而气正,浩然之气也。然则养浩然之气也,乃在于持其志无暴其气耳。

《中庸》曰:"道不可须臾离也,可离非道也。"又曰:"道不远人。"此特圣人为始学者言之耳。论其极,岂有可离与不可离而远与近之说哉?

学为易,知之为难。知之非难也,体而得之为难。

"致曲"者,就其曲而致之也。

人人有贵于己者,此其所以人皆可以为尧、舜。

学者当以《论语》《孟子》为本。《论语》《孟子》既治,则《六经》可不治而明矣。读书者,当观圣人所以作经之意,与圣人所以用心,与圣人所以至圣人,而吾知所以未至者,所以未得者,句句而求之,昼诵而味之,中夜而思之,平其心,易其气,阙其疑,则圣人之意见矣。

人之生也,小则好驰骋弋猎,大则好建立功名,此皆血气之盛使之然耳。故其衰也,则有不足之色;其病也,则有可怜之言。夫人之性至大矣,而为形气之所役使而不自知,哀哉!

吾未见啬于财而能为善者也,吾未见不诚而能为善者也。

君子之学也,"使先之觉后知,使先觉觉后觉",而老子以为"非以明民,将以愚之",其亦自贼其性欤!

有求为圣人之志,然后可与共学;学而善思,然后可与适道;思而有所得,则可与立;立而化之,则可与权。

"非礼勿视,非礼勿听,非礼勿言,非礼勿动",视听言动一于礼之谓仁,仁之与礼非有异也。孔子告仲弓曰:"出门如见大宾,使民如承大祭,己所不欲,勿施于人。"夫君子能如是用心,能如是存心,则恶有不仁者乎?而其本可以一言而蔽之曰"思无邪"。

无好学之志,则虽有圣人复出,亦无益矣。然圣人在上而民多善者,以涵泳其教化深且远也,习闻之久也。

《礼记》除《中庸》《大学》,唯《乐记》为最近道,学者深思自求之。《礼记》之《表记》,其亦近道矣乎!其言正。

学者必求其师。记问文章不足以为人师,以所学者外也。故求师不可不慎。所谓师者何也?曰理也,义也。

"少成若天性,习惯成自然。"虽圣人复出,不易此言。孔子曰:"性相近也,习相远也,唯上智与下愚不移。"下愚非性也,不能尽其才也。

君子所以异于禽兽者,以有仁义之性也。苟纵其心而不知反,则亦禽兽而已。形易则性易,性非易也,气使之然也。

"礼仪三百,威仪三千",非绝民之欲而强人以不能也,所以防其欲,戒其侈,而使之入道也。

"多识于鸟兽草木之名",所以明理也。

至显者莫如是,至微者莫如理,而事理一致,微显一源。古之君子所谓善学者,以其能通于此而已。

君子之学贵乎一,一则明,明则有功。

德盛者言传,文盛者言亦传。

名数之学,君子学之而不以为本也。言语有序,君子知之而不以为始也。

孔子之道,发而为行,如《乡党》之所载者,自诚而明也。由《乡党》之所载而学之,以至于孔子者,自明而诚也。及其至焉,一也。

"闻善言则拜",禹所以为圣人也。"以能问不能,以多问寡",颜子所以为大贤也。后之学者有一善而自足,哀哉!

为学之道,必本于思,思则得之,不思则不得也。故《书》曰:"思曰睿,睿作圣。"思所以睿,睿所以圣也。

学以知为本,取友次之,行次之,言次之。

信不足以尽诚,犹爱不足以尽仁。

董仲舒曰:"正其谊,不谋其利;明其道,不计其功。"此董子所以度越诸子。尧、舜之为善,与桀、跖之为恶,其自信一也。

老子曰:"失道而后德,失德而后仁,失仁而后义,失义而后礼。"则道德仁义礼,分而为五也。

圣人无优劣。尧、舜之让,禹之功,汤、武之征伐,伯夷之清,柳下惠之和,伊尹之任,周公在上而道行,孔子在下而道不行,其道一也。

不深思则不能造于道,不深思而得者,其得易失。然而学者有无思无虑而得者,何也?曰:以无思无虑而得者,乃所以深思而得之也。以无思无虑为不思而自以为得者,未之有也。

原始则足以知其终,反终则足以知其始,死生之说,如是而已矣。故以春为始而原之,其必有冬;以冬为终而反之,其必有春。死生者,其与是类也。

"其次致曲"者,学而后知之也,而其成也,与生而知之者不异焉。故君子莫大于学,莫害于画,莫病于自足,莫罪于自弃。学而不止,此汤、武所以圣也。

"古之学者为己",其终至于成物。今之学者为物,其终至于丧己。

"杞柳",荀子之说也。"湍水",杨子之说也。

圣人所知,宜无不至也;圣人所行,宜无不尽也;然而《书》称尧、舜,不曰刑必当罪,赏必当功,而曰:"罪疑惟轻,功疑惟重,与其杀不辜,宁失不经。"异乎后世刻核之论矣。

自夸者近刑,自喜者不进,自大者去道远。

君子之学必日新,日新者日进也。不日新者必日退,未有不进而不退者。唯圣人之道无所进退,以其所造者极也。

事上之道莫若忠,待下之道莫若恕。

《中庸》之书,学者之至也,而其始则曰:"戒慎乎其所不睹,恐惧乎其所不闻。"盖言学者始于诚也。

杨子,无自得者也,故其言蔓衍而不断,优游而不决。其论性则曰:"人之性也善恶混,修其善则为善人,修其恶则为恶人。"荀子,悖圣人者也,故列孟子于十二子,而谓人之性恶。性果恶邪?圣人何能反其性以至于斯耶?

圣人之言远如天,近如地。其远也若不可得而及,其近也亦可得而行。杨子曰:"圣人之言远如天,贤人之言近如地。"非也。

或问贾谊。曰:"谊之言曰:'非有孔子、墨翟之贤',孔与墨一言之,其识末矣,其亦不善学矣。"

必井田,必封建,必肉刑,非圣人之道也。善治者,放井田而行之而民不病,放封建而使之而民不劳,放肉刑而用之而民不怨。故善学者,得圣人之意而不取其迹也。迹也者,圣人因一时之利而制之也。

夫人幼而学之,将欲成之也;既成矣,将以行之也。学而不能成其学,成而不能行其学,则乌足贵哉?

待人有道,不疑而已。使夫人有心害我邪?虽疑不足以化其心。使夫人无心害我邪?疑则己德内损,人怨外生。故不疑则两得之矣,疑则两失之矣,而未有多疑能为君子者也。

昔者圣人"立人之道曰仁曰义"。孔子曰:"仁者人也,亲亲为大;义者宜也,尊贤为大。"唯能亲亲,故"老吾老以及人之老,幼吾幼以及人之幼";唯能尊贤,故"贤者在位,能者在职"。唯仁与义,尽人之道;尽人之道,则谓之圣人。

学者不可以不诚,不诚无以为善,不诚无以为君子。修学不以诚,则学杂;为事不以诚,则事败;自谋不以诚,则是欺其心而自弃其忠;与人不以诚,则是丧其德而增人之怨。今小道异端,亦必诚而后得,而况欲为君子者乎?故曰:学者不可以不诚。虽然,诚者在知道本而诚之耳。

古者卜筮,将以决疑也。今之卜筮则不然,计其命之穷通,校其身之达否而已矣。噫!亦惑矣。

不思故有惑,不求故无得,不问故不知。

世之服食欲寿者,其亦大愚矣。夫命者,受之于天,不可增损加益,而欲服食而寿,悲哉!

见摄生者而问长生,谓之大愚。见卜者而问吉凶,谓之大惑。

或问性。曰:"顺之则吉,逆之则凶。"

孔子没,曾子之道日益光大。孔子没,传孔子之道者,曾子而已。曾子传之子思,子思传之孟子,孟子死,不得其传,至孟子而圣人之道益尊。

孟子曰:"可以仕则仕,可以止则止,可以久则久,可以速则速,孔子也。孔子,圣之时者也。"故知《易》者,莫若孟子。孟子曰:"王者之迹熄而《诗》亡,《诗》亡然后《春秋》作。《春秋》无义战,彼善于此则有之矣。"征者上伐下也,敌国不相征也。故知《春秋》者,莫若孟子。

礼之本,出于民之情,圣人因而道之耳。礼之器,出于民之俗,圣人因而节文之耳。圣人复出,必因今之衣服器用而为之节文。其所谓贵本而亲用者,亦在时王斟酌损益之耳。

[选自王孝鱼点校:《二程集》(第二集),中华书局1981年版,第316~327页。]

忠 信 合 一

〔南宋〕朱　熹

忠,以心言;信,以事言。青是青,黄是黄,这便是信。未有忠而不信,信而不忠,故明道曰:"忠信,内外也。"

忠信只是一事。但是发于心而自尽,则为忠;验于理而不违,则为信。忠是信之本,信是忠之发。

忠信只是一事,而相为内外始终本末。有于己为忠,见于物为信。做一事说,也得;做两事说,也得。

忠与诚,皆是实理。一心之谓诚,尽心之谓忠。诚是心之本主,忠又诚之用处。用心,只是心中微见得用。

未有忠而不信,未有信而不忠者。"尽己之谓忠,以实之谓信。"以,用也。

忠信只是一理。自中发出来便是忠,著实便是信。谓与人说话时,说到底。见得恁地了,若说一半不肯说尽,便是不忠。有这事说这事,无这事便说无,便是信。只是一个理,自其发于心谓之忠,验于事谓之信。

尽己只是尽自家之心,不要有一毫不尽。如为人谋一事,须直与它说这事合做与否。若不合做,则直与说这事决然不可为。不可说道,这事恐也不可做,或做也不妨。此便是不尽忠。信即是忠之见于事者。所以说"忠信,内外也",只是一物。未有忠而不信者,亦未有信而不出于忠者。只是忠则专就发己处说,信则说得来周遍,事上都要如此。

自中心而发出者,忠也;施于物而无不实者,信也。且如甲谓之甲,乙谓之乙,信也;以甲为乙,则非信矣。

忠是就心上说,信是指事上说。如今人要做一件事,是忠;做出在外,是信。如今人问火之性是如何,向他说热,便是忠。火性是热,便是信。心之所发既实,则见于事上皆是实。若中心不实,则见于事上便不实。所谓"不诚无物"。

若无忠信,便不是人,如何讲学!

忠信只是一事,只是就这一物上见有两端。如人问自家这件事是否,此事本是,则答之以是,则是发己自尽,此之谓忠。其事本是,自家答之以是,则是循物无违,是之谓信。不忠不信者,反是。只是发于己者既忠,则见于物者便信,一事而有两端之义也。

忠信只是一个道理。发于己者自然竭尽,便是忠;见诸言者以实,便是信。循物无违,如这桌子,黄底便道是黄,黑者便道是黑。这便是无违。程子曰:"一心之谓诚,尽心之谓忠,存于中者之谓孚,见于事者之谓信。"

忠是体,信是用。自发己自尽者言之,则名为忠,而无不信矣;自循物无违者言之,则名为信,而无不出于忠矣。

信主言而言,盖对忠而说。在己无不尽之心为忠,在人无不实之言为信。

尽己之谓忠,尽物之谓信,只是一理。但忠是尽己,信却是于人无所不尽。犹曰:"忠信,内外也。"

"敬事而信",是"节用爱人,使民以时"之本。敬又是信之本。

如"敬事而信",便是敬那政事也。节用,有节用之政事;爱人,有爱人之政事;使民,有使民之政事。这一段,是那做底。子细思了,若无敬,看甚事做得成!不敬则不信;不信,则不能"节用爱人",不"节用爱人",则不能"使民以时"矣。所以都在那敬事上。若不敬,则虽欲信不可得。如出一令,发一号,自家把不当事忘了,便是不信。然敬又须信,若徒能敬,而号令施于民者无信,则为徒敬矣。不信固不能节用,然徒信而不能节用,亦不济事。不节用固不能爱人,然徒能节用而不爱人,则此财为谁守邪!不爱人固不能"使民以时",然徒能爱人,而不能"使民以时",虽有爱人之心,而人不被其惠矣。要之,根本工夫都在"敬"字。若能敬,则下面许多事方照管得到。自古圣贤,自尧舜以来便说这个"敬"字。孔子曰:"修己以敬。"

无信,如何做事。如朝更夕改,虽商鞅之徒亦不可为政。要之下面三事,须以敬信为主。

"主忠信",忠以心言,信以事言。以实之谓信。

"主忠信"。人道惟在忠信,"不诚无物"。人若不忠信,如木之无本,水之无原,更有甚底!一身都空了。今当反看自身,能尽己之心,能不违于物乎?若未尽己之心而不违于物,则是不忠信。凡百处事接物,皆是不诚实,且谩为之。如此四者,皆是修身之要。就其中"主忠信",又是最要。若不"主忠信",便"正衣冠,尊瞻视",只是色庄,为学亦是且谩为学,取朋友未便尽诚,改过亦未必真能改过。故为人须是"主忠信"。《学而》一篇,再三言之。

"人道惟在忠信,不诚无物"。物,只是眼前事物,都唤做物。若诚实,方有这物。若口里说庄敬,肚里自慢忽,口里说诚实,肚里自狡伪,则所接事物还似无一般。须是实见得是,实见得非,截定而不可易,方有这物。

[选自〔南宋〕黎靖德编,杨绳其、周娴君校点:《朱子语类》卷第二十一《论语·学而篇中》,岳麓书社1997年版,第433~453页。]

主 忠 信

〔南宋〕陆九渊

人不可以无所主，尤不可以主非其所主。盖人而无所主，则伥伥然无所依归，将至于无所不为，斯固有所不可也。然至于主非其所主，则念虑云为举出于其心之所主，方且陷溺于其中而自以为得，虽有至言善道，贤师良友，亦无如之何？则又不若无所主者之或能入于善也。此夫子所以屡言之。

忠者何？不欺之谓也；信者何？不妄之谓也。人而不欺，何往而非忠；人而不妄，何往而非信。忠与信初非有二也。特由其不欺于中而言之，则名之以忠；由其不妄于外而言之，则名之以信。果且有忠而不信者乎？果且有信而不忠者乎？名虽不同，总其实而言之，不过良心之存，诚实无伪，斯可谓之忠信矣。由是言之，忠信之名，圣人初非外立其德以教天下，盖皆人之所固有，心之所同然者也。

然人之生也，不能皆上智不惑。气质偏弱，则耳目之官，不思而蔽于物，物交物，则引之而已。由是向之所谓忠信者，流而放僻邪侈，而不能以自反矣。当是时，其心之所主，无非物欲而已矣。然则圣人所欲导还其固有，舍曰"主忠信"，其何以哉？是故为人子而不主于忠信，则无以事其亲；为人臣而不主于忠信，则无以事其君；兄弟而不主于忠信则伤；夫妇而不主于忠信则乖；朋友而不主于忠信则离。视听言动，非忠信则不能以中理，出处语默，非忠信则不能以合宜。凡文辞之学，与夫礼乐射御书数之艺，此皆古之圣贤所以居敬养和，周事致用，备其道全其美者。一不出于忠信，则虽或能之，亦适所以崇奸而长伪，况其余乎？

呜呼！忠信之于人亦大矣。欲有所主，舍是其可乎？故夫子两以告门人弟子，而子张之问崇德，亦以是告之；至于赞《易》，则又以为"忠信所以进德也"。诚以忠信之于人，如木之有本，非是则无以为木也，如水之有源，非是则无以为水也。人而不忠信，果何以为人乎哉？鹦鹉鸲鹆，能人之言，猩猩猿狙，能人之技，人而不忠信，何以异于禽兽者乎？呜呼！学者能审其所主，则亦庶几乎其可矣。

国以君为主，则一国之事，莫不由君而出；军以将为主，则一军之事，莫不由将而出;家以长为主,则一家之事,莫不由长而出。人能以忠信为主,则念虑云为,举一身之事,莫不由忠信而出,然而不能进于圣贤者,吾未之信也。

[选自〔南宋〕陆九渊撰,钟哲点校:《陆九渊集》,中华书局1980年版,第373～475页。]

忠信之"信"与五常之"信"

〔南宋〕陈　淳

"仁义礼智信"

五者谓之五常,亦谓之五性。就造化上推原来,只是五行之德。仁在五行为木之神,在人性为仁;义在五行为金之神,在人性为义;礼在五行为火之神,在人性为礼;智在五行为水之神,在人性为智。人性中只有仁义礼智四位,却无信位。如五行木位东,金位西,火位南,水位北,而土无定位,只寄旺于四位之中。木属春,火属夏,金属秋,水属冬,而土无专气,只分旺于四季之间。四行无土便都无所该载,犹仁义礼智无信,便都不实了。只仁义礼智之实理便是信。信却易晓。仁义礼智须逐件看得分明,又要合聚看得脉络都不乱。

且分别看仁是爱之理,义是宜之理,礼是敬之理,智是知之理。爱发见于外乃仁之用,而爱之理则在内。事物各得其宜乃义之用,而宜之理则在内。恭敬可见处乃礼之用,而敬之理则在内。知个是、知个非是智之用,而知之理则在内。就四者平看,则是四个相对底道理。专就仁看,则仁又较大,能兼统四者,故仁者乃心之德。如礼义智亦是心之德,而不可以心之德言者,如人一家有兄弟四个,长兄当门户,称其家者只举长兄位号为言,则下三弟皆其家子弟,已包在内矣。若自曰三弟者之家,则拈掇不起,道理只如此。然仁所以长众善,而专一心之全德者,何故?盖人心所具之天理全体都是仁,这道理常恁地活,常生生不息。举其全体而言则谓之仁,而义礼智皆包在其中。自为仁言,才有一毫人欲之私插其间,这天理便隔绝死了,便不得谓之仁。须是工夫至到,此心纯是天理之公,而绝无一毫人欲之私以间之,则全体便周流不息,无间断,无欠阙,方始是仁。所以仁无些少底仁。

仁义起发是恻隐羞恶,及到那人物上,方见得爱与宜,故曰:"爱之理,宜之理。"

仁道甚广大精微,何以用处只为爱物,而发见之端为恻隐?曰:仁是此心生理全体,常生生不息。故其端绪方从心中萌动发出来,自是恻然有隐,由恻隐而充及到那物上,遂成爱。故仁乃是爱之根,而恻隐则根之萌芽而爱又萌芽之长茂已成者也。观此,则仁者爱之理,爱者仁之用,自可见得脉络相关处矣。

义就心上论,则是裁制决断处,宜字乃裁断后字。裁断当理,然后得宜。凡事到面前,便须有剖判,是可是否。文公谓:义之在心,如利刃然,物来触之,便成两片。若可否都不能剖判,便是此心顽钝无义了。且如有一人来邀我同出去,便须能剖判当出不当出。若要出又要不出,于中迟疑不能决断,更何义之有？此等处,须是自看得破。如韩文公以行而宜之之谓义,则是就外面说,成"义外"去了。

礼者,心之敬,而天理之节文也。心中有个敬,油然自生便是礼,见于应接便自然有个节文,节则无太过,文则无不及。如做事太质,无文彩,是失之不及；末节繁文太盛,是流于太过。天理之节文乃其恰好处,恰好处便是理。合当如此,更无太过,更无不及,当然而然,便即是中。故濂溪《太极图》说"仁义中正",以"中"字代"礼"字,尤见亲切。

文公曰:礼者,天理之节文,而人事之仪则。以两句对言之,何也？盖天理只是人事中之理,而具于心者也。天理在中而着见于人事,人事在外而根于中,天理其体而人事其用也。"仪"谓容仪而形见于外者,有粲然可象底意,与"文"字相应。"则"谓法则、准则,是个骨子,所以存于中者,乃确然不易之意,与"节"字相应。文而后仪,节而后则,必有天理之节文,而后有人事之仪则。言须尽此二者,意乃圆备。

智是心中一个知觉处,知得是是非非恁地确定是智。孟子谓"知斯二者弗去"是也。知是知识,弗去便是确定不易之意。

问:智是知得确定,在五行何以属水？曰:水清明可鉴似智,又是造化之根本。凡天地间万物,得水方生。只看地下泉脉滋润,何物不资之以生？亦犹万事非智不可便知,知得确定方能成。此水于万物所以成终而成始,而智亦万事之所以成终而成始者也。

孟子四端之说,是就外面可见底以验其中之所有。如乍见孺子入井,便自然有恻隐之心,便见得里面有这仁。如行道乞人,才蹴尔呼尔而与之,便自羞恶而不肯食,便见得里面有这义。如一接宾客之顷,便自然有恭敬之心,便见得里面有这礼。一件事来,非底便自觉得为非,是底便自觉得为是,便见得里面有这智。惟是里面有是四者之体,故四者端绪自然发见于外,所谓"乃若其情,则可以为善,乃所谓善也"。以见性不是个含糊底物,到发来方有四端,但未发则未可见耳。孟子就此处开发人,证印得本来之善甚分明。所以程子谓"有功于万世者,性善之一言"。

信在性只是四者都实底道理,及发出来便为忠信之信。由内面有此信,故发出来方有忠信之信。忠信只是一物而判作二者,便是信之端绪,是统外面应接事物发原处说。

四者端绪,日用间常常发见,只是人看理不明,故茫然不知得。且如一事到面前,便自有个是,有个非,须是知得此便是智。若是也不知,非也不知,便是心中顽愚无知觉了。既知得是非已明,便须判断,只当如此做,不当如彼做,有可否从违,便是义。若要做此,又不能割舍得彼,只管半间半界,便是心中顽钝而无义。既断定了只如此做,便看此事如何是太过,如何是不及,做得正中恰好,有个节文,无过无不及,此便是礼。做事既得中,更无些子私意夹杂其间,便都纯是天理流行,此便是仁。事做成了,从头至尾皆此心真实所为,便是信。此是从下说上去,若从上说下来,且如与个宾客相接,初才闻之,便自有个恳恻之心,怛然动于中,是仁。此心既怛然动于中,便肃然起敬去接他,是礼。既接见毕,便须商量合作如何待,或吃茶,或饮酒,轻重厚薄,处之得宜,是义。或轻或重,或厚或薄,明白一定,是智。从首至末皆真实,是信。此道理循环无端,若见得熟,则大用小用皆宜,横说竖说皆通。

仁者,心之全德,兼统四者。义、礼、智,无仁不得。盖仁是心中个生理,常行生生不息,彻终始,无间断。苟无这生理,则心便死了,其待人接宾,恭敬何自而发?必无所谓礼。处事之际,必不解裁断,而无所谓义。其于是非,亦必顽然无所知觉,而无所谓智。既无是四者,又乌有所谓实理哉!

人性之有仁义礼智,只是天地元亨利贞之理。仁在天为元,于时为春。乃生物之始,万物于此方萌芽发露,如仁之生生,所以为众善之长也。礼在天为亨,于时为夏,万物到此时一齐盛长,众美所会聚,如《经礼》三百,《曲礼》三千,粲然文物之盛,亦众美所会聚也。义在天为利,于时为秋,盖万物到此时皆成遂,各得其所,如义断制万事,亦各得其宜。秋有肃杀气,义亦有严肃底意。智在天为贞,于时为冬,万物到此,皆归根复命,收敛都定了,如智见得万事是非都一定,确然不可易,便是贞固道理。贞后又生元,元又生亨,亨又生利,利又生贞,只管如此去,循环无端。总而言之,又只是一个元,盖元是个生意,亨只是此生意之通,利只是此生意之遂,贞也只是此生意之藏。此元所以兼统四德,故曰"大哉乾元,万物资始,乃统天",谓统乎天,则终始周流都是一个元。知仁兼统四者,义礼智都是仁。至其为四端,则所谓恻隐一端,亦贯通乎辞逊、羞恶、是非之端,而为之统焉。今只就四端不觉发动之初,真情恳切时,便自见得恻隐贯通处。故程传曰:四德之元,犹五常之仁,偏言则一事,专言则包四者。可谓示人亲切,万古不易之论矣。

何谓义礼智都是仁?盖仁者,此心浑是天理流行。到那礼仪三百,威仪三千,亦都浑是这天理流行。到那义,裁断千条万绪,各得其宜,亦都浑是这天理流行。到这智,分别万事,是非各定,亦都浑是这天理流行。

仁义礼智四者判作两边,只作仁义两个。如春夏秋冬四时,分来只是阴阳两个。春夏属阳,秋冬属阴。夏之通畅,只是春之发生盛大处。冬之藏敛,只是秋之肃杀归宿处。故礼仪三百,威仪三千,只是天理流行显著处。智之是非确定,只是义之裁断割正处。文公曰:礼者仁之著,智者义之藏。

就事物言,父子有亲便是仁,君臣有义便是义,夫妇有别便是礼,长幼有序便是智,朋友有信便是信，此又是竖观底意思。

若横而观之，以仁言则所谓亲、义、序、别、信，皆莫非此心天理流行，又是仁。以义言，则只那合当亲、合当义、合当序、合当别、合当信底，皆各当乎理之宜，又是义。以礼言，则所以行乎亲义序别信之有节文，又是礼。以智言，则所以知是五者，当然而不昧，又是智。以信言，则所以实是五者，诚然而不妄，又是信。

若又错而言之，亲亲，仁也。所以爱亲之诚，则仁之仁也；所以谏乎亲，则仁之义也；所以温清定省之节文，则仁之礼也；自良知无不知是爱，则仁之智也；所以为事亲之实，则仁之信。从兄，义也。所以为爱兄之诚，则义之仁也；所以庸敬在兄，则义之义也；所以徐行后长之节文，则义之礼也；自良知无不知是敬，则义之智也；所以为从兄之实，则义之信也。敬宾，礼也。所以恳恻于中，则礼之仁也；所以接待之宜，则礼之义也；所以周旋之节文，则礼之礼也；所以酬酢而不乱，则礼之智也；所以为敬宾之实，则礼之信。察物，智也。是是非非之恳恻，则智之仁也；是是非非之得宜，则智之义也；是是非非之中节，则智之礼也；是是非非之一定，则智之智也；所以为是非之实，则智之信也。复言，信也。由乎天理之公，则信之仁也；发而皆天理之宜，则信之义也；出而中节，则信之礼也；所以有条而不紊，则信之智也；所以为是言之实，则信之信也。

故有仁义礼智信中之仁，有仁义礼智信中之义，有仁义礼智信中之礼，有仁义礼智信中之智，有仁义礼智信中之信，有仁中之仁义礼智信，有义中之仁义礼智信，有礼中之仁义礼智信，有智中之仁义礼智信，有信中之仁义礼智信。

自其过接处言之，如仁生理流行中，便酝酿个礼之恭逊节文来。礼恭逊节文中，便酝酿个义之裁断得宜来。义裁断得宜中，便酝酿个智之是非一定来。到这智是非一定处，已收藏了，于其中又复酝酿仁之生理流行来。元自有脉络相因，非是界分截然不相及。

五者随感而发，随用而应，或才一触而俱动，或相交错而互见，或秩然有序而不紊，或杂然并出而不可以序言。大处则大有，小处则小有，疏处则疏有，密处则密有，纵横颠倒，无所不通。

见人之灾伤，则为之恻然，而必愤其所以伤之者，是仁中含带义来；见人之不善，则为之憎恶，而必欲其改以从善，是义中含带仁来；见大宾为之致敬，必照顾惟恐其失仪，是礼中含带智来；见物之美恶黑白，为之辨别，必自各有定分，不相乱，是智中含带礼来。

孔门教人，求仁为大。只专言仁，以仁含万善，能仁则万善在其中矣。至孟子，乃兼仁义对言之，犹四时之阴阳也。

自孔门后，人都不识仁。汉人只把做恩惠说，是又太泥了爱。又就上起楼起阁，将仁看得全粗了，故韩子遂以博爱为仁。至程子始分别得明白，谓"仁是性，爱是情"。然自程子此言一出，门人又将爱全掉了，一向求高远去。不知仁是爱之性，爱是仁之情，爱虽不可以正名仁,而仁亦岂能离得爱?上蔡遂专以知觉言仁,又流入佛氏"作用是性"之说去。夫仁者固能知觉,谓知觉为仁则不可。若能转一步看,只知觉纯是理,便是仁也。龟山又以"万物与我为一"为仁体。夫仁者固能与物为一,谓与物为一为仁则不可。此乃是仁之量。若能转一步看,只于与物为一之前,彻表里纯是天理,流行无间,便是仁也。吕氏《克己铭》又欲克去有己,须与物合为一体方为仁,认得仁都旷荡在外了,于我都无统摄。必己与物对时,方下得克己工夫。若平居独处,不与物对时,工夫便无可下手处。可谓疏阔之甚!据其实,己如何得与物合一?洞然八荒,如何得皆在我闼之内?此不过只是想象个仁中大抵气象如此耳,仁实何在焉!殊失向来孔门传授心法本旨。其他门人又浅,皆无有说得亲切者。

程子论"心譬如谷种,生之性便是仁",此一语说得极亲切。只按此为准去看,更兼所谓"仁是性、爱是情"及"仁不可训觉与公,而以人体之,故为仁"等数语相参照,体认出来,则主意不差而仁可得矣。

仁有以理言者,有以心言者,有以事言者。以理言,则只是此心全体天理之公,如文公所谓"心之德,爱之理",此是以理言者也。心之德,乃专言而其体也。爱之理,乃偏言而其用也。程子曰:"仁者,天下之公,善之本也。"亦以理言者也。以心言,则知此心纯是天理之公,而绝无一毫人欲之私以间之也。如夫子称"回也,其心三月不违仁",程子谓"只是无纤毫私欲,少有私欲便是不仁",及"雍也不知其仁"等类,皆是以心言者也。以事言,则只是当理而无私心之谓。如夷齐求仁而得仁、殷有三仁,及子文之忠、文子之清,皆"未知,焉得仁"等类是也。若以用功言,则只是去人欲,复天理,以全其本心之德而已矣。如夫子当时答群弟子问仁,虽各随其才质病痛之不同,而其旨意所归,大概不越乎此。

"忠信"

忠信是就人用工夫上立字。大抵性中只有个仁义礼智四位,万善皆从此而生,此四位实为万善之总括。如忠信、如孝弟等类,皆在万善之中。孝弟便是个仁之实,但到那事亲从兄处,方始目之曰孝弟。忠信便只是五常实理之发,但到那接物发言处,方始名之曰忠信。

"忠信"二字,从古未有解人得分晓。诸家说忠,都只是以事君不欺为言。夫忠固能不欺,而以不欺名忠则不可。如此,则"忠"之一字,只事君方使得。说信又只以不疑为言,信固能不疑,而以不疑解信则不可。如此,则所谓不疑者,不疑何事?直至程子曰"尽己之谓忠,以实之谓信",方说得确定。尽己自尽自家心里面,以所存主者而言,须是无一毫不尽方是忠。如十分底话,只说得七八分,犹留两三分,便是不尽,不得谓之忠。以实是就言上说,有话只据此实物说,无便曰无,有便曰有。若以无为有,以有为无，便是不以实，不得谓之信。忠信非判然二物，从内面发出，无一不尽是忠。发出外来，皆以实是信。明道发得又明畅，曰：发己自尽为忠，循物无违为信。从己心中发出，无一不尽是忠。循那物之实而言，无些子违背他，如是便曰是，不与是底相背，非便曰非，不与非底相背，便是信。伊川说得简要确实，明道说得发越条畅。

信有就言上说，是发言之实。有就事上说，是做事之实。有以实理言，有以实心言。

忠信两字近诚字。忠信只是实，诚也只是实。但诚是自然实底，忠信是做工夫实底。诚是就本然天赋真实道理上立字，忠信是就人做工夫上立字。

忠信之"信"与五常之"信"如何分别？五常之信以心之实理而言，忠信之信以言之实而言，须是逐一看得透彻。古人言语有就忠信之信言者，有就五常之信言者，不可执一看。若泥着，则不通。

圣人分上，忠信便是诚，是天道。贤人分上，忠信只是思诚，是人道。

诚与忠信对，则诚天道，忠信人道。忠与信对，则忠天道，信人道。

孔子曰："主忠信。"主与宾相对，宾是外人，出入无常。主人是吾家之主，常存在这屋里，以忠信为吾心之主，是中心常要忠信，盖无时而不在是也。心中所主者忠信，则其中许多道理便都实在。这里若无忠信，则一切道理都虚了。主字下得极有力。

忠信等字骨看得透，则无往而不通。如事君之忠，亦只是尽己之心以事君。为人谋之忠，亦只是尽己之心以为人谋耳。如与朋友交之信，亦只是以实而与朋友交。与国人交之信，亦只是以实而与国人交耳。

［选自〔南宋〕陈淳著，熊国祯、高流水点校：《北溪字义》，中华书局1983年版。］

德者，忠信而已

〔元〕文天祥

《易》曰："君子进德修业，忠信所以进德也，修辞立其诚，所以居业也。"中心之谓忠，以实之谓信，无妄之谓诚，三者一道也。夫所谓德者，忠信而已矣。辞者，德之表，则立此忠信者，修辞而已矣。德是就心上说，业是就事上说，德者统言。一善，固德也。自其一善以至于无一之不善，亦德也。德有等级，故曰进。忠信者，实心之谓，一念之实，固忠信也。自一念之实以至于无一念之不实，亦忠信也。忠信之心，愈持养则愈充实，故曰忠信所以进德。修辞者，谨饬其辞也。辞之不可以妄发，则谨饬之，故修辞所以立其诚，诚即上面忠信字。居有守之之意，盖一辞之诚，固是忠信。以一辞之妄间之，则吾之业顿隳，而德亦随之矣。故自其一辞之修，以至于无一辞之不修，则守之如一，而无所作辍，乃居业之义。德业如形影，德是存诸中者，业是德之著于外者。上言进，下言修，业之修，所以为德之表也。上言修业，下言修辞，辞之修，即业之修也。以进德对修业，则修是用力，进是自然之进。以进德对居业，则进是未见其止，居是守之不变。惟其守之不变，所以未见其止也。辞之义有二，发于言则为言辞，发于文则为文辞。"子以四教：文、行、忠、信。"虽若歧为四者，然文行安有离乎忠信？有忠信之行，自然有忠信之文，能为忠信之文，方是不失忠信之行。

子曰："言忠信，行笃敬。"则忠信，进德之谓也。言忠信，则修辞立诚之谓也。未有行笃敬而言不忠信者，亦未有言不忠信而可以语行之笃敬者也。天地间只一个诚字，更颠扑不碎。观德者，只观人之辞，一句诚实，便是一德，句句诚实，便是德进而不可御，人之于其辞也，其可不谨其口之所自出而苟为之哉！

嗟乎！圣学寖远，人伪交作，而言之无稽甚矣。诞谩而无当谓之大言，悠扬而不根谓之浮言，浸润而肤受谓之游言，遁天而倍情谓之放言，此数种人，其言不本于其心，而害于忠信，不足论也。最是号为能言者，卒与之语，出入乎性命道德之奥，宜若忠信人也。夷考其私，则固有行如狗彘而不掩焉者，而其于文也亦然，滔滔然写出来，无非贯串孔、孟，引接伊、洛，辞严义正，使人读之，肃容敛衽之不暇。然而外头如此，中心不如此，其实则是脱空诳谩。先儒谓，这样无缘做得好人，为其无为善之地也。外面一幅当虽好，里面却踏空，永不足以为善。盖由彼以圣贤法语，止可借为议论之助，而使之实体之于其身,则曰:"此迂阔也,而何以便吾私?"是以心口相反,所言与所行如出二人。呜呼!圣贤千言万语,教人存心养性,所以存养此真实也,岂以资人之口讲而已哉!俗学至此,遂使质实之道衰,浮伪之意胜,而风俗之竞竞从之。其陷于恶而不知反者,既以妄终其身,而方来之秀,习于其父兄之教,良心善性,亦渐渍汩没而堕于不忠不信之归。昔人有言,今天下溺矣!吾党之士,犹幸而不尽溺于波颓澜倒之冲,缨冠束带,相与于此,求夫救溺之策,则如之何?噫!宜亦知所勉矣。或曰:"至诚无息,不息则久,积之自然如此,岂卒然旦暮所及哉!今有人焉,平生无以议为,而一日警省,欲于诚学旋生用工夫,则前妄犹可赎乎?"曰:"无伤也。温公五六岁时,一婢子以汤脱胡桃皮。公绐其女兄曰:'自脱也。'公父呵之曰:'小子何得谩语!'公自是不敢谩语。然则温公脚踏实地,做成九分人,盖自五六岁时,一觉基之,犹未免一语之疵也。元城事温公凡五年,得一语曰诚,请问其目,曰:'自不妄语入。'元城自谓:'予初甚易之,及退而自檃括,日之所行与凡所言,自相掣肘矛盾者多矣。力行七年而后成。'然则元城造成一个言行一致,表里相应,盖自五年从游之久,七年持养之熟。前乎此,元城犹未免乎掣肘矛盾之愧也。人患不知方耳,有能一日涣然而悟,尽改心志,求为不谩不妄,日积月累,守之而不懈,则凡所为人伪者,出而无所施于外,入而无所藏于中,自将消磨泯没,不得以为吾之病,而纵横妙用,莫非此诚,《乾》之君子在是矣。"或曰:"诚者,道之极致,而子直以忠信训之,反以为入道之始,其语诚若未安。"曰:"诚之为言,各有所指,先儒论之详矣。如周子所谓'诚者,圣人之本',即《中庸》所谓'诚者,天之道',盖指实理而言也。如所谓'圣,诚而已矣',即《中庸》所谓'天下至诚',指人之实有此理而言也。温公、元城之所谓诚,其意主于不欺诈,无矫伪,正学者立心之初所当从事,非指诚之至者言之也,然学者其自温公、元城之所谓诚,则由《乾》之君子,以至于《中庸》之圣人,若大路然,夫何远之有?不敏何足以语诚!抑不自省察,则不觉而陷于人伪之恶,是安得不与同志极论其所终,以求自拔于流俗哉!愚也请事斯语,诸君其服之无斁。"

[选自〔清〕黄宗羲:《宋元学案·西涧书院释菜讲义》,中华书局1986年版。]

致 良 知

〔明〕王守仁

来书又有云:"人情机诈百出,御之以不疑,往往为所欺;觉则自入于逆亿。夫逆诈即诈也,亿不信即非信也,为人欺又非觉也。不逆不亿而常先觉,其惟良知莹彻乎?然而出入毫忽之间,背觉合诈者多矣。"

"不逆不亿而先觉",此孔子因当时人专以逆诈亿不信为心,而自陷于诈与不信,又有不逆不亿者,然不知致良知之功,而往往又为人所欺诈,故有是言。非教人以是存心而专欲先觉人之诈与不信也。以是存心,即是后世猜忌险薄者之事,而只此一念,已不可与入尧、舜之道矣。不逆不亿而为人所欺者,尚亦不失为善,但不如能致其良知而自然先觉者之尤为贤耳。

(欧阳)崇一谓其惟良知莹彻者,盖已得其旨矣。然亦颖悟所及,恐未实际也。盖良知之在人心,亘万古、塞宇宙,而无不同。"不虑而知","恒易以知险","不学而能","恒简以知阻","先天而天不违","天且不违,而况于人乎?况于鬼神乎?"夫谓"背觉合诈"者,是虽不逆人,而或未能自欺也;虽不亿人,而或未能果自信也。是或常有先觉之心,而未能常自觉也。常有求先觉之心,即已流于逆、亿,而足以自蔽其良知矣。

此"背觉合诈"之所以未免也。君子学以为己,未尝虞人之欺己也,恒不自欺其良知而已;未尝虞人之不信己也,恒自信其良知而已;未尝求先觉人之诈与不信也,恒务自觉其良知而已。

是故不欺则良知无所伪而诚,诚则明矣;自信则良知无所惑而明,明则诚矣。明诚相生,是故良知常觉常照。常觉常照,则如明镜之悬,而物之来者自不能遁其妍媸矣。何者?不欺而诚则无所容其欺,苟有欺焉,而觉矣;自信而明则无所容其不信,苟不信焉,而觉矣。是谓易以知险,简以知阻,子思所谓"至诚如神,可以前知"者也。然子思谓"如神",谓"可以前知",犹二而言之。是盖推言思诚者之功效,是犹为不能先觉者说也。若就至诚而言,则至诚之妙用即谓之"神",不必言"如神",至诚则"无知而无不知",不必言"可以前知"矣。

[选自〔明〕王守仁著,吴光等编校:《王阳明全集》(上),上海古籍出版社2015年版,第64~65页。]

论"民无信不立"

〔清〕王夫之

集注两释"信"字,俱加"于我"二字,亦似赘出。子曰"民无信不立",不云"民不信不立",则非信于我之谓,审矣。集注又云"失信",一"失"字尤不安。言"失信",则是有所期约而故爽之。看来,子贡问政是大纲问,非缘国势危而号令期约以相救,则又何期,而又何失乎?

此"信"字,是尽民之德而言,与《易》言"履信"同。民之所奉上教,而自成其道德之一,风俗之同者,至于信而止矣。孟子所谓"恒心"者是也。"信之""之"字,固若隐然指君而言,然亦要君之所以教民者而概言之,非专指君身与其所令也。于此不审,则将"自古皆有死"一句,煞认作饿死说;而"民无信不立",作守死不食言解,则大失圣人之旨矣。

"自古皆有死"二句,以文义、事理求之,非但承"去食"说,亦承"去兵"说。无食之死,与无兵之死,等也。而无兵之可以得死,尤甚于无食。朱子云"有信则相守以死",不知所谓相守者何人?古者即民为兵,有与相守者,则是虽无食而有兵矣。子贡曰"于斯二者何先",则业已无兵矣,更何从得人而相守乎?

"足食"者,民之食与国之食而两足也。"足兵"者,训练之而使战不北、守不溃也。"去兵"者,贫弱之国,恐以训练妨本业,且无言兵,而使尽力于耕作也。"去食"者,极乎贫弱之国,耕战两不能给,且教之以为善去恶,而勿急督其农桑也。

世儒错看一"去"字说作已有而故去之,夫已有兵有食矣,则又何害于信,而必欲去之哉?"必不得已"之云,自以施为之次序而言,而非谓其有内患外逼、且夕立亡之势。食竭兵溃,坐以待毙,亦何政之足为邪?君子不居危乱之邦,何为执其政哉?倘云先已执政,而一旦至此,则平日之足之者,漫无可恃,而徒议销兵弃粟于危亡之日,其不足有为甚矣。子贡亦何屑为此童昏败亡之君臣计邪?

"必不得已而去,于斯三者何先",谓必不得已而有所去矣,于其所不去者,当以何为先务也。先者,先足,非先去也。去者,不先之谓耳。唯或先兵,或先食,或先信,则去者可以缓待后日。倘云先去,则岂去兵之后乃去食,去食之后乃去信乎?三者皆有可为之势,则兵食与信,同时共修,不相悖害。若积敝之余,初议收拾,则先教民而后议食,先足食而后议兵,其施为之次第如此。不然,则如富强之流,或先食,或先兵,亟以耕战立国,而置风俗之淳薄为缓图,固当世言政者之大敝也。

而其曰"自古皆有死,民无信不立",则见天之为民立君,非但相聚以生,而必欲相成以有立,失立民之道,而民亦无以自立,则不达于死生之正理以为民极,而但晌晌然如禽兽之相铺相卫,求以趋利而避害,则虽食足兵强,其建国迪民者,适以败坏人道久矣。此夫子彻底将天德、王道合一之理,与子贡言为国之大经,以定缓急之次序;而非向倾危败乱之国,作君民同尽计也。熟绎本文,当自得之。

[选自〔清〕王夫之著,傅云龙、吴可主编:《船山遗书》(第5卷),北京出版社1999年版,第2510～2511页。]

中国近代篇

复贺耦庚中丞

〔清〕曾国藩

国藩顿首顿首耦庚前辈大人阁下：

二月接奉手示，兼辱雅贶，感谢感谢！过蒙矜宠，奖饰溢量。国藩本以无本之学，寻声逐响，自从镜海先生游，稍乃粗识指归，坐瞀见明，亦耿耿耳。乃甫涉向道之藩，遽钓过情之誉，是再辱也。

盖尝抉剔平生之病源，养痈藏瘤，百孔杂出，而其要在不诚而已矣。窃以为天地之所以不息，国之所以立，贤人之德业之所以可大、可久，皆诚为之也。故曰："诚者，物之终始，不诚无物。"今之学者，言考据则持为骋辩之柄，讲经济则据为猎名之津，言之者不怍，信之者贵耳，转相欺谩，不以为耻。至如仕途积习，益尚虚文，奸弊所在，蹈之而不怪，知之而不言，彼此涂饰，聊以自保，泄泄成风，阿同骇异。故每私发狂议，谓今日而言治术，则莫若综核名实；今日而言学术，则莫若取笃实践履之士。物穷则变，救浮华者莫如质。积玩之后，振之以猛，意在斯乎？方今时事孔棘，追究厉阶之生，何尝不归咎于发难者。彼岂实见天下之大计，当痛惩而廓清之哉！岂预知今日之变，实能自我收之哉？不过以语言欺人，思先登要路耳。国藩以兹内省早岁所为，涉览书册，讲求众艺者，何一非欺人之事？所为高谈今古，嘐嘐自许者，何一非欺人之言？中夜以思，汗下如雷。顷观先生所为楹帖，道在存诚云云，旨哉其黯然君子之言乎？果存诚而不自欺，则圣学王道又有他哉？镜海先生庶几不欺者也。倭艮峰前辈见过自讼，言动无妄，吴竹如比部天质木讷，贞足干事。同乡则黎月桥前辈至性肫肫，陈岱云行己知耻，冯树堂有志力学，皆勉于笃实者也。

国藩虽愚柔，既闻明训，敢不请事。若夫读书之道，博学详说，经世之才，遍采广询，自度智慧精神，终恐有所不逮。惟当谨守绳墨，不敢以浮夸导子弟，不敢以暴弃殆父母之遗体。其有所进，幸也；无所进，终吾身而已矣。辱承扶掖之盛心，恐不察其浅鄙而期许过实。故谨布一二，以为请益之地，亦附于《皇华》三拜之义云。书不宣尽，伏维垂鉴。

[选自〔清〕李瀚章编撰，〔清〕李鸿章校刊：《曾文正公全集·五》，中国书店出版社2011年版，第19～20页。]

居 业

〔清〕曾国藩

古者英雄立事,必有基业。如高祖之关中,光武之河内,魏之兖州,唐之晋阳,皆先据此为基,然后进可以战,退可以守。君子之学道也,亦必有所谓基业者。大抵以规模宏大、言辞诚信为本。如居室然,宏大则所宅者广,托庇者众;诚信则置址甚固,结构甚牢。《易》曰:"宽以居之。"谓宏大也。"修辞立其诚,所以居业",谓诚信也。大程子曰:"道之浩浩,何处下手?惟立诚才有可居之处。诚便是忠信;修省言辞,便是要立得这忠信。若口不择言,逢事便说,则忠信亦被汩没,动荡立不住了。"国藩按:立得住,即所谓居业也。今世俗言"兴家立业"是也。子张曰:"执德不宏,信道不笃,焉能为有?焉能为亡?"亦谓苟不能宏大、诚信,则在我之知识浮泛动荡,指为我之所有也不可,指为我之所无也亦不可。是则终身无可居之业。程子所谓立不住者耳。

[选自〔清〕李瀚章编撰,〔清〕李鸿章校刊:《曾文正公全集·五》,中国书店出版社2011年版,第402页。]

诚 实

〔清〕曾国藩　〔清〕胡林翼　蔡　锷

天地之所以不息,国之所以立,圣贤之德业所以可大可久,皆诚为之故也。故曰:诚者,物之终始,不诚无物。

人必虚中不著一物,而后能真实无妄。盖实者,不欺之谓也。人之所以欺人者,必心中别著一物。心中别有私心,不敢告人而后造伪言以欺人。若心中了不著私物,又何必欺人哉?其所以欺人者,亦以心中别著私物也。所知在好德,而所私在好色。不能去好色之私,则不能欺好德之知矣。是故诚者,不欺者也;不欺者,心无私著也;无私著者,至虚也。是故天下之至诚,天下之至虚者也。

知己之过失,即自为承认之地,改去毫无吝惜之心,此最难之事。豪杰之所以为豪杰,圣贤之所以为圣贤,便是此等处磊落过人。能透过此一关,寸心便异常安乐,省得多少纠葛,省得多少遮掩、装饰、丑态。

盗虚名者,有不测之祸;负隐匿者,有不测之祸;怀忮心者,有不测之祸。

天下惟忘机可以消众机,惟懵懂可以被不祥。

用兵久则骄惰自生,骄惰则未有不败者。"勤"字所以医惰,"慎"字所以医骄,二字之先须有一"诚"字以为本。立意要将此事知得透,办得穿,精诚所至,金石亦开,鬼神亦避,此在己之诚也。人之生也直,与武员之交接,尤贵乎直。文员之心,多曲多歪,多不坦白,往往与武员不相水乳。必尽去歪曲私衷,事事推心置腹,使武人粗人坦然无疑,此接物之诚也。以诚为之本,以"勤"字、"慎"字为之用,庶几免于大戾,免于大败。

楚军水陆师之好处,全在无官气而有血性。若官气增一分,血性必减一分。

军营宜多用朴实少心窍之人,则风气易于纯正。今大难之起,无一兵足供一割之用,实以官气太重,心窍太多,漓朴散醇,真意荡然。湘军之兴,凡官气重,心窍多者,在所必斥。历岁稍久,亦未免沾染习气,应切戒之。

观人之道,以朴实廉介为质。有其质,而傅以他长,斯为可贵。无其质,而长处亦不足恃。甘受和,白受采。古人所谓"无本不立",义或在此。

将领之浮滑者,一遇危险之际,其神情之飞越,足以摇惑军心。其言语之圆滑,足以淆乱是非。故楚军历不喜用善说话之将。

今日所说之话,明日勿因小利害而变。

军事是极质之事。二十三史,除班、马而外,皆文人以意为之,不知甲仗为何物,战阵为何事。浮词伪语,随意编造,断不可信。

凡正话实话,多说几句,久之人自能共亮其心,即直话亦不妨多说,但不可以讦为直,尤不可背后攻人之短。驭将之道,最贵推诚,不贵权术。

吾辈总以诚心求之,虚心处之。心诚则志专而气足。千磨百折,而不改其常度,终有顺理成章之一日。心虚,则不客气,不挟私见,终可为人共谅。

楚军之所以耐久者,亦由于办事结实,敦朴之气,未尽浇散。若奏报浮伪,不特畏遐迩之指摘,亦恐坏桑梓之风气。

自古驭外国,或称恩信,或称威信,总不出一个"信"字。非必显违条约,轻弃前诺而后为失信也。即纤悉之事,謦笑之间,亦须有真意载之以出。心中待他只有七分,外面不必假装十分。既已通和讲好,凡事公平照拂,不使远人吃亏,此恩信也。至于令人畏敬,全在自立自强,不在装模作样。临难有不屈挠之节,临财有不沾染之廉,此威信也。《周易》立家之道,尚以有孚之威。归诸反身。况立威于外域,求孚于异族,而可不反求诸己哉。斯二者,似迂远而不切于事情,实则质直而消患于无形。(以上曾语)

破天下之至巧者,以拙,驭天下之至纷者,以静。

众无大小,推诚相与。咨之以谋,而观其识;告之以祸,而观其勇;临之以利,而观其廉;期之以事,而观其信。知人任人,不外是矣。近日人心逆亿万端,亦难穷究其所往。惟诚之至,可救欺诈之穷。欺一事不能欺诸事。事欺一时不能欺诸后时。不可不防其欺,不可因欺而灰心所办之事,所谓"贞固足以干事也"。

人贵专一。精神所至,金石为开。

军旅之事,胜败无常。总贵确实而戒虚捏。确实则准备周妥,虚饰则有误调度。此治兵之最要关键也。

事上以诚意感之,实心待之,乃真事上之道。若阿附随声,非敬也。

挟智术以用世,殊不知世间并无愚人。

以权术凌人,可驭不肖之将,而亦仅可取快于一时。本性忠良之人,则并不烦督责而自奋也。(以上胡语)

吾国人心,断送于"伪"之一字。吾国人心之伪,足以断送国家及其种族而有余。上以伪驭下,下以伪事上,同辈以伪交。驯至习惯于伪,只知伪之利,不知伪之害矣。人性本善,何乐为伪?惟以非伪不足以自存,不得不趋于伪之一途。伪者,人固莫耻其为伪;诚者,群亦莫知其为诚,且转相疑骇。于是由伪生疑,由疑生嫉。嫉心既起,则无数恶德,从之俱生,举所谓伦常道德,皆可蹴去不顾。呜呼!伪之为害烈矣。军队之为用,全恃万众一心,同袍无间,不容有丝毫芥蒂。此尤在有一"诚"字为之贯串,为之维系。否则如一盘散沙,必将不戢自焚。社会以伪相尚,其祸伏而缓;军队以伪相尚,其祸彰而速且烈。吾辈既充军人,则将"伪"之一字排斥之不遗余力,将此种性根拔除净尽,不使稍留萌蘖,乃可以言治兵,乃可以为将,乃可以当兵。惟诚可以破天下之伪,惟实可以破天下之虚。李广疑石为虎,射之没羽;荆轲赴秦,长虹贯日,精诚之所致也。

(选自蔡锷辑,刘庆注评:《曾胡论兵语录》,中共中央党校出版社2008年版,第22～28页。)

言必信　行必果

〔清〕左宗棠

更即言行以论士,有必于信果者焉。夫必于信果,则将有不必信而信,不必果而果者矣。然以视乎不信不果者,其言行不已异乎?

且士之立身行己,言与行其大端矣。言欲其实,行欲其敦,凡所以防其失也。顾世有弛其防于言行之先,而不能救其失于言行之后者;亦有预防其失于言行之后,而究不能保其必无失于言行之先者。夫非必其言之有未实,而行之有未敦也。

赐于士而复以其次问。夫士之事不一,孝弟而外,言与行又可观矣。

矫饰其说以为售欺之具,俗儒亦耻而不为。顾当夫口说方腾之时,而事之未省于心者,不禁其先出于口,则修词之旨早乖也。未当其境而先有避事之心,懦士亦观而知愧。顾当夫事故甫来之顷,而明足以察其几者,健或无以致其决,则育德之方已疏也。言之期于信而行之期于果也,固也。虽然,必于信必于果者,其遂无足虑哉。

谓言必以信为归,则亦有因其言之太轻,而并累其信者,彼其情之所激,而非理之所安也。谈笑而许以终身,利钝非所敢较,神明之誓有共之者矣。感恩而愿为图报,事变非所敢知,畴昔之言有诺之者矣。烈士任侠之风岂不足多乎?而惜也信虽成于终,而言实已误于始,信固是,而必于信则已非也。谓行必以果为断,则亦有因其行之过执,而兼议其果者,彼其力之所致,究非事之所宜也。慷慨而赴功名之会,措置不欲苟同,英断之操有惊之者矣。沈毅以争万物之先,意见不妨独是,干济之略有畏之者矣。英风伟烈之规岂非难觏乎?而惜也果虽著于当事,而行实昧乎几先。果固宜,而必于果则已误也。

然而士之必信必果者固自有其说矣。非不知言必虑其所终,行必稽其所敝也,而吾之识固有所未能,使不必于信必于果焉,则言与行将茫昧而莫识所归。言过乎辞而行过乎则,不能与圣贤同其功,先与庸愚同其过矣,我则何以自见乎?非不知拟之而后言,议之而后动也,而吾之量亦有所不及,使不必于信必于果焉,则言与行将一变而尽失所据。言有口过,行有怨尤,不能与匹夫同其谅,亦不能与懦夫同其志矣。天下其我谅乎?

是知内行醇备,此虽少逊于纯士之修;而自守綦严,断不与于下流之列。论士而及此,硁硁之状宜若无足重轻矣。然而此又岂易言者哉!

(选自刘泱泱校点:《左宗棠全集·家书 诗文》,岳麓书社2014年版,第380~381页。)

释 诚 信

刘师培

无伪谓之"诚",不渝谓之"信"。《周易》言"立诚",《中庸》言"存诚",《乐记》言"著诚去伪"。郑君谓:"大人无诚,万物不生;小人无诚,则事不成。"又,《中庸注》云:"德性,谓性至诚者;问学,学诚者也。"赵岐《孟子章句》:"至诚则动金石。"《韩诗外传》曰:"勇士一叫而三军皆避,士之诚也。"又曰:"诚,恶恶知刑之本。""诚,善善知敬之本。"是汉儒以"诚"为至德。宋儒以"诚"为"真实无妄",又以"无妄"为"诚不欺",其次又以"无虚假"为"诚",则"诚"为美德。古代"诚"字之训,《说文》则训为"信",《广雅》则训为"敬"。《增韵》则曰:"诚,纯也,无伪也。"古人列"信"于五常。孔子言"民无信不立",又言"人而无信,不知其可"。《白虎通》训"信"为"专一不移",《释名》训"信"为"申",谓以言相申束,使不相违。《说文》则训"信"为"诚","信"与"诚"互训,实则二字义稍不同。宋儒以"信"为"实",谓"不信,则事无实",则"信"亦为美德。顾近世以来,人民对于社会,其能实行诚信之德者,实占少数。其原因约有二端。观《檀弓下》《周礼》之言,谓"人以礼义、忠信、诚悫之心相固",解"不贵施信于民,而有誓、有会",此则探本而论之。

一由于伪。中国人民,言与行不能相一。心与口不相一,知与行不相一。其对于人也,均有人、我之见存,不能推诚相待,故无复恳挚之心。言非由衷之言,或以言笼络,或以言粉饰。行为伪托之行,中国人民之伪,非一朝一夕之故。试观汉、晋时,其官也必屡迁让("迁让",疑当作"谦让")而后受;而托名高者,复伪征辟不起,此即伪也。若夫官吏上下相蒙,敷衍故事,此皆虚也。文人言不征实,空为荒诞不经之论,此即妄也。既虚且妄,人心安得不伪乎?不过以空言相饰已耳。以空言相饰,此其所以非出于诚也。所谓"貌从心违"。

一由于忽。中国人民言行既不能合一,故于己之所言及他人所言者,均不复措意于其间,或视契约为空文,或视约期为虚设,或朝言而夕改,或见异而思迁。盖背约之事,相习成风,不以为异,此其所以不信也。由于苟且,由于不敬事。其尤甚者,则以险诈相高。以险诈可以得利,即以正直足以被欺。由是,所行、所为,无一非出于诈伪。始也,诈者出其术以欺愚;继也,诈者饰其术以托于愚,以愚而藏其诈,复以诈而掩其愚,使人人尽受其欺,如伪造契约、伪造赝货、诈夺钱财诸事是,均为非礼非义。以自矜权术。《曲礼》言"童子常视无诳",而今人则与《礼》言相违,此公德所由坠地也。巧之大者,其言必托于拙;伪之至者,其言必托于诚,人心可测度乎?欲矫此弊,惟以恳挚之心,推之于人,坦然共白,"诚"与"忠"相合。故古人所谓"忠",忠诚恻怛之谓,以至真之心待人也。使伪念不生;益阳胡氏《弟子箴言》曰:"立心制行,处己接物,皆当真实无妄,不假安排。己则无愧于心,人则深信于我,故推行尽利。若有一毫伪念,人便看破,事便难行。即作伪,心劳日拙也。"而与人交际,则遵约而行,如假款不可逾约、逾期,莅会不可逾期,皆践约之一端也。不复与所约相背。《礼》曰:"口惠而实不至,怨灾及其身。"是故君子于其有诺责也,宁慎其始。盖诺人一事,必当践其约。若口诺而不践其约,则人之怨己也倍深,所谓"口惠之人鲜信"也。盖至诚易以感人,大信易以取信于人。不惟有利于人,程子:"不能动人,只是诚不至。于事厌倦,皆是无诚处。"抑且有利于己。昔陆贽之悟唐德宗,韩文公之折王庭凑,其感人也皆以诚。齐桓公不倍柯盟而诸侯至,晋文不背原约而原降,则又能信之效。孔氏《论语传》谓"凡事莫过于实","实"也者,即诚信之谓也。诚信之德,讵可不重乎?昔范式访友,不倍二年以前之约;韩康卖药,三十年不二价;以及季札挂剑、张良受书,皆古人足以为法者。若夫小信、伪诚,亦不足尚。"小信"者,信之假托者也;"伪诚"者,诚之假托者也。且言为心声,所以取信于人己之交。妄言者,自知己妄,是为自失其心。况言行如两人,则人谁不疑自待?待人用两道,则人谁能平?呜乎!此"本来面目"之说所以可贵,当今之世必宜提倡也。

(选自刘师培:《经学教科书·伦理教科书》,广陵书社 2013 年版,第 267～268 页。)

征信论

章太炎

（上）

古人运而往，其籍尚在；籍所不著，推校其疑事，足以中微。而世遂质言之，虽适，谓之诬。往者高祖困于平城，用陈平计，使阏氏，围得解。其计既秘，世以为工妙踔善，故匿藏不传。独桓谭揣其必言"汉有好女，今以围急，欲进之单于。内有嬻者，则兵祸自沮。"其量度事情，诚以眇合。虽刘子骏亦称善。然皆以为揣得其状，非质言之，备故府藏录也。及应劭说《汉书》，遽驿然以为成事。故虑事一也，以辩议则适，以记注则诬。章学诚以《李陵答苏武书》，世疑其伪者，非也。必江左之士，降北失职，忧愤而为之。自谓其说蹴踖，度越于守文者，而任大椿亦称其善。此即与桓、刘之事无异。中世秦宓、谯周，亦推经传言神怪者，傅之人事，其得情为多。卒以议无左验，不自言遂事也。此皆明哲已知之矣。或曰：淮南王推说禨祥，言相戏以刃，太祖斮其肘者，以为过失相伤，其患必大，无涉血之仇争忿斗，而以小事自内于刑戮，愚者所不知忌也。故因太祖以累其心，枕户橉而卧，鬼神履其首者，以为户牖者，风气之所从往来，而风气者，阴阳相拥者也。离者必病，故托鬼神以伸诫之也。此则可以质言乎？应之曰：凡事无期验，推校而得之者，习俗与事状异其职矣。彼习俗者，察之无色，把握之不得其体。推校而得，则无害于质言之。若淮南王所订，习俗也。而桓谭所订，事状也。事状者，上有册府，下有私录，殚求而不获，虽善推校，惩其质言矣。二者，立言之大齐，不以假借者也。世儒以后之所订，而责前之故然。虽皮傅妄言，踰世则浸以为典要。昔唐人言庄周之学本田子方，推其根于子夏。近世章学诚作《经解篇》取之，以庄子称田子方，则谓子方是庄子师。然其《让王》亦举曾参、原宪，其他若《则阳》《徐无鬼》《庚桑楚》，名在篇目，将一一是庄子师耶？宋人远迹子思之学，上隶曾参，寻《制言》《天圆》诸篇，与子思所论述殊矣。《檀弓》篇记曾子呼伋。古者言质，长老呼后生，则斥其名。微生亩亦呼孔子曰丘，非师弟子之征也。《檀弓》复记子思所述。郑君曰：为曾子言难继，以礼抑之，足明其非弟子也。近世阮元为《子思子章句》，亦云："师曾迪孟。"见其《自序》。孟轲之受业,则太史公著其事矣。师曾者,何征而道是耶?释迦言空,不因于老、庄;景教事天,不本于墨子;远西之言历算者,不资于厉王丧乱,畴人在夷。世人取其近似言之,遂若典常,此三谬也。清代之遇属国,不大孰何,仍汉、唐、明之旧贯则然,非取法于罗马。戴氏作《原善》及《孟子字义疏证》,遂人情而不制以理。两本孟子、孙卿。王守仁以降,唐甄等已开其题端,至戴氏遂光大之,非取法于欧罗巴人言自由者。世人欲以一端傅会,忘其所自来,此二谬也。独汉人自西域来,说近情实。远之可傅身毒、大夏,而近犹在氐、羌。羌与髳狋,故亦有西南诸苗遗种。今之苗,古之髳也。与三苗处洞庭、彭蠡间者异实。而世以三苗为神州旧人,汉族攘其地有之,益失实状。汉族虽自西方来,传记所见,不及安息、条支沙碛之地,今人复因以傅会。此为陈平秘计之流,探啧索隐则无害,犹不予其质言也。不然者,世久而视听瀸渍,率尔之言,将相保以为实录,其过宏矣!是以孙卿曰:"言之信者,在乎区盖之间。"

(下)

《传》曰:"圣有谟勋,明征定保。"故非独度事为然也,凡学皆然,其于抽史尤重。何者?诸学莫不始于期验,转求其原。视听所不能至,以名理刻之。独治史志者为异。始卒不逾期验之域,而名理却焉。今之散儒,曾不谕是也,故微言以致诬,玄议以成惑。昔者孙卿有言曰:"五帝之外无传人,非无贤人也;五帝之中无传政,禹、汤有传政,而不若周之察。非无善政也,久故也。传者久则论略,近则论详,略则举大,详则举小。愚者闻其略而不知其详,闻其详而不知其大。是以文久而灭,节族久而绝。"(《非相》篇)。夫《尚书》者,不具之史,略引大体,文若铭诔,非质言以纪事,故流别异《春秋》。高贵乡公曰:仁者必有勇,诛暴必用武。少康、武烈之威,岂降于高祖哉?《夏书》沦亡,故勋美阙而罔载。唯有伍员粗述大略,其言复禹之绩,不失旧物,祖述圣业,旧章不愆。自非大雅兼才,孰能与于此?向令坟典具存,行事详备,则不得有异同之论也。高贵乡公可谓知往志者也。《春秋》已作,而纪传胪言,其道行事始悉。然犹多所残遗,远者庄跻取滇,秦开却胡,事大而文已约。及夫氏、羌僭制,政事尽文。前代苻、姚,近世西夏之属。群盗略地,兵事槃牙,而多奇计者,皆不如帝室详。下逮近世,韩、宋之兴,诸将若关先生、破头潘、芝麻李、大刀敖等,史传犹轶其名。关先生始起绛州,踰太行,转战出塞,毁上都而蹶高丽。其武略虽不逮明祖,视中山、开平犹近。《明史》则已失其《行军图法》。此则近犹论略,非独久也。学者宜以高贵乡公为法,知其有略,不敢妄意其事。妄意之,即与巫言等比。邻神仙之国,旧史盖岁有变更,国有贤豪,则为之生事,延缘巷市之语,以造奇辞。往者中土惟有猥语短书,今殆举于士大夫之口,兔丝缘木,虒蝓缘墙,苟可以傅丽者,无所不蘉。则是使张鲁撰记,而寇谦之为图也。昔者庄周有言曰:"世之所贵道者书也,书不过语。语之所贵者意也,意有所随,不可以言传。而世因贵言传书,虽贵之,犹不足贵也。"(《天道》篇)。史官陈列往迹详矣。事有巨而因于细,是故吴、楚之战,咎始采桑;昭公之出,衅在斗鸡。其类非一也。五史或记其著,不能推本于其微者。桑、鸡之事,顾幸而党见尔。细亦因巨,是故陈平以太牢草具为端,足以间亚父;陆生大言汉皇帝贤,而可以臣南越。项王、尉佗虽戆,则必不可以一言去就,固有巨者足以离合之,顾史官未尝言。故曰意有所随,其言不传久矣。愚者徽以为智,随成心以求其情,比于谣诼,是以君子多见阙殆。昔者韩非有言曰:"听言之道,溶若甚醉。彼自离之,吾因以知之。参伍比物,事之形也。"(《扬权》篇)。夫治史尽于有征,两征有异,犹两曹各举其契,此必一情一伪矣。往世诸子,竞于扬己,著书陈辩,败人则录之,己屈则不述也。转以九流相校,而更为雌雄者众。其有纵横之士,短长之书,必不自言画策无效,或饕天功以为己力。是故鲁连不帝秦王,而言秦军却五十里。校以《平原君传》,却秦军者,李同敢死之士之功。贾诩以袁、刘父子答魏王,而言太子遂定。校以文帝、陈王纪、传,文帝以五官中郎将副丞相,而陈王才为平原小侯,魏王志定久矣。两国殊党,各为其尊亲讳,亦务进己而黜辱人。是故更始始于借交报仇,终于刮席;拓跋始为刘石附庸,终以言敌国,皆自离也。下及近世,《宋史》称岳飞破胡,兀术号恸大奔,《金史》阙如也。邵长蘅称阎应元守江阴,满洲名王三人,大将八人,皆授首城下,然清官书亦不言。不知胜者溢传之耶?其败者有所讳耶?魏源驳长蘅说云:官书无三王八将名,且亦不见赠恤,断其为诬。案此未可断也,死难有恤,本汉土之制。阎应元守江阴时,满洲入中国二岁耳,未能悉谙中国典礼,降臣亦未必乐为文致,不得以赠恤不及,断其为诬。又其支属甚多,位号亦滥,虽官书不见,不得谓竟无其人。至于张克捷而讳挠败,又满洲之常度,观诸遗民记载,明师斩馘大捷者,非独郑成功、李定国三数事也。而满洲官书不述其事。直云王师失利而已。足知情存隐讳,不欲布之简书,江阴之役,纵毙三王八将,其文牍且或讳言,况史臣记载耶?从是仇质,自离者诚有可知,亦或忽怳如不可知。抽史者若以法吏听两曹,辨其成狱,不敢质其疑事。愚者以事有两异,虽本无异辞者犹疑,此何但史传耶?曩夕之言,今日亦疑也;鸡鸣之事,日中可谰也。昔者老聃有言曰:"天下有始,以为天下母。既得其母,以知其子,既知其子,复守其母,没身不殆。"守者,《墨经》云:"弥异所也。"古言守司者,犹言寻伺。母子者,犹今所谓因果。因以求果,果以求因,辩异而不过,推类而不悖,是故邪说不能乱,百家无所窜,则终身免于疑殆,是抽文之枢要也。夫礼俗政教之变,可以母子更求者也。虽然,三统迭起,不能如循环;三世渐进,不能如推毂;心颂变异,诚有成型无有哉?世人欲以成型定之,此则古今之事,得以布算而知,虽燔炊史志犹可。且夫因果者,两端之论耳。无缘则因不能独生;因虽一,其缘众多。故有同因而异果者,有异因而同果者。愚者执其两端,忘其旁起,以断成事,因以起其类例。成事或与类例异,则颠倒而组裂之,是乃殆以终身,嫛之至也。凡物不欲絓,丝絓于金杫则不解,马絓于曼荆则不驰。夫言则亦有絓,絓于成型,以物曲视人事,其去经世之风亦远矣!今世社会学者多此病。昔者孙卿有言曰:"《礼》《乐》法而不说,《诗》《书》故而不切,《春秋》约而不速。方其人之习君子之说,则尊以遍矣,周于世矣。"(《劝学》篇)。夫古今虽异能,相类似者不绝,故引史传以为端绪,其周用犹什三四,当其欲用,必骛于辩说者,犹赋《诗》有断章。愚者意论史事为华,因以史尚平议,不尚记事。此其言,尽员舆成国之秀民若一概也。往者干宝始为《晋纪总论》,其言挥绰,而还与事状应,然大端不过数首。及孙盛、袁宏、习凿齿、范晔之伦,吹毛索疵,事议而物辩之,固无当夫举措之异,利病之分。譬若弈棋,胜负者非一区之势也。疏附牵挈于旁者,其子固多。史之所记,尽于一区,其旁子不具见。细碎冥昧之事,史官固不悉知,知之亦不可具载。时既久远,而更欲求举措之意,利病之势,犹断棋一区以定弈法,唫口弊舌,犹将无益也。近世鄙倍之说,谓史有平议者,合于科学,无平议者,不合科学。案史本错杂之书,事之因果,亦非尽随定则。纵多施平议,亦乌能合科学耶?若夫制度变迁,推其沿革;学术异化,求其本师;风俗殊尚,寻其作始,如班固、沈约、李淳风所志,亦可谓善于平议矣。而今世之平议者,其情异是。上者守社会学之说而不能变,下者犹近苏轼《志林》、吕祖谦《博议》之流,但词句有异尔。盖学校讲授,徒陈事状,则近于优戏,不得已乃多施平议,而己不能自知其故,藉科学之号以自尊,斯所谓大愚不灵者矣!又欲以是施之史官著作,不悟史官著书,师儒口说,本非同剂。惟有书志,当尽考索之功,其论一代政化,当引大体而已。若毛举行事,订其利病,是乃科举发策之流,违于作述之志远矣。彼所持论,非独暗于人事,亦不达文章之体。章炳麟曰:是五志者,皆明德之远言,耇艾之高致也。智者用之以尽伦,愚者用之以绝理。苟非其人,道不虚行,岂谓是耶?言而有眹,连犿无伤者,则有矣。盖昔老聃良史之宗,定著八十一章,其终有乱。夫其"信言不美,美言不信",吾以告今文五经之家;"知者不博,博者不知",吾以告治晚书疑前史者;颜师古注《汉书》,凡后出杂书,纬候异事,一切刊落,最为可法。"善者不辩,辩者不善",吾以告出入风议尚论古人之士。

(选自徐复点校:《章太炎全集·太炎文录初编》,上海人民出版社2014年版,第46~52页。)

修　德

蔡元培

人之所以异于禽兽者,以其有德性耳。当为而为之之谓德,为诸德之源;而使吾人以行德为乐者之谓德性。体力也,知能也,皆实行道德者之所资。然使不率之以德性,则犹有精兵而不以良将将之,于是刚强之体力,适以资横暴;卓越之知能,或以助奸恶,岂不惜欤?

德性之基本,一言以蔽之曰:循良知。一举一动,循良知所指,而不挟一毫私意于其间,则庶乎无大过,而可以为有德之人矣。今略举德性之概要如左:

德性之中,最普及于行为者,曰信义。信义者,实事求是,而不以利害生死之关系枉其道也。社会百事,无不由信义而成立。苟蔑弃信义之人,遍于国中,则一国之名教风纪,扫地尽矣。孔子曰:言忠信,行笃敬,虽蛮貊之邦行矣。言信义之可尚也。人苟以信义接人,毫无自私自利之见,而推赤心于腹中,虽暴戾之徒,不敢忤焉。否则不顾理义,务挟诈术以遇人,则虽温厚笃实者,亦往往报我以无礼。西方之谚曰:正直者,上乘之机略。此之谓也。世尝有牢笼人心之伪君子,率不过取售一时,及一旦败露,则人亦不与之齿矣。

入信义之门,在不妄语而无爽约。少年癖嗜新奇,往往背事理真相,而构造虚伪之言,冀以耸人耳目。行之既久,则虽非戏谑谈笑之时,而不知不觉,动参妄语,其言遂不能取信于他人。盖其言真伪相半,是否之间,甚难判别,诚不如不信之为愈也。故妄语不可以不戒。

凡失信于发言之时者为妄语,而失信于发言以后为爽约。二者皆丧失信用之道也。有约而不践,则与之约者,必致靡费时间,贻误事机,而大受其累。故其事苟至再至三,则人将相戒不敢与共事矣。如是,则虽置身人世,而枯寂无聊,直与独栖沙漠无异,非自苦之尤乎?顾世亦有本无爽约之心,而迫于意外之事,使之不得不如是者。如与友人有游散之约,而猝遇父兄罹疾,此其轻重缓急之间,不言而喻,苟舍父兄之急,而局局于小信,则反为悖德,诚不能弃此而就彼。然后起之事,苟非促促无须臾暇者,亦当通信于所约之友,而告以其故,斯则虽不践言,未为罪也。又有既经要约,旋悟其事之非理,而不便遂行者,亦以解约为是。此其爽约之罪,乃原因于始事之不慎。故立约之初，必确见其事理之不谬，而自审材力之所能及，而后决定焉。中庸曰：言顾行，行顾言。此之谓也。

言为心声，而人之处世，要不能称心而谈，无所顾忌，苟不问何地何时，与夫相对者之为何人，而辄以己意喋喋言之，则不免取厌于人。且或炫己之长，揭人之短，则于己既为失德，于人亦适以招怨。至乃评人阴私，称人旧恶，使听者无地自容，则言出而祸随者，比比见之。人亦何苦逞一时之快，而自取其咎乎？

交际之道，莫要于恭俭。恭俭者，不放肆，不僭滥之谓也。人间积不相能之故，恒起于一时之恶感，应对酬酢之间，往往有以傲慢之容色，轻薄之辞气，而激成凶隙者。在施者未必有意以此侮人，而要其平日不恭不俭之习惯，有以致之。欲矫其弊，必循恭俭，事尊长，交朋友，所不待言。而于始相见者，尤当注意。即其人过失昭著而不受尽言，亦不宜以意气相临，第和色以谕之，婉言以导之，赤心以感动之，如是而不从者鲜矣。不然，则倨傲偃蹇，君子以为不可与言，而小人以为鄙己，蓄怨积愤，鲜不藉端而开衅者，是不可以不慎也。

不观事父母者乎，婉容愉色以奉朝夕，虽食不重肉，衣不重帛，父母乐之；或其色不愉，容不婉，虽锦衣玉食，未足以悦父母也。交际之道亦然，苟容貌辞令，不失恭俭之旨，则其他虽简，而人不以为忤，否则即铺张扬厉，亦无效耳。

名位愈高，则不恭不俭之态易萌，而及其开罪于人也，得祸亦尤烈。故恭俭者，即所以长保其声名富贵之道也。

恭俭与卑屈异。卑屈之可鄙，与恭俭之可尚，适相反焉。盖独立自主之心，为人生所须臾不可离者。屈志枉道以迎合人，附和雷同，阉然媚世，是皆卑屈，非恭俭也。谦逊者，恭俭之一端，而要其人格之所系，则未有可以受屈于人者。宜让而让，宜守而守，则恭俭者所有事也。

礼仪，所以表恭俭也。而恭俭则不仅在声色笑貌之间，诚意积于中，而德辉发于外，不可以伪为也。且礼仪与国俗及时世为推移，其意虽同，而其迹或大异，是亦不可不知也。

恭俭之要，在能容人。人心不同，苟以异己而辄排之，则非合群之道矣。且人非圣人，谁能无过？过而不改，乃成罪恶。逆耳之言，尤当平心而察之，是亦恭俭之效也。

（选自高平叔编：《蔡元培全集·中学修身教科书》第二卷，中华书局1984年版，第186～188页。）

戒 失 信

蔡元培

失信之别有二：曰食言，曰愆期。

食言之失，有原于变计者，如晋文公伐原，命三日之粮，原不降，命去之。谍出曰："原将降矣。"军吏曰："请待之。"是也。有原于善忘者，如卫献公戒孙文子、宁惠子食，日旰不召，而射鸿于囿，是也。有原于轻诺者，如老子所谓"轻诺必寡信"是也。然晋文公闻军吏之言而答之曰："得原失信，将焉用之？"见变计之不可也。魏文侯与群臣饮酒乐，而天雨，命驾，将适野。左右曰："今日饮酒乐，天又雨，君将安之？"文侯曰："吾与虞人期猎，虽乐，岂可无一会期哉？"乃往身自罢之，不敢忘约也。楚人谚曰："得黄金百，不如得季布诺。"言季布不轻诺，诺则必践也。

愆期之失，有先期者，有后期者，有待人者，有见待于人者。汉郭伋行部，到西河美稷，有童儿数百，各骑竹马，道次迎拜。及事讫，诸儿复送至郭外，问使君何日当还。伋计日告之。行部既还，先期一日，伋谓违信于诸儿，遂止于野，及期乃入。明不当先期也。汉陈太丘与友期行日中，过中不至。太丘舍去。去后乃至。元方时七岁，戏门外。客问元方："尊君在否？"答曰："待君久不至，已去。"友人便怒曰："非人哉，与人期行，相委而去。"元方曰："君与家君期，日中不至，则是失信。"友人惭。明不可后期也。唐肖至忠少与友期诸路。会雨雪。人引避。至忠曰："岂有与人期，可以失信？"友至，乃去。众叹服。待人不愆期也。吴卓恕为人笃信，言不宿诺，与人期约，虽暴风疾雨冰雪无不至。尝从建业还家，辞诸葛恪。恪问何时当复来。恕对曰："某日当复亲觐。"至是日，恪欲为主人，停不饮食，以须恕至。时宾客会者，皆以为会稽、建业相去千里，道阻江湖，风波难必，岂得如期。恕至，一座皆惊。见待于人而不愆期也。

夫人与人之关系，所以能预计将来，而一一不失其秩序者，恃有约言。约而不践，则秩序为之紊乱，而猜疑之心滋矣。愆期之失，虽若轻于食言，然足以耗光阴而丧信用，亦不可不亟戒之。

（选自高平叔编：《蔡元培全集·华工学校讲义》第二卷，中华书局1984年版，第428～429页。）

我之爱国主义

陈独秀

伊古以来所谓爱国者（Patriot），多指为国捐躯之烈士，其所行事，可泣可歌，此宁非吾人所服膺所崇拜？然我之爱国主义则异于是。

何以言之？世之所重于爱国者何哉？岂非以大好河山，祖宗丘墓之所在，子孙食息之所资，画地而守，一群之所托命，此而不爱，非属童昏，即欲效犹太人流离异国，威福任人已耳？故强敌侵入之时，则执戈御侮；独夫乱政之际，则血染义旗。卫国保民，此献身之烈士所以可贵也。

今日之中国，外迫于强敌，内逼于独夫（兹之所谓独夫者，非但专制君主及总统；凡国中之逞权而不恤舆论之执政，皆然），非吾人困苦艰难，要求热血烈士为国献身之时代乎？然自我观，中国之危，固以迫于独夫与强敌，而所以迫于独夫强敌者，乃民族之公德私德之堕落有以召之耳。即今不为拔本塞源之计，虽有少数难能可贵之爱国烈士，非徒无救于国之亡，行见吾种之灭也。

世有疑吾言者乎？试观国中现象，若武人之乱政，若府库之空虚，若产业之凋零，若社会之腐败，若人格之堕落，若官吏之贪墨，若游民盗匪之充斥，若水旱疫疠之流行：凡此种种，无一不为国亡种灭之根源，又无一而为献身烈士一手一足之所可救治。外人之讥评吾族，而实为吾人不能不俯首承认者，曰"好利无耻"，曰"老大病夫"，曰"不洁如豕"，曰"游民乞丐国"，曰"贿赂为华人通病"，曰"官吏国"，曰"豚尾客"，曰"黄金崇拜"，曰"工于诈伪"，曰"服权力不服公理"，曰"放纵卑劣"，凡此种种，无一而非亡国灭种之资格，又无一而为献身烈士一手一足之所可救治。

一国之民，精神上，物质上，如此退化，如此堕落，即人不我伐，亦有何颜面，有何权利，生存于世界？一国之民德，民力，在水平线以上者，一时遭逢独夫强敌，国家濒于危亡，得献身为国之烈士而救之，足济于难；若其国之民德，民力，在水平线以下者，则自侮自伐，其招致强敌独夫也，如磁石之引针，其国家无时不在灭亡之数，其亡自亡也，其灭自灭也；即幸不遭逢强敌独夫，而其国之不幸，乃在遭逢强敌独夫以上，反以遭逢强敌独夫，促其觉悟，为国之大幸。

夫所贵乎爱国烈士者，救其国之危亡也；否则何取焉？今其国之危亡也，亡之者虽将为强敌,为独夫,而所以使之亡者,乃其国民之行为与性质。欲图根本之救亡,所需乎国民性质行为之改善,视所需乎为国献身之烈士,其量尤广,其势尤迫。故我之爱国主义,不在为国捐躯,而在笃行自好之士,为国家惜名誉,为国家弭乱源,为国家增实力。我爱国诸青年乎!为国捐躯之烈士,固吾人所服膺,所崇拜,会当其时,愿诸君决然为之,无所审顾;然此种爱国行为,乃一时的而非持续的,乃治标的而非治本的。吾之所谓持续的治本的爱国主义者:

曰勤

传曰:"民生在勤,勤则不匮。"今日西洋各国国力之发展,无不视经济力为标准,而经济学之生产三要素:曰土地,曰人力,曰资本。夫资本之初源,仍出于土地与人力。土地而不施以人力,仍不得视为财产,如石田童山是也。故人力应视为最重大之生产要素。一社会之人力至者,其社会之经济力必强;一个人之人力至者,其个人之生计,必不至匮乏:此可断言者也。

晰族之勤勉,半由于体魄之强,半由于习惯之善。吾华惰民,即不终朝闲散,亦不解时间上之经济为何事,可贵有限之光阴,掷之闲谈而不惜焉,掷之博奕[弈]而不惜焉,掷之睡眠宴饮而不惜焉。西人之与人约会也,恒以何时何分为期,华人则往往约日相见;西人之行路也,恒一往无前,华人则往往瞻顾徘徊于中道,若无所事事。劳动神圣,晰族之恒言;养尊处优,吾华之风尚。中人之家,亦往往仆婢盈室;游民遍见,乞丐载途。美好丈夫,往往四体不勤,安坐而食他人之食。自食其力,乃社会有体面者所羞为,宁甘厚颜以仰权门之余沥。呜乎!人力废而产业衰,产业衰而国力隳,爱国君子,必尚乎勤!

曰俭

奢侈之为害,自个人言之,贪食渔色,戕害其生,奢以伤廉,堕落人格。吾见夫世之倒行逆施者,非必皆丧心病狂,恒以生活习于奢华,不得不捐耻昧心,自趋陷阱。自国家社会言之,俗尚奢侈,国力虚耗,在昔罗马、西班牙之末路,可为殷鉴。消费之额,不可超过生产,已为经济学之定则。况近世工商业兴,以机械代人力,资本之功用,卓越前世。国民而无贮蓄心,浪费资财于不生产之用途,则产业调敝,国力衰微,可立而俟。

吾华之贫,宇内仅有。国民生事所需,多仰外品。合之赔款国债,每岁正货流出,穷于计算,若再事奢侈,不啻滴尽吾民之膏血,以为外国工商业纪功之碑,增加高度。人人节衣省食,以为国民兴产殖业之基金,爱国君子,何忍而不出此?

曰廉

呜乎！金钱罪恶，万方同慨。然中国人之金钱罪恶，与欧美人之金钱罪恶不同，而罪恶尤甚。以中国人专以造罪恶而得金钱，复以金钱造成罪恶也。但有钱可图，便无恶不作。古人云："文官不爱钱，武官不怕死，则天下治矣。"不图今之武官，既怕死又复爱钱。若龙济光、张勋辈，岂真有何异志与共和为敌；只以岁蚀军饷数百万，累累者不肯轻弃，遂不恤倒行逆施耳。袁氏叛国，为之奔走尽力者遍天下，岂有一敬其为人，或真以帝制足以救国者；盖悉为黄金所驱使。（严复明白宣言曰：余非帝制派，惟有钱而无不与耳。）袁氏殁，其子辈于白昼众目之下，悉盗公物以去，视彼监守边郡，秘窃宝器者，益无忌惮矣。

夫借债造路，丧失利权，为何等痛心之事；只以图便交通，忍而出此。乃竟有路未寸成，而借款数千万悉入私囊者，人之无良，一至于此！又若金州画界，胶州画界，利敌贿金，蒙蔽溢与，其罪恶更有甚焉！至于革命乃何等高尚之事功，革命党为何等富于牺牲精神之人物，宜不类乎贪吏矣；而恃其师旅之众，强取横夺，满载而归者，所在多有。此外文武官吏，及假口创办实业之奸人，盗取多金，荣归乡里，俨然以巨绅自居者，不可胜数，社会亦优容之而不以为怪。甚至以尊孔尚德之圣人自居者，亦复贪声载道。呜乎！"贪"之一字，几为吾人之通病；此而不知悔改，更有何爱国之可言！

曰洁

西洋人称世界不洁之民族，印度人，朝鲜人，与吾华，鼎足而三。华人足迹所至，无不备受侮辱者，非尽关国势之衰微，其不洁之习惯，与夫污秽可憎之辫发与衣冠，吾人诉之良心而言，亦实足招尤取侮。公共卫生，国无定制；痰唾无禁，粪秽载途。沐浴不勤，臭恶视西人所畜犬马加甚；厨灶不治，远不若欧美厕所之清洁。试立通衢，观彼行众，衣冠整洁者，百不获一，触目皆囚首垢面，污秽逼人，虽在本国人，有不望而厌之者，必其同调；欲求尚洁之皙人不加轻蔑，本非人情。

然此犹属外观之污秽，而其内心之不洁，尤令人言之恐怖。经数千年之专制政治，自秦政以讫洪宪皇帝，无不以利禄奔走天下，吾国民遂沉迷于利禄而不自觉。卑鄙龌龊之国民性，由此铸成。吾人无宗教信仰心，有之则做官耳，殆若欧美人之信耶稣，日本人之尊天皇，为同一之迷信。大小官吏，相次依附，存亡荣辱，以此为衡。婢膝奴颜，以为至乐。食力创业，乃至高尚至清洁适于国民实力伸张之美德，而视为天下之至贱，不屑为也。农弃畎亩以充厮役，工商弃其行业以谋差委，士弃其学以求官，驱天下生利之有业者，而为无业分利之游民，皆利禄之见为之也。闻今之北京求官谋事者，数至二十万众。此二十万众中,其多数本已养成无业游民之资格,吾知其少数中未必无富有学识经验之人,可以自力经营相当事业者;而必欲投身宦海,自附于摇尾磕头之列,毋亦利禄之心重,而不知食力创业为可贵也。不能食力者,必食他人之食;不思创业者,自绝生利之途。民德由之堕落,国力由之衰微。此于一群之进化,关系匪轻,是以爱国志士,宜使身心俱洁。

曰诚

浮词夸诞,立言之不诚也;居丧守节,道德之不诚也;时亡而往拜,圣人之不诚也。吾人习于不诚也久矣。以近世事言之,袁氏之称帝也,始终表里坚持赞成反对者,吾皆敬其为人;乃有分明心怀反对者也,而表面竟附赞成之列。朝犹劝进,夕举义旗,袁氏不德,固应受此揶揄,而国民之诈伪不诚,则已完全暴露。其上焉者谓为从权以伺隙,其下焉者诡曰逢恶以速其亡。吾心固反对帝制者也,不知若略迹论心,即筹安六人,去杨、刘外,何尝有一人诚心赞成帝制?惟其非诚心赞成而赞成之者,其人格远在诚心赞成而赞成之者之下:明知故犯,其罪加等! 此何等事,而云从权逢恶,则一旦强敌压境夺国,不知其从权逢恶也,更演何丑态,作何罪孽? 此外人所以谓法兰西革命为悲剧的革命,而华人革命,乃滑稽剧也。

若张勋、倪嗣冲、陈宧、汤芗铭、龙济光、张作霖、王占元辈,本诚心赞成帝制者也,乃袁势一去,或叛袁独立,或仍就共和政府之军职,视昔之称扬帝制痛骂共和也,前后竟若两人。孙毓筠非供奉洪宪皇帝之御容,称以今上圣主万岁者乎? 乃帝制取销时,与其友书,竟有袁逆之称。其他请愿劝进之妄人,今又复正襟厉色以言民权共和者,滔滔皆是。反复变诈,一至于斯,诚不知人间有羞耻事也! 呜呼! 不诚之民族,为善不终,为恶亦不终。吾见夫国中多乐于为恶之人,吾未见有始终为恶之硬汉。诈伪圆滑,人格何存? 吾愿爱国之士,无论维新守旧,帝党共和,皆本诸良心之至诚,慎厥终始,以存国民一线之人格。

曰信

人而无信,不独为道德之羞,亦且为经济之累。政府无信,则纸币不行,内债难得,其最大之恶果,为无人民信托之国家银行,金融大权,操诸外人之手。人民无信,则非独资无由创业。当此工商发达时代,非资本集合,必不适于营业竞争。而吾国人之视集资创业也,不啻为骗钱之别名。由是全国资金,皆成死物,绝无流通生长之机缘。以视欧美人之资财,衣食之余,悉贮之银行,经营产业,息息流通,递加生长也,其社会金融之日就枯竭,殆与人身之血不流行,坐待衰萎以死,同一现象。是故民信不立,国之金融,决无起死回生之望。政府以借债而存,人民以盗窃而活,由贫而弱,由弱而亡,讵不滋痛!

之数德者,固老生之赏谈,实救国之要道。人或以为视献身义烈为迂远,吾独以此为持续的治本的真正爱国之行为。盖今世列强并立,皆挟其全国国民之德智力以相角,兴亡之数,不待战争而决。其兴也有故,其亡也有由。唯其亡之已有由矣,虽有为国献身之烈士,亦莫之能救。故今世爱国之说与古不同,欲爱其国使立于不亡之地,非睹其国之亡始爱而殉之也。夫国亡身殉,其义烈固自可风,若严格论之,自古以身殉国者,未必人人皆无制造亡国原因之罪。故爱其国使立于不亡之地,爱国主义,莫隆于斯。

(选自《陈独秀文集》第一卷,人民出版社2013年版,第162~169页。)

做事应以"诚"字为标准

张伯苓

二年前,由他校并入本校生徒共四班,四班中以此次毕业诸君结果为最良善。今兹言别,不禁黯然。每星期三辄与诸君谈,然则余所奉劝于诸君者,诸君闻之熟矣。但此次为最后致词于诸君之日,斯不能不举其较大而易识者,为诸君将来出校作事的基本。我所望于诸君牢记而守之终身焉者无它,"诚"之一字而已。即现在座而非毕业生之诸位来宾与在校学生,亦甚望有以共体吾言也。就现在时局而言,袁前总统办事富于魄力,因应机警,即外人亦啧啧称道,然而一败涂地。其终也,纵极相亲相善之僚友亦皆不能相信,不诚焉耳。以袁一世之雄,不诚且不能善其后,况不如袁者。此吾少年最宜猛省者也。盖权术可以欺一时一世,而不能欺世界至万世。不诚者,未有能久而不败也。用权而偶济,用诚岂不所济更大更远!中国近来最大患,即事事好用手段,用手段为行权术也。权术偏,大地而中原人格堕。一种人而无人格与无此种人同,然则不诚之弊极足以灭种亡国。如此言,富强岂非缘木求鱼之道乎?可不戒哉!是故诚之一字,为一切道德事业之本源,吾人前途进取应一以是为标准。事出于诚,即无不成,偶败亦必有恢复之一日。聪明人每好取巧,取巧而得巧,则处处思取巧,终至弄巧成拙,聪明反被聪明误,事后悔恨已无及矣!望诸君明征学理,细味不诚无物之言。近按时人详察一成一败之故,既深知之,即力行之。然则此后与诸君天涯海角,貌则离矣;意气相投,神则合也。言尽于此,奋尔鹏程。

(选自王文俊等编:《张伯苓教育言论选集》,南开大学出版社1984年版,第14~15页。)

社会性之修养

恽代英

中国社会事业之不能振兴,为中国前途之一隐患。其所以社会事业不能振兴者,何故乎?此一重大之问题,亦一繁难之问题也。兹篇所述,就作者意见言之,归咎于公德、公心等八德不具之弊。其说详尽与否,固未可知,若确切或无可疑。虽然,读者对于此问题,岂有其他之研究,可补此说之不及者乎,本社甚望其不吝佳篇,以相与商榷也。——记者。

学者谓人类为社会性的动物,乐群之德,本于先天。吾人反身自思,如独居无偶,则默默寡欢,可证其言之非诬也。人类之所以相聚而为社会者,其原因非一端。举其大而重者,则有天然之迫压,如气候食物之类,有人事之迫压,如通工御侮之类,皆所以使人自然而以利害上关系,结合而为社会者。自此以外,犹有最重要者,即为上述先天之社会性是也。吾人之与他人结合而为社会,初不必事事出于利害关系。故每有对于吾人无益之事,而吾人为社会为之者。更有对于吾人有害之事,而吾人为社会为之者。如毁家杀身之义士,彼初不自明其所以然,而惟以为必如此而后安。此无他,盖人类之社会性,即形成社会最要之原素也。

使吾中国人而同为人类,则亦必有人类所通有之社会性。虽然吾人之社会性,果何如乎。以吾所知,若独居而寡欢,固足证吾人之有社会性,无异于他人。然吾人之社会性,仅如此尔,此外更无足道者也。使吾国无须强固之社会,而可以立于天演之竞争场中,吾无取于多语。吾国惟无强固之社会,故弱,故危,故吾人之生命财产,国家之存亡,种族之存亡,均仰息于耽耽虎视之强邻手中。吾人将安于此境耶?将不能安而欲有以拯救之耶?西人谓吾国民如一盘散沙,夫沙之所以散者,以无黏液性也。吾人固有先天之黏液性,不知修养而利用之,乃至被他人以散沙相比,即吾人真为散沙矣。究竟天使吾人为散沙耶,抑天固不使吾人为散沙,而吾人自为散沙耶?

吾国近日一般人所急者,为建设良善政府,然此未计也。社会不强固,政府即不强固。纵有良善政府,安能遂造就良善国家耶?智者或知从事社会事业,冀图造就富强之根本,此较奔走于政治潮流中者,固加一等矣。然有憾者,社会事业非空言所能造就也。在缺乏社会性之人类,犹有不易言者。吾国之唱社会事业久矣,名人之宣言,从事于社会事业者众矣,究其成效何似？其成效之所以不著者,以未知修养一般人之社会性,为社会事业之根本故也。

今人好集会结社,以行其所谓政治或社会事业,然所结之会社,未有逾年月而不消灭者,此即吾人缺乏社会性之确据也。吾人会社消灭之原因不一,有受外界之压迫者,有因内界之争讧者,有为经济之恐慌者,有由分子之携贰者,总之吾人缺乏社会性,故缺乏团结力。缺乏团结力,故不能自维持其已经结合之会社。欲改良社会,以建设社会事业,以吾之愚,舍修养国人之社会性,更无由也。

吾尝愀然有所思,恍然有所悟,以为吾人欲修养社会性,有不可不注意者八端。兹以次缕述之,倘亦真有志者所愿闻也。

（一）公德

吾人欲从事于公共之事业,则当视公共之事业,如己之事业。公共事业之成败,如己之成败。苟非然者,事未有济者也。吾人之习惯,对于公共之事业每好插身其中,既插身其中,又不尽力于其事,故凡公共地方,必异常凌乱,公共事业,必异常荒废。虽家庭之中,庭除不如卧室。城市之内,街道不如人家。盖其视公共事业,为无足轻重。偶投身其中,非其心别有所为,即出于一时游戏之心理。此所以不能责望其有何等之效力也。至于不知爱惜公物,亦出于此同一心理,而为吾人社会事业之大阻碍。吾人不欲为社会事业则已,苟欲为之,则公德之履行,当为重要之条件。不然,吾人社会永远如此,无进化于强固之望矣。

（二）公心

吾人欲从事于社会事业,不但当有履行形式的公德之义务也,于履行此公德时,又必以大公无我之心将之。今人之倡社会事业者,果能如是否耶？吾人果为社会倡社会事业,则当以社会之利害为行事之标准,不可以一己之利害参于其中。以一己之利害参于其中者,使一己利害,与社会利害相冲突,必至为一己而牺牲社会。如此尚安有所谓社会事业耶！吾人之为社会事业,不但以一己利害参于其中,且有专以一己利害为目的者。以一己利害为目的,犹云此普通之自己心,无可责也。其所以为一己之利害者,又不用正当之手段以求之,专以愚弄其共事之人,或自为首领,或僭居要地,以多集徒党,供其机械,张其声势,为唯一之妙法。不知同一人也,苟非至患极拙,安有诚心以供他人之愚弄而无怨者。苟不能无怨矣,非携贰即争讧。携贰争讧,非共事者之过也,彼愚弄之而使之携贰争讧者之过也。吾国尚有一种会社,居于此等情形之下,其徒党不携贰不争讧者。骤然视之,似一种不可解之现象,然实无不可解也。是其徒党必亦各有利用此会社之处,互相利用,互相愚弄,以各求其一己之利而已。夫互相利用,互相愚弄,此小人之交,绝不可长。今尚未至其时,故无携贰争讧之事耳。使彼此利害接近,至无调和之余地时,此等结合,立即破裂,立即消灭。但观此一时之现象,而以为是居群之道,岂可乎哉。

(三) 诚心

世界既日进于浇薄,作事者皆以手段相向。每以为非手段无以驾驭徒众,进图事业,不知手段之可恃,至有限也。吾人于不得已时,固不妨略参用手段,然所谓手段者,必根本于诚心,如父母之教赤子者然。父母之教赤子,或不免参用手段,然此手段,非愚弄赤子也,教以利于赤子也,惟其以有利于赤子为宗旨,故他日赤子而悟此之为手段,不但无怨于其父母,且反以为大德,此无他,诚以感之故也。吾人之居群,亦类此。使吾人不得已而以手段对待他人时,必预为他人谋何等利益,以补偿之,至少亦必使他人不以此而有所损失为限。然今人果何如乎?彼等在社会中,专以手段愚弄他人,衰他人以利自身。夫衰他人以利自身,此于他人为仇敌之行为也。幸而不为所觉,固希有之事,如不幸而为所觉,则彼必直视我为仇敌,而不轻恕我。彼不但不助我为社会事业,且长为破坏我事业之人矣。由此观之,手段之为物,善用之,固或可以济其事,不善用之,徒树敌败功,非徒无益,而又害之,吾人安可不知所戒乎。进言之,所谓手段者,非必不可不用者也。吾人欲与他人协力以成事,则必望他人以至诚为吾协力。欲使他人以至诚为吾协力,吾必先有至诚之心,以感发之。惟诚心感诚心,亦唯机心感机心。吾人欲得他人之诚心,而以机心感之,其道岂不远哉。吾群中果有以一己利益为社会事业者,此固吾人之败类。吾惟愿其先能洗心涤虑,然后有以进语之。其果真有志之少年,为社会利益为社会事业者,吾则愿其用诚心愈多,用手段愈少,以造成无懈可攻之会社,而期其日进有功也。

(四) 谨慎

社会事业,非人人所能办,非无才具无涵养之人所能办也。吾人苟欲为社会事业,则当认清社会事业为一种之事业,如吾人作工营商之为一种事业者然。此等事业,均当以精密之计划,详慎之手续从事之,方能责其成功,社会事业亦犹是也。凡发起会社,兴办事业者,每急期成功而不顾其根底之不十分稳固。其会议也,以少数从之意见,压制多数意见,以特别情形,抹煞普通情形。故分子之意见,鲜有能于会议中作充分之表现者,但随同表决,徐作他法耳。今设一例:有僚友会议馈献长官寿礼者,一领袖起言:今日每人摊款,不可太丰,酌量情形,可每人十元,虽贫者无不办也。领袖既言,自矜洽当。力能办者,嗷然应之;其不能办者,亦惟唯唯。彼非不知反对也,领袖既言虽贫者无不办,能办者又嗷然应之,彼将何辞以反对。如自承其贫,十元应无不办,领袖固言之矣。如自承并十元仍不能办,此无异对众人宣言,家中处境较彼所谓贫人者犹不如,人亦孰甘此辱者乎。今发起社会事业者,每犯此弊。夫彼苟使人人吐其情实,而徐思善法以处之,其事业非必不能成。必为此强迫之论调,使力不足者不能启口,而阴怀携贰。即不怀携贰,他日亦无以酬其诺,使名为已成之会社,每以此而牵动而消灭,此无他,皆作始不慎之过也。吾意真有志为社会事业者,当随时守其谨慎之德,而作始尤甚。彼轻心以掉者,皆不崇朝而败者也。

(五)谦虚

为社会事业,与一般事业无异,必守吾人谦虚之德,乃能日进光大之域。满遭损,谦受益,此天地之常经,无论在何方面,皆可验其不诬。故吾人为社会事业,乃不能不秉守此德者也。吾人有一种恶性根,凡为某种社会事业时,必自以其所为,非他人所及,虽社会评论之者,初无褒语,亦初不以此馁其自信之心。夫自欲其事业超越于他人,此固竞争之美德也。事业初无超越他人之处,而固自以为超越,或并有不及他人之处,而反自以为超越,此自欺耳,岂君子所宜有之性行耶。吾人一处身于社会事业之中,既不免有德色,此等心理,即所以不能谦虚之故。夫吾人托社会以生,社会事业,本吾人之事业,处身其中,有何可以自矜之处。彼自矜者,先误认己身社会两不相涉故耳。吾人真欲为社会事业,当打破此谬念,自始至终,惟以此事业之成败,为最要之事。凡有可以玉之于成者,无论何等之批评,皆欢然以受之,苟无关于成败者,无论其为毁为誉,皆漫然以应之。大海非一水,大山非一石,成大事业,而不愿闻逆耳之批评,岂有当哉。吾见今之为社会事业者,逢人则自伐其功,使人欲有讽谕,而无由以进。即不识忌讳,而妄有讽谕矣,彼必以为敌党之诋毁。毫不自加反省,盖彼固以其所为,为不世之功。心中所盼,惟世人之赞誉。若彼既为社会尽力,而又责其任劳任怨,此固非彼所愿,抑亦非彼所堪。彼意此非酬庸之道,亦大悖于人情也。虽然自古成大功业之伟人,未有不为国家国民,任大劳受大怨者,若器小易盈之辈,岂其俦哉。

(六)服从

吾人社会团结之不强固,一般国民无服从之性格,亦为最大之原因。吾人非不服从也,但知服从权力。权力所在,虽禽兽犹崇奉之;权力所不在,虽圣贤亦轻蔑之;此所谓奴隶性格也。吾人所谓服从,异于是。服从者,本于敬爱之心,以服从其应服从之事,如交际则服从其友人之规则,结社则服从多数人之意思是也。吾国人生于无规则之空气中,人民除服从权力外,几不知有所谓服从。即如交友肯服从友人之规则者,盖无其人。使甲揭一纸于会客室,禁客坐不得过三十分钟,客之见者,必勃然内愠,以为是大不敬。彼意以为吾之来造访,乃纡尊之事,坐之久暂,吾有自由,岂可强吾不得久坐,为此拒客之举耶。又如有书籍而为朋友所借者,订为条例,冀如书有失散,主客各有遵循之办法,在主人无他意也,然借者视之,则以为此俨然不愿借书之表示,以后遂无借者。吾国社会类此之事甚多。天生吾等为无规则之国民,不能以诚意相交际。故明明在家也,有来访者,则告之外出。明明有书也,有来借者,则告之无有。究此不规则之习惯,有何益耶?会社中不肯服从多数亦吾人之一大弊,吾人苟持一说,必思见用于世,世不能用,则宁长为世界仇敌,而不肯对于其说,略有牺牲。夫苟求有利于世,说之自我发与否,无足道也。今虽并时有同一有利之说,见用于世,苟吾说因之而废,则此说遂为吾说之敌,吾必尽力以破坏之,噫,此岂非怪事耶!吾人意见与大多数之意见不合时,不但有略牺牲吾之意见以迁就大多数之义务,即自身之利益,有不能不牺牲时,亦当尽其可牺牲者而牺牲之,此居群之道,不得不尔也。

(七) 礼貌

吾人为公共事业,礼貌亦不可缺乏之条件。社会家言人类之所以进为社会,由于其社会中人,各能自相约束。礼貌者,即自相约束之表现也。上智者每易以礼貌为繁文,实则人类交际中,非礼貌无以节约欲感通达情意。先王制礼,亦非徒然而已也。西人于有干犯他人情事时,必自请赦宥;有烦渎他人情事时,必申言谢意,虽微事不足介意者,亦不忘于此礼节。其社会交际现象之佳,未始不由于此。若吾人社会,近日多以脱略相夸,旷达相尚,远非其比矣。吾人于公共事业中,发一言,行一事,遇有持异议者,其商榷之语言,大抵与争哄无异,此所以易生误会,致恶果,可见礼貌之不可不讲也。

(八) 利他

吾人投身为社会事业,虽不可自居重要之地,然必为此事业负责任之人。易辞言之,即此事业之主人翁也。常人以为不居重要之地,即无可负之责。不知果为负责之人,即为该事业重要之人,不过无须强取有劳力有利益之地位而占据之耳。吾国人好居重要之地位而又不能为负责之人,此与真正志士适为反比。真正志士者心目中止知有事业,不知有地位。虽然,此等地位对于真正志士非无用也。彼为促其事业之成功计,务求共事者诚心以与之协力,欲使之协力,则不能不取较有利之地位或机会供献之,以为之酬报。非谓真正志士,必自视为君子,而视人为小人,因以利诱之也。不过彼自视为主人翁,而视他人之协力者,为以朋情相助;既为相助,自不能无以酬报之,此不过事之当然耳。以事实证之,居今日中国,而言社会事业,非有此等之志士应运而生,社会事业之进行无可望也。

以上八端,皆吾人从事社会事业所应有之德行,即所谓修养社会性所应注意者也。八者非即所谓社会性,然社会性以此八者而后发达。吾人之背此八者而行,以遏灭社会性久矣。今苟悟救国不可不恃社会事业,为社会事业不可不恃社会性,则必于此八者加之意,力反以前行为,庶几犹有望也。读者倘能各以此自勉乎!

(选自《恽代英文集》,人民出版社1984年版,第25~33页。)

告 学 生

杨昌济

今日我等之急务，在树立一种统一全国之中心思想。人之所以异于动物者，在于有思想，而人品所以有圣贤庸众之分，亦以其思想之高尚或平凡而区别之。思想者，事实之母也。心中先发一种思想，然后实现之于行动，个人有然，民族亦有然；个人有个人之主义，民族有民族之精神。无有个人而无主义者，亦无有民族而无精神者。惟主义有纯驳，精神有盛衰而已。近日中国与万国交通，政治上复经极大之变动，思想界遂生非常之混乱，新旧冲突，青黄不接，群众苦之，青年尤甚。所望贤智之士，学问、思辨共讲斯事。务取关于人生、关于社会种种问题，一一加以新研究、新解释，斟酌古今，权衡中外，审思中华民族在世界之地位，审思自己对于斯世当取如何之态度。在一己则立一贯通一生之理想，在一国则立一百年远大之规画。此乃我辈今日之急务也。

学问与政治有密接之关系。近日国内纷争，不知所定，论者或怀悲观，流为厌世，此乃一种亡国之思想，不可不力斥其非者也。人曰：国事大坏，实无办法。余曰：无论时势如何，无有办法者。办法若何？在唤起国民之自觉而已。今日大多数之国民，毫无智识，无思想，故无舆论，无清议，无组织政治之能，无监督官僚之势，遂使少数之人垄断政权，人民脂膏尽饱私囊橐，公众权利，断送将尽。彼少数人之信有罪矣。彼大多数之国民醉生梦死，束手待毙，独无罪乎？有不良之国民，斯有不良之政府，国民自身，国家之本体也。本体一坏，尚有何说？今日中国国民实迫于生死关头、间不容发之时也，尚不自觉，可为寒心，奴隶牛马，万劫不复，吁其危矣！欲唤起国民之自觉，在于少数贤智之士。伊尹曰："天之生斯民也，使先知觉后知，使先觉觉后觉。予天民之先觉者也。予将以斯道觉斯民也。非予觉之而谁也？"先觉之人极为少数，然既为先觉，斯有觉民之力。古来一种学说，倡之者不过一二人，而展转流传，卒遍海内，流风余韵，久而益新。盖真理恒得最后之胜利，但患所言之非真理耳。苟为真理，则人同此心，心同此理，未有不如响斯应者。故欲唤国民，先在醒自己，己苟自觉，斯能觉世。从事于学问之研究者，可以奋然而起矣。

学者之所以自处，一在贵我，一在通今。无论何种之社会，莫不有公众承认之法则焉。其来甚古，信之者众。如斯之法则，果宜悉从之乎？曰：否，不然。法则必与时势相宜,始有存在之价值。时势既变,则法则亦从之而变。法则为人生而存,非人生为法则而存也。古人有古人之时势,今人有今人之时势,古人所立之法则必不能适合于今人,故不可盲从古人。凡古人所立之法则,不可不按照今人之时势而判断之。何者宜因,何者宜革,古人往矣,不复与闻之矣,此法则之宜行于今日与否,乃今人利害切身之问题。士不通今,终鲜实用。识时务者在乎俊杰。广游历,多读外人所著之书,多阅新出之报章、杂志,务求有世界之智识,与日新之世界同时并进,庶于此大世界内之生存竞争不至以懵于时势,自居劣败,此通今之义之所为不可少也。然今人之论说亦复繁多,甲论乙驳,罔衷一是,何去何从又不得不准之于一己良心之判断。吾之所谓贵我者,乃谓各人宜自有主张之意。吾以为是则力持之,举世非之不可顾也;吾以为非则力避之,举世是之不敢阿也。必有独立之思想,始能有独立之人格。必国家中多如斯立之人格,然后此国家对于世界可成为一独立之国家。自觉者,自己之觉,非他人之觉也。合贵我与通今二义而自觉之义乃明。吾尝曰:"横尽虚空,山河大地,一无可恃,而可恃惟我;竖尽永劫,前古后今,一无可据,而可据惟目前。"可恃惟我者,求己责己之义;可据惟目前者,重现在之力行之义。此言颇与贵我通今之义互相发明也。

夫但自觉而已,亦有何益?既自觉之后,不可不继之以实行。此自觉一分则实行一分,自觉进步则实行进步,自觉与实行乃一活动之二方面也。自其现于精神之知觉言之,谓之自觉;自其现于体魄之运动言之,谓之实行,即知即行,知行合一,必如是而后可谓之自觉。思想自由必继之以言论自由,言论自由必继之以行动自由,无言论与行动之自由,则思想之自由尚不得云完全也。知则必行,不行则为徒知,言则必行,不行则为空言;自觉与活动乃不可相离者也。无活动则无自觉,故实行尚焉。博学、深思、力行,三者不可偏废。博学、深思皆所以指导其力行也,而力行尤要。力行为目的,而博学、深思为方法。博学而不行,何贵于学?深思而不行,何贵于思?能力行,则博学、深思皆为力行之用,不能力行,则博学、深思亦徒劳而已矣。且博学与深思亦力行之一事也。非真能力行者,学必不能博,思必不能深,故学者尤不可不置重于实行也。

人者,理想之动物也。人生之目的在于实现其理想。而理想者久大者也,包含人、我,包含个人、社会、国家,包含人类全体,包含古今,包含过去、现在、未来。欲实现此久大之理想,固非一手一足之所能为力,亦非一朝一夕之所能为功。故实行尤必继之以坚忍,始能竟实行之功也。世界无尽,我愿无尽,而实行终自有限,要在一息尚存,此志不容稍懈而已。实行虽有限,而加入此实行于人类进化全体之中,遂亦与之俱无限焉。苟知日常之实行有如斯久大之意义,亦可以自慰矣。

实行之中含有二义,一贵坚忍,一贵勇敢。勇敢与坚忍,其实一德也。勇于创始,忍以要终,要本于意志之力。人生斯世,无在而不须苦战奋斗。不能苦战奋斗者,无生存之希望者也,故勇敢尚焉。夫循常蹈故,固可以从容为之,无事乎勇也。至于公理与权势相冲突之时,义理与嗜欲相斗争之时,则勇敢之作用著焉。力伸公理而不屈于权势,勉循义理而不能动于嗜欲,非大勇者不能。至于廓清旧说,发挥新义,尤有资于勇敢。能言人之所不敢言,能行人之所不敢行,此乃圣贤豪杰之所以异于庸众也。非常之原,黎民所惧,及其既成,天下晏如。彼圣贤豪杰有超世之识,盖世之气,见之真而守之固,能为天下之原动力,而不待人之后兴。今日之欧洲战争,乃全世界大改革、大整顿之时代也。中国立于此全世界大改革、大整顿之时代,则于一国之内,亦不能不为大改革、大整顿。中国既不可不为大改革、大整顿,则中国之人亦不可不于其精神上之生活行一大改革、大整顿。而欲为如斯之事,非勇者不能。吾故标举一尚勇之义,为海内人士正告焉。

要而言之,人之立身最要一"诚"字。诚者,物之终始,不诚无物。人能存诚,乃是真人物,乃是真学问。"诚"之一字,金石所不能破,天地所不能违也。心能存诚,则现于言语无巧饰之辞,现于行为无矫诈之事。至诚而不动者,未之有也,不诚未有能动者也。物质不灭,势力不灭,独患无诚耳。阳气发处,金石亦透,精神一到,何事不成!吾辈相尚以诚,始能感动人人,使皆相尚以诚。转移风气,在乎一二人之心而已!

(选自王兴国编注:《杨昌济集》(1),湖南教育出版社1983年版,第244~248页。)

信

孙 群

第一节 信的意义

定义：凡人的相互间，对于言语行为，到了一定时限，而能履行其责任者，叫做信。

信，为人类责任的道德。有了言语，必负言语的责任，有了行为，必负行为的责任，决不因时间或环境的变迁，就把他的言行去忘却，责任去放弃。曾子曰："可以托六尺之孤，可以寄百里之命，临大节而不可夺也，君子人也，君子人与。"这就是说君子有临大节而不可夺的信，自然可以担重任。孔子曰："古者，言之不出，耻躬之不逮也。"这就是说不敢轻于出言，恐将来不能躬行实践，因为言语，须负实行的责任。晋献公问士之信于荀息，荀息对曰："使死者反生，生者不愧乎其言，则可谓之信矣。"这就是说言语到了死后，能够负责任，才能证明他的信。子贡问政，孔子答以足食，足兵，民信，三种。子贡曰："必不得已而去，于斯三者何先？"曰："去兵。"子贡曰："必不得已而去，于斯二者何先？"曰："去食，自古皆有死，民无信不立。"这就是说食比兵要紧，信比食更要紧，民无食，不过是一个死，民无信，那便国也不能立了。我们研究中国先哲讲信的要义，知道中国对于信，已有最早的发明，已确知信是人生重要的基础。

人生在世，不能离群而独立，有了群，所以有来往，有来往，所以有交际，有交际，所以有互助，有互助，所以有合作，有合作，所以有组织。在来往，交际，互助，合作，组织的时候，能够引起他连结的情绪者，叫做爱。能够证实他互守的责任者，叫做信。有了信，自然可以扫除他人的疑虑，使人能确信我的意见与主义了。凡信服我的意见与主义者，叫做信仰。有了信，自然可以使人与我以重任，使我负责去承办了。人能与我以责任，叫做信任。有了信，自然可以使人将生命财产，托我保护或管理了。能以生命财产相委托，叫做信托。有了信，便能发生种种的效用，使以未来的财货，供给现在的使用了。能够借信而达到财货的运用，叫做信用。孔子曰："人而无信不知其可也，大车无輗，小车无軏，其何以行之哉？"这便是讲人无信，是不能行的意思。我现在把信的要点，叙述在下面：

一、信以言行一致为原则。言语,为意思的表示,行为,为人格的代表,坐而言,不能起而行者,非信,有了言,而行为却与相背者,非信,信的成立,须以言行一致为前提。倘说言行不能一致,那么,言不顾行,行不顾言,信便因无责任而破产了。孔子曰:"君子耻其言而过其行。"子夏曰:"与朋友交,言而有信,虽曰未学,吾必谓之学矣。"可见言行一致,是信成立的要素。从前周成王以桐叶与弱小弟戏,曰:"以封汝。"周公入贺,王曰:"戏也。"周公曰:"天子不可戏。"乃封弱小弟于唐。这件滑稽的故事,宋朝文学大家柳宗元,曾做一篇《桐叶封弟辩》,批评这事的失当。在政治的立场上看,"桐叶封弟"当然是不对的,但从信的立场上看,周公要教成王言行一致,免得将来政令的紊乱,未始没有相当的价值。曾子之妻外出,儿随而啼,妻告儿说:"汝勿啼,吾归为尔杀豕。"妻归家后告曾子,曾子便烹豕以为儿食,曰:"毋教儿欺也!"这件事,在食的立场上看,为儿而烹豕,未免是浮费,在信的立场上看,要使妻的言行一致去教儿,乃是极有价值的。从前赵惠文王得楚和氏之璧,秦昭王闻之,使人遗赵王书:"愿以十五城请易璧。"赵王遣蔺相如奉璧至秦,秦王大喜,将璧传示美人,而无意偿赵城。相如告秦王曰:"璧有瑕请指示。"王授璧,相如便持璧倚柱,怒发上冲冠,谓秦王曰:"秦负其强,以空言求璧,臣以为布衣之交,尚不相欺,况大国乎?臣观大王无意偿赵王城邑,故臣复取璧,大王必欲急臣,臣头今与璧俱碎于柱矣!"秦王不得已,卒使相如"完璧归赵"。秦王因言行不一致而失信,终被相如所辱,而贻千古的笑柄。袁世凯之就总统任,宣誓和文告,处处以"服从民国,实行共和"为标榜,不料后来竟违誓约,称号"洪宪",实行帝制了。于是蔡锷在云南起义,全国响应,袁世凯便愤急而死!是言行不一致,非但失政,且至杀身,这种背信的惩罚,是何等地严重呢?可是现代的人们,言是言,行是行,言行并不相一致。法律竟无实效,民信沉沦,国信亦扫地。这种虚伪的恶风,欺骗的罪恶,如果不痛改,恐怕中国要亡国吧!所以现在讲政治革命,社会革命,实在还不如提倡"信用革命"!使言行不一致之徒,不能效力于国家,立足于社会,能够人人披肝沥胆,开诚布公,谋上下彻底的合作,以图内治而御外侮,或者中国尚有挽救的希望哩。

二、信不可有一度的破坏。凡人的勤者,遇了一次不勤,还可以补救,只要他觉悟不勤的失败,而能努力地工作,还是能达到成功。凡人的勇者,遇了一次的不勇,还可以再起,只要他悔恨不勇的耻辱,而能积极地奋斗还是能达到胜利。只有信,不能有一次的破坏,遇了一次的破坏,便根本失败了!因为信经破坏以后,任你怎样地忏悔?怎样地解释?终难得人的谅解。譬如"连城之璧,照乘之珠",当其未破时,人人当他是稀世之珍,待到破碎,他的价值,便不复存在了。纸窗破了,容易补的,信破了不容易补。线断了,容易接的,信断了,不容易接。信的脆度,似璧玉,似古瓷,似玻璃,万不可有一度的破坏。一经破坏,他的裂痕,将永远存留而不能消灭,只有失败罢了。当商朝的时候,用烽火以告警,如遇有事变,便举起烽火,号召诸侯来援救,可知烽火是当时一个重要的信号。但纣王不知信号的重要,为要博妲己的一笑,竟无端地举起烽火来,使各路诸侯,齐集于京师。后来周兵猝至,把烽火再举,便无人响应,结果商朝被灭,纣王伏诛了。可见一次失信,竟能演亡国的巨祸,杀身的惨剧,何况多次失信,还能得他人的谅解吗?世有书空咄咄,日以眼泪洗面的人,亲友避道而行,路人侧目以视,孤立无助,遂沦入黑暗的深渊,是亦平时犯背信罪所受天然的惩罚。所以我人对于信,须"如临深渊,如履薄冰"地懔省着,不可任它有一次的失坠。须"如在其上,如在其左右"地敬畏着,不可有一时的间断。这才能保全他的信,而不至于破坏。

三、信与时间有联带的关系。同是一行为,在某时间,成立为信者,过某时间,便丧失他的信。所以要希望信用的成立,对于互约的时间,须严谨地遵守。譬如开会议,彼此约定某时间开会,你如到了某时间前往,便算不失信。如过了某时间前往,那会议已闭,无法参加,或因人数不足,竟至延会,那就失信了。譬如负债,彼此约定某时间偿还,如到了某时间不还便失信。后来过了若干时间,虽将本利偿清,而失信的遗痕,终无法洗涤,再度前往借债时,便要推诿了。譬如行火车,此车由某时间,预定从甲站到乙站,彼车由某时间,预定从乙站到甲站,如能各遵时间进发,自能通行而无阻。倘有一方不遵守时间,去随意开车,那么,撞车之祸便要立时发生了。譬如作战,约定中路进攻之时,左右两翼,须同时进攻。倘左右两翼,漠视前进的时间,致中路孤军深入,先被敌军包围而缴械。嗣后左右两翼,继续前进,敌军因无中路之忧,亦得分兵来击破两翼,这是左右两翼,因贻误时间上的信,所以全军覆没了。譬如定货,约定于冬至前来一批羊皮,可以乘寒风凛冽的时间,来投机竞卖。不料待至寒去春来,才大批运到,时间已过,购买无人,弄得皮货堆积,资本搁浅。这是因售货者,贻误时间上的信,所以双方受到损失了。现在世界信用经济,达到高潮的时候,对于时间的信用,尤成为天之骄子。轮船火车的转运,犹嫌它迟缓,时加用飞机,航空信的传达,还嫌它太慢,常来用电报,这可知时间的重要了。经济竞争的胜负,全决于时间的迟早。我中国贪卧而晏起者,懒惰而吸鸦片者,把大好的光阴,荏苒地过去。在时间上毫无信用,事事须追逐在后面,按诸天演淘汰的公例,那里会不失败呢?现在各公务机关,各银行,各公司,各工厂,统有工作时间的规定。如贻误时间,使我的工作,不能和他人的工作相衔接,或因我工作的迟延,而牵累一般工作的前进,这是在服务上为不忠,在时间上为不信,职业信用一破产,自己的生活,便要受重大的打击。注意吧!"时间贵于黄金,信用等于生命",幸勿把这两点忽略呀!

第二节 信的分类

信以诚实不欺,有约必践为基础,从心理上观察,本来是只有一个的,但应用到各方面的时候,却有种种的不同,我现在特用分类方法,叙述在下面:

一、个人信用

个人信用有三种,从处世方面讲,叫做诚信,从职业方面讲,叫做忠信,从朋友方面讲,叫做信义。

什么叫做诚信呢?诚信是拿自己的诚意做基础,而达他的信。诚意的成立,有两条件,一为不自欺,《大学》说:"所谓诚其意者,毋自欺也。"能够自己不欺自己的心,才能讲诚意。二为慎独,《中庸》说:"莫见乎隐莫显乎微,故君子慎其独也。"因独居之时,无社会环境的监督,最易为不善。可是,"人之视己,如见其肺肝然,诚于中,形于外",所以君子要慎独。慎独的方法,须同《中庸》所说的,"君子戒慎乎其所不睹,恐惧乎其所不闻";须同曾子所说的,"十目所视,十手所指,其严乎"。对于内心的监督,有这样的敬畏,才能做到慎独的功夫,才能达到不自欺的境界。能够慎独而不自欺了,那么,诚之所积,信也自生。《中庸》说:"《诗》云,潜虽伏矣,亦孔之昭,故君子内省不疚,无恶于志,君子之所不可及者,其唯人之所不见乎?《诗》云,相在尔室,尚不愧于屋漏,故君子不动而敬,不言而信。"这就是指由诚到信的功夫。《中庸》说:"唯天下至诚,惟能尽其性,能尽其性,则能尽人之性,能尽人之性,则能尽物之性,能尽物之性,则可以赞天地之化育,可以赞天地之化育,则可以与天地参矣。"这就是说至诚的人,能把自己所欲者,而彻底研究之,自能了解他人的所欲,能了解他人的所欲,则人与万物,同出于一源,如悉心考察起来,自可以明晰万物的所欲。待到万物的所欲明晰了,那么,自可参赞天地的化育,圆满宇宙共同的生存。《中庸》又说:"唯天下至诚,为能经纶天下之大经,立天下之大本,知天地之化育。"这是因诚而生信的结果,自然能得天下的信仰,可以立大经,订大法了。诚信的威力,等于南北极的大磁矿,能使全世界海洋中轮船上的指南针,个个一齐来向着他。像释迦牟尼的说法,几使全印度的人,如狂若醉,愿从他禅定。像基督的说教,几使全欧洲的人,信仰崇拜,愿个个来奔赴到十字架。像现代的甘地,几使全印度被压迫民族,统愿以不合作主义和英帝国奋斗。可见"精诚所至,金石为开",我之不能见信于人,或者是诚信未孚吧;所以吾人交友处世,当以诚信为基础。

什么叫做忠信呢?忠信是本他忠实的意思,而发生对人的信。吾人生平做事,不论是为朋友,为社会,为国家,为世界,统要拿一种忠实的意思来努力,才能见出我的信。吾人为朋友开商店,用什么方法去进货?用什么方法去出货?能够以发达营业,有利朋友为前提,才算是忠实,本这忠实的意思去做,才能不负朋友的信托。倘说进货出货,专为自己牟私利,对于商店的倒闭,每置之不顾。这是不忠实,是有负朋友的信托,便非忠信了!吾人为社会去办慈善,收了多少钱,当然要去放多少赈,放赈之时,还要赈能普及,款不虚縻,以实惠灾民为标准,才算是忠实,才算对于社会有信用。倘拿慈善的美名,去达他自利的目的,这是不忠实,是有违社会的信托,便非忠信了!吾人为国家去办政治,如能以国利民福为前提,不顾艰难,努力去办,才算是忠实,才算对于国民有信用。倘然假借政治的地位,专营个人的私利,人民怎样痛苦不去问,政治怎样腐败不去管,这就是不忠实,就是有负国家的信用,便非忠信了!子张问行于孔子,孔子曰:"言忠信,行笃敬,虽蛮貊之邦行矣。言不忠信,行不笃敬,虽州里行乎哉?"子张听了这话,便立刻书诸绅,以纪念忠信的重要。我望现代的人们,还是遵照孔子的遗教,向言忠信行笃敬的路去走吧!

什么叫做信义呢?信义是对朋友的义而发生的,有了义,才能见出他的信,现代的经济信用,几足以操纵全世界的生命。然信用的价值,只为资本家所独占,而贫民却没份。因为向银行借贷,须用相当的抵押和担保,贫民找不出抵押和担保,便没有信用,便不能借贷,现在各国为救济这种困难,倡"信用合作",而中国却倡一个伟大而热烈的义。有了这个义,于是没有抵押和担保的贫困者,也能向他朋友去借贷了。所以中国的朋友之义,是能患难相救济,疾病相扶持,缓急相通融。有了义便可以生信,不必抵押和担保,就可通用朋友的金钱。我中国数千年以来,本来是一个贫国,一般贫困的国民,能互相维持至于今日,为地球上最繁盛的民族,大概是得到义的帮助吧。义是贫困者的救星,亦是中国民族共同生存的秘宝,所以负义之人,每为社会所不容,只有义才能流传青史,争光千古哩。战国时候,范叔随须贾大夫使齐,因为范叔得齐王之赠,遭须贾之谮而被逐,是范叔与须贾本有夙仇的。后来范叔更名张禄,入秦为相,须贾不知范叔相秦,奉魏国之命,去谒张禄,须贾至客邸,忽范叔敝衣来谒,状同佣者。须贾一见范叔惊曰:"范叔何一寒至此乎?"既赐酒食,并给绨袍来赠他。可见中国救济贫困之义,不管是仇敌,还要随时表见的,所以"绨袍之赠",遂成千古的美谈。后来范叔见须贾尚存朋友之义,所以也就宽恕他在魏被逐之仇了。豫让初事范中行氏,不得志,退而依知伯,知伯以国士待他。嗣因知伯为赵襄子所杀,豫让便"漆身吞炭",替他报仇。最后被执,不愿图生,求击赵襄子的衣服,才自杀而死。这种因义而生的信,竟不惜拿生命来牺牲,真可算达到信义的最高峰了!韩信为布衣时,家贫甚,常从人寄食,钓于城下,遇漂母特他一饭,韩信向漂母说,"吾必有以重报母",母答:"大丈夫不能自食,吾哀王孙而进食,岂望报乎?"后来韩信贵为大将,觅漂母不得,特以千金投河,报他一饭之恩。须贾的赠袍,豫让的报主,韩信的掷金,都是因义而生的信。所以信义的作用,不单是可以济贫困,而可以共生死。中国有了这种特殊的发明,自当发扬光大,以维持我民族共同的生存。现在交友的人,不知从信义着手,一遇危急关头,便要孤立无助吧。

二、国家信用

国家信用,是政府对于人民一种负责的表示。国家有信用,一切政令,才能得人民的信仰,一切法律,才能得人民的服从。倘说没信用,人民便多离贰,全国便要瓦解!

孔子曰:"道千乘之国,敬事而信。"《大学》曰:"与国人交止于信。"孔子告子贡曰:"自古皆有死,民无信不立。"又曰:"上好礼,则民莫敢不敬,上好义,则民莫敢不服,上好信,则民莫敢不用命。"又曰:"其身正,不令而行,其身不正,虽令不从。"孔子对于提倡国信的热烈,真是中国政治上唯一的先觉者。从前有一位秦国的宰相,叫做商鞅,他将变法时,特立三丈之木于南门,出命令说:"有能徙至北门者,予十金。"人民奇怪起来,不敢去搬。于是再出命令说:"能徙者予五十金。"后有一个人果然去搬,竟赏他五十金。商鞅见了国信既明,便下令变法,虽太子有罪,也要严办,行了十年,秦国大治,这就是收国信的效哪。现在时代进步了,国信的需要,更其是急迫。所采保障国信的手段,有两种,一是国家的宪法,二是公债的基金。

甲、宪法

宪法,是政府与人民共守的信条,有了这种信条,才能产生政府的权限,保障人民的权利。各国为了力争宪法的信条,已不知起了几次的革命?流了多少人的血?宪法是革命和流血换来的!因为没有宪法,便没有国信,没有国信,全国便要强凌弱,富欺贫,闹到一个争乱惨杀的局面,使人民的和平幸福,全被牺牲,所以要用革命流血来力争。用革命流血去争宪法,就是用革命流血去争国信呀!现在世界各国的宪法,对于保障人民的权利,统有下列的信条:

一、"国民无男女种族宗教阶级的区别,在法律上一律平等。"这是要打倒重男轻女的恶习,泯除种族仇视的界限,推倒教皇的霸权,扫除奴隶的制度。有了这种信条,各级人民在法律下,才能享平等的幸福。

二、"人民非依法律,不得逮捕,拘禁,审问,处罚。"这是为保障人民身体自由的信条。

三、"人民的住所,非依法律,不得侵入搜索,或封锢。"这是保障人民居住自由的信条。

四、"人民有通信通电秘密的自由,非依法律,不得停止或限制。"这是保障人民通信自由的信条。

五、"人民有结社集会的自由,非依法律,不得停止或限制。"这是保障人民自由组织的信条。

六、"人民有发表言论,及刊行著作的自由,非依法律,不得停止或限制。"这是为保障人民言论自由,出版自由的信条。

七、"人民的财产,非依法律,不得查封或没收。"这是保障人民财产所有权的信条。

八、"人民有信仰宗教的自由。"这是鉴于各国宗教专制的流毒,特定保障人民信仰自由的信条。

把八大信条,规定在宪法当中,才能使政府保障人民的权利。我们要救中国,须提倡国信,须确立宪法。宪法,是政府和人民共遵的信条,是当用民众的全力来努力主张才是。

乙、基金

国家因感受支出预算的不敷,特指定某种税收作基金,来发行公债,这也是运用一种国信的手段。因为国家有了信,便可发行公债票,来换取人民几千万的金钱。现在世界各国,是没有一国不发行公债的,在欧战以前,全世界的公债,已有一千六百亿法郎。到了欧战以后,法国增加四倍半,英国增加至十倍,德国不算赔款,竟至二十八倍,以后各国,更将日增无已。以美国为全世界最富的国家,亦发行巨额的公债。日本以一小国,现在所发行的公债,竟达六十二亿之巨,因为各国为军事上与经济上的竞争,不得不扩充财政上的支出,不得不用发行公债来做弥补的手段。然而没有国信的存在,哪里能够这样的扩充呢?基金,是国家对于人民的抵押品,就是国信的保障。有了基金,才可以到期还本付息,才能保障持有公债者的权利。所以为维持国信起见,应有下列两条的限制。

1. 不提用基金。

2. 不延期还本付息。

我中国对于上列两条的限制,到底怎么样?对于公债基金,如能确立上述两条件的保障,则国信充实,强固,人民的资金,便可随时供国家的运用。凡明政治根本的政治家,对于这种意见,应有深切的认识。

三、经济信用

经济的发达,共分三时期。一为以物易物的自然经济,二为以金钱交换货物的买卖经济,三为以信用来扩张金钱使用的信用经济。信用经济,就是靠着信用的使用,以未来的财货,易现在的财货,促进社会资金的流通。经济愈进步,现货币的应用愈少,信用的应用愈大。我现在根据信用经济来谈经济的信用。

1. 存款　用数千万的金钱,来存入银行,银行所给他的,或是一张送金簿,或是一张存单,或是一个存折,这都是纸片做的。拿几千万的金钱,来换几张纸片,岂不是呆子吗?可是银行有信用的保证,他在纸片上所签的字,所盖的章,就是代表他随时支付的责任。这种责任的履行,并有他自己资本,来做保障。银行凭着这种信用来号召,于是各方剩余的资本,就像水似的流入到银行了。所以信用愈著的银行,他的存款,一定愈发达,这是经济信用的第一点。

2. 借款　将来的劳力和生产,不能交换现在的金钱,于是要利用现在的金钱,来发展将来的事业,岂不是困难吗?只有信用可以解决这困难问题。就是利用贷借的信用,把现在债权者所有的金钱,来贷做债务者现在应用的资本。有靠言语的负责而贷借的,有用签字的契据而贷借的,有用抵押品的保证而贷借的。用言语贷借者,完全靠个人的信用。用契据贷借者,除信用保障外,还可得法律的保障。用抵押品贷借者,除信用保障外,更有将来可以变卖抵押品,偿还本息的保障。现在银行的放款,大都采取用抵押品的办法,于是贫者无抵押品,借贷便生困难了。所以贫者要贷借,非靠他自己的信用不可,这是经济信用的第二点。

3. 支款　支款的时候,要随时亲赴银行去签字,岂不是麻烦吗?于是银行给你一本支票,你可按照存款范围以内,照原存的印鉴,随时签付支票而取款。你要付他方的款,用不着取到现金来付他,就凭这张支票来付他,于是支票因信用,便可代替金钱了。倘有不顾信用者,签支的数目,超过存款的数目,于是银行要拒绝付款,拒绝付款,岂不是损失持有支票者的权利吗?于是对于素未熟识,信用不足的人,便拒绝支票,而要银行的本票,钱庄的庄票。本票和庄票,是银行钱庄,根据存款的实数范围以内开发,由银行钱庄完全负责支付的。所以本票庄票,因银行钱庄信用的保证,便与现金无异了。支票,本票,庄票,有即期的,也有定期的。定期的叫做期票,期票的作用,就是靠着信用的保障,拿他日的金钱,代替今日金钱的支付。所以付款问题,因信用而极增其便利,这是经济信用的第三点。

4. 汇兑　把上海的金钱,要用到天津,把纽约的金钱,要用到伦敦,如真要把金钱来转运,岂不是多耗运费,及担负沿途种种的危险吗?于是银行利用汇兑的信用来救济,只要用一信去转汇,便可使甲地支付乙地的金钱,使乙地的银行来划解,免得现金的输送。有用信汇的,有用邮汇的,有用电汇的,有用票汇的,国外的汇兑,统以汇票居多数。有用银两汇的,有用大洋汇的,有用大洋银两互汇的,有用金汇的,国外的汇兑,统以金汇为本位。有于本埠先收托汇人的款,而于他埠代交其款项于收款人,用先收后付的顺汇的。有在本埠先付款于请求人,再于他埠向请求人指定的行庄,取回其汇款,用先付后收的逆汇的。更有本地商人卖货运出时,即觅妥保商于银行,将输运中的提单,交于银行,由银行扣除利息费用,而以余款先付作为押汇的。自从汇兑信用发达以后,一切物的所有权,可用一信转输于各国了。这是经济信用的第四点。

5. 定货　我人定购公债棉纱面粉的期货,如要赴财政部预付公债的定款,赴棉纱厂预付棉纱的定款,赴面粉厂预付面粉的定款,岂非费事吗?吾人如有了信用,只要用一电话,通知经纪人,购进公债几十万,棉纱几千担,面粉几万袋,不必预先付证金,就可以购进。卖出也只要用电话通知,有了信用,便无预付证金的必要,这是何等地便利?至于进口商家,向外洋定货,出口商家,向外洋卖货,也只要向进出口洋行,用一电话去通知待你将定金送往的时候,他早把买卖的电报,传达于外国。而外国商家的回电,已迅速地拍到中国了。可见得信用的势力,完全可代替金钱的支付,这是经济信用的第五点。

6. 钞票　钞票是一张纸片,怎么能代替金钱的使用呢?这全是拿信用来担保。

因所发钞票若干,就有若干现金作准备,银行因公众携带现金的不方便,就发行钞票,来取换公众手中的现金,以存入于准备库。一面将钞票付给于公众,作为银行收到现款的凭据,公众要用钞票,用现金,统由各人的选择。要用现金,拿钞票去兑换,用钞票,拿现金去兑换,使人视钞票,无异于现金,于是钞票因信用的保障,便有代替现金的价值。各银行更可用少数的资本,发行若干的钞票,增加多数金钱的运用,这是经济信用的第六点。

7. 证券　证券也是一张纸片,怎么能代表未来的财货,而在市场上出卖呢?这也是靠着信用的帮助。现在通行的证券,有两种,一是公司的股票,一是公司和国家的债券。各公司发行的股票,是来交换投资者的金钱,充作公司的资本。公司就把这资本,从营业上的收获,来给付股票的利息。是公司拿营业未来的收获,用股票来交换现在的资本。而投资者,就拿现在的资本,靠股票来取将来的利息。这种资本与利息间的交换,全靠股票信用来维持!凡为企业所发行的债票,叫公司债,担保公司债票的信用,就是公司的财产和企业。凡为政府所发行的债票,叫公债,担保公债的信用,就是指定基金的税收。公司可拿未来的营业收入,用债票来贷入现在的资本,政府也可拿未来的税款收入,用债票来贷入国民的金钱。只要有信用,便可拿未来的财货,用证券而出卖于市场,交换现在的金钱了。这是经济信用的第七点。

8. 贴现　未到期的期票,和未到期的本息票,本来是不能立刻换取现金的。可是银行以低利吸入存款后,必将存款放出来,图较厚的利息,方能支付存款的利息。于是对于期票和本息票,未能先取现金的,银行特先付现金,而预扣它期内垫款的利息,这是叫贴现。贴现与双方有利益,一可拿未到期的票据,来交换现款,一可拿现款来扣取票据的利息,并到期的时候,来收回现款。这种利益的交换,全靠期票和本息票的信用做保障。这是经济信用的第八点。

9. 栈单　各工厂所出的商品,统存于货栈,待到存入货栈后,没有栈单,便不能取货。于是栈单所载的数目,无异于实在的商品,所以在市场出卖商品,就可开栈单付他,不必立刻用货物付他。因栈单具有这坚实的信用,不单是可向货栈提货,且可向银行押款。有了栈单,像笨重的面粉花纱水泥,便可用轻便的方法来交易了。各洋行进口货堆栈的提单,也和栈单具同样的效用,这是经济信用的第九点。

10. 信用合作社　现代的经济信用,大都为资本家独占。因为资本家有财产,可以做保障信用的抵押品,有金钱可以增进他人信用的心理,利用信用的机会愈多,愈能够增进他伟大的富力,至于一般平民,因为没有财产和金钱,可以运用,利用信用的机会甚少。所以一切事业,不能发展,对于平民经济,还是不能解决。如不用方法来补救,贫富的阶级,愈将悬殊了。所以为发展平民信用起见,现在欧美各国,特盛行"信用合作社"。就是联合诚笃可恃的平民,用平等互助的精神,共同联合起来通力合作,以解决经济上的问题。谋经济上相互的利益,使平民亦得有利用经济信用的机会,这是经济信用的第十点。

自从现在经济信用发达后,世界一切的财货,统可拿信用来移转,这是于人类生存前途,实得极大的援助。可是现在的人们,还有不知尊重信用,利用信用的,这真是新经济时代的落伍者,淘汰者。我人要在经济潮流中站立着吗?信用,就是我们中流的砥柱!就是我们沉沦者的救生圈!愿人们觉悟吧!

四、国际信用

世界各国,各有他自己的立场,或为原料不足而斗争,或为市场狭小而斗争,或为殖民地不敷而斗争,或为扩张民族的野心而斗争,所以世界的和平,每难于维持。倘要调和各国的欲念,而相安于一共同的基础,这就是国际信用了。国际信用,能够显出最伟大的效力者,莫如前美国大总统威尔逊(Woodrow Wilson)所宣布《和平大纲》十四条。一九一四年,欧洲大战,人类所流的血,不知有多少,财产的损失,炮弹的消耗,几难以数计。这种惨酷的战争,真是人类和平的大敌!可是威尔逊是一个世界和平的福星,不愿人类似此残杀着,于是他在一九一八年一月八日,就把这《和平大纲》十四条草案,毅然地提出。

一、和约公开,不得有秘密的外交。

二、公海之航行,无论战时平时,应绝对的自由。

三、排除一切经济的阻隔。

四、解除各国军备。

五、殖民地问题处置,应以该地人民之利益,与占有国之权利二者并重为原则。

六、撤去俄国领土上之敌国军队,俾得自行决定其制度及政策。

七、收复比利时之完全主权。

八、法国一切领土,应使其自由,从前普鲁士对于亚尔撒斯劳伦所施之过失,应有以矫正之。

九、意大利之疆界,应按民族主义重定之。

十、奥匈国内之各民族,应与自主的发展。

十一、巴尔干各国相互之关系,按旧日民族隶属之界限解决之。

十二、奥托曼帝国土耳其之部分,应与以完全之主权。惟其他民族之受治于土耳其者,应保证其生命之安全与自主之发展。

十三、应设波兰独立国。

十四、设一国际联盟,以保障各国之政治与领土的独立。

轰动世界,残杀人类的大战,从这十四条《和平大纲》宣布后,便于一九一八年十一月十一日,宣告停止。这种《和平大纲》的宣布,几使全世界的人类,人人有生气,无不手舞足蹈,庆祝它成功。当时国际信用,因归于一致,所以便结束了自有人类以来空前的大战!

(甲)《国际联盟公约》

威尔逊于一九一九年一月二十五日,在巴黎和会动议,设立一个国际联盟,任命一委员会,起草《组织法案》。二月十四日,《国际联盟约章草案》二十六条,提出大会,交由各国审议。四月二十八日,大会修正通过,至一九二〇年一月十日,联盟正式成立,参加者,有英法德意日本等五十三国,中国亦加入,美国因国会不批准而未加入。我把紧要的条文节录在下面。

第八条 (一)联合会会员,承认为维持和平起见,必须将该本国军备,减至最少之限度,以适足保卫国境之安宁,及其共同实行国际义务为度。(二)行政院应审度每一国之地势,及其特别状况,以预定此项减缩军备之计划,俾供各国政府之参考及决定。(三)此项计划,至少每十年,须重新检查,或修正一次。(四)此项计划,经各国政府采用后,所定军备之限制,非得行政院之同意不得超过。(下略,军缩会议,即本此条而成立。)

第十条 联合会会员,有尊重并保持所有联合会各会员领土之完全,及现有政治上之独立,以防御外来侵犯之义务。如遇此种侵犯,或有任何威胁,或危险之虞时,行政院应履行此项义务之方法。

第十一条 (一)兹特声明,凡任何战争,或战争之威胁,不论其直接或间接,及联合会任何会员,皆为有关联合全体之事。联合会应设法挽救,以保持各国间之和平。如遇联合会任何会员之请求,秘书长应即召集行政院。(二)又声明,凡牵动国际关系之任何情势,足以扰乱国际和平,或危及国际和平所恃之良好谅解者,联合会任何会员,有权以友谊名义,提请大会或行政院注意。

第十二条 联合会会员约定,倘联合会会员间发生争议,势将决裂者,应将此事提交公断,或法律裁判,或交行政院审查。并约定无论如何,非俟公断裁决,或法律判决,或行政院报告三个月以后,不得从事于战争。

第十三条 (一)联合会会员约定,无论何时,凡联合会会员间,发生争议,认为适于公断,或法律裁判,而不能运用外交方法,圆满解决者,应将该问题,完全提交公断,或法律裁判。(下略)

第十五条 (一)联合会会员约定,如联合会会员间发生足以决裂之争议,而未照十三条规定,提交公断,或法律裁判者,应将该案提交行政院。当事国任何一造,可将争议通知秘书长,秘书长即着手筹备,以便详细调查及研究一切,(九至十各项,系规定公布两造争案说明书,及行政院之解决条件等。)

第十六条 (一)联合会会员,如有不愿本约第十二条,第十三条,或第十五条所规定,而从事于战争者,则据此事实,应视为对于所有联合会其他会员有战争行为。其他各会员,应即与之断绝商业上或金融上之关系,禁止其人民与破坏盟约国人民之一切交通。并阻止其他任何一国为联合会会员,或非联合会会员之人民,与破坏盟约国之人民,有金融商业或个人之交通。(二)遇此情形,行政院应将联合会诸会员,各个对于拥护本盟约所应出之有效的海陆空军,建议于各关系国政府。(下略)

一九三一年九月十八日,沈阳事变发生,中国当即提出国际联盟会议,请求令日本撤兵。讵知日本早知各联盟会员国不能实行第十六条所规定之方法,所以不但不肯撤兵,反本其积极政策进行不已,而卒有伪"满洲国"之成立。这全然由于《国联盟约》各会员国,不能忠于所守的《国联盟约》的缘故。

(乙)《华盛顿九国公约》

这是为巩固远东局势的和平,保障中国权利和利益,并根据机会均等原则,增进中国与他国间的交际决定。参加者,有美英法日意比荷葡八国,而中国亦签字批准,公约共计九条,将紧要者节录如下:

第一条 (一)当尊重中国之主权独立,及领土的与行政的完整。(二)当给与中国以最完全及最无障碍之机会,俾自行发展,并维持一有力而安固之政府。(三)当用彼等之势力,以期有效确立,并维持各国人民在中国全领土之商工业机会均等主义。(四)当自行抵制勿利用中国之情形以求获得足以减损友邦臣民之权利之特别权利或特典并勿容许有害友邦安宁之行为。

第二条 各缔约国协定,不得于相互间各别或共同与任何一国或数国,缔结违背或有害第一条说明之原则之任何条约,协定契约或了解。

其他各条,大都为适用"门户开放,机会均等"的原则,不准在中国领土内,特创势力范围,谋独占机会的享受。本约于一九二二年二月六日,在华盛顿公布,系美国用以防止一国对中国利益的独占而订定者。然而东北事变发生,中国的领土与行政已失其完整,而缔结本约的九国,却不闻有何种的主张。就是美国,亦只闻几篇宣言,并无切实的办法,国际信用的不存,《九国公约》已完全等于废纸了!

(丙)《巴黎非战公约》

英美法日意德比波兰印度捷克斯拉夫诸国,于一九二八年八月二十八日,签订《非战公约》三条于巴黎,中国至民国十八年三月,由南京国民政府签字批准。

第一条 缔约国兹以各国人民之名义,郑重宣言,诉于战争以解决国际纠纷之非。及在相互关系上利用战争,为国家政策之工具,应行抛弃。

第二条 缔约国互允各国间,设有争端或冲突,不论其性质及起源为何,只可用和平方法解决之。

第三条 本约应由上列缔约国,各依照己国宪法批准,俟各该国咸将批准文件,送往华盛顿存案后,本约即在各缔约国间发生效力。

我中国批准此约,不过一年,而签字本约的国家,甚至对于缔约国不宣而战,致使本约的功用,乃完全丧失。而其余签字各国,对于本约,亦毫无实行的诚意,堂堂《非战公约》,亦等于"玄文覆酱"罢了!

唉!国际信用的丧失,实为二次大战的根苗!哪得有和平的福星像威尔逊其人者,崛起以警告世界各国,立刻停止战备,来共谋和平的幸福呀!

(选自孙群:《人生八大基础》,商务印书馆1936年版,第103~131页。)

冯氏族约

冯玉祥

余生长北方,奔走国事,从未言归故乡,然数十年来于族中伯叔兄弟子侄无时不在念中。是以前者托诸弟在乡修宗祠,置义田,设学校,栽树木,稍尽敬祖睦族之心。二十四年冬,至南京居住,距家稍近,即拟回籍扫墓,并与族人一晤。乃国难日重,不敢偷闲分身,以致事与愿违。至本年春间,始得尚返里门,扫墓谒祠,在乡小住,时与族中兄弟及诸侄孙曾辈畅叙情谊,共话桑麻,不但得享天伦之乐,且觉俱能安分守己,各有职业,为之欣然大慰。现因假期将满,势未便在家久住,何时复归,亦难预料。遂又整顿学校,加增班次,并增置义田百亩,重订义田规章等。但应特别注意,必须身体力行者,犹不在此;欲使一族之中,均为端正谨饬求上进之人,而无骄慢奢惰之习,尤宜父勉其子,兄勉其弟,夫妇相助,姊妹相勖,推之合族,群策群力,相维相依,崇实黜华,谨守家规而后可。每读宗谱,内载训语多条,于规范礼义,束身涉世各事,反复训诲,言之綦详。仰见先人注重家规,期望子孙之意,至深且殷,后生小子,应如何体贴奉行,以慰慈望。玉祥因鉴世风丕变,习尚不同,谨以己意,量为补充,粗叙大概,计得应守者十二事,应戒者八事,非敢言训,聊师古人箴规之义,使族人知所取法而已。

宜守者十二事

一、孝亲。亲为人之所本,孝为百行之先,人而不孝,何以为人。故冬温夏清,昏定晨省,食甘衣暖,绕膝承欢,皆人子应尽之道。然不徒此也,又必顺其心,养其志,居家为努力生产之工农,出外为捍卫国家之战士,始是大孝。

二、忠国。聚家而成乡,聚乡而成国,家是社会之自然单位,国是国际之政治单位。故曰推孝亲之心以忠国家,扩爱族之念以爱全民族,斯为人人立身处世之最高道德,生存发展之至要条件。自来私家之念兴,国家之力弱。当此国难严重,帝国主义者侵凌无已之时,必也人人轻家爱国,为国为民族之生存而奋斗牺牲,斯能转弱为强,变贫为富,亦从而雪耻复仇,保祖宗之庐墓与家族之永续发展矣。

三、敬长。事长之道,以敬为主。长也者,非徒年龄辈分之高低,亦抑学识经验之丰啬之谓也；敬也者，不怠慢，不放肆，不狂妄，兢兢业业之谓也。在族中父老兄长之前，固应如是，即乡邻戚友间，亦应恭而有礼，时存钦敬之诚。且敬之一字，范围极广，举凡谨言慎行，束身正心，皆自敬中得来，可不于此三致意焉。

四、团结。一人之力有限，群体之力无穷，故始之团结一族，终之团结一乡一县一国以至于全人类，共求进步，共维幸福，斯即实现世界大同之目的矣。抑吾所谓团结力者，非此族与彼族争，此国与彼国争，亦非团结起来作人家之奴隶，而是守正义与公理者团结起来与恶势力斗，与自然界之压力斗，以求人类自由幸福平等之社会之实现也。

五、求知。知识为进步之母，而进步又为富强幸福之源泉。有知识，可以变无用为有用，如各种新发明是也；无知识，可以视黄金为粪土，如货弃于地是也。且也同一事也，有知识则事半功倍，否则事倍功半。故曰知识即权力，个人之贫富，国家之强弱，均于是瞻之。凡吾族人，无论如何困难，必须认定将自己子弟，不分男孩女孩，一体送入学校读书，斯为最重要之事。并须知：知识无限，日新月异，应极力接受新知识，以求不断之进步，只须加以真善与否之选择，切不可故步自封也。

六、力行。学贵实用，理贵实行，此为古今中外行已经世之金针。否则学以妆饰，理以空谈，则任何深学奥理，反足以误己而误人矣。是愿吾族人于一切知识学问、道德规范等，不落后，不空谈，竭一己一族之力，均须脚踏实地，一步一个脚印以实行之。

七、勤劳。勤劳是治生之本，亦成事之基。农人勤劳则收获多，士人勤劳则学问优。事在人为，有志竟成。幸勿任之于命，归咎于天。况吾族为农为工之家风，敢舍勤劳而思安逸乎。

八、节俭。俭可养廉，更可救贫。能节省自必不贫。不妄费自免拮据。行之既久，储存渐多，家给人足，衣食有余，虽遭荒歉，亦可不忧冻馁。古人谓俭为美德，诚非虚语。

九、谦和。谦受益，和为贵，是先圣先贤之格言，亦父师频为教诲，人所习知者。无论处家庭，处乡里，处友朋；无论作事求学，总以不自满足，蔼然可亲，方能有涵养与进步。

十、诚信。真挚笃厚谓之诚，诚实不欺谓之信。对人以诚信，人不欺我；对事以诚信，事无不成。于人格上于事实上，俱有莫大之关系。深望身体力行，不离须臾，修身之道，庶乎近之。

十一、利他。今人多专谋利己，不顾其他，是以世风愈下，欺诈横生。不知同属人类，应存恕道，诚如以爱己之心爱人，以为己之心为人，则事事为他人谋，时时为公众谋，人人交相利，损人利己之事绝迹矣。墨子讲兼爱，耶稣重博爱，其利他之诚尤为显然，体会斯旨，自能进德无量。

十二、公德。以己之心，度人之心，公德也；己所不欲，勿施于人，公德也；互相利赖，尽其在我，公德也；千万人之事，应遵千万人共守之纪律，公德也；有利于社会国家之事,率先倡之行之,有害于社会国家之事,率先改之除之,是尤公德之大者也。凡此所举,自小及大,勉而行之,进乎上德矣。

宜戒者八事

一、懒惰。懒惰之为害大矣哉,足以废事业,足以阻进步,足以损人格。试观兴盛之象,无非由勤苦而来;衰败之家,莫不因懒惰所致;是贫富贵贱,即勤惰之所由分。故朱柏庐先生《治家格言》,开宗明义首先曰"黎明即起"。一起息之间,尚郑重若此,他事则不言可喻。

二、骄傲。骄纵傲慢,一方面为不德,另方面则贾祸杀身而有余。盖恭顺和平,人咸敬之。一涉骄傲之嫌,将鄙弃之不暇,尚谁与之亲近哉。况矜己傲物者,必多轻侮。骄于学则必退,骄于事则必偾,骄于人则必辱,招祸贻害,理所当然。

三、饮酒。昔孟子尝曰:"禹恶旨酒。"既曰旨,又何恶,正恶其旨美,而人易近也。酒之为物,其性刺激,故贪饮者必易醉。神经错乱,知觉失常,贻误正事,损害身体,固所恒有;而言行不谨,损人而并损己者,更仆难数,此所以宜避而远之也。

四、赌博。费时伤财,倾家败产者,惟赌最烈。好胜恶败,有伤品德。求赢渔利,小人之尤。又有不惜以种种诈术,引诱良善,入其彀中。故嗜赌者,未有不家败产尽。甚且为淫为盗,以求赌资;卖儿鬻女,以偿赌债。言之可恨,亦殊可怜。故余生平恶赌,甚于蛇蝎,以蛇蝎之毒易防,而赌害不可胜言也。

五、迷信。迷信之来,由于无知,祸福之来,不知所以然之道理。岂知万事有理,祸福在己。堪舆、相面、算命、占课、求神拜佛等事,皆属欺人之谈。既无真理,何知祸福。至于吾乡农人,不知兴水利,尽地力,选种籽,相土宜,徒思靠天吃饭,听其自然,故一遇水旱之灾,束手无策,坐以待毙。此只知迷信而不尽人事之咎。是在族人读书明理,以人力战胜自然耳。

六、自私。利己之心,恒所不免,惟须在利他与公益之范围内耳。如欲损人以利己,则谓之自私。自私之人,终日蝇营狗苟,惟利是图,尝恐其计之不工,谋之不巧,使人人交相损,斯人人受其害。故自私之结果未必真能利己也,徒损人而已。且损己之品格,损己之心术而已,乌乎可。

七、奢侈。奢侈之习,最易误人。尝见富贵而少教育之家,争奇斗丽,极意奢华,以养成子弟傲慢懒怠之气;兴家无术,败家有余,前日之富豪,转瞬而贫无立锥矣。甚且本属寒家,尤而效之,甫经摹仿,已受冻馁,言之寒心,思之凛然。古人曰:"由俭入奢易,由奢返俭难。"三复斯言,当知何从。

八、虚伪。诚敬之道,前已言之,而虚伪即诚敬之反。言不由中,虚伪也;行涉鬼祟,虚伪也,推而至于欺诳狡猾,更属虚伪之尤。吾人应世接物,端在诚敬,若出之以虚伪,无论人之视我如见其肺肝,未必果受其愚,而言行一亏,信用俱失,自问当亦愧悔不置。戒之戒之,幸勿蹈此。

(选自《冯玉祥选集》,人民出版社1985年版,第455～459页。)

诚及与天为一

张岱年

战国末年,儒家学者在思想上主要工作之一,是综合孟、荀。这时期思想的最高成就,是《中庸》。《中庸》大体是综合孟、荀两家思想,而成立一个丰富博大的人生哲学系统。《史记》曾说子思作《中庸》,或有所据;但今传《中庸》,就内容看,当是战国末年的作品。今传《中庸》或者是就子思之《中庸》加以扩充改造而成的。但今本《中庸》中,何为子思原作,何为战国末年人增益,在今日实不易分别。然其中即有子思原作,必亦为此增益者所承认,故将全书皆看作此增益者之思想,亦无不可。子思的《中庸》之中心观念,大概即是"中庸"。而在今传《中庸》中,"中庸"的观念却不是最重要的观念;而最重要的中心观念,乃是"诚"。今传《中庸》以诚为人生之最高境界,人道之第一原则。

[附注] 吾今以为,《中庸》的大部分是子思所著,个别章节是后人附益的。《中庸》"诚"的思想应先于孟子。

孟子与荀子皆曾讲"诚"。孟子说:"诚者天之道也,思诚者人之道也。至诚而不动者,未之有也;不诚未有能动者也。"(《离娄》)

孟子所谓诚,大概即是真实不欺之意。天是真实不欺的,人则思求真实不欺。至诚则能感动,不诚便不能感动了。

荀子说:"君子养心莫善于诚,致诚则无它事矣。唯仁之为守,唯义之为行。诚心守仁则形,形则神,神则能化矣;诚心行义则理,理则明,明则能变矣。变化代兴,谓之天德。天不言而人推高焉,地不言而人推厚焉;四时不言而百姓期焉,夫此有常以至其诚者也。君子至德,嘿然而喻,未施而亲,不怒而威,夫此顺命以慎其独者也。善之为道者,不诚则不独,不独则不形。……天地为大矣,不诚则不能化万物;圣人为知矣,不诚则不能化万民;父子为亲矣,不诚则疏;君上为尊矣,不诚则卑。夫诚者,君子之所守也,而政事之本也。"(《不苟》)

此以诚为德行之基础,致诚则众德自备。唯诚然后能使人化,使人变。天地之能化万物,以诚;圣人之能化万民,亦以诚。荀子谓天地四时有常而极其诚,亦即孟子所谓"诚者天之道也"之意;荀子谓"君子顺命以慎其独","诚者君子之所守",亦即孟子所谓"思诚者人之道也"之意。孟子与荀子的思想相反之点甚多,而言诚则大同小异。

《中庸》在讲诚以前,先讲所谓道。《中庸》所谓道,指人道。《中庸》云:"天命之谓性,率性之谓道,修道之谓教。道也者。不可须臾离也;可离非道也。是故君子戒慎乎其所不睹,恐惧乎其所不闻。莫见乎隐,莫显乎微,故君子慎其独也。"

道乃由性而出,而性乃天之所命。此点与孟子所讲性天道的关系相同。道是不可片刻离开的,君子于他人不睹不闻之时,更须戒慎恐惧,以求不离于道。此不可须臾离之道,非是远离日常生活的。《中庸》云:"子曰:道不远人,人之为道而远人,不可以为道。"

人不可离道,道亦不可远人。道必须平易近人,而不当高远幽玄。此与荀子所谓"道者非天之道,非地之道,而人之所以道也"意近。《中庸》又云:"君子之道,费而隐,夫妇之愚,可以与知焉;及其至也,虽圣人亦有所不知焉。夫妇之不肖,可以能行焉;及其至也,虽圣人亦有不能焉。……君子之道,造端乎夫妇;及其至也,察乎天地。"

道虽平易近人,而行之无穷;谓之近则甚近,谓之高亦极高。此道是广大高明而不离乎日用的,人人于日常生活中皆可实行,而行之无有尽竭。

此切近而宏大的道,即是中庸之道。《中庸》云:"仲尼曰:君子中庸,小人反中庸。君子之中庸也,君子而时中;小人之反中庸,小人而无忌惮也。"

"子曰:道之不行也,我知之矣!知者过之,愚者不及也。道之不明也,我知之矣!贤者过之,不肖者不及也。"

过与不及,都是反中庸。中庸是无过不及,随时以处中。"时中"的观念,亦见于《易·象传》。《中庸》又云:"子曰:舜其大知也与?舜好问,而好察迩言,隐恶而扬善,执其两端,用其中于民。其斯以为舜乎!"

执两用中,是"中"之意义;审察两极端,取其中而用之。《中庸》又云:"庸德之行,庸言之谨。有所不足,不敢不勉;有余不敢尽。言顾行,行顾言。君子胡不慥慥尔。"

此解释所谓"庸"。于平常之德,必实行之;于平常之言,必谨信之。勉其不足,不尽有余。亦即无过不及之义。

这中庸之道之实际内容为何?即是于五伦之中而行智仁勇三德。《中庸》云:"天下之达道五,所以行之者三。曰君臣也,父子也,夫妇也,昆弟也,朋友之交也:五者天下之达者也。智仁勇三者,天下之达德也。所以行之者一也。……子曰,好学近乎智,力行近乎仁,知耻近乎勇。知斯三者,则知所以修身。知所以修身,则知所以治人。知所以治人,则知所以治天下国家矣。"

"达"犹今所谓普遍。五伦,乃普遍之道;智仁勇,乃普遍之德。修身以及治天下国家,皆以智仁勇三德为基本。智仁勇之仁,包含义与礼。《中庸》云:"修身以道,修道以仁,仁者人也,亲亲为大。义者宜也,尊贤为大。亲亲之杀,尊贤之等,礼所生也。"

合而言之,只是仁;分而言之,则仁义礼为三。此言仁义礼之意谓,与孟子同。

实行三德而有之于己,行为无不合于道,即达到所谓"诚"的境界,诚即真实无妄;

实有此道,实有此德,未尝须臾离道,未尝须臾违德。《中庸》云:"诚者,天之道也;诚之者,人之道也。诚者,不勉而中,不思而得,从容中道,圣人也。诚之者,择善而固执之者也。"

天有一根本性征,即诚:天是真实无妄的,天之所以为天在此。人则未能诚而求诚,由求诚亦可达到诚的境界。在人言之,诚的境界,即是与道合一,不待思勉而无不合道。求诚则须思勉,要思以择善,勉以固执之。用力久久,则无待思勉而自然合道了。《中庸》又云:"自诚明,谓之性;自明诚,谓之教。诚则明矣,明则诚矣。"

本真实无妄,与道为一,而后始明其理,此是性之自然。先明其理,而后方能真实无妄,与道为一,此是教之功力。能诚则必明,能明亦必诚,先后原无大别。《中庸》又云:"诚者,自成也;而道自道也。诚者,物之终始,不诚无物。是故君子诚之为贵。诚者,非自成己而已也,所以成物也。成己仁也,成物知也,性之德也,合外内之道也,故时措之宜也。"

诚乃人之所由以成,道乃人之所由以行。天道唯诚,然后有物;一切物之存在,皆由于天道之诚,如虚妄无实,则一切无有。诚乃人之所以成,而非但成己,且以成物,成己则尽人之所以为人者,故仁;成物则知周乎万物而道济天下,故知。仁知乃天命之性所固有之德。成己成物,即兼物我,亦即合外内。诚是成己成物之道,即合外内之道。《中庸》又云:"唯天下至诚,为能尽其性;能尽其性,则能尽人之性;能尽人之性,则能尽物之性。能尽物之性,则可以赞天地之化育;可以赞天地之化育,则可以与天地参矣。"

唯至极真实不妄者,方能尽量了知其本性。能尽量了知其本性,则亦能尽量了知人之本性。能尽量了知人之本性,则亦能尽量了知物之本性,即对人人物物之本性皆无所不悉,无所不尽。如此即能赞助自然之化育,而可与天地并而为三了。尽性的观念,对于以后的哲学思想影响很大。首先提出尽性的观念者,是《中庸》。(《易·说卦传》亦言尽性,年代或在《中庸》之后。)"与天地参"的观念,亦见于荀子。但荀子的理想是利用万物宰制自然,《中庸》的理想则是尽量了知物性而赞助自然,与荀子不同。《中庸》这种赞化育的思想,可以说乃主张与天地相调协,与《易传》所讲最为相近。荀子讲不求知天,《易传》颇注重致知,《中庸》则甚重知天,《中庸》云:"思知人,不可以不知天。""唯天下至诚,为能经纶天下之大经,立天下之大本,知天地之化育。惟能知天地之化育,方能赞天地之化育。"

《中庸》亦甚注重礼。《中庸》云:"大哉圣人之道,洋洋乎!发育万物,峻极于天。优优大哉!礼仪三百,威仪三千。待其人而后行。"

发育万物,峻极于天,即与天地参之意。所以能如此者,在于礼之实行。

《中庸》以为惟诚可以感化他人:"诚则形,形则著,著则明,明则动,动则变,变则化。唯天下至诚为能化。"

诚则形于外,于是更益彰显而著,以至于发越而有光辉,即明;发越而有光辉,则能使人动心，动心则渐变，渐变既久则整个迁化了。动是初变，化是全变。唯至诚方能使人同化于己。

《中庸》提出尊德性而道问学的命题："故君子尊德性而道问学，致广大而尽精微，极高明而道中庸，温故而知新，敦厚以崇礼。"

此谓君子之道，全而不偏：既尊其固有之德性，而更益之以问学；广大无所不包，而于精微亦无所不尽；高明至极，而以中庸为道；不忘旧有，而更随时知新；笃其厚情，而又崇尚礼仪。"尊德性而道问学"是比较全面的观点。孟子重尊德性，荀子主道问学，《中庸》则兼重两者。"致广大而尽精微"实说出哲学之鹄的。"极高明而道中庸"，是儒家思想之特色。

与《中庸》同时代的作品，有《大学》，也是儒家的重要典籍之一。《大学》并没有特别标定一个中心观念，它乃是提出一个整齐的系统，有所谓三纲领、八条目。所谓三纲领者，《大学》云："大学之道，在明明德，在亲民，在止于至善。"

明明德即《易·象传》所谓"自昭明德"。明德即人心所固有之善性。亲民即泛爱众。止于至善，即定一最高理想以为实践之准的。《大学》甚注重知止，故又云："知止而后有定，定而后能静，静而后能安，安而后能虑，虑而后能得。"最高理想当先确立。

所谓八条目者，《大学》云："物有本末，事有终始，知所先后，则近道矣。古之欲明明德于天下者，先治其国；欲治其国者，先齐其家；欲齐其家者，先修其身；欲修其身者，先正其心；欲正其心者，先诚其意；欲诚其意者，先致其知；致知在格物。格物而后知至，知至而后意诚，意诚而后心正，心正而后身修，身修而后家齐，家齐而后国治，国治而后天下平。自天子以至于庶人，壹是皆以修身为本。其本乱而末治者否矣！其所厚者薄而其薄者厚，未之有也。"

此言行事有一定之次序，平天下须先治国，治国须先齐家，齐家须先修身，修身须先正心，正心须先诚意，诚意须先致知，致知之道在于格物。《尔雅释诂》云："格，至也。"格物即至物，即就物而考察之。《大学》此种理论之要义，在于：一、认为治全须先治分；二、认为治身必先治心；三、认为治心须先有知；四、认为致知在于察物。《大学》甚注重知识，认为知识是心身修养之基础。"物有本末，事有终始，知所先后，则近道矣。"所谓致知，实即于事物知所先后，此乃最根本的。凡此皆《大学》之特色。然《大学》八条目中之最重要者，乃在诚意，《大学》中解释诚意之语最多。王守仁云："《大学》之要，诚意而已矣。"(《大学古本序》)诚意实可以说是《大学》整个系统中之重心。《大学》讲诚意云："所谓诚其意者，毋自欺也。如恶恶臭，如好好色。此之谓自慊。故君子必慎其独也。小人闲居为不善，无所不至，见君子而后厌然，掩其不善，而著其善。人之视己，如见其肺肝然。则何益矣。此谓诚于中形于外，故君子必慎其独也。"《大学》言诚，注重不自欺之义。不自欺则能自慊。好善如好好色，恶不善如恶恶臭，便是诚意。

《大学》又讲所谓絜矩之道:"所恶于上,毋以使下;所恶于下,毋以事上。所恶于前,毋以先后;所恶于后,毋以从前。所恶于右,毋以交于左;所恶于左,毋以交于右。此之谓絜矩之道。"

此即是所谓恕。《大学》以为絜矩之道,乃治国平天下之枢要。

《大学》的思想,可以说是孟、荀之综合。荀子最注重知止,尝说:"学也者,固学止之也。恶乎止之?曰止诸至足。"(《解蔽》)《大学》所谓知止,或系从荀子得来。孟子曾言"天下之本在国,国之本在家,家之本在身。"《大学》言修身治国平天下之序,当系本于孟子。

《中庸》以后,以诚为人生之至道的,有唐代儒佛思想之融合者李翱,及北宋道学家周敦颐。

李翱的人生思想,以"复性"为要义。他认为人之性本纯粹至善,但为情所昏,性乃不见;作圣之道,在于去情以复性。如能复其性,便达到了"诚"之境界。李氏云:"诚者,圣人性之也,寂然不动,广大清明,照乎天地,感而遂通天下之故,行止语默,无不处于极也。复其性者,贤人循之而不已者也;不已则能归其源矣。"(《复性书上》)

圣人性本不失,原即在诚的境界中,行止语默,无不合于至善。贤人则须作复性的工夫;用力既久,则能归源,而亦达到诚。李氏又说:"道者至诚也,诚而不息则虚,虚而不息则明,明而不息则照天地而无遗。非他也,此尽性命之道也。"(《复性书上》)

诚乃是尽性命之道。能尽性而复其天命之本然,便是诚。李氏又说:"知本无有思,动静皆离,寂然不动者,是至诚也。……问曰:本无有思,动静皆离,然则声之来也,其不闻乎?物之形也,其不见乎?曰不睹不闻,是非人也。视听昭昭而不起于见闻者,斯可矣。无不知也,无弗见也,其心寂然,光照天地,是诚之明也。"(《复性书中》)

诚是至静而又至灵的内心状态。超乎动静之对待,寂然不动,而光照天地,无所不知。外物之变化,皆能洞悉之,而泰然安定,不为所扰。这是一种神秘的境界。李氏又说:"诚者,定也。"(《复性书中》)

诚其实即是定,定即不动心。李翱以此种微妙的不动心之境界,为人生最高理想。

诚的理论至周敦颐而完成。周子以诚为人所受于宇宙本根之纯善的本性,此纯善的本性,乃作圣人基本。一切道德,皆原于诚。周子说:"诚者,圣人之本。大哉乾元,万物资始,诚之源也。乾道变化,各正性命,诚斯立焉。纯粹至善者也。"(《通书》)

诚是人之真实无妄之本性;乃源于宇宙本根即万物资始之乾元,即人所禀受于乾道的。惟此本性,纯粹至善。人唯循此本性而行,即可成为圣人。周子又云:"圣,诚而已矣。诚,五常之本,百行之源也,静无而动有,至正而明达也。五常百行,非诚非也,邪暗塞也。故诚则无事矣。至易而行难,果而确,无难焉。"(《通书》)

圣人之所以为圣,在于诚而已。仁义礼智信五常及一切德行,皆以诚为基础。诚之体寂然而用无穷,至极中正而无所不通。不诚则一切德行皆属虚伪而无其实,诚则众德圆满,更无余事了。周子又说:"寂然不动者诚也;感而遂通者神也;动而未形有无之间者几也。诚精故明,神应故妙,几微故幽。诚神几曰圣人。"(《通书》)

诚是寂然不动的,而神有感而遂通之妙用。由静而动,发而未发之际为几。圣人以诚为体,以神为用,而善察几。

周子又言求诚之道云:"君子乾乾不息于诚,然必惩忿窒欲,迁善改过而后至。"(《通书》)

君子未迨圣人,不能自然而诚;勉力求诚,必克欲以迁善。用力久之,然后能达到诚的境界。

诚的学说,成立于《中庸》,引申于《大学》,推衍于李习之、周濂溪。然李与周所谓诚,意谓已与《中庸》不同了。《中庸》以诚为天之道,未尝以诚为人之性;以为至诚能尽性,而未以尽性为诚之意义。李习之乃以尽性或复性为诚,周子更直以诚为人之本然之性之名称。李之说已异于《中庸》,周之说则离《中庸》更远了。然由《中庸》而发展,必然达到周子的学说;《中庸》讲率性又讲诚,由斯推衍,必然达到性诚同一。

《中庸》的赞天地之化育的思想,到北宋,邵雍有更进的申述。邵子说:"人也者,物之至者也;圣也者,人之至者也。物之至者,始得谓之物之物也;人之至者,始得谓之人之人也。夫物之物者,至物之谓也;人之人者,至人之谓也。以一至物而当一至人,则非圣人而何? 人谓之不圣,则吾不信也。何哉? 谓其能以一心观万心,一身观万身,一物观万物,一世观万世者焉。又谓其能以心代天意,口代天言,手代天工,身代天事者焉。又谓其能以上识天时,下尽地理,中尽物情,通照人事者焉。又谓其能以弥纶天地,出入造化,进退古今,表里人物者焉。"(《皇极经世·观物内篇》)

这是《易传》以来与天地相调协的思想之总的会合。圣人能代天行道,而于天地万物,无所不知,乃能经纬天地,而出入造化。邵子又云:"能循天理动者,造化在我也。"(《皇极经世·观物外篇》)

我不违天,则天亦不违我,即我与天相和谐了。

与诚论甚相接近的人生理想论,是与天为一论。诚本是一种合内外之道,而亦可说是一种合天人之道。(诚是天之道,人如能诚,即与天合一了。)但诚论不以与天为一为其根本观念。与天为一,是北宋张载及程颢的思想,在本质上可说是孟子思想之发展。张子的人生论以孟子尽心知性的观念为主,而又兼摄墨子兼爱论之若干成分。程伯子的人生论,亦以孟子的尽心知性的思想为主,而又会综庄子之万物一体的观念。张子、程伯子亦皆言诚,但诚不是他们的中心观念。

北宋道学家中,首先提出一个宏大崇伟的人生理想的,是张横渠,张子由其宇宙论及人性论以建立人生理想论。他以为万有同属一气之变化,人物之性本来同一,而我与物,内与外,原无间隔;但人习于以小我为我,遂以外物为外。故人生之最高原则,即是泛爱所有之人,兼体所有之物,以达到天人内外合一无二之境界。张子说:"性者,万物之一源,非有我之得私也,惟大人为能尽其道。是故立必俱立,知必周知,爱必兼爱,成不独成。"(《正蒙·诚明》)

万物本惟一性,物我原属相通,大人能明此而实行之,充分表见此理,故立则立己亦立人,知则"周万物而知",爱则遍爱一切人,成则不惟"成己"而更"成物"。张子又说:"以爱己之心爱人则尽仁。"(《正蒙·中正》)

此即张子所谓兼爱。张子又说:"大人所存,盖必以天下为度。故孟子教人,虽货色之欲,亲长之私,达诸天下而后已。"(《正蒙·中正》)

"立必俱立,知必周知,爱必兼爱,成不独成",即是以天下为度。任何事皆当达之于天下。

张子以"大心"为修养之道,他说:"大其心则能体天下之物。物有未体,则心为有外。世人之心,止于闻见之狭;圣人尽性,不以闻见梏其心,其视天下无一物非我。孟子谓尽心则知性知天,以此。天大无外,故有外之心,不足以合天心。"(《正蒙·大心》)

所谓"体",即视之为我,亦即"置心物中"(朱晦庵语),以今日名词说之,可谓即"直觉"之意。拘于有我之私,则心与物相对立,而内与外相判隔;能扩大其心,而直觉一切物,于是心物之界泯,而内外合一了。人所直接见闻者有限,而心之所直觉可以无穷;心不以所见所闻为限际,然后乃能扩大至于极度。如此则觉物物皆我之一部分,即扩大其我以至于无穷,而不独以小我为我了。所谓大心,其实即是使此心有广大之直觉。张子又说:"以闻见为心则不足以尽心,人本无心,因物为心。若只以闻见为心,但恐小却心。今盈天地之间者皆物也,如只据己之闻见,所接几何? 安能尽天下之物? 所以欲其尽心也。"(《语录》)

必尽物然后能尽心。心不应以直接经验为限,而当与存在同其广大。所不闻见之物,心亦应体念之。

"视天下无一物非我",实即是无我,故张子又讲无我。他说:"无我而后大,大成性而后圣。""穷神知化,与天为一,岂有我所能勉哉?"(《正蒙·神化》)

无我然后我扩大至于极度,而与天为一。物我内外,合而为一,乃是生活之最高境界。张子说:"合内外,平物我,此见道之大端。"(《语录》)

张子又作《订顽》教学者,以比喻讲人生之道。以父喻天,以母喻地,以同胞兄弟喻人与人,以同类喻人与物之关系。《订顽》云:"乾称父,坤称母。予兹藐焉。乃浑然中处。故天地之塞吾其体;天地之帅吾其性。民吾同胞,物吾与也。大君者,吾父母宗子;其大臣,宗子之家相也。尊高年,所以长其长;慈孤弱,所以幼其幼。圣其合德,贤其秀也。凡天下疲癃残疾茕独鳏寡,皆吾兄弟之颠连而无告者也。于时保之,子之翼也;乐且不忧,纯乎孝者也。违曰悖德,害仁曰贼。济恶者不才,其践形惟肖者也。知化则善述其事,穷神则善继其志。不愧屋漏为无忝,存心养性为匪懈。……富贵福泽,将厚吾之生也;贫贱忧戚,庸玉汝于成也。存吾顺事,没吾宁也。"

吾生于天地之间,乾坤犹若父母。充塞于天地之间者气。吾受以为体;气之本性所以为气之帅者,吾受以为性。民犹吾之兄弟,物则吾之相与。天子为天地之宗子,大臣则其家相。高年吾之兄,幼年吾之弟。与天地合德为圣,天地之秀子则贤。人之贫穷残疾者,皆吾同胞之受苦而无告的。在《订顽》,张子是以比喻讲其"爱则兼爱"及"尽体天下之物"的思想。我们所以当爱人并爱物者,因为人属同胞,而物也是一气之所化,也是我们的侪辈。张子又说:"《订顽》之作,只为学者而言,是所以订顽。天地更分甚父母?只欲学者心于天道。若语道,则不须如是言。"(《语录》)

此谓《订顽》所说,只是比喻,实亦不必如此说。《订顽》又名《西铭》,对于后来思想影响甚大。

张子又有"存神"之说。存神一词,本于孟子(《孟子·尽心》)篇有"所存者神"语)。然张子所谓存神,与孟子原意不同。张子说:"太虚不能无气,气不能不聚为万物,万物不能不散为太虚。……然则圣人尽道其间,兼体而不累者,存神其至矣。"(《正蒙·太和》)

所谓存即存之于心,亦即今所谓直觉之义。存神即体认宇宙大化中之能变之妙用。能体认此能变之妙用,然后能兼体万物而无累。张子又说:"气有阴阳,推行有渐为化,合一不测为神。其在人也,知义用利,则神化之事备矣。德盛者穷神,则知不足道;知化,则义不足云。天之化也运诸气,人之化也顺夫时。……《中庸》曰:至诚为能化。孟子曰:大而化之。皆以其德合阴阳,与天地同流而无不通也。"(《正蒙·太和》)

自然有神化;人如能辨识当然而运用无不顺,神化之事便可谓具备于身。修养至于穷神知化,则又不止于辨识当然而已,而与天为一了。张子又说:"性性为能存神,物物为能过化。""无我然后得正己之尽,存神然后妙应物之感。"(《正蒙·太和》)

以性为性,即"善反之则天地之性存焉",然后能存神。因物付物,然后能应变而不滞。惟体认能变之妙用,乃能随感即应,各得其宜。

张子讲大心无我,然颇注重人为。他尝说:"天能为性,人谋为能。大人尽性,不以天能为能,而以人谋为能。故曰天地设位,圣人成能。"(《正蒙·诚明》)

固当尽其天能,更应发挥人能。张子言修养,亦甚注重有为。他说:"言有教,动有法,昼有为,宵有得,息有养,瞬有存。"(《正蒙·有德》)动静昼夜皆有工夫,片刻亦须用力。此与道家以忘为修养之道者正相反。

张子讲民吾同胞物吾与,更尝自言其志云:"为天地立心,为生民立道,为去圣继绝学,为万世开太平。"(《语录》)此是伟大的思想家之宏卓的怀抱。

程明道以与物同体,不分内外,为人生之理想。明道将与物同体的态度,名为"仁",以此意谓的"仁"为生活之最高境界。明道说:"学者须先识仁。仁者浑然与物同体。义礼智信,皆仁也。……此道与物无对,大不足以明之。天地之用,皆我之用。孟子言万物皆备于我,须反身而诚,乃为大乐。若反身未诚,则犹是二物有对。以己合彼,终未有之,又安得乐?《订顽》意思乃备言此体。以此意存之,更有何事?"(《语录》卷二上)

生活之第一原则,即是泯除物我之对待,而与万物为一体;如此则可得最大之快乐。一切烦恼,实皆起于物我之对待;今消弭对待,与物无对,则一切烦恼自然都消失了。明道又说:"医书言手足痿痹为不仁,此言最善名状。仁者以天地万物为一体,莫非己也。认得为己,何所不至?若不有诸己,自与己不相干,如手足不仁,气已不贯,皆不属己。故博施济众,乃圣人之功用。"(《语录》卷二上)

"若夫至仁,则天地为一身,而天地之间,品物万形,为四肢百体。夫人岂有视四肢百体而不爱者哉?圣人仁之至也,独能体是心而已。……医书以手足风顽,谓之四体不仁,为其疾痛不与知也,非不仁而何?世之忍心无恩者,其自弃亦若是而已。"(《语录》卷四)

此所说最为深切著明。手足本为个体之我之一部分,人莫不知爱之,而患麻痹疾者,则忘其为己有,此即不仁。然人以小我自限,惟以个体之我为我,而不知众民万物亦本与我为一体,此亦是麻痹,亦是不仁。至仁则以整个宇宙为我,与天地万物为一。

明道此种人生理想论,亦是由其宇宙论而来。明道认为宇宙之根本原则为"生",而宇宙乃一生生之大流,人与万物皆在此生生之大流中,实息息相通。将宇宙之生的原则表见于生活,便是仁。与天地万物为一体,即不违此生生之理而生活,亦即与生生之大流合一而生活。明道说:"天地之大德曰生。天地纲缊,万物化醇。生之谓性。万物之生意最可观,此元者善之长也,斯所谓仁也。人与天地一物也,而人特自小之,何哉?"(《语录》卷十一)

生是天地之大德,须体会万物之生意。生之大流只是一个整个历程,人与天地原属一体。明道又说:"满腔子是恻隐之心。"(《语录》卷三)

修养到满腔子是恻隐之心,则与宇宙生生之大流通而为一了。明道甚注重天人之一体,他以为天人本一,更不必说合一。明道说:"故有道有理,天人一也,更不分别。"(《语录》卷二上)

"天人本无二,不必言合。"(《语录》卷六)

"若不一本,则安得先天而天弗违,后天而奉天时?"(《语录》卷二上)

"除了身,只是理。便说合天人,合天人已是为不知者引而致之。天人无间。"(《语录》卷二上)

人与天地万物皆在生生之大流中,实无间断。仁者与天地万物为一体,只是自觉此本来状态而已。明道又讲"定"云:"所谓定者,动亦定,静亦定,无将迎,无内外。苟以外物为外,牵己而从之,是以己性为有内外也。……是有意于绝外诱,而不知性之无内外也。即以内外为二本,则又乌可遽语定哉?夫天地之常,以其心普万物而无心;圣人之常,以其情顺万事而无情。故君子之学,莫若廓然而大公,物来而顺应。……苟规规于外诱之除,将见减于东而生于西也。……人之情各有所蔽,故不能适道,大率患在于自私而用智。自私,则不能以有为为应迹;用智,则不能以明觉为自然。今以恶外物之心,而求照无物之地,是反鉴而索照也。……与其非外而是内,不若内外之两忘也。两忘则澄然无事矣。无事则定,定则明,明则尚何应物之为累哉?圣人之喜,以物之当喜;圣人之怒,以物之当怒,是圣人之喜怒,不系于心而系于物也。是则圣人岂不应于物哉?乌得以从外者为非,而更求在内者为是也?今以自私用智之喜怒,而视圣人喜怒之正为如何哉?"(《答张横渠先生书》)

定即心不动于物之谓。心不动于物,即外物刺激来时,皆能从容应付之,而不使扰及内心固有之均衡。思不动于物,莫若不以外物为外物。不分物我,不别内外,则自能不累于物,虽应物而不为所动。如分别外内,厌弃外物,则必常患物扰,而不能定了。修养之道,在于廓然大公,不存私意;物感来时,便顺自然之理而应之。虽有喜怒,而与己无与。喜以物之当喜,不以其有利于我;怒以物之当怒,不以其不利于我。如此则虽有情而无所动心,即达到情顺万事而无情之境界。要之,明道的意思是:内外合一,不存私意,则心能定;反之,分别内外,厌恶外物,便不能定。以与天地万物为一体之心遇物,自然能廓然大公,物来顺应,动静皆定了。明道讲内外两忘,反对用智,颇近于庄子。讲无情,更与庄子同;而言情顺万事,则与庄子异。明道之学,虽以孟子为本,然实亦深受庄子之影响;"与万物为一体"本是庄子的观念。明道之人生理想论,实可以说是孟、庄之综合。

明道最注重"以明觉为自然",故其言修养方法云:"识得此理,以诚敬存之而已。不须防检,不须穷索。若心懈,则有防;心苟不懈,何防之有?理有未得,故须穷索;存久自明,安待穷索?……必有事焉而勿正,心勿忘,勿助长。未尝致纤毫之力,此其存之之道。若存得,便合有得。盖良知良能,元不丧失;以昔日习心未除,却须存习此心,久则可夺旧习。此理至约,惟患不能守。既能体之而乐,亦不患不能守也。"(《语录》卷二上)

识得与万物为一体之理以后,只须常常存念而不忘,更不须用纤毫之力,此虽由孟子"心勿忘,勿助长"之说而来,然甚近于道家之无为思想。

(选自张岱年:《中国哲学大纲》,江苏教育出版社2005年版,第370~387页。)

存　诚　敬

冯友兰

"诚敬"二字，宋明道学家讲得很多。这两个字的解释，可从两方面说。就一方面说，诚敬是一种立身处世的方法。就又一方面说，诚敬是一种超凡入圣的途径。我们于以下先就诚敬是一种立身处世的方法说。

就这一方面说，诚的一意义是不欺。刘安世说："某之学初无多言，旧所学于老先生者，只云由诚入。某平生所受用处，但是不欺耳。"此所谓老先生即司马光。刘安世《元城道护录》说："安世从温公学，凡五年，得一语曰诚。安世问其目。公喜曰：'此问甚善。当自不妄语入。'子初甚易之，及退而櫽栝日之所行，与凡所言，自相掣肘矛盾者多矣。力行七年而成。自此言行一致，表里相应。遇事坦然，常有余裕。"诚是司马光一生得力底一字。刘漫堂《麻城学记》说："温公之学，始于不妄语，而成于脚踏实地。"不欺有两方面，一是不欺人，一是不自欺。我们常说："自欺欺人。"自欺欺人，都是不诚。所谓"不妄语"，即是不欺人；所谓"脚踏实地"，即是不自欺。例如一个人学外国文字，明知有些地方非死记熟背不可，但往往又自宽解，以为记得差不多亦可。这即是自欺，亦即是不脚踏实地。朱子说："做一件事，直是做到十分，便是诚。若只做得两三分，说道：今且慢恁地做。恁地做也得，不恁地做也得，便是不诚。"明知须如此做，而却又以为如此做亦可，不如此做亦可，此即是自欺，亦即不是脚踏实地。刘安世力行不妄语七年，始得"言行一致，表里相应"，此即是自不欺人，进至不自欺。言行一致，表里相应，可以是不欺人，亦可以是不自欺。例如一个人高谈于国难时须节约，但是他自己却时常看电影、吃馆子。他于看电影、吃馆子时，他的心理若是：得乐且乐，我说应该节约，不过是面子话，哪能认真？他的心理若果是如此，他的高谈即是欺人底妄语。于看电影、吃馆子时，他的心理若是：虽然于国难时应该节约，但偶然一两人奢侈，于大局亦不致即有妨碍。他若以此自宽解，他即以此自欺。真正言行一致，表理相应底人，可以没有如此底欺人自欺。所谓真正言行一致，表里相应者，即不但人以为他是言行一致，表里相应，而且他自己亦确知他自己是言行一致，表里相应。一个人的言，是否与他的行完全一致，一个人的"里"，是否与他的"表"完全相应，只有他自己能完全知之。所以只有于他自己确知他自己是言行一致表里相应时，始是真正完全地言行一致，表里相应。朱子说:"人固有终身为善而自欺者,不特外面如此,而里面不如此者,方为自欺。盖中心愿为善,而常有个不肯底意思,便是自欺也。须是打叠得尽。"真正言行一致,表里如一底人,即是外不欺人,内不自欺底人。

程伊川说:"无妄之谓诚,不欺其次矣。"无妄即是没有虚妄,没有虚假。此所谓不欺,似是专就不欺人说。照我们以上底说法,不自欺即是没有虚妄,没有虚假。《大学》说:"所谓诚其意者,毋自欺也。如恶恶臭,如好好色。"恶恶臭底人,实在是恶;好好色底人,实在是好。他的好恶,一点没有虚假的成分。如一个人看见一张名人的画,他并不知其好处何在,但他可心里想,既然大家都说好,必定是好,他因此亦以此画为好。他以此画为好,即是虚假底,至少有虚假的成分。又如一人对于一道理,自觉不十分懂,但可心里想,或者所谓懂者亦不过如此,于是遂自以为懂。他自以为懂,即是虚假底,至少有虚假的成分。这种心理都是自欺,都不是无妄。如上所说看画底人,不但自以此画为好,而且或更以为须向人称赞此画,不然,恐怕他人笑他不能赏鉴此画。此其向人称赞,即是欺人。如上所说,自以为懂某道理底人,不但自以为懂,或且更以为须向人说他自己已懂,不然,恐怕他人笑他不能了解此道理。此其向人所说,即是欺人。凡是谬托风雅,强不知以为知底人,都是自欺或欺人底人。不自欺比不欺人更根本些。不自欺底人,一定可以不欺人,但不欺人底人,不见得个个皆能不自欺。所以程伊川说:"无妄之谓诚,不欺其次矣。"

诚与信有密切底关系。我们常说诚信。信与诚都有实的性质,我们说信实,又说诚实。所谓实者,即是没有虚假,即是无妄。若对于信与诚作分别,说信则注重不欺人,说诚则注重不自欺。不欺都是实,所以信曰信实,诚曰诚实。若对于信与诚不作分别,则诚可兼包不欺人,不自欺,信亦可兼包不欺人,不自欺。例如孟子说:"仁之实,事亲是也;义之实,从兄是也;礼之实,节文斯二者是也;信之实,笃行斯二者弗去是也。"笃行即是实实在在地去行,即是于行时没有一点自欺。由这一方面说,信与诚二字可以互用。不过信的意思,终是对人的成分多,而诚的意思,则是对己的成分多。

从社会的观点看,信是一个重要底道德。在中国底道德哲学中,信是五常之一。所谓常者,即谓永久不变底道德也。一个社会之能以成立,全靠其中底分子的互助。各分子要互助,须先能互信。例如我们不必自己做饭,而即可有饭吃。乃因有厨子替我们做饭也。在此方面说,是厨子助我们。就另一方面说,我们给厨子工资,使其能养身养家,是我们亦助厨子。此即是互助。有此互助,必先有互信。我们在此工作,而不忧虑午饭之有无,因为我们相信,我们的厨子必已为我们预备也。我们的厨子为我们预备午饭,因他相信,我们于月终必给他工资也,此即是互信。若我们与厨子中间,没有此互信,若我们是无信底人,厨子于月终,或不能得到工资,则厨子必不干;若厨子是无信底人,午饭应预备时不预备,则我们必不敢用厨子。互信不立,则互助即不可能,这是显而易见底。

从个人成功的观点看,有信亦是个人成功的一个必要条件。设想一个人,说话向来不当话,向来欺人。他说要赴一约会,但是到时一定不赴。他说要还一笔账,但是到时一定不还。如果他是如此底无信,社会上即没有人敢与他来往,共事,亦没有人能与他来往,共事。如果社会上没有人敢与他来往,共事,没有人能与他来往,共事,他即不能在社会内立足,不能在社会上混了。反过来说,如一个人说话,向来当话,向来不欺人,他说要赴一约会,到时一定到。他说要还一笔账,到时一定还。如果如此,社会上底人一定都愿意同他来往,共事。这就是他做事成功的一个必要底条件。譬如许多商店都要虚价,在这许多商店中,如有一家,真正是"货真价实,童叟无欺",这一家虽有时不能占小便宜,但愿到他家买东西底人,必较别家多。往长处看,他还是合算底。所以西洋人常说:"诚实是最好底政策。"

诚的另外一个意思,即是真,所谓真诚是也。刘蕺山说:"古人一言一动,凡可信之当时,传之后世者,莫不有一段真至精神在内。此一段精神,所谓诚也。惟诚故能建立,故是不朽。稍涉名心,便是虚假,便是不诚。不诚则无物,何从生出事业来?"这一段话,是不错底。以文艺作品为例,有些作品,令人百看不厌。有些作品,令人看一回即永远不想再看。为什么有些作品,能令人百看不厌呢?即因其中有作者的"一段真至精神"在内。所以人无论读它多少遍,但是每次读它底时候,总觉得它是新底。凡是一个著作,能永远传世者,就是因为,无论什么人,于什么时候读它,总觉得它是新底。此所谓新,有鲜义。或者我们简直用鲜字,更为妥当。例如我们看《论语》《孟子》《老子》《庄子》等,其中底话,不少不合乎现在底情形者。就此方面说,我们可以说,这些话是旧了。但是无论如何,他的话有种鲜味。这一种鲜味,是专门以模仿为事底作品所不能有底。

下等文艺作品,不是从作者心里出来底,而是从套子套下来底。例如有些侠义小说,描写两人打架,常用底套子是:某甲抡刀就砍,某乙举刀相迎,走了十几个照面,某甲气力不加,只累得浑身是汗,遍体生津,只有招架之功,并无还刀之力,等等。千篇一律,都是这一类底套子。写这些书底人,既只照套子抄写,并没有费他自己的精神,他的所谓作品当然不能动人,此正是"不诚无物"。

又有同样一句话,若说底人是真正自己见到者,自能使人觉有一种上所谓鲜味。若说底人不是真正自己见到,而只是道听途说者,则虽是同样一句话,而听者常觉味同嚼蜡。海格尔说:"老年人可以与小孩说同样底话,但他的话是有他的一生经验在内底。"小孩说大人的话,往往令人发笑,因其说此话,只是道听途说,其中并没有真实内容也。

就别方面说,一个大政治家的政策政绩,一个大军事家的军略战绩,我们无论于什么时候去看,总觉得有一种力量,所谓"虎虎有生气"。以至大工业家或大商业家,凡能自己创业,而不是因人成事者,他的生平及事业,我们无论于什么时候去看,亦觉得有一种力量，"虎虎有生气"。他们都有"一段真至精神"，贯注在他们的全副事业内。如同一个大作家，有"一段真至精神"，贯注在他的整个作品内。如同一个人的身体，遍身皆是他的血气所贯注。就一个人的身体说，若有一点为其人的血气所不贯注，则此部分即死了。就一个作家的作品说，若有一点为其作家的精神所不贯注，则此一点即是所谓"败笔"。大政治家等的事业，亦是如此。这种全副精神贯注，即所谓诚。精神稍有不贯注，则即有"败笔"等，此正是"不诚无物"。

有真至精神是诚，常提起精神是敬。粗浅一点说，敬即是上海话所谓"当心"。《论语》说："执事敬。"我们做一件事，"当心"去做，把那一件事"当成一件事"做，认真做，即是"执事敬"。譬如一个人正在读书，而其心不在书上，"一心以为有鸿鹄将至，思援弓缴而射之"。这个人即是读书不敬。读书不敬者，决不能了解他所读底书。

程伊川说："诚然后敬，未及诚时，却须敬而后诚。"此所谓诚，即是我们于上文所说，真诚或无妄之诚。一个人对于他所做底事，如有"一段真至精神"，他当然能专心致志，聚精会神于那一件事上。所以如对一事有诚，即对于一事自然能敬。譬如一个母亲，看她自己的孩子，很少使孩子摔倒，或出别底意外。但一个奶妈看主人的孩子，则往往使孩子摔倒，或出别底意外。其所以如此者，因一个母亲对于看她自己的孩子，是用全副精神贯注底。她用全副精神贯注，她自然是专心致志，聚精会神，极端地当心看孩子，把看孩子"当成一件事"做。就其用全副精神贯注说，这是诚，就其专心致志，聚精会神，把看孩子当成是一件事，认真去做说，这是敬。有诚自然能敬，所以说诚然后敬。但如一个奶妈看人家的孩子，本来即未用全副精神贯注，所以她有时亦不把看孩子当成一件事，认真去做。就其不用全副精神贯注说，这是不诚；就其不把看孩子当成一件事，认真去做说，这是不敬。她不诚，如何教她敬呢？这须先让她敬，让她先提起精神，把看孩子当成一件事，认真去做。先敬而再可希望有诚。所以说："未及诚时，则须敬而后诚。"程伊川的此话，可以如此讲，但还有一种比较深底讲法，下文再说。

照以上所说，敬字有专一的意思。程伊川说："主一之谓敬，无适之谓一。"朱子说："主一只是心专一，不以他念乱之。"又曰："了这一事，又做一事。今人一事未了，又要做一事，心下千头万绪。"又曰："若动时收敛心神在一事上，不胡乱思想，便是主一。"朱子又说："凡人立身行己，应事接物，莫大乎诚敬。诚者何？不自欺，不妄之谓也。敬者何？不怠慢，不放荡之谓也。"我们做事，必须全副精神贯注，"当心"去做。做大事如此，做小事亦须如此。所谓"狮子搏兔亦用全力"是也。人常有"大江大海都过去，小小阴沟把船翻"者，即吃对小事不诚敬的亏也。

我们于第八篇《励勤俭》中说，我们可以从人的精神方面说勤。敬即是人的精神方面的勤。勤的反面是怠，敬的反面亦是怠。勤的反面是惰，敬的反面亦是惰。勤的反面是安逸，敬的反面亦是安逸。古人说："无逸。"无逸可以说是勤，亦可以说是敬。人做了一事，又做一事，不要不必需底休息，此是普通所谓做事勤。人于做某事时，提起全副精神，专一做某事。此是孔子所谓"执事敬"。于无事时，亦常提起全副精神如准备做事然。此即宋明道学家所谓"居敬"。朱子说："主一又是敬字注解，要之事无小无大，常令自家思虑精神尽在此。遇事时如此，无事时亦如此。"又说："今人将敬来别做一事，所以有厌倦，为思虑引去。敬是自家本心常惺惺便是。又岂可指擎跽曲拳，块然在此，而后可以为敬？"又说："敬却不是将来做一个事。今人多先安一个敬字在这里，如何做得？敬只是提起这心，不教放散。"宋明道学家所谓"求放心"，所谓"操存"，所谓"心要在腔子里"，都是说此。简言之，居敬或用敬，即是提起精神，"令自家思虑精神尽在此"。

我们现在常听说：人必须有朝气。所谓有朝气底人，是提起精神，奋发有为底人。若提不起精神，萎靡不振底人，谓之有暮气。我们可以说，能敬底人自然有朝气，而怠惰底人都是有暮气。

敬可以说是一个人的"精神总动员"。由此方面说，敬对于人的做事的效率及成功，有与现在普通所谓奋斗、努力等同样底功用。

以上是将敬作为一种立身处世的方法说。以下再将敬作为一种超凡入圣的途径说。凡者对圣而言。圣是什么？我们于《新理学》中已经说过。我们本书的性质，不容我们现再详说。但为读者方便起见，于下粗略言之。

一般底宗教家及一部分底哲学家，都以为人可以到一种境界，在其中所谓人己内外的界限，都不存在。所谓人己内外，略当于西洋哲学中所谓主观客观。主观是己，是内；客观是人，是外。在普通人的经验中，这个界限是非常分明底。但人可到一种境界，可有一种经验，在其中这些界限都泯没了。这种境界，即所谓万物一体的境界。这种境界，即宋明道学家所谓圣域。能到这种境界，能入圣域底人，即宋明道学家所谓圣人。

宗教家所说，入圣域底方法，即所谓修行方法，虽有多端，但其主要点皆不离乎精神上底勤。如耶教佛教之念经打坐，皆所以"令自家思虑精神尽在此"也。用此念经打坐等方法，"令自家思虑精神尽在此"，是于日用活动之外，另有修行方法。这种方法，可以说是主静。静者对于活动而言，宋明道学家有讲主静者，有教人静坐者。朱子说："明道在扶沟，谢游诸公，皆在彼问学。明道一日曰：'诸公在此，只是学某说话，何不去力行？'二公曰：'某等无可行者。'明道曰：'无可行时，且去静坐。盖静坐时便涵养得本原稍定。虽是不免逐物，及自觉而收敛归来，也有个着落。'"所谓"涵养得本原稍定"，及"收敛归来，也有个着落"者，即是"令自家思虑精神尽在此"也。凡此大概都是受佛家的影响。

伊川虽亦说，"涵养须用敬"，但他亦"见人静坐，便叹其善学，曰：'这却是一个总要处。'"至朱子始完全以主敬代主静。这是宋明道学的一个很重要底进展。盖主敬亦是"令自家思虑精神尽在此"，但主静则须于日用活动之外，另有修行工夫，而主敬则可随时随事用修行工夫也。朱子说:"濂溪言主静","正是要人静定其心,自作主宰。程子又恐只管静去,遂与事物不相涉,却说个敬"。正说此意。

常"令自家思虑精神尽在此",如何可以达到所谓万物一体的境界?若欲答此问题,非将主有此境界底宗教家与哲学家所根据底形上学,略说不可。但此非本书的性质及范围所可容许者。如欲于此点,多得知识者,可看《新理学》。

现所需略再附加者,即在中国哲学中,诚字有时亦指此内外合一的境界。程伊川说:"诚然后敬,未及诚时,却须敬而后诚。"其所谓诚,或指此所说境界;其所谓敬,或指此所说达此境界底方法。上文说:伊川此言,或有较深底意义。其较深底意义,大约是如此。敬的功用如此之大,所以朱子说:"敬之一字,圣学所以成始而成终者也。"又说:"敬字真是学问始终,日用亲切之妙。"立身处世,是圣学之始;超凡入圣,是圣学之终。二者均须用敬。所以敬字真是学问始终。

如此以敬求诚,是宋明道学家所说诚敬的最高义。

(选自冯友兰:《新世训:生活方法新论》,生活·读书·新知三联书店2007年版,第122〜132页。)

诚信观念与道义原则

李景林

诚信是儒家学说和中国文化传统中一个基本的德性观念和道德原则。今人多从人际交往的角度来理解"诚信",较注重在经济、政治、法律和社会交往等社会价值及其功用的层面来把握"诚信"这一观念的涵义。儒家讲"诚中形外","德不可掩"。其言道德,所重在人己、物我、内外的一体贯通。人际交往中的讲信用、重然诺、诚实无欺,必建基于人的真实的德性成就和存在的完成,才能实现其作为"诚信"的本真意义。脱离开人的德性实现这一本然向度,单从社会交往的效果方面理解诚信的观念,不免有将其功利化的偏颇。现代中国社会诚信价值的缺失,当然有复杂的社会原因,但它与这种对诚信观念的片面理解,亦有相当大的关系。

一、信、忠信、诚信

从文字上讲,"诚信"是由"诚""信"两字所组成的一个合成词。先秦古书中的哲学概念,例如,由单字渐次组成合成性的词汇。如由道、德而有"道德";由精、神而有"精神";由性、命而有"性命";由仁、义而有"仁义";由忠、信而有"忠信"、由忠、恕而有"忠恕";由诚、信而有"诚信",等等。这些合成性的词汇,既可以被理解为一种由单字构成的词组,也可以被理解为一个具有单一意义的概念。[①] 不过,在这些合成词汇中,其作为词组与其作为具有单一意义的概念之间的关系,却有着两种不同的情形。如"道德"被理解为"道和德",与其被理解为一个具有伦理规范和德性人格评价义的"道德"概念,其意义相去甚远。"精和神"与"精神""性和命"与"性命"之间的关系,亦大体如此。但是,对于仁义、忠信、忠恕、诚信这一类合成词汇而言,其作为词组与其作为具有单一意义的概念之间,却有着一种内在的意义关联。即便是在现代语境中,这种意义的关

[①] 李锐博士把是否已由于词素的完全融合而形成一种新的意义,作为区分联合词组与联合式合成的根据(参见李锐《郭店简〈唐虞之道〉中出现的"性命"与〈庄子〉内篇早出的问题》,《人文杂志》2011年第4期;李锐《新出土简帛的学术探索》第一、第三章,北京师范大学出版社2010年版)。本文考虑的是,一个合成性词汇同时作为词组与其作为具有单一意义的概念之间的关系。

联性仍然存在。因此,我们讨论诚信这一概念,就需要从其元词素及其词素融合形成新意义的结构整体性上来把握其思想内涵。《说文解字》卷三上:"信,诚也。""诚,信也。"诚、信两字,都有诚实不欺之义,可以互训。二者的区别在于,"信"略重于处理人际关系的践履一面;"诚"则着眼于反身自成的人性实现和人的本真存在之完成一面。在"诚信"这一概念中,二者实互证互成,表现出一种诚中形外、内外一体的整体意义结构。

《左传·襄公二十七年》:"志以发言,言以出信,信以立志。""信"字初义,即以言语取信于人。① 先秦儒家言"忠信""诚信",将其视为一个内在的德性观念和普遍的道德原则,但在概念的使用上,仍然保留了"言以出信"这一人际交往的原初字义。这后一方面,可以看作诚信概念的狭义使用。在儒家的论域中,后者乃以前者为基础构成了诚信观念的一项本质的义涵。

儒家对"信"这一概念常有狭义的使用。在这方面,"信"尤其常被规定为一个处理朋友关系的原则。《论语·学而》:"与朋友交而不信乎?""与朋友交言而有信。"《论语·公冶长》:"老者安之,朋友信之,少者怀之。"《孟子·滕文公上》:"父子有亲,君臣有义,夫妇有别,长幼有序,朋友有信。"人伦之常,其要有五。相对而言,五伦关系各有自身的特点。朋友一伦,其显性的特征乃在于"信"。古人谓"父子之间不责善",以责善为"朋友之道"。盖父子一伦,要在亲亲,父子责善,为"贼恩之大者"。② 而朋友一伦,则不受血缘亲情和等级上下的限制,具有一种平等的性质。由此,"信"德又可推而及于一般的交游之道。《礼记·大学》解知"止于至善"云:"为人君,止于仁;为人臣,止于敬;为人子,止于孝;为人父,止于慈;与国人交,止于信。"《礼记·曲礼上》:"交游称其信也。"孔颖达疏谓:"交游称其信也者,交游,泛交也。结交游往本资信合,故称信也。""与国人交",可谓"泛交"。可见,"信"又被理解为一个普泛的交往原则。

应当注意的是,古人在概念的使用上比较灵活。《大学》讲"为人君,止于仁;为人臣,止于敬",仁不仅是人君之德,敬亦不仅是人臣之德。凡人接人处事,皆当怀有仁、敬之心,"仁""敬"本是一种普遍的德性原则。这里所谓"止于仁""止于敬",不过表明在多层面的人际关系中,人因在社会中所处位分之差异,其处事的角度有不同的特点而已。"信"亦如此。人处身于社会,不仅要"朋友有信","交游称其信",凡父子、君臣、上下、夫妇、长幼、乡党、邻里、为政、经济、邦交诸种关系和事务,皆须贯穿诚信的原则以为其本。所以,孔子说:"人而无信,不知其可也。"③"自古皆有死,民无信不立。"④ "信"对人之重要性,甚于生死。由此可见,"信"乃是人立身行事之根本和贯通于社会

---

① 参见刘翔《中国传统价值观诠释学》,上海三联书店1996年版,第139页。
② 《孟子·离娄下》。史次耘:《孟子今注今译》,(台北)商务印书馆1978年版,第237页。
③ 《论语·为政》。毛子水:《论语今注今译》,(台北)商务印书馆1979年版,第28页。
④ 《论语·颜渊》。毛子水:《论语今注今译》,(台北)商务印书馆1979年版,第190页。

人伦关系的一个普遍的道德原则。

不仅如此,儒家更强调诚信对于人的德性实现和存在完成之本原性的意义。

先秦儒家多言"忠信",忠信亦即诚、诚信。孔子特别强调"主忠信"。《论语·颜渊》记孔子答子张问"崇德"之义云:"主忠信,徙义,崇德也。"主忠信,意即以忠信主乎一心。崇者,充盛义。此言人心有忠信主乎其中,则能闻义而徙,充盛而蕴成其德性。可见,"主忠信"乃是人成就其德性的途径和根据。

《易·乾·文言传》论忠信和诚,对此义有更为系统深入的阐述。《易·乾·文言传》释九二爻辞云:"子曰:龙德而正中者也。庸言之信,庸行之谨,闲邪存其诚,善世而不伐,德博而化。易曰:'见龙在田,利见大人',君德也。"又释九三爻辞云:"子曰:君子进德修业。忠信,所以进德也;修辞立其诚,所以居业也。"《易·乾·文言传》引孔子这两段话,论及信、诚、忠信的问题。第一段以信与诚对举,而以"存诚"为常言之"信"的内在根据。此处所说的"信",仍属狭义用法。第二段则进一步从进德与修业互成一体的角度,阐述了"忠信"或"诚"对于人的德性和存在完成之奠基性的意义。

"君子进德修业","进德"与"修业",虽相对而言,其意义实交涵互成,不可判为二事。"忠信,所以进德",须展开为不同层级的功业成就。"修辞立其诚,所以居业"一句,其实亦不仅仅局限于言"修业"。《礼记·表记》谓君子"耻有其辞而无其德"。《论语·宪问》:"子曰:有德者必有言。"君子寄言传辞,乃能创业垂统,垂法后世。① 然惟"有德者"之言,才能具有"言而世为天下则"之普遍性和必然的可行性。据此,"立诚"实为"修辞"以"居业"的内在根据。我们注意到,上引《易·乾·文言传》第一段孔子所论"君德",所谓"庸言之信,庸行之谨,闲邪存其诚",实即"修辞立其诚";而"善世而不伐,德博而化",亦即"修业"或"居业"。概括言之,就是"修辞立其诚,所以居业"。上引孔子论诚、忠信的两段话,在思想内容上有内在的关联性。不过,在第二段话中,孔子讲"修辞立其诚,所以居业",其文意乃从"忠信所以进德"转进一步,更强调了"进德"对于"修业"(或居业)之基础性的意义。"忠信"与"立诚"在文字的内涵上可以互通,"立诚"实即忠信进德。古人解《易·乾·文言》"君子进德修业",多已指出了这一点。张载说:"忠信所以进德,学者止是一诚意耳。若不忠信,如何进德?"②朱熹说:"忠信主于心者,无一念之不诚也;修辞见于事者,无一言之不实也。虽有忠信之心,然非修辞立诚,则无以居之。"③不过,忠信所以进德,只讲到内心之诚信;修辞立其诚,所以居业,则落实到"事"上,进一步展现了忠信进德之完整的意义。盖君子之德性,需借由立言垂教和人文的创制,乃能见诸功业成就而臻于完成。"修辞立其诚,所以居业"一句,

---

① 《孟子·梁惠王下》:"君子创业垂统,为可继也。"《礼记·中庸》:"君子动而世为天下道,行而世为天下法,言而世为天下则。"
② 丁原明:《〈横渠易说〉导读》,齐鲁书社2004年版,第55页。
③ 邵汉明:《周易本义》,长春出版社2012年版。第198页。

对儒家以道德为基础的德性功业一体的思想，做了准确精到的阐述。在儒家看来，人的德性非一种抽象的内在性。德性必显诸一定的功业成就，乃能达致其不同层级的实现；同样，人在现实中的事功成就，亦须植根于其德性的基础，才能实现其作为人道的本有价值。进德与修业，内外互成，其根据与途径乃在"诚"或"忠信"。

二、"诚"为德性、伦理之基

忠信或诚信为人成就其德性之基础，这一层面的涵义，先秦儒家常通过"诚"这一概念来表达。《礼记·中庸》："在下位不获乎上，民不可得而治矣。获乎上有道，不信乎朋友，不获乎上矣。信乎朋友有道，不顺乎亲，不信乎朋友矣。顺乎亲有道，反诸身不诚，不顺乎亲矣。诚身有道，不明乎善，不诚乎身矣。诚者，天之道也；诚之者，人之道也。诚者，不勉而中，不思而得，从容中道，圣人也；诚之者，择善而固执之者也。"《孟子·离娄上》亦有与此大体相同的一段论述。这一段话，从信与诚的关系，引申出"诚"作为天道与人道统一的本体意义。"获乎上"和"信乎朋友"，讲的都是一个"信"字。应注意的是，这个"信"字的涵义，仍是偏在人际交往层面的狭义用法；而由此所引出的"诚"字，却揭示了诚信概念的本体意义。

从先秦古籍来看，"诚"和"诚信"的初义，多用以表示人对天、神的真诚和虔敬之心。如《礼记·曲礼上》："祷祠祭祀，供给鬼神，非礼不诚不庄。"《礼记·祭统》："外则尽物，内则尽志，此祭之心也……身致其诚信，诚信之谓尽，尽之谓敬，敬尽然后可以事神明。此祭之道也。"《尚书·太甲下》也有"鬼神无常享，享于克诚"的说法，都表明了这一点。子思孟子言诚，颇着意于"诚"这一概念之贯通内外，感格天人的义涵，但其所揭橥的"诚"之天人相通的本体意义，却是哲理性的。子思孟子对"诚"字本体意义的揭示，进一步深化了孔子"忠信"和"主忠信"的思想。① 程伊川解《论语》"忠信"义云："子以四教：文行忠信。教人以学文、修行而存忠信也。忠信本也。一心之谓诚，尽心之谓忠，存于中谓之孚，见于事谓之信。"②陈淳也认为："诚与忠信对，则诚天道，忠信人道。忠与信对，则忠天道，信人道。"③又强调："圣人分上，忠信便是诚，是天道。"④可见，信、忠、诚、孚，其字义本交涵互参；而忠信、诚信，合而成词，其间则又偏正相对，主伴相成，各有所侧重。至《中庸》《孟子》还揭示出"诚"之本体义，上述字义乃获致其本质性

---

① 徐复观先生指出，"诚"字在《论语》中作形容词，《中庸》始将其作名词概念使用。"《中庸》下篇的'诚'字则作名词用。作名词之诚字，乃《论语》'忠信'观念之发展，亦为儒家言诚之始。"徐复观：《中国人性论史》，上海三联书店2001年版，第121页。
② 程颢、程颐：《二程集》第2集，中华书局1981年版，第1144～1145页。
③ 陈淳：《北溪字义》，中华书局1983年版，第28页。
④ 陈淳：《北溪字义》，中华书局1983年版，第27页。

的意义勾连与贯通,儒家诚信概念之义涵,方始完整而邃密。

诚训"实"。这个实,可有二义,一曰真实,二曰实有。朱熹《中庸章句》二十章:"诚者,真实无妄之谓。"王船山《尚书引义·洪范三》:"诚也者,实也。实有之固有之也……若夫水之固润固下,火之固炎固上也,无待然而然。"诚即真实。不过,这个真实,是存在实现意义上的真实,而非认知意义上的真实。换言之,它不是认识到的一个事实,而是指事物(包括人和自然物在内)在其自己,是其所是,真实地拥有其本性。王船山举水、火之性为例解"诚"之真实义,即很好地表现了这一点。润、下是水的固有本性,炎、上是火的固有本性。水和火自然真实地拥有其润下、炎上之性而不失,此即其"诚"或真实。《中庸》此处论"诚",实是从"人道"的角度来看"天道"。盖自然万物本自真实,各各天然拥有其本性而不失(如水之润下,火之炎上),此本不必说。"天命之谓性",人性禀自天道,本亦是"诚"。但人因其能思想,有自我的意识,而常会放其良心,失其本性。所以人需要经历一番"择善而固执"的德性修养工夫,才能重新拥有其所是。这就是儒家所谓的"诚之"之道。对于人而言,"诚"的真实义,应理解为一种人性或其生命存在实现意义上的真实。

从这个意义上说,"天道"与"人道"并不是两个"道"。一方面,"诚之"的人道,其本原即天道之"诚";另一方面,人由诚之的工夫达致其德性的最高成就,亦就是"诚"作为天道的实现。《中庸》二十五章:"诚者物之终始,不诚无物……诚者非自成己而已也,所以成物也。成己,仁也;成物,知也。性之德也,合外内之道。"《中庸》二十二章:"唯天下至诚,为能尽其性;能尽其性,则能尽人之性;能尽人之性,则能尽物之性;能尽物之性,则可以赞天地之化育;可以赞天地之化育,则可以与天地参矣。"成己以成物,尽己之性以尽人、物之性,是一个"诚之"或人的德性和人性实现的工夫历程,亦是一个"诚"的实现过程。此"性之德"的德字,是特质、本质义。也就是说,这个由"诚之"的工夫所实现"诚"的历程,表征了"性"的特质或本质。这就是:合外内、贯物我、通天人。上引陈北溪所谓"圣人分上,忠信便是诚,是"天道",讲的就是这个道理。

这样,"诚"便具有了人的德性及其存在实现之基础和本体的意义。孔子讲"主忠信",以"忠信"和"诚"为进德修业之根据。《中庸》更据"诚"的本体义具体地阐述了这一思想。《中庸》说:"天下之达道五,所以行之者三,曰君臣也、父子也、夫妇也、昆弟也、朋友之交也,五者天下之达道也。知仁勇三者,天下之达德也,所以行之者一也。"又说:"凡为天下国家有九经,所以行之者一也。"这两个"所以行之者一"的"一",朱子《中庸章句》认为均指"诚"而言。从《中庸》二十章上下文意看,这个解释是正确的。[①]天下之达道五,君臣、父子、夫妇、长幼、朋友诸社会人伦关系,各有其所应遵行之道或

---

① 《中庸》二十章围绕孔子答鲁哀公问为政这个中心,把知天下国家之道归结于"修身";而又在修身知人、"反诸身而诚"的序列中逻辑地导出"诚"这一本体概念。可见,这"所以行之者一"的"一"非"诚"莫属。

原则,故谓之"达道"。这"达道",作为社会人伦关系、道路、原则,具有普遍和客观的性质;它的落实,乃系于人的德性之完成。"所以行之者三",即言须此智、仁、勇三德,那"五达道"才能行之于天下。

三、道德之自身价值与道义至上的原则

什么是"德"?《说文》:"德,外得于人,内得于己也。"段玉裁注:"内得于己,谓身心所自得也。"①朱子《论语集注·为政》"为政以德"章注:"德之为言得也,行道而有得于心也。"郑玄注《周礼·地官·师氏》"敏德以为行本"云:"德行,内外之称,在心为德,施之为行。"都强调"德"之自得或内得于心的意义。"德"必见之于"行",但一个合乎伦理原则的行为,并不必然具有道德的价值。简帛《五行篇》更在"德之行"与"行"之间作出区分,指出仁义礼智圣五行"形于内谓之德之行,不形于内谓之行"。人的德性成就,必筑基于内而发行于外,原是一个合外内之道。"形于内",即安之乐之,使那德性的内涵自由地形著于人的内在情感生活。② 伦理之道要形著于人内在的情志生活而实有诸己,德充于内而自然发之于行为,这"行"方可称"德之行",具有自身必然的道德价值。"德行"必须是"形于内"的"德之行",《五行篇》的这一界说,特别突出了儒家"德"之实有诸己的意义。这德的实有诸己,也就是"诚"。程子说:"知仁勇三者,天下之达德也,所以行之者一。一则诚也,止是诚实此三者,三者之外更别无诚。"③朱子亦说:"诚是自然无妄之谓,如水只是水,火只是火,仁彻底是仁,义彻底是义。"④智仁勇三德,其本质和实现的途径只是一个"诚"。一方面,无"诚",智仁勇诸德便只流于一种外在的"行",而非实有诸己的"德之行",故"诚"实规定了诸德之为德的本质的特性。另一方面,"诚"并非一种抽象的观念或状态,其实在性亦要在智仁勇等德性成就上显现出来,《大戴礼记·文王官人》"诚智必有难尽之色,诚仁必有可尊之色,诚勇必有难慑之色,诚忠必有可亲之色,诚絜必有难污之色,诚静必有可信之色"的说法,就很切实地表现了人的德性这种诚中形外的具体性意义。

"诚"标志"性之德",是一个合外内之道。这个合外内,非静态的统一,德的"诚中形外",是一个动态的生命创造过程。《中庸》:"诚则形,形则著,著则明,明则动,动则变,变则化。唯天下至诚为能化。"《荀子·不苟》:"善之为道者,不诚则不独,不独则不形。"《礼记·大学》:"所谓诚其意者,毋自欺也,如恶恶臭,如好好色,此之谓自谦。故君子必慎其独也……此谓诚于中,形于外。"所谓"诚于中,形于外",具体讲,就是诚、

---

① 许慎撰,段玉裁注:《说文解字注》,上海书店1992年版,第502页。
② 李景林:《教化的哲学》,黑龙江人民出版社2006年版,第230~231页。
③ 程颢、程颐:《二程集》第1集,中华书局1981年版,第19页。
④ 朱熹:《朱子全书》第14册,上海古籍出版社,安徽教育出版社2012年版,第242页。

独、形、著、明、动、变、化,它所展现的,是人的存在和德性成就的一个完整的创造历程。这个"诚中形外",以"独"为枢纽。"诚"是实有诸己而真实无妄。"独"则是诚之实有诸己的内在性之表现。人心深造自得于道,乃能转化其情感生活及形色气质以臻于精纯,①其行方能不思不勉,从容中道。这便是一种无所依傍的"独"行,或一种自然自由的行为。这"独"表现为人的内在精神世界的开拓,但它并非是孤立的内在性和私人性。此"独"行之"形",乃可超越形表,具有"不言而信","不大声以色",直接感通人心,化民于无迹之效。②《中庸》所谓"至诚能化",正表现为这种个体德性人格与人文化成的外王事功的内在贯通。这与前述《易·乾·文言》以忠信立诚为本的进德修业一体观是完全一致的。

在这个意义上,诚或忠信不仅是进德之途径和根据,同时,亦是政事之本和社会礼义伦理之道建立的根据。《中庸》在阐释智仁勇三德"所以行之者一"后,接着又说:"凡为天下国家有九经,所以行之者一也。"朱熹《中庸章句》:"一者诚也。一有不诚,则是九者皆为虚文矣。此九经之实也。"这"九经",即修身、尊贤、亲亲、敬大臣、体群臣、子庶民、来百工、柔远人、怀诸侯,皆治理天下国家之切要大事。《礼记·礼器》载:"先王之立礼也,有本有文。忠信,礼之本也;义理,礼之文也。"又谓:"忠信之人,可以学礼。"可见,在儒家看来,举凡君臣、父子、夫妇、长幼、朋友诸社会人伦原则、礼义伦常、乃至行政事务,均须建基于诚或忠信,方能获得其合理性并得到完满的实现。

综上所述,儒家论诚信,以"真实"为其根本义。这个真实,是人的存在之实现意义上的真实,即是其所是,真实地拥有其当然之性。人实现其存在的真实,必以道德为进路。诚信,既显诸人的德性成就,同时亦构成了诸德之为德的本质根据。仁义礼智信诸德,要见之于"行";但这"行"须是"诚中形外"的德之行方具有其自身必然的道德价值。古人单言信多作普泛交游的狭义使用《孟子·尽心下》则说:"可欲之谓善,有诸己之谓信,充实之谓美,充实而有光辉之谓大,大而化之之谓圣,圣而不可知之之谓神。"孟子此说,从人真实拥有其本然善性而成就圣德的意义上,指出了"信"的根本意义。朱熹说:"诚者天之道,这是圣人之信。若众人之信,只可唤做信,未可唤做诚。"③陈淳亦说:"圣人分上,忠信便是诚,是天道。"④圣人作为人格的最高成就,其表现出的"信",正体现了诚信之真实,实有诸己的本真意。宋儒与孟子的说法是一致的。可见,"信"作为传统德目之一,其不欺诈、重然诺、讲信用的义涵,亦要建基于"诚中形外"这一"德之行"内在规定,才能获得其本真的内涵。

---

① 儒家颇多圣人践行、盛德仁熟、变化气质一类说法,对德性根于内心转化并表显于人的精神气质、肉身形色的道德创造性有精妙的论述。
② 《中庸》末章至诚慎独于治民之效曰:"君子不动而敬,不言而信。"
③ 朱熹:《朱子全书》第14册,上海古籍出版社,安徽教育出版社2012年版,第241~242页。
④ 陈淳:《北溪字义》,中华书局1983年版,第27页。

儒家对"诚信"的这种理解,体现了一种道义至上的伦理原则。《孟子·梁惠王上》:"孟子见梁惠王。王曰:'叟不远千里而来,亦将有以利吾国乎?'孟子对曰:'王何必曰利?亦有仁义而已矣……上下交征利,而国危矣!……苟为后义而先利,不夺不餍……王亦曰仁义而已矣,何必曰利?'"董仲舒亦说:"夫仁人者,正其谊不谋其利,明其道不计其功。"儒家非不言功利。孟子论王道,以"使民养生丧死无憾"为"王道之始";①谓"明君"应以"制民之产"为王政之"本";又倡导"仁政必自经界始",②考虑的首先是民生、经济问题。董仲舒"正其谊不谋其利","明其道不计其功"之说,其本意亦在于反对"先诈力而后仁谊"的伦理态度,而并非忽视功利。③ 但是,在儒家看来,一个社会,一个伦理共同体,却只能是以"义"或道义为最高的原则,而不能以功利为原则。

从"诚信"的本体意义来看,诚作为天道,表征宇宙万有皆是其所是,肯定其自身的存在,此为本然之真实,亦是本然之至善。自然物皆天然是其所是,人则须由"择善固执"或"诚之"的道德进路以达天道之"诚"。是以道德或道义原则,乃是人类存在至理当然之"是"。是其所是,正是人类存在之自身肯定,功利原则则反是。孟子所谓"何必曰利?亦有仁义而已矣……上下交征利,而国危矣",荀子所谓"人一之于礼义则两得之矣,一之于情性则两丧之矣",④都很明确地指出了这一点。此非否定功利,而是反对以功利为社会共同体的行为原则。究实言之,以道义为最高的原则,功利作为人性和人类存在之肯定性的价值乃能得以贞定和实现,以功利为行为的原则则反是。儒家的"诚信"论对道德之"诚中形外",是其所是、实有诸己的本体论阐明,强调的正是道德的自身价值和自身目的,而拒斥对道德行为之外在功利目的性的理解。

据此,今日中国社会要重建诚信道德,我们的道德教化,便不能仅从人际交往的角度、甚或居怀利邀福之心来理解诚信的观念,而宜去除政治意识形态私见,注重唤醒人心内在的天德良知,由之逐渐在整个社会挺立起道义至上的至善价值原则,此其所以端本正源、深根固柢之道。

(原载《天津社会科学》2012年第2期,第29～34页。)

---

① 《孟子·梁惠王上》。史次耘:《孟子今注今译》,(台北)商务印书馆1978年版,第1页。
② 《孟子·滕文公上》。史次耘:《孟子今注今译》(台北)商务印书馆1978年版,第6、第120页。
③ 《汉书·董仲舒传》。《汉书》第8册,中华书局1964年版,第2524页。
④ 《荀子·礼论》。王先谦:《荀子集解》,中华书局1988年版,第346页。

诚信、信任与信用：概念的澄清与历史的演进

翟学伟

改革开放之后，一方面市场经济得到了空前的繁荣和发展，另一方面整个社会为了维护改革的成果也付出了诸多努力和代价，其中包括社会建设、体制改革、制度配套、法规完善、市场规范、道德重建、良心呼唤、社会福利、劳动保障、惩治腐败等。尽管如此，有关民生和产品质量的问题仍然不绝于耳。所有这一切的背后都潜藏着一个最基本、最重要的问题，这就是一个社会应有的诚信、信任和信用状况如何。

诚信、信任和信用在没有成为问题浮现出来之前，通常是被假定为天经地义或天然地存在着的。但当一系列有关"诚信危机"的事件发生之后，人们逐渐意识到，诚信、信任和信用不是自在的，而是培育的，是随着社会背景的改变、文化价值的变迁而不断消长的。由此，有关诚信、信任和信用的问题逐渐成为学术界的重点话题之一，同时也成为报纸、广播、电视和互联网等媒体关注的焦点之一。每年的3月15日，中央政府借助于中央电视台都要举办一次大型晚会，以帮助消费者维权。但是，大量的违法侵权现象没有因此而收敛，反倒是一再挑战社会道德底线。要根治杜绝这些"诚信危机"现象，需要我们从根源上对之进行深入剖析。但是当我们真正进入这个研究领域后才发现，目前有关这个话题业已积累的数以几万计的众多研究成果的主题及概念并不清晰，这不是因为它们同文化、管理、教育、信仰、制度、德行及法律等相互纠缠，所以很难研究，也不是因为有许多不同的学术观点互相争论，各有各的道理，所以难分正误，而是因为许多学者各自都使用着未加限定的概念，导致我们不知道它们是否在讨论同一个问题，也不知道这些讨论的出发点和归属是否一致。以这样的研究成果来回应社会问题，当然只能是学者自说自话，而社会依然故我了。进言之，如果以这样的成果来指导社会和经济建设，很可能造成无的放矢，无法真正落到实处或不能产生应有的效果。

相关概念的使用问题

在中国汉语构词中，同"信"相关的词汇很多，诸如诚信、信心、自信、信仰、信念、信息、信赖、信誉、信任、信托、信用、信贷、守信、信使等。由于这些组词中都有"信"字，因

此解释以上各种词汇之含义也理应建立于对"信"的理解之上。根据汉语字典,"信"的词意大约有两种:一是指"诚实",即一个人的观念、心理、行为、言语及结果之间所保持的一致性,即所谓言必行、行必果,通俗地讲就是不撒谎、不欺骗;二是"依赖""依靠"的意思,即在社会关系或社会互动中对对方言行的预测及前因后果有把握和不怀疑,通俗的讲法即信得过、靠得住。

有了这两个基本含义,我们原本以为可以收集学者们的相关研究情况了,或者将其作为梳理现有各个领域相关成果的线索。但未料及的是,我们在收集中首先遇到的不是研究的积累性、观点的繁杂性及实证与理论之不足等常见的学术问题,或者退一步讲,亦不是各种文献所呈现的意见纷杂、各自为阵、自说自话等问题,而是研究者各自对相关概念之认识、理解、使用上的差异。从表面上看,或许因为诚信、信任和信用涉及的学术面广泛,自然会遇到学科概念使用的偏好,比如社会学一般不使用信用一词,经济学则更加偏好使用信用,政治学和公共政策则偏爱用公信力。但实际上其根本问题在于概念使用上的混乱。例如,有人讨论诚信危机,实际上是在说信用危机;有人在研究信任,其实是在讨论诚信;有人讨论诚信,又可能是在讲信用或信誉等。这样的混乱局面如果不得到纠正,或者说,如果我们在研究中不对自己使用的概念进行定义,那么我们几乎无法对此做学术积累工作。而如果学术积累建立不起来,那么一个必然的后果就是每个人都可以发表一通议论,但在研究进展上则始终是原地踏步。

虽然关于诚信、信任与信用等在使用上呈现出比较混乱的局面,但几乎所有学者都会承认,如果要对它们进行学术研究,最好还是要划分到不同的专业学科中去讨论。那么,它们究竟涉及哪些既有的学科呢?我个人的倾向是,从"信"字所构成的词语和概念来看,它们大致会涉及三个社会面向:首先,诚信、自信、信心、信念、信仰等涉及个体心理与行为,自然可以同含有个体性的学科相联系,如心理学、伦理学(道德)、法学、宗教学(神学)等;其次,信息、信赖、信誉、信任、信托、信贷等因发生于社会关系、社会互动及市场交易之中,因此它们会同讨论人类关系的学科相联系,如社会学、社会心理学、经济学、管理学、政治学等;再次,由信誉所引起的"信用"一词的含义有些特别,它往往涵盖了很多有关"信"的用法,或者说,信用可以被看做是"信的用途""信的运用"或者"守信的情况"等,乃至于可以理解成"社会的信用量",①或者是"一种交换的媒介",②从而难以做出明确的学科归属。我们甚至可以说,原本不同概念之间多少还算是清晰的,因为信用一词的涵盖面过宽,导致了其他研究跟着出现了概念上的混乱。

---

① 转引自查尔斯·蒂利《信任与统治》,胡位钧译,上海世纪出版集团2010年版,第17页。
② 张维迎:《信息化与信用》,载张维迎:《信息、信任与法律》,生活·读书·新知三联书店2006年版,第192页。

诚信、信任与信用：相关学科及其问题

那么，上述这些混乱现象的产生是否因为学科本身对此研究不成熟造成的呢？笔者直观的感受是它首先是因为西方学术概念的引进而发生的，比如，英文中 belief 是信仰、trust 是信任、information 是信息、reputation 是信誉、credit 是信用、malfeasance 是失信等。比较中英文构词，中文词语组合中都有"信"字，说明了这些词都来自于同一个字在不同社会面向上的引申，而英文中没有一个词的词根是相同的，至多也只有 credit 的拉丁文词根有信任的意思。这就是说，英文的大多数词汇本就来自于不同的社会面向，自然也就是在表达不同的社会含义，或者它们几乎不倾向于在一种大范围的社会现象中讨论这些问题。所以，如果我们把"社会信用"翻译成英文的话，是译成 social credit，还是 social trust 呢？而"诚信危机"，是译成 the crisis of honesty，还是 credit crisis 抑或 trust crisis 呢？在中国语言里，社会诚信、社会信任和社会信用等意思相差不大，都是讨论"信的使用状况"或它们的运行特征。但在英文世界，它们的含义差别很大。研究者会把它们放到完全不同的专业学科里去处理。如果依照西方学科分类来研究信任，我们就会进入社会学、社会心理学、政治学、管理学等学科视域。如果中国学者坚守具有中国内涵的"诚信"概念，那么这或许只是一个伦理学问题。的确，大量的论文受西方学科划分影响似乎也是这么做的。以这样的思路再来看"社会信用"，那么很有可能会得到这样一个初步的结论，即社会信用问题属于一个学科综合性的或交叉性的研究。由此我们也发现，对当前中国社会诚信或者社会信用危机之解读，首先在学术上是来自于我们自身的学科意识的危机，即我们找不到一个研究社会信用的学科。它们对于中国人与中国社会如此重要，却因西方学科划分而被轻易地分解掉了。

以上这一学术性危机为什么会被学术界视而不见呢？这其中大概有三个方面的原因：首先，学科与学科之间存在壁垒，所谓学术交流往往是同一学科内部的交流。在一个相对封闭的学术共同体中，人们对一些概念和话语可以达成基本的共识。只要不越界，大家基本上都知道对方在说什么。于是，若不是出于特别的需要，概念定义也就是多余的了。同时在学科内部来收集和梳理相关研究，即使概念使用上有所差异，也比较容易得到一条线索。其次，中国学术写作用的是中文，但概念基本来自西方，也就是说，当一个概念在西方社会科学内被西方学者定义之后，翻译成什么中文已在其次。如果大家从中文字面上分辨不出它的含义，只要在括号里附带出它的英文，争议自然就会消失。但需要指出的是，上述的种种语言转换问题只是一个表面现象，只要我们往深层次上想，就会看到一个更为重要的原因，这便是中国的学术问题基本上是被西方学科划分和概念定义牵着走的。西方学术界有这个学科、这个定义、这个理论，那么

中国学者就信心百倍地把它们拿到中国来运用;倘若西方没有这样的学科,或者没有这个定义及其理论,那么中国学者自己讨论起这样的问题就很容易混乱,包括其中的理论资源也随之消失。由此我们知道,概念使用的背后其实反映的是中国学术没有形成自己的自主性和独立性,处于人云亦云的阶段。所谓没有"自主性"是指我们的许多研究不是面向我们自己的社会,没有自己的问题意识,而是面向"国际交流"的,其目的是证明一个西方的学术问题在中国是什么样子,即我们可以借助于对中国的经验研究来验证他们的正确性;所谓没有"独立性"是说中国学术没有自己的概念,更没有自己的理论。因此无论我们自己的社会发生了什么现象和问题,我们都需要到西方学科中去寻求学科及理论上的援助。

诚信、信任和信用在中国的研究将上述问题暴露无遗。一个以"信"为核心的学术研究,为了回到相关的学科中去,并找到它们的对应概念,只能打散了,拆解开来或者人为地进行切割,然后划归到不同的社会面向上去,理由便是它们在西方是这么做的。但问题的复杂性在于它们在中国又是从一个彼此包容的面向上延伸出来的。于是,这其中便产生了一种中国问题与西方理论之间的紧张关系。这一紧张关系是中国学术界在概念上使用混乱的深层次根源。

从中国学术视角来整合诚信、信任和信用

为了更好地探讨中国社会信用问题,本文需要对这些概念做一次澄清和学科视角的确立,并从中找到我们社会信用研究应该涉及的领域。

西方社会科学把有关"信"的现象和问题分别放在不同的领域中去研究,这主要源于他们的部分组成整体以及整体需要分解的探究路径。依据这一探究路径的特点,我们发现,信的研究被划分和切割开来,然后分头行事似乎是必须的,否则我们无法最终从各自的专业研究中得到一个整体的汇总性认识。但中国的学术传统并非如此。比如中医的思考是部分与整体之间的联系,舌苔、脉搏、耳、手、脚等反映的不是其自身情况,而是周身情况。在这种思维框架里,心既不是脑,也不是心脏,而是生理与心理的整体性表达;理智、理性也不同情感或者非理性相区分,而可以用情理交融来表示它们的融合性。笔者在其他论文中称前者是二元对立的思维,后者是连续性的思维。[①] 连续性的思维在儒家思想中最为明显的社会学或政治学式的表述,就是"修身、齐家、治国、平天下"。若将这个思维换作西方社会科学,那就是伦理学、社会学、政治学和国际关系。前者认为,身心问题、家庭问题、国家问题和天下问题之间的联系非常紧密,互

---

① 参见翟学伟《儒家的社会建构:中国社会的研究视角与方法论的探讨》,载翟学伟《人情、面子与权力的再生产》,北京大学出版社2005年版。

相渗透、互为因果,所以不能分开来说明;而后者认为,它们各项并没有太大联系,而且分属不同的学术领域。

区分了中国学术传统和西方社会科学研究路径的差异,那么我们需要回答究竟从哪一个角度研究社会信用更好。中国的还是西方的?可以说,这是没有标准的,也即各有优势。但不论何种研究,最不好的研究策略就是嫁接式的研究,即贸然把西方的学科和概念分类衔接到中国自身所发生的种种现象中来。因为中国社会中所发生的现象和问题是因中国人的思维特点与行动逻辑引起的,但解决问题的路径如果全盘来自西方,就很容易导致任意的划分以及由此导致的混乱,也就是把一个原本连续体的事项按照西方概念和分类切成几段,然后强行装到他们的框架下面去做研究,变成了"头疼治头,脚疼治脚"。此研究策略在西方学术看来没有问题,就好比病人去看脑科,不会有医生让他把脚伸出来一样。可在中国学术看来,这样的医疗就有问题,因为"十指连心",故可以通过做足疗来解决头疼。目前,中国学者以西方学术来研究中国问题就是去验证一种他们想要的普世性是否成立。看起来人们通过学术找到了真理,可到头来却并没有解决中国实际的问题。有关信用的研究资料在中国已可谓汗牛充栋,可是现实中的信用问题也越来越严重,这其中固然有许多复杂的社会、经济、文化、心理及有关体制方面的因素在起作用,但学术界不能契合有效地回应这个问题也是重要的原因之一。我们可以做这样的设想,如果中国人在现代化进程中的所作所为是依据西方社会、经济、文化和政治体制建立起来的话,依据西方理论来治理中国问题会好很多。但是,中国人在现代化进程中走过的路是曲折、融合、交替和变化的。尤其是改革开放30年来所走过的路是其他发展中国家没有走过的,西方理论家就更不可能说清楚了。因此中国在某些方面成了其他发展中国家的学习榜样,也有了"中国道路"或"中国模式"的提法。学术界如果不能以此为契机来建立一种研究视角和模式,自然会导致"经验很丰富,理论很苍白"的局面。由此思考,我们的立场首先是一个研究思路的转变,就是在梳理了"信"字的含义后,从连续体的角度来重新定义诚信、信任和信用,当然这样的定义不会放弃以西方社会科学作为参照系。

有了连续体的研究视角,我们可以看到一种"个人—关系—组织—国家"在中国是一个由小到大的扩展含义(而非分类或分层级的含义)。依照这个扩展的思路,诚信、信任与信用也是一个由小到大的扩展概念。通常情况下,诚信对应的则是道德或人格诉求,信任对应的是社会关系,信誉对应的是组织或公共关系,而信用对应的是政府与市场的作为。换句话说,诚信、信任与信用是修身、齐家、治国、平天下的具体表述,它建立在这样一种假设之上:如果每个人都遵守诚信,彼此互动起来就产生社会信任,然后整个国家的信用运行就好。这一说法也同"从我做起"或"只要人人都献出一点爱,世界将变成美好的人间"以及中国人喜欢先试点然后做推广的思维模式如出一辙。但在这扩展的模式中,有学者发现最难的过渡是从"家"到"国"的过渡,因为个人好,家就会好,似乎可以理解;但家家都好却不意味着国家就一定好。这里面的关系颇为复杂,其中有一个规模效应的问题。家庭作为一个小型的生活单位,确保每个人都好是完全可能的,但是国家作为一个大规模的政体,一方面无法假定每个生活单位都是好的,另一方面即使都是好的,也说明不了国家制度本身的问题,只能说明民风和治理难易的问题。于是,这里涉及社会信任量的质变,即需要有一种制度来体现各个社会单位的表现,即信任的制度设计及其评价体系。于是,这个模式内部便出现了一种转换,很像太极图。它不是阴扩展为阳,也不是阳扩展为阴,而是要有另一种看诚信、信誉及信任的视角。原先,从诚信到信任是从人的角度得到的;而在发生了转换之后,信用是从制度的角度得到的。从人的角度看信的系统,我们关注的是诚信和信任;从制度的角度看信的系统,我们就得从信用制度入手了,哪怕这里的信用只是个人之间的口头约定,也需要从制度入手来加以理解。如果要以太极转换模式来讨论中国"信的系统"的话,其实就是讨论人与制度的转换关系,其中包含着政策与对策、行动与结构之间的转化、权宜和变通的问题。论证到这里,我们可以重新界定一下,所谓"诚信危机"侧重于指道德滑坡;所谓"信任危机"则指社会关系状态恶化;所谓"信用危机"偏重于指中国社会体制架构存在问题。为什么这三者会出现混淆呢?因为在连续体的视角下,这些要素之间是相容关系,比如"家天下",即表示"天下一家",也表示"一家的天下",这时,"家"与"天下"不是不相干,而是紧密相连;同理,诚信与信用在中国人的视野中也是紧密相连的,人们很容易把信用出了问题看成是诚信不好;反之,把诚信不好看作信用不好的根源。当然,这些只是在中国人的学术思维模式下看到的情况,那么中国社会的真实情况如何呢?

诚信、信任与信用在中国历史中的演进

就整个人类历史而言,世界范围内的社会变迁大致是一个把原本处于不同自然和人文地理中的民族与国家席卷到现代化过程中来的历程。在原先的社会形态中,有游牧型的、狩猎型的、航海型的、农耕型的,等等,可现在几乎都被纳入现代化的轨道。现代化的基础核心在政治上体现为民主化、在社会上体现为世俗化、在经济上体现为工业化和市场化、在生活上体现为城市化等。究其核心特征,梅因的概括很精准:这是一个由身份到契约的改变。① 进而,世界范围内的社会信用的变迁也可以说是由集体性②向个体性的改变。

中国社会毫无疑问被卷入了这一现代化的历程。它既体现为从一个农业国转化

---

① 梅因:《古代法》,沈景一译,商务印书馆1996年版,第96页。
② 亚当·斯密:《道德情操论》,谢宗林译,中央编译出版设2008年版,第280页。

成为一个工业国的历程,也体现为从一种乡村文化转变成一种都市文化的过程。为了同这一过程相配套,中国经济体制连带政治、社会及文化体制加上生活方式也随之发生调整。由是,诚信、信任与信用也随之发生着调整。只是,这样的调整不是显而易见的,也不是人们有意识、有计划进行的。由于原本的社会信用在中国漫长的历史中是被假定为相对隐蔽的、后设的,因此人们一般不会意识到它的存在,直至它在现代化的过程中发生问题才显露出来。所以,我们这里先来讨论传统中国之社会信用的隐蔽性,然后再来讨论它是如何凸显出来的。

我们说中国传统社会的社会信用相对隐蔽,不是说它原先状态的好或不好,而是说它相对自在。那么为什么会自在呢?中国传统社会在工业化以前可以统称为农业社会。中国农业社会的基本经济形式是以家庭为生产单位的小农经济,其基本特征是自给自足。如果没有战争、灾荒及国家移民政策,一般情况下人们会守着自己的田地和家园,祖祖辈辈生活在同一个地方,即使外出,最终也要落叶归根。可见,由于安土重迁的原因,大多数中国人的生活范围是从家庭扩展到宗族再到整个村落以及乡里的,另外,也有少部分人通过科举进入国家官僚机构,构成了另一种形式的社会信用,只是后者同前者仍然保持着连续性的关系。所以,作为一个连续体性的社会关系,中国人把由一家庭逐步扩展开来的同乡统称为"家乡",生活在其中的人们就是乡亲们。在社会学中,家乡属于"共同体"的概念,也叫社区,它不同于"社会"之处在于人们之间的紧密关系。① 这种紧密关系通常可以构成一种关系网络,也可以叫熟人社会。尤其在中国乡村,熟人关系更加密切的原因在于许多邻里和乡亲几代之前很可能是从一个家族或一个祖先那里分离出来的,因此熟人关系在某种程度上也是一种拟亲属网络。相较于其他社会或市场网络,共同体中的网络是相对封闭而持久的。或者说,在人类社会,我们固然可以找到其他形式的封闭性组织,比如宗教团体、会员制等,但找不到比亲属网络更加封闭而长久的社会网络,其区分的标识往往是姓氏、地界及方言。当然,个体处于封闭而长久性的血缘和地缘关系中,虽然大致可以满足生活上的需求,但作为一个国家概念,这样的方式还显得比较初级。于是,在这样分散于中华大地却聚居一起的熟人社会之上,竖立着一种统合民众的政治架构——中央集权制,管理着从国家到地方的行政事务,包括货币发行及人事制度等。这种行政制度的管理方法一般只把官员下派到县一级,比县更低的乡与村则由民众自治。由此可见,对于绝大多数百姓而言,他们一生的主要生活和劳动场所大体就是在乡里以及因为生活需要所进行的集市交换,而无需因为专业生产、运输和商贸交易而建立一个更加成熟且完善的市场。可见,从熟人社会中产生的信任更多地体现于人与人的关系,而非人与制度的关系。在这一层意义上,诚信、信任便显得比较重要,而信用一般也被理解成君子的口头

---

① 滕尼斯:《共同体与社会》,林荣远译,商务印书馆1999年版,第65~66页。

协定及人格担保。

在一个共同体内,由人与人之间建立起来的信任关系,可以称为信任网络。这个网络是否独立运行,同国家统治的方式有很大的关系。① 笔者认为,中国传统社会的信任网络具有其自身运作的所有条件,而不同于西方学者在研究信任网络时看到的因为统治者的打压,而采取的隔绝策略。② 或者说,在中国农耕社会上竖立起来的中央集权制非但没有力量用国家的政治手段限制乃至隔离地方上的信任网络(最多也就是官员不得在本地做官),反倒是地方上的信任网络有力量渗透到国家官僚机构中去,比如同乡、同窗、同年、朋党等;而传统中国军事集团、商人团体、钱庄票号等也是由此信任网络建立起来的。那么,以家人关系而发展出来的信任网络有什么特点呢?这其中最为关键的特点有二:一是强烈的归属性特点,二是全知性的特点。也就是说,由于共同体所体现的紧密关系,中国人的乡民群体比工业组织内的成员更重视感情式的或人情式的交流。人们不是因为工作和分工合作需要联合在一起,而是因为共同生活以及事业上彼此关照和庇护结合在一起。众所周知,组织关系是一种约定关系,是可以解除和退场的;而共同体性的关系是一种亲缘关系,是无法解除或退场的。假如一种信任网络的构成没有退场的可能,那么它自身也就不会解体,同时这种信任的建立也是隐性的、自在的,或是不容怀疑和无需防范的;又由于这种信任建立于全知的基础之上,那么这样的信任也不需要个人以提供真实的信息为保证,信息也是自在的。以信任与信息的关系来看,在信任运行中,信息越少,可疑性越大;信息越多,可疑性越小。而共同体内部的交往不但可能花费了一生的时间来彼此了解,甚至可能是几代人之间的信息积累。一个可以验证上述理论的观点来自孟子所谓的"朋友有信"。那么,孟子为何不认为父子、夫妻、兄弟乃至君臣有信,而要说朋友有信呢?依照笔者给出的信任网络条件,后面这些关系的信是自在的,唯有朋友不是归属性的,也不是全知性的。所以一旦归属性没有了,全知性没有了,信任的自在性也就没有了。从这个思路出发,笔者以为,诚信的凸显更多地发生于共同体以外,乃至于陌生人之间的关系。当然儒家思想作为一种个人的修养体系,也可以把仁义礼智信在抽象意义上作为对所有人的要求。只是这样的要求在信任网络内部(或不解体时)不容易发生问题,或者说要想考验一个人的诚信与否,通常在亲缘内部是考察不出来的。只有走出了这个范围,我们才可以看到此人在此方面的品质。可见,君子的概念是一种超越了日常信任网络而提出来的概念,它要求一个人无论何时何地都要有一种仁义的品德,所谓"君子喻于义,小人喻于利"。为什么君子人格最终不能落实呢,因为它并不契合中国农耕社会,不太实际,而更多地被寄期望于胸怀天下理想的读书人身上,因为他们最有机会为国家效力,

---

① 查尔斯·蒂利:《信任与统治》,胡位钧译,上海世纪出版集团2010年版,第64~65页,第67页。
② 查尔斯·蒂利:《信任与统治》,胡位钧译,第67页。

需要离开这一共同体,进而也就有了"忠"(即信的最大化)的问题。有学者在讨论传统中国人的时候任意抬高儒家思想的地位,似乎相信儒家思想在教育人的诚信方面发挥着重大的作用。① 这是一种十分天真的观点,也是今日中国人寄期望于道德教化来恢复诚信而又不能奏效的主要原因。从以上的讨论中,我们看到,信的危机很难在个人心灵上重建,只有从外部加以规范和约束个体的倾向。以此倾向为前提,儒家的作用充其量只可以进一步考察个体的"信"究竟是发自内心的真诚,还是不得已而为之,这点体现为君子和小人的区别。由于处于共同体的信任是自在的,因此笔者认为中国共同体中的信任关系可以叫"放心关系"。

可是,中国社会近代以来所进行的工业化和城市化打散了中国传统社会的共同体生活以及由此建立的信任网络。特别是改革开放30年来蓬勃发展的市场经济,使得人们的大多数交往都是陌生人的交往,进而导致中国原有的信任约束机制几乎消失殆尽。当然,在计划经济年代,虽然工业化和城市化已经开始,但当时中国所采取的全能型政府体制,基本上维持住了传统社会建立起来的信任关系,尽管其本身已存在这样或那样的问题。② 因为国家在社会管理上运用城乡二元划分法一方面把农民绑定在自己的土地上,另一方面又在城市发展中采取了单位制,使得前者的共同体关系得以维系,后者的档案制度保证了人员流动上的信息评估,这是另一种形式的绑定,进而继续维持了乡土社会原有的归属性和全知性特征,使得放心关系得到了基本的延续。然而,改革开放以来,首先国家从全能型政府中退出,同时自身从对社会理想形态的追求转化为对GDP的追求;市场机制导致熟人关系和单位制的解体。随着城乡二元关系被打破,几乎每一个人在理论上都可以不归属于任何群体、网络、单位或其他形式的组织,下海、辞职、停薪留职、单干、个体户、人才流动一度成为打破城乡壁垒、单位制弊端的有效途径。尤其是近20年来,农民因为劳动力过剩可以自由流动到城里打工,构成了浩浩荡荡的农民工大军。而对于一个城里人,一个体加入一个组织或企业,也完全可以任意转换、跳槽和不辞而别,最终导致档案制度基本上失去了原有的效用,尤其在人才流动或者个人流动方面,档案对一个人的信誉担保已不再发挥作用(公务员除外)。当一个体可以在没有线索、没有个人记录、没有归属、没有档案,只要随身带张身份证(也许是假造的,或者借来的、偷来的)的情况下就可以游走于中国,或者当一个体或者生产部门在没有信用记录或评价下就可以从事生产劳动、商业经营或交易活动,特别是地下作坊、无证经营,并由此出于利益考虑出现地方保护主义时,我们如何去要求这样的个体或组织是一个讲诚信的或者讲道德的人或单位? 或者这个人或法人在同他人交往的时候是值得信任的? 此时,道德与信任网络已经基本上退出了历史的舞

---

① 马得勇:《信任、信任的起源与信任的变迁》,《开放时代》2008年第4期。
② 洪玫:《解读中国转型社会信用危机的根源》,《上海经济研究》2009年第8期。

台,或者说,道德与舆论已经不再具有约束个人品德的作用,更有效的方法是将原属于道德范畴的诚信和社会范畴的信任网络,通通纳入一个制度框架中来重新对社会成员进行信用评估。换句话说,制度建设的重点在工业化和城市化的社会已不是对既往诚信品德或信任网络进行修复,而是需要借助外在的法律和社会机制来确保社会成员身上具有这样的特点,并由此而产生相应的惩罚措施。至于道德和关系要素则是在法律确保的前提下来进行对人的要求。当然,更为理想与和谐的方案则是如何在制度的前提下寻求现代社会的道德与信任网络。而正是在这一点上,中国改革开放以来因为过于埋头搞经济建设,一再拖延了或疏于社会信用制度的建设及其管理,最终导致了中国社会发生大面积信用危机问题。①

结　　论

通过以上讨论,我们发现,诚信、信任与信用分别对应于个人、关系与制度,也分别指代道德、依赖与评价。从一种连续体的视角来看,它们不属于各自不同的社会面向,而是来自一个共同点的延伸,即由个体(君子)之"诚"而扩大为天下之"诚"。但这只是中国人的传统思维方式。在实践这个思路时,存在一个转换上的问题,也就是说从现实层面来讲,以个人的诚信品德来构成信任网络,是可以实现的,但如果要把信任网络转换成国家信用制度就会遇到问题。可是这样的问题并没有影响中国人的思维模式,以至于造成中国人希冀通过诚信的培养来实现信用的改善,或希冀利用西方社会科学的分头研究来会诊中国出现的危机。而从中国学术立场来看,社会信用制度的建设不单是制度本身的建设问题,也不单是人的道德与交往重塑的问题,而是人与制度的博弈以及转换的问题。只有明确了这一点,我们才不会忽略信用制度建设或诚信回归在中国贯彻中所面临的严峻问题。

这一严峻问题的发生在中国历史上有其自身的脉络走向与蜕变。根据本文的讨论,中国的农耕文化所建立的信任网络本身是自在的,它基本上满足了共同体中成员的生存和发展的需要,并对整个传统中国的政治格局、军事和商业格局产生重大影响。实行计划经济之后,虽然相当一部分人走出家乡共同体来到城市的单位里工作,但档案制度依然维持了原有的信任关系,②虽然我们对这样的维持可以有种种学术性的批评,甚至提出更为极端的观点。但在市场经济出现后,国家对于信用的发展没有给予及时的配套性改变从而导致一方面新型的信用体系缺失,另一方面原有的信任网络与

---

① 参见魏昕、博阳:《诚信危机:透视中国一个严重的社会问题》,中国社会科学出版社2003年版。
② 这里的信任关系是就宏观判断而言的,也包含了一整套配套的中国人事制度,但不包括严重的政治运动而导致的人人自危现象。有学者认为,"文化大革命"摧毁了中国传统文化,造成了人与人之间的不信任并影响到当代社会。这在改革开放初期或许可能,但用于当代的信用危机分析,实在言过其实了。

档案制度业已解体,从而发生了目前触目惊心,甚至令人发指的恶性事件。为了表明上述理论观点,笔者特制图如下(见图1)。

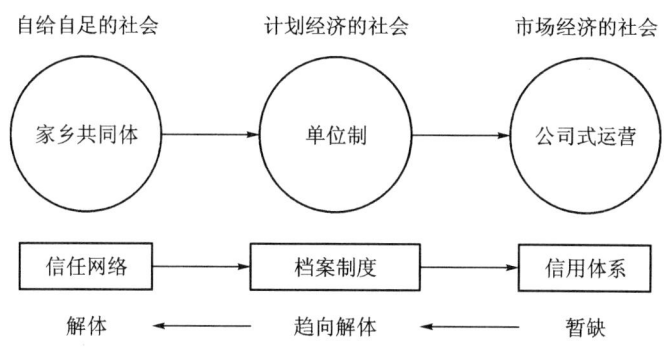

图 1 中国社会信用走过的历史

这个图式基本上勾勒出了中国社会从信任建立到信用危机的转变。它一方面体现了中国社会在现代化的历程中所发生的体制变迁,以及不同时代可以确保体制运行的信用体系重点;另一方面也反映了以往业已形成的信用体系对社会变化的不适应性,尤其反映了当代市场经济中的各式各样组织,包括地方政府、监管部门、事业单位及其他行业所具有的公司式运营特征,或者叫利益驱动倾向。这种利益驱动倾向具有很强的自利性特征,使得全体社会成员很容易将个人及小单位之收益作为社会运行之出发点,而非以质量、服务、事业等作为社会运行的出发点,最终导致中国信用制度无法生根。所以笔者首先认为,要想厘清中国信用危机问题,应当从中国概念使用特点及其历史中去寻找,而不是直接套用西方的学科概念作分散的研究。

(原载《江海学刊》2011年第5期,第107~113页。)

诚实信用原则的概念及其历史沿革

徐国栋

我国民法学界就如何理解诚信原则两种观点：一种观点认点，诚信原则是对民事活动的参加者不进行任何诈欺行为、恪守信用的要求，这种观点偏重从语义出发来解释诚信原则，可称之为"语义说"[①]；另一种观点对诚信原则的理解不局限于其字面含义，而把它看作外延不十分确定，但具有强制性效力的"一般条款"，可称之为"一般条款说"[②]。笔者认为：法律术语常常不能仅仅从语词的意义上来理解，诚信原则作为大陆法系中一个独特的法律机制，在大陆法系的范围内有普遍性，它在大陆法系中的确立，是对大陆法系追求法律的绝对主义、否定司法活动能动性所造成的弊端的补救，因而反映着大陆法系立法方法的转变。民法主要以商品经济为自己的调整对象，其准则是经济关系的直接翻译，由于商品经济的普遍性，民法的财产法制度也具有相应的普遍性。因此，对诚信原则的探讨，应以整个大陆法系为背景，从大陆法系各国关于诚信原则的理论与实践来看，显然"一般条款说"更有说服力。但诚信原则的作用不局限于指导当事人正确进行民事活动方面，它在完善立法机制、承认司法活动能动性方面的作用不可忽视。

一

在我国古代典籍中，早就出现了"诚信"一词。《商君书·靳令》把诚信与礼乐、诗书、修善、孝弟、贞廉、仁义、非兵、羞战并称为"六虱"。据《新唐书·刑法志》记载，唐太宗于贞观六年，"亲录囚徒，闵死罪者三百九十人，纵之还家，期以明年秋即刑，及期，囚皆诣朝堂，无后者，太宗嘉其诚信，悉原之"。这两处所称的诚信，是指人际关系中的诚实不欺。作为法律术语的诚信原则，则是个外来语。诚实信用，在拉丁文中的符号表现是 Bona Fide，法文中是 Bonne Foi，英文中是 Good Faith，直译都是"善意"，在德文

[①] 马原：《中国民法讲义》（全国法院干部业余大学教材）1986年版，第21页。
[②] 张新宝：《民事活动的基本原则》，法律出版社1986年版，第26页。

中是 Treu und Glaluben(忠诚和相信),在日文中是"信义诚实"。中国继受大陆法系后,立法和法学理论受日本受德国的影响很大,因此中文中表述诚信原则的语词是德文表述的直译。德文中的 Treu und Glaluben 来源于古代德国的誓约。在古代德国,常常以 In Treu(于诚实),Mit Treu(于诚实),Bei Tret(依诚实)或 Unter Treu(在诚实名义下)强制交易对方作誓,后来为了求得更加可靠,在诚实之外加 Glauben(信用)二字,而以"于诚实信用"为誓辞,起确保履行契约义务的作用,后来,诚实信用的誓辞被转而用以表示民法中的一项原则了。①

资产阶级学者曾对诚信原则作了多种解释,大致有如下几种。

中国台湾学者史尚宽从司法程序的角度分析了诚信原则。他认为:一切法律关系都应根据它们的具体情况按照正义衡平的原则进行调整,从而达到它们具体的社会公正。史尚宽把诚信原则看作掌握在法官手中的衡平法。②

同史尚宽一样,德国学者施塔姆勒(Satmmler)也把诚信原则看作是优越于一般规则的规则,但他是从自然法角度建立了自己的理论。他认为:法律的标准应当是社会的理想——爱人如己的人类最高理想,行为符合这种理想即符合诚信原则,这种理想处在高于法律和契约的地位,诚信原则便是这种最高理想的体现。如法律或契约与最高理想不合,则应排除法律或契约而适用诚信原则。③

邓伯格(Dernburg)把诚信原则看作一种道德,他认为:诚信原则的作用,是使人们在交易场中可以得到交易上道德的保障。④

肖尔梅叶(Schollmeyer)认为:诚信原则同罗马法上的一般的恶意抗辩是一个意思。⑤ 这种解释被认为是对诚信原则起源的说明。然而,诚信原则的精神与一般之恶意抗辩是不同的。

希赖德(Schneider)对诚信原则的分析从利益关系上着笔。他认为:诚信原则的作用,是使当事人双方的利益达到平衡。也就是说,公正实现双方利益,以达到利益的调和。⑥

台湾学者蔡章麟强调诚信原则外延的不确定性,在他看来,诚信原则是概括的、抽象的、没有色彩、无色透明。它所包括的范围极广,比其他的一般条款为大。诚信原则是未形成的法规,它是白纸规定,换言之,是给法官的白纸委任状。⑦

从上述资产阶级学者关于诚信原则的见仁见智的观点中,我们可以找出一些共同点。就诚信原则的宗旨而言,他们都认为是为了维护某种秩序,这种秩序或体现为一定的利益平衡,或体现为一定道德基础的可供依赖;就内涵而言,诚信原则是以公平为

---

① 蔡章麟:《债权契约与诚实信用原则》,《中国法学论著选集》,第415页。
②③④ 参见史尚宽:《债法总论》,(台北)荣泰印书馆1978年版,第319页。
⑤⑥ 参见史尚宽著:《债法总论》,(台北)荣泰印书馆1978年版,第320页。
⑦ 蔡章麟:《债权契约与诚实信用原则》,载《中国法学论著选集》,(台北)汉林出版社1976年版,第216页。

内容的规则;就外延而言,诚信原则具有不确定性,可补救具体规定的不敷使用;就诚信原则与司法活动的关系而言,诚信原则意味着承认法官的创造性司法活动,允许法官在法无明文时依据公平的一般原则进行裁判。

在资产阶级学者的诚信原则理论中,诚信原则的核心是公平。、

笔者认为:诚信原则的定义应表述为:诚信原则就是要求民事主体在民事活动中维持双方的利益平衡,以及当事人利益与社会利益平衡的统治阶级意志。概言之,诚信原则就是统治阶级实现上述三方利益平衡的要求,目的在于保持社会稳定与和谐地发展。三方利益平衡是这一原则实现的结果,当事人以诚实、善意的态度行使权利、履行义务,法官根据公平正义进行创造性的司法活动是达到这一结果的手段。

诚信原则涉及两个利益关系:当事人之间的利益关系和当事人与社会间的利益关系,诚信原则的宗旨在于实现这两个利益关系的平衡。在当事人间的利益关系中,诚信原则要求尊重他人利益,以对待自己事务的注意来对待他人事务,保证法律关系的当事人都能得到自己应得的利益,不得损人利己。当发生特殊情况使当事人间的利益关系失去平衡时,应进行调整,使利益平衡得到恢复,由此维持一定的社会经济秩序。在当事人利益与社会利益的关系中,诚信原则要求当事人不得通过自己的民事活动损害第三人和社会的利益,必须在权利的法律范围内以符合社会经济目的的方式行使自己的权利。

诚信原则在两个方面发挥着作用。首先,它是对当事人进行民事活动必须具备诚实、善意的内心状态的要求,对当事人进行民事活动起着指导作用,其次,诚信原则是对法官衡平权的授予。"诚实信用"这样的语词从规范意义上看是很笼统的,在法律意义上没有确定的外延,其适用范围几乎没有限制,这种"笼统规定"导源于这样的事实:立法机关考虑到法律不能包容诸多难以预料的情况,不得不把补充和发展法律的部分权力授予司法者,以"笼统规定"的方式把相当大的衡平权交给了法官。因此,诚信原则意味着承认司法活动的创造性与能动性。

二

诚信原则具有补充性、不确定性、衡平性三大特点。

(一) 补充性

补充性是民法最显著的特征之一。民法对民事关系的调整分为事前调整和事后调整两个阶段,事后调整是通过适用民事责任使被破坏的民事法律关系得到恢复;事前调整就是在民事关系建立之初便使其循着符合统治阶级利益需要的方向发展。事前调整的方法之一是为当事人的民事活动提供一个合理的行为模式,使当事人能最合

理最经济地实现自己的利益,各种典型合同规定的详尽的权利义务关系就是为当事人提供的这样的模式。当事人的特别约定就某些必要内容缺乏规定而呈现残缺时,民法便提供补充性规定进行修补,这是事前调整的一种方法。而诚信原则是一个抽象的补充规定。当事人就合同中的细微末节问题上的权利义务几乎是难以预料并详加规定的,法律也难以提供这些问题的具体补充规定,因此,抽象的补充规定便应运而生。诚实信用的补充规定以一个抽象的标准——善良人的意识来确定当事人在难以预料的事项上权利义务的分配,要求他们像善良人那样来决定这些事项。诚信原则与一般补充规定不同的是:其他补充规定只是在当事人就有关问题无约定时才被补充到合同中去成为合同的当然条款,诚信原则不论当事人有无特别约定,都当然地成为每一合同的补充条款。诚信原则对合同的这种强制补充体现着国家的干预,它使当事人于约定义务外承担诚实信用的补充义务,要求当事人公平地行使权利、履行义务,以对待自己事务的注意对待他人事务。这时,诚信原则起着补充合同具体规定不足的作用,由于其具有强行力,当事人不得以特别约定排除诚信原则的适用。

(二) 不确定性(弹性条款)

补充性是针对诚信原则对法律关系的内部修补作用而言的,弹性条款是针对诚信原则对法律具体规定不足的补救作用而言的。

在法律领域,始终存在着法律的相对稳定性与社会生活条件的变动不定性、法律条款的有限性和社会生活条件的无限性的矛盾。因此,有必要设立一定的机制使法律经常与自己的条件保持协调状态。弹性条款是作为解决上述矛盾的手段出现的,弹性条款只是一定的立法精神的体现,并不外化为任何具体制度,它以诚实信用、公序良俗这样的"模糊规定"的形式体现出来,而其外延则不确定,可根据具体情况的要求而伸张变化,以圆满地调整各种立法者始料所不及的社会关系,使具有相对稳定性的法律能适应各种客观环境的变迁,使有限的法律条文能发挥最大的效用。诚信原则是最主要的弹性条款之一。

(三) 衡平性

衡平法是授权法官依照公平、正义的原则,根据具体案件的特殊情况对法律加以变通适用的法律。在大陆法系,诚信原则是衡平法的体现。

法律是实现正义的工具。一般认为:正义是人与人之间的理想关系,[①]即每个人都能得到他应得的东西。分配的正义在民法上就是公平。从司法程序上讲,公平的实现倚赖于衡平,即法官根据个别案件的具体情况适用法律,以避免因法律的过时或与

---

① 参见庞德:《通过法律的社会控制、法律的任务》,沈宗灵等译,商务印书馆1984年版,第73页。

特殊情况的不相宜性而不公平地分配财产或不合理地确定当事人的责任。因此,衡平就是对个别案件的公正处理,是对法官拥有某种自由裁量权的承认。只有通过衡平这一环节,才能把一般正义同具体正义统一起来。

诚信原则产生法官进行衡平性司法活动的权力,因此,法官对法律的适用,不应拘泥于法律的文字含义,而应把着重点放在法律的正文的根本目的上。当法律已过时而尚未被立法机关及时修改时,当法律的一般规定同特殊的案情不相适宜时,法官都可按照正义衡平的要求站在立法者的立场进行裁判,法官的上述活动对立法质量起着反馈作用。因为作为基本法的民法的修改往往是个漫长而复杂的过程,法官的上述活动是在不完善的法律被修改前从法律的目的出发使案件得到妥善处理,这些活动为新的立法或修改旧法提供材料和意见。

三

现代意义上的诚信原则,既是当事人进行民事活动的行为准则,又是法官享有衡平权的依据,在诚信原则的历史发展中,诚信要求与衡平这两个因素经历了一个合而分、分而合的过程,这一过程包含着法律发展的一定规律。

1. 罗马法阶段

诚信原则起源于罗马法中的诚信契约。在罗马法里,诚信契约是严正契约的对称,在严正契约中,债务人只须严格依照契约的规定履行义务,凡契约未规定的事项,债务人不需履行,对契约的解释,只能以契约所载的文字含义为准。与此相反,在诚信契约中:债务人不仅要承担契约规定的义务,而且必须承担诚实、善意的补充义务。如契约所未规定的事项照通常人的看法应由债务人履行时,债务人应为履行。对于严正契约发生的纠纷,按严正诉讼的程序处理。在严正诉讼中,承审员无自由裁量权,只能严格依照契约的条款对案件进行裁判。就诚信契约发生的纠纷,按诚信诉讼的程序处理。在诚信诉讼中,承审员不受契约字面含义的约束,可根据当事人的真实意思对契约进行解释,并可根据公平原则对当事人的约定进行干预,以消除某些约定的不公正性,按照通常人的判断标准增加或减少当事人所承担的义务。[①] 由此可见,诚信契约不仅要求当事人承担善意、诚实的补充义务,而且承审员还可根据正义衡平的原则对契约内容进行干预。现代民法中诚信原则的两个方面——诚信要求和衡平权,早已萌发于罗马法的诚信契约和诚信诉讼之中。

显然,诚信契约比之严正契约,对当事人提出了更高的要求,因为诚信契约的当事

---

① 江平、米健:《罗马法基础》,中国政法大学出版社 1987 年版,第 14~15 页,第 121~122 页,以及 Black's Law Dictionary 中的 Bonae fidei Contracts 词条。

人不仅要承担契约规定的义务,同时要求当事人具备善意、诚实的内心状态。

所有的诚信契约都来源于万民法。万民法是在罗马人同外国人进行商品交换的基础上发展起来的,因此,诚信契约体现了商品经济对法律的一般要求。在罗马法中诚信契约把诚信的要求作为默示条款补充到了某些契约关系中,使当事人在承担契约所明文规定的义务之同时,承担诚实信用的补充义务,并且受承审员衡平权的制约,以实现诚信契约所体现的商品交换关系所要求的公正。由此可以看出,在罗马法中,诚信契约中的诚信要求起着补充契约条款不足的作用,诚信诉讼起着维持商品经济所要求的公平的作用。

2. 近代民法阶段

从欧洲近代史上的法典编纂运动到德国民法典的制定,为诚信原则发展的近代民法阶段。这一时期的典型法典是法国民法典和德国民法典。诚信原则进入到近代民法阶段被分裂了,对当事人的诚信要求被保留下来,但法官的衡平权却被剥夺殆尽。

法官无论遇到多么复杂的情况,都能在庞大的法典中像查字典一样找到现成的解决方案,因此,法官的活动被认为是机械的。在这种情况下,法官连法律解释权都谈不上,衡平权就更无从谈起。尽管如此,罗马式的诚信要求仍被继承下来,但只有指导当事人民事活动的意义,并且被限制在债法的范围内适用。法国民法典第 1134 条、第 1135 条规定了诚信条款,"契约应以善意履行之","契约不仅依其明示发生义务,并按照契约的性质,发生公平原则、习惯或法律所赋予的义务"。德国民法典第 242 条也是诚信条款:"债务人须依诚实信用,并照顾交易惯例,履行其给付。"这些规定,由于对司法活动能动性的限制,并不是现代意义上的诚信原则。

3. 现代民法阶段

从瑞士民法典的制定(1907 年)至今的时期是诚信原则所经历的现代民法时期。在这一时期,诚信原则恢复为诚信要求和衡平法的统一。

瑞士民法典与法国民法典、德国民法典相比,有很大的特色,它承认了立法不可能涵盖一切社会关系,承认了法官对发展法律所必不可少的作用。其第 1 条第 2 款规定:如本法无相应规定时,法官应依据惯例,如无惯例时,依据自己作为立法人所提出的规则裁判。瑞士民法典避免在许多问题上作明确具体的规定,其条文有意识地规定得不完备,常常只勾画一个轮廓。在这个范围内,由法官运用他认为是恰当的、合理的和公正的准则去发挥作用。作为对这种不完备条款的补充,瑞士民法典广泛地使用了一般条款。其第 2 案规定:任何人都必须诚实、信用地行使权利并履行其义务。这是第一次把诚信原则作为基本原则加以规定,此举标志着现代意义的诚信原则的确立,它不再是仅约束债务人的原则,而成为债务人和债权人必须共同遵守的原则,它不再是仅适用于债法的一项原则,而被扩大适用于一切民事法律关系,成为民法的一项基本原则。瑞士民法典中的诚信原则规定,作为一种满足现代社会需要的立法方法为大陆法系各国所仿效。在法国和德国,通过法官的司法活动,使原有的诚信条款上升到了基本原则的地位,在司法实践中日益频繁地运用诚信原则来解决各种现实中提出的问题,从而积累起运用诚信原则的丰富经验。在《德国民法典注释》一书中,仅对第242条(诚信条款)的注释就达800页之多。原无诚信规定的日本民法典经战后的修改也把诚信原则作为基本原则加以规定。仍把诚信原则的适用局限于债法的做法已被认为落后于时代潮流。台湾地区"最高法院"因拒绝将诚信原则适用于物权关系而受到了学者的严厉批评。学者们认为:诚信原则虽起源于债法,但并不仅以债法为自己的适用范围。法官应从具体法条中抽象出一般原则而适用于一切法律关系。诚信原则理应从债法中抽象出来而适用于全部民法。① 此外,有的学者甚至指出,诚信原则不仅是民法的基本原则,而且是可适用于一切其他法律部门的原则。②

各社会主义国家民法大都无诚信原则的直接规定,只有我国的民法通则和南斯拉夫债法例外。1978年,南斯拉夫债法第12条规定:当事人在建立合同关系及行使合同权力和履行义务时,应遵循诚实及信用原则。在其他社会主义国家,虽无形式意义上的诚信原则,但实质意义上的诚信原则是存在的。各社会主义国家民法典都设有基本原则部分,这些基本原则大都体现了诚信原则的具体要求。如苏俄民法典第5条规定:公民和组织在行使权利及履行义务时,都应遵守法律,尊重社会主义公共生活规则和正在建设共产主义的社会主义的道德准则。民主德国民法典第14条规定:公民和企业在准备、建立和决定其民事法律关系的内容及实现这种民事法律关系时,应该相互信任和合作,并应以社会主义的道德准则和个人、集体利益与社会的必需协调一致为指针。这些规定的精神,与诚信原则的要求是完全一致的,是实质意义上的诚信原则。

在现代民法时期,诚信原则具有诚信要求和衡平权授予的双重功能,它打破了立法与司法两权之间的僵硬划分。在大陆法系中,法官对发展法律已做出越来越多的贡献,法官立法已成为一个难以否认的事实。③

诚信原则从罗马法中的一种契约形式发轫,经过了三个阶段的发展,被提高到了民法的基本原则的地位,受到高度重视,这种现象的原因何在?笔者认为主要有以下几点。

第一:法律的不周延性为立法者所认识。

诚信原则在大陆法系民法中,仍起着补充契约条款的作用,但更为重要的是,它起着补充法律条款不足的作用。

---

① 王泽鉴:《民法学说与判例研究》第1册,台湾大学法律学系法学丛书编辑委员会,1980年版,第330页。
② 拉邦德语,转引自史尚宽:《债法总论》,(台北)荣泰印书馆1978年版,第321页。
③ 关于这方面的事实材料可参见勒内·达维德:《当代主要法律体系》,上海译文出版社1984年版,第98、第112页。

立法史证明,以法律来涵盖一切已经发生或将要发生的民事关系是难以做到的。在反映财产流转关系的债法上,即使对法律已有明确规定的一典型契约,由于其规范多具有任意性,当事人也可以通过自己的协议加以变更,法律的规定只是在当事人的协议不全面时起补充规定的作用。基于这种情况,只能用设立弹性条款的方法来克服法律的不周延性,通过对当事人提出诚实信用的要求为当事人订立非典型契约的活动,以及以自己的协议变更法律的任意性规定的活动设立一个范围,以此保证双方当事人的利益都能得到合理的满足,保证社会利益不致因当事人的协议而受到损害。

同时,法律具有稳定性。相对静止的法律条文同运动着的社会生活条件之间的矛盾不可避免,前者要涵盖后者是困难的。频繁地修改法律并非良策,在立法技术上比较可取的办法是在法典中设立弹性条款,这种弹性条款无确定的外延,根据不同的形势和不同的需要,可使其伸张变化,对其作出广泛的解释,从而使法律跟上社会生活条件的变化。

第二:垄断资本主义社会各种矛盾的激化需要诚信原则作为缓冲器。

进入20世纪后,资本主义社会的各种矛盾进一步激化起来,为免使各种冲突加剧导致社会利益的危机,法律由以权利为本位走向以社会为本位。这一转变使诚信原则在协调当事人利益和社会利益方面的作用得到了强化,它的适用范围大大扩展,成为资本主义社会限制个人权利,增进社会福利,从而稳定其社会与经济基础的一大法宝。德国法院依靠诚信原则解决了第一次世界大战后随着经济崩溃、通货膨胀和货币贬值而产生的极其重要的经济和社会问题,以及第二次世界大战后由于丧失德国东部地区和改革币制而发生的问题。现在法国已公开利用德国民法典第242条去控制一般商业条款的内容。

第三:建立二元立法机制的需要。

现代意义上的诚信原则意味着授予法官以相当大的衡平立法权,由此形成立法机关和司法机关二元的立法机制。二元立法机制能满足法律发展和完善的要求,体现了法律运动的内在规律。

任何法律都不可能尽善尽美,因而必须使法律具有一定的灵活性,使司法活动具有相当大的能动性,能够对不够完善的法律进行补充和发展。因此,在立法与司法之间作僵硬的划分,只会剥夺法律发展的大部分机会。承认法官一定范围内的衡平权和立法权是完善法律的需要。

第四:衡平观念与道德向法律的渗透。

法律由严峻走向衡平,并吸收一些道德因素是法律进化中的普遍现象。诚信原则在大陆法系的确立,反映了衡平观念和道德向法律的渗透。法律仅是实现正义的工具,一旦与其目的不合,便应进行调整,法律只是对人们的起码要求,仅此是难以维持一种理想的社会秩序的,必须以对人们提出更高的道德要求作为补充,才能构成理想的交易秩序。于是衡平法成为了现实,一些道德的因素被补充到法律中,并被赋予法律的强制力。完全可以说,诚信原则是法律化的道德。

社会主义国家民法中形式与实质的诚信原则的确立,表明社会主义法仍受法的一般规律的制约。因此,社会主义条件下仍有诚信原则存在的基础,我国之所以确立诚信原则就是上述因素作用的结果。

(原载《法学研究》1989年第4期,第53~59页。)

诚信的经济学分析

杜木恒

面对日趋激烈的国内和国际市场竞争,构建与中国社会主义市场经济健康发展相适应的诚信体系是中国市场化进程中的关键一步,也是建立一个成熟市场经济,推动科学发展,促进社会和谐,继续全面建设小康社会的历史性的客观要求。

诚信一般被认为是道德伦理学研究的范畴,把诚信看成是调节规范人际关系的道德准则。但是,诚信对维系和促进市场经济不断繁荣的重要作用以及诚信缺失对经济造成的巨大危害,使得诚信成为一个社会经济发展的润滑剂,成为一种资源配置和经济组织运行效率的基本要素。因此,探讨诚信与经济运行的内在关系就成为一个有意义的经济学命题。

一、诚信缺失的理论根源

经济学大师亚当·斯密在其《国富论》中创立了"看不见的手"的思想,即和谐的自由竞争的价格机制思想。这一思想的核心表明,只有在自愿的条件下进行交换才能成功,交换成功的比例提升可使交换双方获利。正是这一使双方获利的交换比例协调着人们的交换行为,从而使资源得到最优配置。

斯密的思想有两个重要的先决条件:一是信息充分,即市场完全的和对称的信息;二是"经济人"假设;,即市场当事人(基本经济单位)追求利益最大化的理性行为假设。只有具备这两个条件,价格机制才能发挥正常功能,优化资源配置,不断增加社会财富。前一个条件是经济学的抽象思维定式,后一个条件是人性本源。显然,抽象的逻辑思维与客观的市场经济生活有很大差异。诚信缺失与此有着密切关系。

1. 信息不完全和信息不对称

市场是在信息不完全和信息不对称情况下运行的。在现实的市场经济生活中,人们从事交易的各类市场环境和大多数商品的供求都存在着信息的不完全和不对称。交易双方的经济决策常常涉及动态选择和信息不对称,在这种情况下非诚信的行为就不可避免地存在了,因为在环境变化和动态选择中,拥有私人信息和具有相对信息优势的一方,有可能通过隐蔽行动来转移风险或直接侵占他人的利益,产生经济"机会主义"行为。

市场经济是以社会分工为基础的,分工不仅是交易的必要条件,而且是经济发展的源泉。然而,社会分工的不断发展,使得绝大多数市场上交易双方的信息日益不对称。社会分工越细致越深入,人们所得到的产品在生产、交换、消费等各环节的信息就越不完全,即便是在科学技术迅速发展,信息高速公路不断拓宽,网络技术日益提高的今天,仅仅从事个别经济活动的基本经济单位,都不可能了解各种商品或劳务的价值形成过程和使用价值的属性。经济生活是一个客观的信息不完全和不对称的世界。

2. "经济人"的趋利行为

"经济人"追逐私利的行为促进了公共福利。经济学的这一结论,是以市场交易的完全信息为前提的,一定意义上讲,私利与公利的转化须以"经济人"的诚信交易行为为立论前提。理论的完全信息意味着"经济人"的趋利行为是以信息成本为零的交易,是不存在任何欺骗行为的诚信交易。而不完全信息的客观存在,意味着"经济人"的趋利行为是市场约束条件下诚信与非诚信对立统一的行为。

在市场经济中,信息是资源,是效率,也是费用。拥有信息也就拥有资源,获得效率,节约费用。但是拥有信息,搜寻信息,互通信息,又必须支出费用。为节约费用,拥有信息,市场经济中的"经济人"必然会保有信息。如果外在条件(制度、环境,甚至伦理道德、精神、意识等)允许或存在使"经济人"通过制造虚假信息而拥有获利的可能,则"经济人"追逐利润最大化的内在动机将会驱使其弄虚作假,使"经济人"的趋利行为缺失诚信。

3. 交易费用与诚信缺失

交易费用的存在是产生诚信和非诚信交易行为的一个原因。任何交易都要付出寻找交易伙伴、疏通交易渠道、洽谈交易项目、签订交易契约、监督契约履行等费用。交易费用理论表明,只要企业内部交易费用低于市场交易费用,企业就会扩展。通过诚信交易可以消除交易行为的猜疑、犹豫不决,避免交易失败,从而减少交易费用,促进市场交易量的扩大,使企业得到扩张和发展。

在交易行为的任何一个环节,也存在使缺失诚信的一方减少交易费用的可能。这是交易过程或某个环节中的信息不对称所致,拥有信息优势的一方可以利用其优势获得剩余。如果交易过程中,拥有信息相对弱势者没有办法制止优势者的机会主义行为,则交易中的诚信缺失就在所难免。

4. 社会分工与交易的不完全契约

"经济人"的趋利行为,通过社会分工与协作而形成各种形式的经济组织和单位。分工越精细,合作越紧密,分工的广度和深度就越提升,也就越促使经济社会的产业化结构向高度发展。这是市场经济发展的必然趋势。

在产权明确、决策多元化与分散化的市场经济中,密切的分工与合作和高度的专业化,是通过契约关系来实现的。因此,市场经济本质上也是一种契约经济。由于任何基本经济单位都不可能接受侵害自身利益的虚假的被欺骗的契约,因而契约的确定与执行必须以诚信为根基,契约关系渗透到哪个领域,诚信交易关系也就体现在哪个领域。

诚信是基于人们共识的一种契约,是人们在社会经济活动中应遵守的"游戏规则",它反映出市场主体之间理性承诺和约期认可相结合的关系。诚信交易是市场经济对社会中每一个个体、每一个企业、每一个社会组织的基本要求,是社会中人与人之间,人与社会组织之间,社会组织与社会组织之间融洽相处,共同发展的必要条件。

信息不完全和市场不完全的客观存在,使签订充分权变契约的信息费用高昂,故交易契约大多数是不完全的。不完全契约的直接后果之一就是签约后的机会主义行为,不完全契约的客观存在也就成为诚信缺失的一个基本因素。缺失诚信就是不能诚实有信地履行契约,这样契约关系会普遍出现裂痕,分工与协作就无法维系;"游戏规则"遭到破坏,市场经济运行的基础就会坍塌。

5. 产权与诚信交易

诚信交易的游戏规则之所以容易遭到破坏,一个基本因素是产权制度的不健全。产权制度的基本功能是保护"经济人"的合理趋利行为,给基本经济单位提供一个追求长期利益的稳定预期和重复博弈的规则。这个制度使得人们自觉地去遵守诚信原则,故诚信的基础是产权。

私有产权的存在是"经济人"进行诚信交易并合理决策的最基本的制度基础。当私有产权不存在或保护不足时,基本经济单位进行交易的知情权、选择权、公平交易权、安全权、索赔权等权利就无法得到保护,交易双方要么利用自己的信息、权利等优势侵占对方的财产,要么通过欺骗、行贿等手段获取剩余,使诚信交易难以实现。

从商品交换的价值运动看,交换行为实施的结果是商品所有权的转移,故市场交易的本质是权利的交易。既然是权利交易,交易双方首先应该尊重有关交易内容的知情权,以诚信对待和处置交易的全过程,因为只有为双方相互承认的权利才能为交易提供充分条件。如果无视对方的权利,以欺诈方式完成商品所有权的交换,这样的权利交易不是真正意义上的交易,而是掠夺。只有诚信交易才能真正实现交易双方的"零风险"。由于产权制度为市场交易双方提供了权利保障和私有财产的安全,因而维护了市场的持续的健康的发展。

二、诚信:市场经济正常运行的前提条件

市场经济中的任何个体行为都是供求行为的统一,供求关系是交易关系、买卖关

系、竞争关系,实现这种关系的行为涉及买卖参与人、交易策略、交易结果。从市场供求运行的角度看,把交易的本质看成是不同分工的易物行为,则供给会自动创造需求,市场主体中的参与者既是买者也是卖者。市场交易主体可以选择诚信或非诚信两种策略,且只有这两种选择。诚信促成合作,非诚信则相互欺骗,供求之间的交易行为就是一种博弈行为。

1. 合作博弈与微观市场运行

除去垄断、外部性、公共产品等因素影响市场最优配置资源的功能之外,一个被人们忽视的因素是诚信。博弈理论表明,博弈行为的均衡解依附于所设定的不同条件。在以个体私利为目的的交易条件下,如果交易是一次性的或短期的,则交易行为常常以非合作博弈出现。这种博弈是"囚徒困境"的非合作纳什均衡,交易双方选择欺骗是其最优策略。追逐私利的个体机会主义使其无法采取诚信与合作行为,其博弈结局是两败俱伤的均衡,是导致经济社会资源浪费的均衡。

若把交易行为视为一个整体,从多数交易行为的重复性和长期性看,交易双方选择诚信合作,则对交易双方均有利的合作可以作为子博弈精练纳什均衡出现,即若选择决不背叛交易对方的诚信合作策略,则存在双赢的博弈均衡。博弈的均衡结局(即合作的收入流)足以支撑交易主体放弃以欺骗来获益的策略,合作博弈的双赢均衡同样可以建立在"经济人"追逐私利的基础上。

从微观个体交易之间博弈的基本策略看,如果集中在价格和产品的质量上,那么在价格与质量都不确定的供求博弈中,出现的基本问题是高质量的产品不一定受到市场偏好的影响,掌握更多信息,拥有相对优势的一方局中人更容易采用隐瞒、欺骗的手段,以低成本支出获得高收益。当市场个体不能按商品和劳务的真实质量评价其边际效用和边际收益时,市场上所表现的个体行为需求价格和供给价格就会扭曲,结果是供求价格机制受到损害,市场出现"稀薄"现象。

显然,微观市场个体合作博弈的基本内容是如何让价格与质量互相对应,即高质高价,低质低价,诚信与合作博弈是价格机制优化资源配置的基本条件。

2. 重复博弈与宏观市场运行

各行各业、成千上万的交易行为构成了市场经济条件下的总量供求运行,三大市场中宏观总量的供求运行是部门间的成千上万个体博弈行为的总和,是个体重复博弈的结果,这个结果取决于个体理性与集体理性之间的结合。

GDP 是最终商品和劳务市场运行状况的表象。理性的诚信的个体交易,其博弈的均衡价值解可以促进整体福利的改善,使 GDP 的形成建立在真实、绿色的基础上。无论是短期一次性或长期重复性博弈,个体理性的非诚信交易博弈是对整体经济和福利的损害,非诚信的博弈可以造成整体经济的振荡,也会带来个体的痛苦和灾难。历史上盛极一时的虚报瞒产浮夸风和当今泛滥在各行各业的制假贩假,是显现非诚信博弈的一个缩影。它除去给个体和集体带来灾难性的结果之外,也使人们对总量运行的稳定和健康充满了疑虑。

在商品市场或是要素市场运行中,任何一个总量的价值形成过程都是通过货币实现的,因此,金融市场是宏观经济运行的命脉。尤其在当今的经济生活中,诚信的货币借贷,诚信的保险业务,诚信的资本、证券供求行为,是资源优化配置,是宏观经济稳定、协调、持续发展的保障。任何欺骗、欺诈的个体博弈行为都会形成金融市场的逆向选择和败德行为,增加金融危机。

显然,建立在诚信基础上的个体博弈,其集体博弈的均衡解是真实的体现资源优化配置的总量运行结果。从宏观三大市场和四大部门的整体经济看,总量在任何一个部门间的循环,在任何一个市场的进出,作为诚信博弈的均衡结果,为政府调控宏观总量,促进宏观经济的健康、协调、稳定发展打下了坚实的基础。

3. 诚信:合作博弈的原则

无论是微观市场运行还是宏观总量循环,如果经济生活中基本是诚信交易,则一次非诚信交易的欺骗行为将会获得高收益;而一个欺骗行为遍布的经济社会,许多交易则可以依靠诚信行为获得商业的成功。因此,诚信与欺骗共存是一个客观存在的事实,即个体或整体的交易博弈行为是合作和非合作博弈的统一,也是诚信交易和非诚信交易行为的统一。

博弈理论已经证明:①诚信交易行为与非诚信交易行为的基础都是经济人的理性动机,即博弈参与人的最优策略选择;②不同交易都存在均衡解,但其结果或收益不同,对经济的影响不同;③不同交易的均衡解取决于博弈设定的博弈条件。静态或动态纳什均衡的双赢结局是以诚信交易为前提的,即诚信是共赢的合作博弈的基础。

诚信的合作博弈推动了市场经济的发展,诚信交易是市场经济运行的主流,欺骗交易可以盛行一时,但不可能成为市场运行的主导。因为,欺骗的交易行为既不表明经济人的全部理性行为,又不符合经济发展的总趋势。因此,从这一意义上讲,市场经济发展的历史是不断创建诚信体制的历史。

三、诚信既是经济范畴亦非经济范畴

诚信是什么?从个体或集体的交换关系出发,诚信是一种诚实守信的经济行为。诚信如同商品和价值、劳动、土地和资本一样是一个经济范畴。这不仅是因为诚信的抽象性可以理解为是人们的一种交换关系,一种经济行为,而且诚信的对象性可以通过实践行为来实现。然而,诚信又不仅限于经济范畴,在人际关系角度上讲,它又属于伦理、道德思想意识范畴,所以它所体现的不仅仅是经济交换关系。

1. 诚信的经济属性

新兴的信息经济学不仅把抽象的市场价格机制与具体的市场信息条件结合起来，而且为交易中的诚信行为奠定了理论基础。与其说完全信息是市场最佳配置资源的一个重要理论前提，不如说诚信是价格机制配置资源功能的重要前提。因为，信息完全是理论假设，而信息不完全是客观的存在，诚信的对象性恰恰是客观的现实的，客观的存在产生了诚信和非诚信的经济行为。不仅如此，交易费用理论说明交易契约和约期实现以诚信为前提，交易决策以真实信息的判断为前提，博弈理论说明诚信行为条件下的交易是双赢的博弈行为。故诚信首先是基于经济利益之上的一个经济行为术语。

诚信与非诚信的对立统一运动存在于任何时代、任何社会制度的经济生活之中。中国历史上以诚信为本而经商致富的例子不胜枚举。今天，在经济转型这个特殊的历史时期，人们遇到了各种各样的非诚信经济行为。至于经济生活中不断出现假冒伪劣商品、商业欺诈、财务假账、伪造票据、债务倒逼、恶意逃债、金融诈骗、剽窃专利、虚假广告、上市公司虚假包装、偷税漏税等诚信缺失的现象，恰表明非诚信行为存在的客观性。因此，诚信更加突出地成为经济理论研究和关注的问题。

不仅在中国，就是在市场经济发达的西方，也会出现诸如美国安然公司和安达信会计师事务所合谋制造财务假账的诚信缺失事件。和国内上市公司如银广夏、蓝田股份、郑百文等诚信缺失行为一样，伪造财务假账的非诚信行为上欺骗国家、侵吞国家财产，下损害公众，造成经济资源的巨大浪费，社会为之震惊。这就是说，小到个体企业，大到巨型跨国公司和世界著名会计师事务中介机构都有可能出现诚信缺失问题。所以，诚信是现实存在的，是一种经济行为，是分析和研究经济生活而定义出的一个经济范畴。

诚信可以通过信用或信誉来衡量或评价。信用和信誉是诚信的一种外在表现。作为经济单位的信用是在不断重复博弈的基础上建立起来的，即通过不断重复博弈的收益结果或者通过建立其他的指标体系建立起来。无论能否找到一个统一的计量单位或指标体系，经济生活中通过某种管理部门来确定一些单位或个体的信用等级的做法，说明诚信可以衡量，可以评价。信誉（如商标、品牌的内涵）属于无形资产，它可以带来一定的利润流，信誉通过市场交易（如拍卖）同样可以确定它的价值。这说明信用和信誉在经济生活中不仅具有实实在在的经济价值，而且可以通过一定的方式方法建立起信用评价标准。

2. 诚信的社会属性

从社会分工和交换这一经济生活的基本关系来认识诚信，诚信交易关系是经济基础即社会生产关系总合的一个基本要素。这一基本要素影响并延伸到了与其相适应的上层建筑和意识形态的一切领域。从上层建筑和意识形态来认识诚信的社会内涵，诚信又不是一个经济范畴。

上层建筑或意识形态领域中的诚信,是建立在一定经济基础之上又具有相对独立性的伦理道德范畴。它更广泛地体现了社会存在的各个领域中人们复杂的多层次的社会关系。这种社会的诚信关系是经济中的诚信关系的反映,且影响并反作用于经济关系,在一定时期支配着人们的一切社会行为。它具有与社会经济发展形态相关的社会性和历史性。

与商品率较低的超经济强制的经济关系相适应的诚信,充分体现在对皇权、族权和家庭父权的关系上。对专制专权的诚信是人们一切行为的伦理道德标准,以此规范君臣、族群和家庭等社会关系和人际关系,维系封建独裁的政治统治和超经济强制的经济运行。反映人们社会交往的仁、义、礼、智、信等儒家思想是诚信道德观在不同行为方面的具体体现。每当发生社会震动或出现经济灾难时,价格机制等支撑社会经济运行的经济制度遭到破坏,但经济社会还是靠道德调节,靠人们对国家、民族和家庭的诚信延续了社会的生存和发展,传承了社会物质和精神文明。历史证明,诚信道德观具有独立调节和稳定社会发展的功能。

建立在市场经济基础上的诚信观,体现的是产权明确的竞争主体的利益关系和社会人际关系。对私有产权的保护,社会交往和人际关系的平等思想,追求自身利益和自由决策的人权观念是发达市场经济基础上的意识形态,是维护和支撑市场经济稳定运行的诚信原则和伦理道德标准。

3. 诚信的对立统一性和多维属性

建立在不同经济基础上的诚信与非诚信的矛盾运动在不同时期、不同环境和不同的制度条件下,有不同的表现形式和内容。如果说经济领域的非诚信行为会影响交换机制,那么上层建筑领域的非诚信行为会造成家庭、集体、国家之间的关系的扭曲和社会责任心的丢失;会使社会畸形,希望破灭;会引起对社会公正的普遍怀疑,进而引致对社会的信任危机。诚信缺失的影响是社会性的,是悬在每一个社会成员头上的一把利剑。

无论怎样的社会形态,建立在经济基础之上的诚信意识、诚信关系和诚信行为存在于政治、军事、文化、教育、体育、卫生等各个领域。政府和民众、组织和个人、上级和下级、同事间、家庭成员间等都是诚信行为的对立统一体。政府讲诚信,可以取信于民,提高执政水平;民众讲诚信,可以加强民族凝聚力,促进社会和谐;家庭讲诚信,就能家庭和睦,万事兴旺。诚信的多维性体现在人们社会活动和社会存在的各个领域和结点上。作为一个多维多层次的伦理道德范畴,诚信反映了一定社会形态的物质文明和精神文明,它是一个民族综合素质的体现。诚信是经济基础和上层建筑的结合体,构建社会诚信体系,是社会经济发展和民族兴旺发达的需要。

四、经济发展与诚信体系的构建

一直以来,人们把良心、人格和主宰人体一切行为的感知比喻为人的灵魂。一个社会肌体的灵魂是什么?是诚信。把诚信比喻为主宰"经济人"供求行为的灵魂,表明诚信是经济运行的生命线;把诚信比喻为支配"社会人"社会活动的灵魂,表明诚信是社会发展的精神支柱,所以构建诚信体系实际是在营造一个社会肌体的灵魂。

1. 自然秩序与道德规范

支配经济运行秩序的是人的自然的经济活动及其规律性。它决定了经济运行具有自身约束机制。"经济人"的理性行为是自然秩序安排的,如前所述,诚信的经济行为基于"经济人"的利益最大化,且诚信博弈的结局又是可以实现自然秩序的理性行为。自然,诚信就成为"经济人"的自我约束机制。这是与经济行为相关的诚信理念、诚信守则和诚信行为为一体的约束机制,是自然秩序与道德规范的结合。

微观经济运行中个体诚信行为的集合,给个体和集体扩大了信用,带来了信誉,增加了收益。诚信的可评价的真金实银般的价值存在,使市场具有了自身培育诚信的功能。企业文化提倡诚信,团队精神鼓励诚信,集体观念崇尚诚信,诚实守信从经济行为上升为基本经济单位共同遵守的理念,之所以在经济的自然秩序中代际相传,乃源于市场主体自身利益的可以自我培育和自我修养的道德规范。

诚信从实践到观念,从观念再到实践。自然秩序基础上的诚信,需要社会的呵护,需要世代传承,需要发扬光大。当今在全社会提倡以诚实守信为荣,以见利忘义为耻,是推动市场经济自身建设,加强经济社会自身诚信培育功能之举。

2. 诚信体系与严律峻法

诚信虽有自育功能,但是诚信是一定生产方式条件下的诚信;诚信是一定社会形态的诚信,诚信是多维多层次的诚信,诚信只有在一定环境和条件下才具备其现实存在的社会性和实践性。因此,需要通过不断构建诚信体系,来加强诚信的自身免疫,防范非诚信行为和观念的侵袭,实现社会诚信。

诚信体系是指为维护诚信的社会性和实践性,为实现社会诚信而建立起来的传统观念、制度、法律、教育等系统的统称。纵观历史,任何社会、国家、团体或宗教都是通过一定的制度、法律法规、教义教规来维护诚信行为和诚信观念的。综观当今时代,许多国家建有衡量和监督个体或集体诚信行为的中介机构,制定诚信评价体系和标准,通过严律峻法,维护社会诚信。可见,诚信社会需要通过一定的诚信机制来维系。

只有通过严律峻法,才能具备交易双赢的合作博弈条件;只有执行严律峻法,才能使投机、欺骗、制假、贩假等侵害诚信的成本大大超过收益。严律峻法是诚信体系中的重要一环,也是任何社会和国家共同的选择。

3. 政府诚信与经济发展

一般意义上讲,严律峻法是由国家和政府建立并监管和执行的。当诚信缺失现象遍及各行各业,或重大诚信缺失案件和行为屡出不尽时,一定是政府有关维护社会诚信的法律体系出了问题。要么是无法,要么是有法不依,要么是监管或执行不力,无论什么问题,都表明政府没有做到适应社会经济发展所需要诚信的要求。

现代社会,政府的经济职能是保护微观价格机制对资源的最优配置,保障宏观经济稳定、协调、健康运行,实现经济社会长期的可持续发展。政府对其经济职能的诚信作为,首先是建立健全适应市场经济发展的产权制度。产权是商品经济条件下的产物,是社会的,历史的,不是自然的。但是产权对自然秩序下的诚信自我培育至关重要,完善的产权制度是构建诚信体系的基础。

其次是净化社会诚信的市场环境,努力构建与市场经济运行相适应的外部诚信机制。比如,通过经济信息中介,建立基本经济单位的诚信档案、评定标准、信息发布等相关条例和原则;通过经济行为中介(会计、审计、法律、资产评估等事务所)维护真实的价值运行秩序,监督和管理基本经济单位的诚信行为。同时,将以诚信为天职的中介部门包括政府的经济职能部门置于有效的制度和法律约束之下。对于合谋、协助制假者一定是重判重罚,因为监管诚信部门的失职可能带来的是经济震荡,更不用说助纣为虐的造假行为。

再次是政府率先垂范,制定严格的诚信职责和诚信制度,规范职能部门和官员在管理微观个体行为和宏观总量运行中,公正无私地专司"经济警察"的职能,既不"缺位"也不"越位"。在纷纭复杂的经济生活中,政府及时准确真实地向人民如实报告经济事件、经济问题和经济状况,不编制假计划,不制造假数字,不下达形式主义的任务,不做急功近利的虚事,等等。政府要杜绝非诚信行为,就必须从源头做起——铲除经济机会主义土壤。

4. 诚信政府与和谐社会

在非经济领域,构建与社会经济发展相应的诚信体系,政府仍然起着主导作用。政府制定各种法律制度,引领社会意识形态,完成社会发展所需要的各项使命,需要所有基本经济单位即私人部门的诚信纳税。同样,诚信纳税的私人部门也必然要求政府的诚信作为。社会发展决定了政府与私人部门的经济关系必然是诚信关系。

市场经济中,政府与私人部门的诚信关系是商品交易契约关系的反映。政府只有提供公开、公正、公平、有效率服务的约期承诺,才有私人部门的诚信纳税和社会的诚信行为。一个能够提供公开、公正、公平、有效率服务的政府一定是为民所信任的诚信政府。诚信政府是廉洁的政府,是强大的政府。

市场经济本身的局限,信息不完全,外部性,公共产品,包括法律缺陷、制度不健全、道德观念落后等,是导致非经济领域中政府和私人部门诚信缺失的重要因素。这些因素及其导致的结果不仅仅挑战公平竞争的市场交易规则,而且挑战现代和谐社会的公平价值观。这些客观因素的存在,使建立诚信政府、提高公民诚信素质、促进社会诚信文明进步,成为一个民族、一个社会长期的历史的使命。我国正处在经济转型期的一个特殊历史阶段,不仅经济发展需要建立以诚信为基础的经济交易规则,而且社会的进步同样要求构建以诚信为基础的伦理道德规范。一个诚信交易和交往的社会,是人们期盼的和谐社会。

参考文献

[1] 亚当·斯密.国民财富的性质和原因的研究[M].北京:商务印书馆,1972.

[2] 亚当·斯密.道德情操论[M].北京:商务印书馆,1972.

[3] 科斯,哈特,斯蒂格利茨,等.契约经济学[M].北京:经济科学出版社,1999.

[4] 杨小凯,黄有光.专业化与经济组织[M].北京:经济科学出版社,1999.

[5] 斯韦托扎尔·平乔维奇.产权经济学[M].北京:经济科学出版社,1999.

[6] 罗伯特·考特.法和经济学[M].上海:上海三联出版社,1994.

[7] 茅于轼.中国人的道德前景[M].广州:暨南大学出版社,1997.

(原载《现代财经》2008年第2期,第7~12页。)

诚信:现代市场经济有效运行的道德基础

吴申元　徐建华

二十余年的改革开放,使我国经济取得了举世瞩目的成就。随着经济的发展,对社会的道德建设也相应提出了更高的要求。"以德治国"集中体现了这一点。我国经济转轨时期的信用缺失问题日益困扰着经济的发展。历史地看,我国并不是一个缺乏"诚信"传统的国家,我国古代对"诚信"的论述可以说是不绝于书,"诚信"的伦理规范无论是在人的立身处世、经商致富还是在治理国家方面都起着很大的规范作用。那么,有着良好的"诚信"传统的中国,为什么会在建设市场经济的过程中陷入了信用不足的境地?信用缺失的危害及重建信用对规范市场经济秩序和我国现实经济发展的重要性和迫切性又是什么?社会信用的重构又应如何来进行呢?本文试图就这些问题作一些探讨。

一、中国传统的"诚信"思想

"诚信"是我国传统道德中最重要的规范之一。"诚""信"二字在本意上是相通的,可以互训。许慎《说文》云:"诚,信也","信,诚也"。程颐也认为:"诚则信矣,信则诚矣。"①诚的本意是真实无妄,《礼记·大学》云:"所谓诚其意者,毋自欺也。"宋朝大儒朱熹也云:"诚者何? 不自欺不妄之谓也。"②"信"的本意为"人言","人言为信,"其含义亦是诚实不欺。可见"诚""信"二字在意思上是相通的,故张载说:"诚善于心谓之信。"③

在我国古代的典籍中,"诚""信"二字的内容有一个不断发展的过程。现存古籍《尚书》中提到的"诚",指的是人们笃信鬼神的虔诚心理。《易传》中提出的"修辞立其诚",泛指文章所表达的内容真实。而对于"信",早在《诗经》中已有涉及:"信誓旦

---

① 《河南程氏遗书》卷二十五,中华书局1981年版。
② 《朱子语类》第7册,中华书局1986年版,第120页。
③ 《正蒙·中正篇第八》。张载:《张载集》,中华书局1978年版,第31页。

旦,不思其反。"《礼记·礼运篇》对原始社会的道德状况曾有过这样的描述:"大道之行,天下为公,选贤与能,讲信修睦。"认为讲信用重然诺,就可以带来和谐的社会环境。

到了先秦儒家那里,"诚信"更是得到了前所未有的重视和广泛而深入的阐发,在孔子所阐述的四教(文、行、忠、信)和五德(恭、宽、信、敏、惠)中,都包含了"信"这一要素。在西汉董仲舒所归纳确立的"三纲五常"中"信"也占据了一席之地。"诚信"也由此逐渐演变成为一种具有普遍意义的伦理道德规范。综合来看,"诚信"的基本内涵可以表述为如下几点:

第一,诚信是立身处世之本。《左传》成公十七年云:"人之所以立,信、知、勇也。""失信不立",①把"信"作为一个人在世上立身的基本准则之一。孔子特别强调"言必信,行必果",②认为"民无信不立",③"人而无信,不知其可也。大车无輗,小车无軏,其何以行之哉?""言忠信,行笃敬,虽蛮貊之邦行矣。言不忠信,行不笃敬,虽州里行乎哉?"④没有了"信",一个人在社会上是无法立足的。

第二,"诚信"是道德修养的必备要义。"诚其意"被认为是儒家正心、修身和治国的先决条件。荀子认为:"养心莫善于诚。"⑤宋儒周敦儒把诚看作是"五常之本,百行之源"。⑥《论语·颜渊》中讲:"主忠信,徙义,崇德也。""弟子人则孝,出则弟,谨而信,泛爱众,而亲仁,行有余力,则以学文。君子所贵乎道者三,动容貌,斯远暴慢矣。正颜色,斯近信矣,出辞气,斯远鄙倍。""君子义以为质,礼以行之,孙以出之,信以成之,君子哉!"⑦"信由己专,而后功可念也。"⑧如果不讲信用,就不是君子所为,"言无常信,行无常贞,惟利所在,无所不倾,是则可谓小人矣。"⑨

第三,"诚信"是社会交往的基本准则。"与朋友交,言而有信。"⑩"言之所以为言者,信也。言而不信,何以为言。"⑪孔子的弟子曾参也把"与朋友交而不信乎"⑫作为每日三省之一。当被问及自己的人生志向时,孔子的回答是:"老者安之,朋友信之,少者怀之。"⑬更是把"朋友有信"作为自己追求的人生目标之一了。孟子也把"朋友有

---

① 《左传》襄公二十二年,新世界出版社2014年版,第1104页。
② 《论语·子路》。毛子水:《论语今注今译》,(台北)商务印书馆1979年版,第211页。
③ 《论语·颜渊》。毛子水:《论语今注今译》,(台北)商务印书馆1979年版,第190页。
④ 《论语·卫灵公》。毛子水:《论语今注今译》,(台北)商务印书馆1979年版,第28、第243页。
⑤ 《荀子·不苟》。王先谦:《荀子集解》,中华书局1988年版,第46页。
⑥ 《通书·诚下》。《周子通书》,上海古籍出版社2000年版,第50页。
⑦ 《论语·泰伯》。毛子水:《论语今注今译》,(台北)商务印书馆1979年版,第192页。
⑧ 《左传》襄公二十一年。《左传》,新世界出版社2014年版,第1104页。
⑨ 《荀子·不苟》。王先谦:《荀子集解》,中华书局1988年版。
⑩ 《论语·学而》。毛子水:《论语今注今译》,(台北)商务印书馆1979年版。
⑪ 《穀梁传》僖公二十二年。
⑫ 《论语·学而》。毛子水:《论语今注今译》,(台北)商务印书馆1979年版,第10页。
⑬ 《论语·公冶长》。毛子水:《论语今注今译》,(台北)商务印书馆1979年版,第196页。

信"作为"五伦"之一。

第四,"诚信"是治理国家的基本准则。《论语·学而》中说:"道千乘之国,敬事而信,节用而爱人,使民以时。"当子贡问如何治理政事时,孔子的回答是:"足食,足兵,民信之矣。"当子贡再问:"必不得已而去,于斯三者何先?"孔子曰:"去兵。"子贡再问:"必不得已而去,于斯二者何先?"子曰:"去食,自古皆有死,民无信不立。"①"上好信,则民莫敢不用情。"②"宽则得众,信则人任焉。"③取信于民是处理好政事,治理好国家的基本条件。在荀子看来,"信"还是君主"威动天下",建立"王霸"政治的关键:"故用国者,义立而王,信立而霸,权谋立而亡,三者明主之所以谨择也。"④

二、"诚信"与中国传统的商业道德

在我国古代,由于"农本工商末"思想的影响,商业活动受到鄙视,商人的地位低下,其形象也大受歪曲,以至于有"无商不奸"的结论。但事实上,在我国古代的商业活动中,虽然也存在不少虚假、欺诈的现象,但"诚信经商"的原则一直在商业伦理中占据主导地位。早在战国时期,农学家许行就提出要在商业活动中做到"市价不二,国中无伪"。荀子也说:"商贾敦悫无诈,则商旅安,货财通,而国求给矣。"⑤《礼记·王制》记载有这样的商业规范:"布帛狄来表粗不中数,幅广不中量,不鬻市。"《后汉书》中也有韩康卖药从无虚诳,"口不二价"的记载。

在我国商业经济发达的明清时期,由于宋明理学长期占据着统治地位,其所倡导的包括"诚信"在内的伦理道德深刻影响着社会生活的方方面面。受此影响,明清之际的商人在其经商过程中无不标榜"诚信",讲究货真价实、礼义经营,有的更是"以儒道经商"。

明清两代势力最强大的两股商业力量一是晋商,一是徽商。明人谢肇淛说:"富室之称雄者,江南则推新安,江北则推山右。"⑥这里的新安和山右就分别指的是徽商和晋商。而这两股在我国古代最为成功的商帮在总结自己的经营之道时,无一例外地把"诚信"作为自己经商成功的要诀。当谈到晋商时,清人郭嵩焘说:"中国商贾夙称山陕,山陕人之智术不能望江浙,其推算不能及江西湖广,而世守商贾之业,惟心朴而实也。"梁启超也说:"晋商笃守信用。"⑦

---

① 《论语·颜渊》。毛子水:《论语今注今译》,(台北)商务印书馆1979年版,第208页。
② 《论语·子路》。毛子水:《论语今注今译》,(台北)商务印书馆1979年版,第189页。
③ 《论语·颜渊》。毛子水:《论语今注今译》,(台北)商务印书馆1979年版,第203页。
④ 《荀子·王霸》。王先谦:《荀子集解》,中华书局1998年版,第207页。
⑤ 《荀子·王霸》。王先谦:《荀子集解》,中华书局1998年版,第215页。
⑥ 《五杂俎》,上海书店出版社2001年版,第67页。
⑦ 转引自欧人《明清山西商人经营风格论析》,《商业研究》2000年第1期。

至于以"贾而好儒"为特色的徽州商人,其经营活动更是深受儒家"诚信"思想的影响,表现在具体的经营活动中就是讲究"以诚待人""以信接物"。① 歙商许宪,在总结自己的经商经验时说:"惟诚待人,人自怀服,任术御物,物终不亲。"② 清代婺源朱文炽"尝鬻茶珠江,逾市期,交易文契炽必书'陈茶'两字,以示不欺。牙侩力劝更换,坚执不移。屯滞二十余载,亏耗数万金,卒无怨悔。"③ 歙商吴南坡重视商业信誉,他曾说:"人宁贸诈,吾宁贸信,终不以五尺童子而饰价为欺。"他以"信"经商,赢得了信誉,以致"四方争趣坡公。每入市视封,识为坡公字,辄持去,不视精恶短长。"④ 歙商鲍雯在江浙一带鱼盐为业,他"混迹于廛市,一以书生之道行之。一切治生家智巧机利悉屏不用,惟以诚待人,人亦不君欺,久之渐至盈余"⑤。讲究商业信誉,既有利于商品的销售,也易于资本的筹集。休宁商程伟贸易于江浙一带,由于他"信义远乎",故"富商大贾之赀咸欲委托于公。自是公之财日益丰,公之名亦益著"⑥。

徽商在经营过程中讲究"诚信",并不仅是因为他们身处"朱子阙里""东南邹鲁"而深受儒道的影响或"好名"而已,更根本的原因是他们已经认识到,在经营过程中讲"诚信"、不欺诈,就是他们的"生财大道",能给他们带来更大、更长远的回报。商人樊现在教育其子孙要以守信不欺作为经商的准则时说:"谁谓天道难信哉!吾南至北淮,北至边塞,寇弱之患独不一与者,天监吾不欺尔!贸易之际,人以欺为计,予不以欺为计,故吾日益而彼日损,谁谓天道难信哉!"⑦ 对此,黟商舒遵刚曾有过更加淋漓尽致的论述:"钱,泉也,如流泉然,有源斯有流,今之以狡诈生财者,自塞其源也。"⑧ 这其实同西方从"工具理性"的角度对"信用"的认识没什么差别了。

三、转型期信用的缺失及其原因

信用缺失是当前我国社会经济生活中一个突出现象。有关部门的一项调查显示,在被调查的样本企业中,至少有 34.76% 的企业被假冒产品侵权;⑨ 偷税、漏税活动猖獗,走私、骗汇、骗取出口退税屡禁不止;社会信用紊乱,合同违约、商业欺诈现象严重。有资料显示,在当前我国的经济活动中,竟有 50% 的经济合同带有欺诈性;⑩ 欠债不

---

① 张海鹏、王廷元主编:《徽商研究》,安徽人民出版社 1995 年版,第 393～394 页。
② 《新安歙北许氏东支世谱》卷三。
③ 《许文穆公集》卷十三《世积公行状》。
④ 《古歙岩镇镇东头吴氏族谱·吴南坡公形状》。
⑤ 《歙新馆鲍氏著存堂宗谱》卷二《鲍解占先生墓志铭》。
⑥ 《旌阳程氏宗谱》卷十三《子原程君传并赞》。
⑦ 康海:《康对山集》卷三十八。
⑧ 《黟县三志》卷十五《舒君遵刚传》。
⑨ 《人民日报》2001 年 4 月 2 日。
⑩ 《人民日报》2001 年 4 月 5 日。

还,三角债、逃废银行债务现象普遍,截至2000年11月底,在四大国有商业银行开户的42 656家改制企业中,经金融债权管理机构认定有逃废债务行为的有19 140户,占总数的44.8%,逃废银行贷款本息1 460亿元,占贷款本息总额的37.96%;①财务失真,做假账、搞两本账,违反财经纪律的行为比较普遍,财政部最近公布的一次会计信息质量抽查公告显示,在被抽查的157家企业中,竟然有155家存在虚报利润的问题,②可见数字作假、信息作假的严重性。为了防止受骗,一些企业在市场交往中只好步步为营,有些交易甚至倒退到"一手交钱、一手交货"的原始状态。

在我国经济转轨过程中伴生的种种败德、失信的现象,其原因是多方面的,既有历史传统因素的影响,也与对市场经济的认识出现偏差有关,但最主要和最根本的原因是在于经济转轨时期的社会经济特点。

第一,历史因素的影响。我国在历史上一直实行"重农抑商"的政策,"农本工商末"的思想根深蒂固。商人的地位历来低下,在我国的许多典籍中,商人的形象也受到了很大的歪曲和贬低。再加上商人的致富方式是"贱买贵卖",以至于在人们的心目中形成了"无商不奸"的印象。这不但有害于商业的发展,而且还在一定程度上使人形成了这样一种认识,即商人的财富只有通过坑蒙拐骗等欺诈行为才能得来。

第二,对市场经济的认识出现了偏差。我国是在一种理论准备相对不足的条件下进入市场经济领域的。对什么是市场经济,市场经济的运行规律及其所应遵守的规范,尤其是道德规范,缺乏深刻的认识。另一方面,我国的市场经济模式主要是从西方发达资本主义国家引进的,在以往对资本主义及其经济制度的宣传中,充斥着"道德沦丧""尔虞我诈"等字眼。再加上在过去的计划经济年代里,人们往往把市场经济和资本主义划等号,这就使很多人形成了这样一种认识:市场经济就是一个不讲信用,为了利润无所不用其极的经济制度。

第三,经济转轨期的社会特点。

(1) 社会道德秩序失衡。经济转轨时期,社会生活的经济基础和道德秩序发生了历史性的变化,旧的计划经济体制和与其相适应的道德秩序日渐瓦解,而新的市场经济体制和与其相适应的以"诚信"为核心道德秩序尚在建设中,但远未最终确立。在这一过程中,一方面,新旧经济体制和道德秩序会发生激烈的碰撞和冲突;另一方面,在两者的结合处又容易形成空白点。在这种情况下,旧的道德规范虽还在一定范围内起作用,但其力度日渐缩小,而"诚信"准则尚在形成和完善的过程中,其力度还不足以填补旧道德规范的退却所留下的空白。这种情况就难以避免地导致道德秩序的混乱、失衡,甚至道德无政府状态。生活在这种社会条件下的人就很容易陷入迷茫、彷徨以至

---

① 《人民日报》2001年4月5日。
② 《人民日报》2001年4月2日。

极端自私之中,相互间的猜疑和不信任也就很自然的了。

(2) 严重的信息不对称和法制不健全。任何一个社会乃至一个社会的任何阶段都可能发生失信现象,信用缺失并不是我国经济转轨时期的特有现象。但在我国的现阶段,失信现象却非常普遍以至于达到泛滥成灾的程度,这主要应归因于我国经济转轨时期普遍的信息不对称和法制不健全。我国经济转轨时期的一个突出特点就是信息不对称。在传统的计划经济条件下,几乎所有的经济活动都是在各种计划的控制之下进行的,资源的配置也是根据计划指标的安排来垂直控制。在这种情况下,信息的传递和处理是垂直进行的,根本就不需要信用关系来调节人们之间的经济行为。交易意义上的社会信用体系基本缺失。而在市场经济条件下,经济活动主要通过各市场主体之间的相互交易来进行,信息主要是在各个交易主体之间横向传递。同时市场上的信息量空前增大,且瞬息万变。与此同时,由于市场机制远未完善,尚未形成一套有效的机制来保证信息的公正、公开和有效传递。这就使得市场交易主体之间,例如企业和企业之间、企业和消费者之间、债权人和债务人之间,所了解的信息不对称,这就给失信和欺诈提供了可能。而法制不健全、政府监管能力不足、舆论监督不力等因素,又使得失信者难以受到应有的惩罚,或即使受到惩罚,失信者因此而付出的成本远远小于其因失信而得到的收益。这种失信的成本和收益的不对称性就使得失信从可能转化为现实。

(3) 政策的多变加大了市场的不确定性。由于我国的市场经济体制远未最终形成,市场经济机制、规则、秩序尚在摸索和完善之中,随着实践的发展,新的政策法令和规章制度会不断出台,以取代旧的、不适应市场经济发展的政策法令和规章制度,在这一层面上,政策的多变性难以避免。另外,有关政府部门尤其是一些地方政府仍然摆脱不了计划经济的思维模式,对市场活动干预过多。一些地方政府出台的各种"土政策"经常是朝令夕改,缺乏透明度,使得企业无所适从。更有一些地方政府出于地方保护的需要,直接以行政手段干预正常的市场行为,公开维护本地企业失信行为,扰乱了市场秩序,助长了企业的失信。这一切都大大增加了市场环境的不确定性,使企业管理者对企业前景难以形成良好的预期,无疑会助长其短期行为。

四、重建信用关系的迫切性

从理论上来说,良好的信用关系是经济活动的润滑剂,可以大大节省交易成本,提高整个社会的福利水平。与传统经济相比,市场经济最突出的特点就是通过交换来实现资源的配置、实现人与人之间相互的经济联系,因此交易成为市场经济的基本运动方式。而交易是需要成本的,例如寻找交易对象的成本、谈判成本、签约成本及履约成本等。交易合约的签订和执行当然应该以各种商业法为基础,但仅仅依靠法律是远远不够的。如果社会上失信欺诈现象盛行，每个交易主体之间都缺乏基本的信任，在谈判过程中时刻提防着对方会不会设下什么圈套，在签约时要花费大量的时间去查验所有的文件，以确保文件没有不利于自己的法律漏洞，合约书也会因此而变得冗长，所有可能发生的意外事件都要列上去。而在合约的执行过程中纠纷一旦产生，由于双方的互不信任，必将又陷入费时而又耗资巨大的法律诉讼之中。这样一来，每一次交易都要花费大量的时间和金钱，交易成本非常之高，甚至可能高到使交易无利可图以至于不得不取消。在这种情况下，社会经济的运行将是低效率的。相反，如果一个社会的信用状况良好，交易双方能够互相信任，交易过程中的各种费用都会得到大量节省，交易过程就会顺利得多。在交易过程中即使有纠纷产生，也会由于双方的相互信任而通过协商解决。这将大大节省交易成本，提高经济的运行效率，提高整个社会的福利水平。

良好的信用关系对我国目前的经济发展具有很重要的现实意义。日益严重的信用问题已经对经济发展产生了一定的危害，不但消费、投资、出口因信用缺失而受到影响，而且国家的宏观调控政策也因信用关系的混乱，难以起到应有的作用。

第一，信用缺失导致国内需求不足。首先，信用缺失使投资需求不足。一方面，在社会主义制度的基础上建设市场经济是我国的一项创举，但也正因如此，其前景如何，在一些人的心目中是不确定的。而现阶段政策法规的多变、市场秩序的混乱，更加剧了投资者对未来预期的不确定性。许多投资者，尤其是民间投资者往往是哪个领域在短期内回报大就投资哪个领域，而很少做长线投资。如果实在没有好的短线投资机会，干脆把资本转移到国外。这也是我国目前资本外逃日益严重的一个重要原因。这无疑会使得国内的投资不足。其实这种现象的出现也可在一定程度上归因于信用因素，那就是对政府信用的信心不足。另一方面，市场上"假、冒、伪、劣"商品无孔不入，欺诈行为防不胜防，这一切都严重扰乱了正常的市场经济秩序，加大了市场的不确定性。在这种情况下，企业进行投资时所面临的风险和收益都难以按正常的方式来加以计量和界定，甚至是无法界定的。这必然严重影响企业的投资意愿。而且在信用不足情况下，银行会出于自身风险的考虑，不敢轻易贷款，出现"惜贷"现象。这样即使企业有好的投资项目，也常常会因贷不到所需资金而不得不放弃。这就进一步加剧了投资需求的不足。其次，信用缺失使消费需求不足。一方面，随着改革的逐步深入，计划经济体制下国家统包一切的社会保障制度逐步瓦解，而新的社会保障体系尚在形成过程中，其保障能力还远远不足以应付社会的需要。养老、医疗、住房等制度的改革都大大增加了居民未来的预期支出。国有企业的"减员增效"，职工"下岗"可能的存在，都会影响人们对前景的信心，对收入的预期的下降。在这种情况下，预留更多的收入以备不时之需自然成了一种很现实的选择。而这无疑会在很大程度上降低当前的消费需求。另一方面，"假、冒、伪、劣"产品的泛滥，使得消费者消费起来畏手畏脚，惟恐不慎买到假烟、假酒,甚至"毒酒""毒米"。而对于像汽车、商品房这样的大件商品,要么担心碰到"烂尾楼"之类的现象不敢消费,要么消费不起。而银行的个人消费信贷却因信用关系的恶化、个人信用体系的空白以至于"门槛"高、手续烦琐而乏人问津。无论是不敢消费还是消费不起,都必然导致消费需求的不足。

第二,信用不足使出口商品的声誉受损。部分唯利是图的商贩以次充好,把大量"假、冒、伪、劣"商品贩运到国外,败坏了中国商品的声誉,影响了中国商品的形象,使得我国优质商品在国外也大受冲击。这种情况主要发生在独联体、东欧和其他发展中国家,而这些国家恰恰是我国商品出口最具市场潜力的地方。信誉一旦受损,其恢复将是极其困难的,这不但不利于我国目前的商品出口,更对将来进一步开拓出口市场、分散出口市场风险造成极大的危害。

第三,信用缺失,使得政府的宏观调控政策难以发挥应有的作用。信用的缺失,造成市场经济秩序混乱,正常的市场信号受到了扭曲,难以实现其应有的引导作用,政府宏观调控政策的作用也会因此而大打折扣。以扩大内需的政策为例,一方面政府通过降息、征收利息税乃至增发国债等各种措施,力图拉动民间投资和消费以扩大内需;但另一方面,信用的缺失、对未来预期的不确定性、假冒伪劣和欺诈的盛行却使企业惜投、银行惜贷、消费者不敢消费。这就出现了国有投资大幅增长,而民间投资却踯躅不前的现象,这已由近年来国有投资增幅与民间投资增幅数字差异所证实。这必然使政府以扩大内需为目的的宏观政策的效果大打折扣,难以达到预期目的。长期来看,政府投资难以总是维持在较高的水平,如果民间投资跟不上,必然使经济增长后劲乏力。

五、如何提升目前的信用水平

道德的滑坡、诚信的缺失对我国经济、社会和人们日常生活所造成的危害已是有目共睹,由此而导致的市场经济秩序的无序和混乱已经危及了我国社会主义市场经济体制的建设。提高整个社会的信用水平、整顿和规范市场经济秩序已到了刻不容缓的地步。针对如何提升目前的信用水平问题,许多学者从不同的角度提出了各种建议。我们认为,社会信用状况的改善,最根本的是要从道德基础和制度保障这两个方面来着手加以解决。

1. 培育以"诚信"为核心的与社会主义市场经济体制相适应的道德规范

首先要结合"以德治国",在全社会范围内进行诚实守信的道德教育。在这方面,我国古代传统的诚信美德和大量的实例都可以作为素材。"尾生抱柱"式的迂腐守信固不足取,但诸如季布"一诺千金""管鲍之交"、商鞅"立木取信"、晋文公"退避三舍"等事例则无论在人的立身处世、交朋识友乃至治理国家方面都可以在诚信的重要性方面给人以有益的启示。而诸如晋商、徽商以诚信经商以至于"称雄天下"等商业事例,更可以对培养诚信的经济道德起到促进作用。其次,要以"整顿和规范市场经济秩序"为契机,使人们认识到社会主义市场经济必须建立在以诚信为核心的道德基础上,使市场经济就是"信用经济"的观念深入人心。没有了诚信的道德基础,市场经济体制的大厦就如同建立在沙滩上,经不住市场风雨的吹打。而信用缺失所造成的效率低下、福利损失等成本,在市场经济体制尚不完善的现状下,可能要由社会上的所有人来共同承担,即使看起来事不关己。经过长期系统的宣传教育,使以诚信为核心的道德观念在潜移默化中成为社会上大多数人所认同的行为准则,而对失信行为则形成并保持强大的道德舆论压力,使其成为"过街老鼠",人人喊打。

2. 建立规范的社会信用体系,以制度约束失信行为

规范的信用体系的建立就是要在制度上保证"诚信"者能够得到应有的回报,失信者必须承担其行为造成的成本,也就是说不仅要受到舆论的谴责,更要付出经济上的代价。这就为社会信用水平的提高提供了制度上的保障。社会信用体系所包括的范围很广,诸如政府信用、企业信用、个人信用等,我国的当务之急是尽快建立个人信用体系和中小企业信用体系。个人信用制度是整个社会信用制度的基础,而我国目前的个人信用体系几乎是空白,这不但不利于个人从事融资等经济活动,也影响了其他类型信用体系的建立。由于中小企业相对大企业来说具有更大的机会主义倾向,而且我国的中小企业良莠不齐,信用状况也较差。而中小企业信用体系的缺失,使金融机构难以对具体企业的信用状况作出评估,造成了中小企业普遍的融资难。这就造成了我国的中小企业,特别是其中的民营企业面临资金"瓶颈",难以发展壮大。由于西方发达国家早已形成了比较完善的信用体系,我们可以借鉴它们的先进经验,以推动我国社会信用制度的早日建立和完善。

提高整个社会的信用水平,无论从道德层面还是从制度层面上来说,都是一项长期系统的工程,绝不可能一蹴而就。在充分认识到信用缺失的危害、认识到"诚信"在现代市场经济中的基础性作用后,发扬我国古代优秀的诚信传统,借鉴西方发达国家的先进经验,经过一段较长时间的努力,整个社会的信用状况必将得到实质性的改善和提高,健全的社会信用体系也将会最高度不确定性、断裂性、模糊性,从而根本否定现代性所要求的知识和社会的完整性、系统性、稳定性。后现代主义解构权力,颠覆一切中心,扬弃人自身,反抗各种系统话语,和现代性尖锐对立。中国在追求现代性时,也不能不同时面对后现代的无情挑战。

现代性本身的不确定性,现代、前现代、后现代同时并存,这就使当代中国思想重构经常呈现出严重的无序状态。但是,只要把握了这个总的背景,于无序中仍可发现有序。

当代中国思想重构,不仅涉及社会精英层,而且涉及全体社会成员,这是整个中华民族思想的重构。尽管传统思想根深蒂固,其影响仍所在皆是,但是,不可否认的是,思想的重构已经推进到改变全体社会成员的日常思维,推进到他们衣食住行、生老病死、喜怒哀乐等实际生活的几乎所有方面。尽管在不同的社会群体那里,改变的力度、幅度很不相同。这应当是中国几千年来从未经历过的一个全方位的思想大变动。尤其是年轻人,青年一代,在这场思想重构中,常常走在最前列。"代沟"是客观存在。所有不同的社会群体、利益群体之间,都存在着类似的沟渠。他们彼此之间思想取向经常发生严重的歧异,甚至由此而引发激烈的社会冲突与政治冲突。思想重构的进程,不能不因此而受到难以避免的制约。人们在进行思想重构时,正越来越自觉地注意直面和有效解决这些问题。

当代中国思想重构,应当说,速度相当快,力度相当大。但是,由此就常常不免形成太多的浮躁、浮夸、浮泛,沉着、沉潜、沉稳相对不足。不少人匆匆忙忙从国外移植来现成的思想,稍加改头换面,当成自己的发明大加张扬,真正独立自主的原创性研究成果还相当贫乏。一些学者勇于面对现实生活中的问题,但常常不能免于趋时、趋权、趋势;又一些学者倡导回到书斋去专心治学,但又常常不免脱离现实变革的实践和活泼泼的时代精神。一个民族要成为有思想深度的民族,必须树立严谨正派的学风;而这种学风的形成,知识精英负有不可推卸的首要责任。他们能不能率先成熟,直接关系着他们能不能在现代性确立进程中,成为民族精神的脊梁。

中国的现代性追求仍在继续,思想的重构也仍在继续。下一个四分之一世纪将怎样?我们都是当事人,不应当也不可能置身事外。

[原载《复旦学报》(社科版)2001年第5期,第1~6页、第36页。]

诚信，一个历久常新的民法原则

俞荣根

一

孔子和《论语》有没有法思想？能否从法文化的角度进行研析？现在这已是不成为问题的问题了。不过,过去我们对孔子和《论语》的法思想研究大多注重其德主刑辅、以德去刑、以礼治国等方面,它是孔子和《论语》法思想的一个主要内容。笔者近日再读《论语》,却忽发奇想：它与我国民法文化有何关系？于是,思路竟折入其中。

民法是商品经济关系的基本法。中国古代农业社会中,商品经济不发达,当然不可能有成熟的民法。"重刑轻民",早已是法学界对中国古代法特征的一个定论了。然而,古代中国毕竟还是有不发达的商品经济。春秋战国时的城市、市场、贸易和货币都有相当的规模。事实上,中国古代固然缺乏调整民事法律关系的独立的法典法,但这方面的习惯法还是相当丰富的。众所周知,这些习惯法是以礼的形式出现的。所以,探究中国古代民法不能只以成文刑律中关于户役、婚姻、田宅、钱债等条款为据,而还应细心究论礼经、礼典、礼论,不然难以把握古代民法文化的底蕴。

习惯法对人们行为的规范,基点在于社会化的法律思维定式和法律行为定式。古人所谓的"无法之法"正是全社会受到习惯法约束而处于有序状态的表现。先秦诸子中,除法家以外,大多是更赞赏习惯法的。"天网恢恢,疏而不失""法令滋彰、盗贼多有",不尽是《老子》书的主张,也是古代多数思想家的想法。然而,习惯法要得到正常运行,并保持其连续性,更得强调其作为指导思想和内在精神的基本原则。崇尚习惯法的思想家们所关注的重点,不是去发现习惯法,而是提炼其中的基本原则并加以理论升华和宣教。在这方面,儒家思想家堪称行家里手。从民法文化的角度看,儒家总结提炼和解释弘扬得最集中的不外乎诚信原则。而这一切工作都起始于《论语》。基于上述本文欲通过《论语》和早期儒家的诚信思想的研究进而探讨它对我国民法文化的影响。这完全是一种尝试,祈能得到学界同仁的指教。

二

诚信原则要求人们在民事活动中讲信用、守诺言、诚实不欺,以善意的方式履行义务,不得规避法律和合同,在不损害他人利益和社会利益的前提下追求自己的利益。在西方,诚信原则被奉为现代民法的最高指导原则,有的法学家称之为"帝王规则"。我国民法学界也有学者认为,资产阶级民法的基本原则基本上只有诚信原则一个。①

民法史认为,诚信原则起源于罗马法:罗马法规定,债务人不仅要依照契约条款,更重要的是要依照其内心的诚实观念完成契约所规定的给付。这便是诚信契约。1804年的《法国民法典》第1134条规定:"契约应以善意行之。"第1135条规定:"契约不仅依其明示发生义务,并依照契约的性质,发生公平原则,习惯或法律所赋予的义务。"

后者是对"善意履行"的一个具体化。所谓"善意"即诚实信用。这样,近代民法以《法国民法典》为肇基继承了罗马法的诚信原则,不过大大限制了它的范围,只适用于债法领域。这是由于在自由资本主义阶段,法律崇尚个人本位主义,毫无限制的合同自由和放任主义政策在民事活动中占据了统治地位。继《法国民法典》后,1863年的《撒克逊民法典》对诚信原则有了更为明确的规定。该法第858条说:"契约之履行,除依特约、法规外,应遵守诚信,依诚实人之所应为者为之。"但根据这一法条,民事契约的当事人可以用约定来排除诚信原则之适用,因而仍未越出合同自由的范围。

19世纪末20世纪初,资本主义从自由竞争发展到垄断阶段,社会经济生活为之剧变,社会本位主义代替个人本位主义而成为现代民法的指导思想,诚信原则受到了资产阶级立法者前所未有的重视。1900年《德国民法典》规定:"契约应依诚实信用的原则及一般交易上习惯解释之"(第157条);"债务人须依诚实与信用,并照顾交易惯例,履行其给付"(第242条);"以背于善良风俗的方法故意加损害于他人者,应向他人负损害赔偿义务"(第826条)。与近代民法典不同的是,《德国民法典》不仅对民事活动当事人提出具备善意、诚实的内心状态的要求,即诚信要求,而且上述关于"诚实与信用""交易惯例""善良风俗"等等缺乏精确含义、富有弹性的用语,意味着对法官的自由裁量权的承认,尽管这种自由裁量权并没有得到法典的明文规定。第一次世界大战后,德国民事司法中法官依诚信原则的自由裁量长足发展。"那些被民法典起草人置于困境而不顾的法院一直不得不依赖它(指诚信原则——引者),去解决第一次世界大战后随着经济崩溃、通货膨胀和货币贬值而发生的极其重要的经济和社会问题。"②这

---

① 徐国栋:《民法基本原则解释》,中国政法大学出版社1992年版,第49页。
② 康拉德·茨威格特等:《略论德国民法典及其世界影响》,《法学译丛》1993年第1期。

一事实正好说明了《德国民法典》中关于诚信原则的那一系列弹性规定确曾为司法活动的能动性和创造性开了一扇不大不小的方便之门。1907年的《瑞士民法典》在诚信要求和自由裁量权两个方面都比《德国民法典》大大发展了。其第2条规定:"无论任何人,行使权利、履行义务,均应依诚信为之。"这就明确地将诚信原则的适用范围扩大到了一切权利的行使和一切义务的履行,确立了诚信要求作为超越于债法的一般原则的地位。该法第1条第2款规定:"如本法无相应规定时,法官应依据惯例,如无惯例时,依据自己作为立法人所提出的规则裁判。"这样,法官的自由裁量权已明确地发展为法官立法。以上两个方面——及于一切民事权利的行使和义务履行的诚信要求和法官享有较大的公平裁量权,构成了现代民法的诚信原则。第一次世界大战后,大陆法系各国纷纷将诚信原则确立为民法的基本原则。原无诚信规定的日本民法典通过修改增加这一原则;原将诚信原则局限于债法的中国台湾地区的"民法典"也于1983年通过修正案把它提升为适用于全部民法的一般原则。

综上所述,现代民法的诚信原则之规定,已由近代民法中的当事人可以用约定来排除其适用转变为不能排除其适用,甚至法官可以不待当事人援引而依职权强行适用。这样,资产阶级民法就能较好地协调大垄断集团与中小资本家之间的利益冲突,协调生产者与消费者的利益冲突,从而缓解阶级矛盾和各种社会矛盾。然而,诚信原则要求当事人在谋求自身利益的同时以不损害他人利益和社会利益为前提,这无疑反映了经济秩序和市场秩序的客观要求和一般规律,蕴含着恒常性的民法文化价值,具有普遍的民法文化意义。我国《民法通则》吸取人类民法文化的优秀成果,在第4条明确规定了诚信原则:"民事活动应当遵循……诚实信用的原则。"这就是说,诚信原则的适用范围及于整个民事活动领域,凡一切民事主体在从事民事活动中均当一体遵循。

诚信,确是一个历久常新的民法原则。

三

那么,诚信在我国民法史上的地位和影响如何呢?

如前所述,我国古代民法文化深受儒家伦理之支配,而诚信,正是儒家伦理的重要原则。

《大学》之"八目"有"正心""诚意"。作者说"意诚而后心正"。可见,"诚",首先是一种内心的道德律。《大学》云:"所谓诚其意者,毋自欺也。"不自欺方能不欺人,使主体保持老老实实不弄虚作假的高度自觉。儒家的这种诚信观在《中庸》得到了集中的阐扬。《中庸》可以说是一篇诚信的道德宣言书。作者把"诚信"视为"天道","诚者,天之道也"。古人凭直觉发现,广袤的宇宙自然中,日月运行、天地变化、万物生息、四时之替,都依确定无疑的规律进行,且实实在在地昭示人间,毫无虚假。用个词来表示,便是"诚"。所以,"诚"是"天道",是天的本性。《中庸》作者接着指出,人们效法这种"天道",在自身的道德境界上达到"诚",这时候,"诚"也就成为一种"人道"了。故云:"诚之者,人之道也。"以上是讲"诚"的渊源,作者把它提到了"天之道"的高度。《中庸》的可贵处在于,它并不把这种效法"天之道"而获得的"人道"仅仅停留于个人修身养性的狭隘范围内,而是强调人应以"诚"去"配地""配天",去"赞天地之化育""与天地参"。作者指出:"诚者,非自成己而已也,所以成物也。成己,仁也;成物,知也;性之德也,合外内之道也,故时借之宜也。"大意是:诚,不仅仅是完成自己的修身养性,而是要使天下万物都能发挥各自的本性。完成自身的道德修养便达到了"仁";促使万物发挥各自的本性便达到了"智"。"仁"和"智"都是人们天性中固有的美德,它们内外结合,便是"成己""成物"的道理,(君子)经常实行这个"道",所以任何时候都没有不适宜的地方。《大学》的"诚意""正心"是要实现"修身",从而进一步"齐家""治国""平天下"。"诚意""正心""修身"是"成己";"齐家""治国""平天下"是"成物"。《中庸》与《大学》在"合外内之道"上是完全一致的。这个"成己""成物"的"合外内之道",也就是"内圣外王"之道。

《中庸》虽是儒家诚信观的集大成者,然而阐述这种诚信的道德哲学的最早著作还是《论语》。与《中庸》不同的是,《论语》未言"诚"①而大讲"信"。据杨伯峻先生统计,《论语》中出现"信"字达38次,除少部分可译为相信、信仰、信任、信心等外,绝大多数说的是诚实不欺,共有24处。② 如果再分析一下,这24个诚实不欺的"信"字又可归为4类:一类是表示一般的诚实信义的道德,如《学而》的"主忠信"、《为政》的"人而无信,不知其可也",《颜渊》的《学而》的"主忠信,徙义崇德也"等。一类是指说话要诚实守信,如《学而》的"谨而信""言而有信",《卫灵公》的"言忠信"等。再一类为直接讲交友应诚实笃信守约的意思,如《学而》的"与朋友交而不信乎",《公冶长》的"朋友信之"等。最后一类指以诚实的态度践履合宜的约言,如《学而》的"信近于义,言可复也",《卫灵公》的"君子义以为质……信以成之"等。其实,《论语》中表示诚信的用词不仅是一个"信"字,诸如"忠""敬""义""忠恕"等有时也含有诚信的意义,像"言思忠,事思敬"(《季氏》)就是指的说话、做事应考虑诚实、严肃、守信;"己欲立而立人,己欲达而达人"和"己所不欲,勿施于人"(《卫灵公》)的"忠恕"之道,也包含着与人为善、诚实不欺的内容,"见利思义"显然是提倡忠诚守约而反对背信弃义。孔子以"文、行、忠、信"教育学生,"四教"之中,有两项着重于培育学生诚实守信的立身处世道德,占了一半。中国传统文化中的诚信观念,实孕育于孔子的"忠、信"教育之中。

介于《论语》的"信"和《中庸》的"诚"之间的是《孟子》。其《离娄上》载孟子言,"居

---

① 《论语》共出现两次"诚"字,《颜渊》的"诚不以富"和《子路》的"诚哉是言也",都不是诚信的诚。
② 见杨伯峻:《论语译注·论语词典》。

下位而不获于上,民不可得而治也。获于上有道,不信于友,弗获于上矣。信于友有道,事亲弗悦,弗信于友矣。悦亲有道,反身不诚,不悦于亲矣。诚身有道,不明乎善,不诚其身矣。是故诚者,天之道也;思诚者,人之道也。"这里讲的是诚意—事亲—信友—获上—治民的伦理政治关系链。前半段所言之"信"与《论语》之"信"同义;后半段所言之"诚"又与《中庸》之"诚"无二致,连文句也几乎一样。从诚意到治民,也是一条"合外内之道",与《学》《庸》相通。可见,《孟子》是沟通由"信"到"诚"的桥梁。

"诚"与"信"两字连用来表示诚实不欺、恪守信约的"诚信"概念最早始于何时?笔者现已查到的有两处:一是《商君书·靳令》,文中将"诚信"与"礼乐""诗书""修善""孝弟""贞廉""仁义""非兵""羞战"视为使国家贫弱危亡的"六虱";二是《礼记·祭统》,文中写道:"身致其诚信,诚信之谓尽,尽之谓敬,敬尽然后可以事神明。此祭之道也。"《靳令》并非商鞅手定之作,而是其后学所为。《祭统》系记述古代制度礼节,并带有某种考证性的文字,成书可能早于《靳令》。《靳令》非议"诚信",正说明儒家已形成诚信思想,提出了"诚信"概念。

综上所述,早期儒家的诚信思想形成的过程大致为:《论语》的"信"—《孟子》由"信"而"诚"—《中庸》的"诚"—《祭统》的"诚信"。诚信是中国传统文化中固有的道德规范。

四

传统的看法,认为《论语》《中庸》和儒家的诚信的道德原则主要是一种人生哲学、人生态度。这固然不错,前举引文也说明了这一点。但在古代社会,道德、政治、教育、宗教尚未分门分类,其用语原本具有含糊性、交叉性、多义性,并未精确划分。尤其是道德、习俗、法律成一胶着状态。指导立身处世的道德原则同样也是人们法律行为的指南。这在中国古代以习惯法为主的民法领域尤为突出。上述征文中诸如"信近于义""信以成之""言而有信",以及以"诚"的态度去"成己""成物"等,实际上是对行为主体的诚信要求,很难说不涵盖民事主体的民事行为。这是其一。

其二,中国古代法官有没有自由裁量权?答案应当是肯定的。"议事以制""原心论罪"便是法官自由裁量权的记录。清人崔述考释说:"窃意三代建国之初,立法皆疏,行法者临事制宜,酌其情理而权衡之。"①儒经中还有"哀敬折狱"(《尚书·吕刑》)、"哀矜勿喜"(《论语》)等记载。所谓"酌其情理""哀敬"或"哀矜"的具体内涵,不外乎要求司法官吏依据诚恳和公道来执法,司法者在审断中享有一定的自由裁量权。秦汉以后,君主权力扩张,司法官吏的自由裁量权越来越小。但就整个司法体制而言,"议事

---

① 崔述:《考古续说》卷一,商务印书馆1985年版。

以制"并未真正消失。宋司马光说："夫执条据例者,有司之职也;原情制义者,君相之事也。"①这就是说,下级官吏必须恪守法条,而上级官吏和君主则可自由裁量。司马光的这一议论抓住了中华法系在司法制度上的特质。对中国文化独具慧眼的李约瑟博士对此点也有深邃的见解:"中国人有一种深刻的信念,认为任何案件必须根据它的具体情况进行裁决,也就是说,就事论事。"②

有的民法学者认为,现代民法的诚信原则起源于罗马法中的诚信契约和诚信诉讼。③ 由上一、二两方面的史实说明,中国古代法中存在着类似于罗马法的诚信原则的两个要素:"信以成之""言而有信"、以"诚""成物"相当于罗马法的诚信契约;而"议事以制""原心论罪""就事论事"相当于罗马法的诚信诉讼。

五

诚信始于原始习俗,续而成为人类社会的共同道德规则,并步入法律。这个过程,东西方并无不同。先民粗犷质朴,诚实守信乃在不知不觉之中,属自发行为,所谓"无为而治""无法之法"即这种状况。古代诉讼中往往使用发誓的方法,正是基于古人质朴而诚实的美德。西周用"五声听狱讼",后人视为创造,而现今靠"五听"则根本不能决讼,究其原由,也是基于古人的诚实。历史发展了,文明日新月异,人类智慧猛增,但同时也多了狡诈和虚伪。这真是文明的二律背反。在我国到了春秋时代,礼崩乐坏,法纪废弛。于是才有思想家们出来以古鉴今,呼吁重建诚信的道德系统;于是才有诚信理论的产生和发展。自此,诚信才成为自觉的道德原则,并在法律生活中得到了广泛的贯彻。

儒家对于货财之事,反聚敛而赞成货殖。《论语·先进》一前一后记载这样两事:冉求,"附益"季氏的"聚敛",孔子号召学生们"鸣鼓而攻之",要把他逐出师门;而子贡经商,孔子只是说:"赐不受命,而货殖焉,意则屡中。"善意的轻责中略带赞赏之意。《孟子》和《荀子》对商品流通和繁荣市场都极为重视。俗话说:"君子爱财,取之有道。"这大概是儒家的经商观点播于民间而形成的商业文化意识。这里的"有道"两字至关重要。这"道"的内涵中,诚信是主要的一条。《荀子·儒效》载:"仲尼将为司寇,沈犹氏不敢朝饮其羊,公慎氏出其妻,慎溃氏逾境而徙,鲁之粥牛马者不豫贾,必蚤正以待之也。"这段文字中有两件事属于民事活动。沈犹氏一早把羊喂饱饮足才牵到市场去卖,是为了欺诈买主,多得钱财,鲁国贩卖牛马的商人搞"豫贾",即虚定高价,也是为了

---

① 《历代名臣奏议·卷三十六·神宗熙宁二年司马光上体要疏》,《四库全书》文渊阁本,第12页。
② 李约瑟:《四海之内》,生活·读书·新知三联书店1992年版。
③ 徐国栋:《民法基本原则解释》,中国政法大学出版社1992年版,第79~80页。

诈取买主的钱财。这些行为都违背了民事活动的诚信原则,为孔子所深恶痛绝。孔子提倡诚信,执法公正,在鲁国早有名声,所以,这伙奸商听说孔子要出任司寇,都不得不敛手,不敢再胡作非为。

《周礼》的《地官司徒》一篇多为民商事法律政策和有关法规的记载。其中说:"凡市伪饰之禁,在民者十有二,在商者十有二,在贾者十有二,在工者十有二。""伪饰",实即今之所谓假货、假商标。当时关于禁止伪造假货的规定,加起来就达到48项之多。这可以说是以诚信原则为指导的禁止性立法。

秦汉以还,有关禁止民商事活动中作伪的规定屡见不鲜,有的入于成文刑律,有的仍保留在习惯法之中,甚至在家法族规中也有类似的规定。江苏昆陵陈氏《家规》第八条规定:"族人凡有交易,斗秤平准,出入如一,尤戒银钱使用搀抵搭假。其有轻出重入、暗侮愚弱者,初戒,再处责,三犯首官。"①

儒家的诚信思想实际已成为中国古代民法文化之魂。古代中国,士林有大儒、雅儒与俗儒之分,仕宦有儒臣与奸臣、佞臣之别,将帅有儒将与武夫的不同,商贾亦有儒商与奸商的分野。儒商与奸商的区别何在?说来说去是两个字:诚信。所谓"货真价实""童叟无欺"之类的传统商业道德,其内蕴的真谛便是诚信原则。

六

民法之生命力植根社会商品经济生活之中,它是社会生产和交换的基本法。不同的商品经济发展阶段有不同的民法;不同的民法反映不同的商品经济主体的利益。这是民法的历史局限性和阶级性。但既然是商品经济,那么无论是它的初级阶段还是高级阶段,固有其作为商品生产和交换的一般规律,反映这些规律的民法亦有其共同的原则。这是民法的恒常性和人类性。无论是西方的资本主义商品经济,抑或是中国的社会主义商品经济,都需要大力弘扬古老的诚信原则。

报载:1992年1至10月全国各地共查处假劣药案1.7万起,价值约3亿元。② 联想到80年代的几起假酒毒死人案,以及频现于新闻媒介的假化肥、假农药、假种子、假烟、假食品等等,不禁令人击掌长叹:我们民族的诚信道德到哪里去了!

解决这类问题自然必须综合治理:进一步健全法制、以法治市(市场)、克服干部队伍中和党内的腐败、依商品经济规律办事、加强教育,如此等等。其中不应忽视和轻视的一条是:大力弘扬我国民法文化中固有而又为人类民法文化所共有和必有的诚信原则,并对之进行现代化的创新转化,在民事立法、司法、执法、守法几个方面建设起具有

---

① 转引自朱勇:《清代宗族法研究》,湖南教育出版社1987年版,第34页。
② 见《半月谈》1992年第22期。

诚信之魂的我国现代民法文化系统,——不仅要有诚信为指导的民事立法,也不仅须确立诚信的司法自由裁量权,而且应培养全民的诚信的法律意识。

(原载《现代法学》1993年第2期,第89~94页。)

论政府诚信

刘松山

一、作为政治道德的政府诚信

(一) 诚信在政治道德体系中的地位与价值

人类行为伦理的历史表明,在道德体系中,诚信应当是一项基本义务,是实现其他道德规则的基础。"正是诚实使一切道德行为和德性真正成其为道德,所以它不能不是一项基本义务,对诚信的偶然违反如果说可以谅解的话,也只能是在诚信与其他基本义务严重冲突的时候,把对它的违反作为一种调节准则提出,而不能使诚信径直服从于其他义务……忽视了诚信作为基本义务的地位,就可能在道德体系中撕开一个缺口,影响到整个道德的真诚性。"①同样的,在政府的"道德谱系"中,诚信无疑也处于基础性地位,影响乃至决定着政府其他道德规则的实现,以及整个政府道德体系的性质。一个政府连诚信的品质都不具备,人们就不能想象它会具有善良、公平和正义等诸多品质,不能想象它会勇敢地承担起对社会和公众的义务、良知和责任,也不能想象它会由衷地体会到由此带来的荣誉和幸福。别的无需论证,仅就由诚信而带来荣誉和幸福这一点,就连马基雅维利都承认。他说,一个政府或统治者"屠杀市民,出卖朋友,缺乏信用,毫无恻隐之心,没有宗教信仰,是不能够称作有能力的。以这样的方法只是可以赢得统治权,但是不能赢得光荣"②。

但在中国的哲学、历史特别是儒家思想史上,诚信几乎不是道德体系中一项前提性的范畴,在所谓"仁、义、礼、智、信"的排位中,"信"是居于最后一位的。因而"虽然孔、孟最恨乡愿,而中国历史上乡愿却相当多,这是什么原因呢?是不是与没有把诚信视为基本义务有关呢?还有政治生活中的瞒和骗也可以说是源远流长。人与人政治

---

① 何宏怀:《良心论》,上海三联书店1998年版,第154页。
② 尼科洛·马基雅维利:《君主论》,潘汉典译,商务印书馆1997年版,第40、第41页。

关系中的某种言不由衷的随声附和,应付式的虚假表态也许有助于防止激烈的冲突和大规模的流血,然而,从长远看来,这种利益是否超出了我们因此所付出的代价呢"?①

虽然诚信因时因地并未在道德谱系中获得其应有的地位,但它在政治生活中的价值几乎从来都得到无尚推崇。古今中外,莫不如斯。仅在中国,就有商鞅变法"立木为信"的佳话,有"民无信则不立""忠信以为城池""匹夫行忠信,可以保一身,君主行忠信,可以保一国""上好信,则民莫敢不用情"等古训。而司马光则将政府的诚信之德阐述得淋漓尽致:"夫信者,人君之大宝也。国保于民,民保于信;非信无以使民,非民无以守国。是故古之王者不欺四海,霸者不欺四邻,善为国者不欺其民,善为家者不欺其亲。不善者反之,欺其邻国,欺其百姓,甚者欺其兄弟,欺其父子。上不信下,下不信上,上下离心,以至于败。"②这是将是否诚信上升到事关国与家成败得失的高度来看问题的。

(二) 诚信是不亚于宪法的政治道德

政府与公众之间的关系不仅由宪法予以规定,还须由一种政治道德维系。在论及代议制政府中议员与选民是一种什么关系时,密尔就认为,这种关系"不是宪法上的立法问题,而是可以更恰当地称之为宪法上的道德问题。"③"有关宪政道德的问题,其实际重要性并不亚于有关宪法本身的问题。某些政府的存在本身,以及使其他政府能持久存在的一切,都有赖于对宪政道德原则的实际遵守。"④

岂止是议员与选民之间存在这种宪政道德,一个政府的所有组成部分以及为政府工作的全体人员,与选民之间都存在一种宪政道德。仅从宪法和法律的实施这一角度看,政府道德与国家宪法之间就存在一种重要的互动。在一个法制并不十分完备的国度,如果一个政府具有信仰法治、专情于民的好品质,那么即使粗疏的法制也会因为政府由衷的实践而变得丰满健全,从而获得实质意义上的法治;相反,在一个即使形式上法制相当完备的国度,政府如果没有真诚执法的动机与信仰,所谓宪法和法律不仅会被束之高阁,而且极有可能遭到来自政府自身的破坏。所以,在考察和评价政府行为时,仅仅试图用宪法和法律来约束政府,显然不够。因为"当我们把注意力限定在政府职能的合法范围内的时候,我们就不能对一个政府或一套政治制度的性质作出充分的估计。因为尽管一个政府的好处必然局限在那个范围以内,但它的坏处却不幸地并

---

① 何宏怀:《良心论》,上海三联书店1998年版,第155页。
② 司马光:《资治通鉴》(一),黄山书社1997年版,第13、第14页。
③ J. S. 密尔:《代议制政府》,汪瑄译,商务印书馆1997年版,第171、第172页。
④ J. S. 密尔:《代议制政府》,汪瑄译,商务印书馆1997年版,第173页。

不是"①。

又岂止是政府与选民之间存在一种政治道德,在政府的内部特别是内部机构之间同样存在一种政治道德。值得注意的是,受法治主义传统的影响,人们对处理政府内部机构之间的关系问题,有单纯倚重宪法和法律的倾向。实践表明,在宪法和法律的层面上,任何一项国家权力的划分都不可能达到绝对的精确和分明,一些机构和部门彼此之间的权限范围难免处于一定的不确定和互相依赖之中。这一结论,联邦党人在草创美国宪法之初就已经得出了。在考察一些州的宪法后,他们就发现,尽管孟德斯鸠的三权分立理论得到一致认同,但是,"单是成文宪法中的声明不足以把几个部门限制在他们的合法权力范围以内",在这些州,所谓立法、行政和司法"几个权力部门却没有一个绝对分立的实例"②。而相反,新罕布什尔州的宪法则表明,不同的部门之间需要并存在一定程度的依赖,"应该保持依据一个自由政府的性质所容许的那样的独立和彼此分立;或者像同那个把整个宪法组织连成一个团结和睦的不可分解的纽带的联系链条相一致的彼此分立"③。

宪法和法律不能对国家权力作出绝对划分的缺陷,就使得一个机构有侵犯另一个机构权力的可能。那么,如何使各级政权机构及其部门之间本着既不越权又不失职的原则,把公众赋予的各项国家权力用足用好呢？联邦党人否定了请求人民对部门之间的争执作出公断,以防止和纠正权力部门违宪的想法,提出"防止把某些权力逐渐集中于同一部门的最可靠办法,就是给予各部门的主管人抵制其他部门侵犯的必要法定手段和个人的主动"④。这固然是很好的办法,但这些"法定手段"仍然要由法律作出规定,并且也不能够解决一切问题。而"个人的主动"显然带有"野心必须用野心来对抗"的进攻色彩,极易造成政权机构之间的紧张关系。除此之外,美国以及其他国家的宪政实践给我们以重要启示的却是,为妥善处理彼此之间的关系,政权机构更为倚重的常常是自身的道德约束。特别是在涉及一些具有"中间地带"性质的权力时,各政权机构及其部门之间,常常要从国家权力运行的宏观局面出发,以彼此诚信、尊重和配合的姿态,谨慎维护国家权力和宪法制度的稳定与平衡,作出尊重民主政府中其他分支的选择,而不是互相争权夺利,进行权力抢滩。就拿美国来说,普通司法机关享有对各类纠纷的最终裁判权,但是,在遇有被称为"政治问题"的纠纷时,为保持对平行的行政部门或者立法部门应有的尊重,保持司法机关的中立和权威地位,司法机关则主动谢绝对"政治问题"作出裁判。这就是政权机构之间的诚信,是受一种健全的政治原则指引而作出的道德选择。

---

① J. S. 密尔:《代议制政府》,汪瑄译,商务印书馆 1997 年版,第 17 页。
② 汉密尔顿等:《联邦党人文集》,程逢如等译,商务印书馆 1980 年版,第 248 页。
③ 汉密尔顿等:《联邦党人文集》,程逢如等译,商务印书馆 1980 年版,第 248 页。
④ 汉密尔顿等:《联邦党人文集》,程逢如等译,商务印书馆 1980 年版,第 264 页。

(三) 诚信是民主政府必备的品质

出于维护自身统治和政权稳定的需要,即使是专制政体也可能在一定程度上强调政府的诚信。但只有在民主政治下,诚信才是政府必备的品质。因为在专制政体中,政治人物之间的权力斗争,以及政治活动的全部细节基本处于秘密状态,具有极大的不确定性。在此情况下就很难要求政府有所谓诚信的品质。而民主政府则不一样,它旨在获取国家权力的政治活动需要以公开和透明为标志,它针对公众的政府行为需要有稳定性和可预测性,它的全部体制需要在良性健康的轨道上运行,这些目标的实现,除依靠法律外,无论如何还不能缺乏诚信之品质。这包括两层含义:

一是只有民主的制度才能将有诚信之德的人选入政府内。民主的政府需要有美德之人的参与才能保持其民主的性质,而人类发现贤才的最好办法就是民主的选举。哈林顿说:"在一个共和国中,如果要通过公众的选举而获得崇高地位,便只有美德受到一致公认时才能达到目的。如果政权是民主的和平等的,便尤其如此。"[①]而在密尔看来,虽然"一切旨在成为好政府的政府,都是由存在于社会各个成员中的一部分好的品质为管理集体事务而组成的",但是,只有民主化的代议政体才能把具有美德的人选拔和集中起来,并最好地发挥这种美德对政府的影响。"代议制政体就是这样一种手段,它使社会中现有的一般水平的智力和诚实,以及社会中最有智慧的成员的个人的才智和美德,更直接地对政府施加影响,并赋予他们以在政府中较之任何其他组织形式一般具有的更大的影响。"[②]

二是维持民主政府的体制需要诚信之德。孟德斯鸠在论及民主政治的原则时说:"维持或支撑君主政体或是专制政体并不需要很多的道义。前者有法律的力量,后者有经常举着的君主的手臂,可以去管理或支持一切。但是,在一个平民政治的国家,便需要另一种动力,那就是品德。"为什么说在平民政治或者说是民主政治的国家,政府需要以品德维持或支撑政体呢?这主要是执行法律的需要。"因为一个君主国里执行法律的人,显然自己认为是超乎法律之上的,所以需要的品德少于平民政治的国家。平民政治的国家里执行法律的人觉得本身也要服从法律,并负担责任。"在平民政治的国家,如果执法者对自己没有基本的道德要求,不信仰法律,不服从法律,"如果法律被停止执行,这只能是由于共和国的腐化而产生,所以国家就已经完蛋了"[③]。

---

① 詹姆士·哈林顿:《大洋国》,何新译,商务印书馆1996年版,第36页。
② J.S.密尔:《代议制政府》,汪瑄译,商务印书馆1997年版,第28页。
③ 孟德斯鸠:《论法的精神》(上册),张雁深译,商务印书馆1997年版,第20、第21页。

二、政府诚信的要义

1. 诚信意味着政府须对公众怀有善良之动机

"诚信"一词的基础性含义就在"诚",没有"诚"就无所谓"信"。在现代伦理学的范畴,学者们进一步对"诚"作出了侧重解释。认为单纯的"诚"重心在"我",是指一种真实、诚恳的内心态度和内在品质;①有的学者则从传达信息的动机出发,认为传达的信息与自己的思想相符才叫做诚、真诚,即诚是向别人传达一个自己主观动机以为是真的信息。②

那么,据此政府的诚信意味着什么呢?首先意味政府应当对公众怀有真诚、善良的动机。政府行为的目的是确定的,但达到同样目的却可以有不同的乃至完全相反的动机。在康德看来,对行为的道德价值要以它的动机来评价,而且只能从它的动机出发来评价。一种行为的道德价值不取决于它的爱好,也不取决它所要实现的意图,而是取决于它的动机。所谓行为之良好动机或者"善良意志,并不因它所促成的事物而善,并不因它期望的事物而善,也并不因它善于达到的目标而善,而在于由于意愿而善"。③据此,街头小店虽挂有"童叟无欺"的招牌,而商人也确实是对每个人都保持价格一致的。买卖也确乎是诚实的,但这却远远不能使人相信,商人这样做是出于责任和诚实原则,他所以这样做,"既不是出于责任,也不是出于直接爱好,而单纯是自利的意图"④。康德对道德价值的如此要求也许近于严苛,以致难以化为现实。特别是对于一个商人来说,他能真正做到价格的"童叟无欺",虽则确是出于自利的意图,但对这种自利却不损人的动机,我们实在也无可厚非,因为经商的目的就在于图利而不在于传播美德,诚实只是实现其图利的手段而已,我们无论如何不能将手段与目的置于同等位置予以评判和要求。

但是,政府与商人则不一样,它的一切行为都是为公众服务。为了诚信而诚信,以诚信为手段而实现政府之私利,都表明了政府与人民关系的不纯洁。在民主制度下,政府的权力来源于公众,对公众怀有善良之动机是一项基础性的道德推论。虽然世俗中的政府难免要有自利的动机,但政府的行为只要有一次自利的动机,就无异于是对其政治道德的自残,而一旦政府行为变得经常或主要地出于实现自利的动机,那么这个政府就注定趋于堕落变质而信用荡然了。因此,在有关政府诚信方面,应当区别于对商人诚信的评价,完全适用康德的动机论。

---

① 何宏怀:《良心论》,上海三联书店1998年版,第157页。
② 参见王海明:《新伦理学》,商务印书馆2001年版,第522页。
③ 康德:《道德形而上学原理》,苗力田译,上海人民出版社1986年版,第43页。
④ 康德:《道德形而上学原理》,苗力田译,上海人民出版社1986年版,第47页。

2. 诚信意味着政府须对公众有忠诚之行动

在罗尔斯看来,诚信原则是与"允诺规则""公平原则"或者"忠诚原则"联系在一起的一种精神。他提出:"如果一个人在某些适当的环境中说出'我允诺做某事'的话,那么他就一定要做此事,除非有免除这一允诺的条件形成。我们可以把这个规则看成是允诺的规则。"①这种"允诺规则"同样适用于政府与公众之间。在代议制政体下这种"允诺规则"实际表现为政府对公众的允诺。公众选择一个政府的前提,就是这一政府对其有所允诺。而允诺作出之后,就意味着"我们根据公平原则负起了一种履行自己所作出的诺言的责任"②。这种责任就是忠诚的责任。"忠诚原则是一个要遵守真正的允诺的原则。"向公众作出允诺不是一件难事,难的是事后将这种允诺诉诸忠诚的行动。"允诺规则完全是一种基本的常规,而忠诚原则是一个道德原则,是公平原则的一个推论。"③只有忠诚地履行自己的诺言,政府与公众之间允诺与选择的关系才能达到公平原则的基本要求。一个在政治上不仅有所允诺更需有忠诚行动的政府,才是一个诚信的政府。

3. 诚信意味着政府须取得公众之信任

从现代伦理学的角度看,与"诚"字相对,单纯的"信"重心在人,强调关心自己的言行对他人的影响,关心他人因此将对自己所持的态度。④ 有的学者则认为,相对于传达信息与自己的思想相符叫做诚或真诚而言,传达信息与自己的行动相符叫做信、守信。与自己的思想不相符叫撒谎,与自己的行动不相符叫失信。⑤ 总之,"信"的要义在于别人对自己的评价,在于获得别人的相信、信任。那么,从政府的角度看,诚信的要义之一就是要求政府取得公众的信任。

但是,取得公众的信任是政府诚信的必要条件而不是充分条件。因为取得信任既包括使用诚实的方法,也包括使用欺骗和谎言的手段,而后者在政治家那里尤为明显。而且,在社会被相对隔绝和分离为几个等级,社会没有公开和自由的舆论,民众的文化和政治素质相对低下的情况下,使人信任与诚信的这种差别,就可能鼓励政治家们去滥用蒙蔽和欺骗的策略,⑥骗取公众的信任。所以,对于政府而言,单纯的使人"信"并不足以构成其优良品质,并不足以表明政府是道德的,而用"诚"来约束"信"就十分必要。即只有出于真诚的动机,采取诚实的方法取得公众信任,政府的道德方能冠以"诚信"二字。

---

① 约翰·罗尔斯:《正义论》,何怀宏等译,中国社会科学出版社1997年版,第334页。
② 约翰·罗尔斯:《正义论》,何怀宏等译,中国社会科学出版社1997年版,第336页。
③ 约翰·罗尔斯:《正义论》,何怀宏等译,中国社会科学出版社1997年版,第335页。
④ 何宏怀:《良心论》,上海三联书店1998年版,第157页。
⑤ 参见王海明:《新伦理学》,商务印书馆2001年版,第522页。
⑥ 参见何宏怀:《良心论》,上海三联书店1998年版,第158页。

4. 诚信意味着政府不可以说谎

现实中,我们必须经常面对的是政府的说谎问题。那么,政府说谎与诚信是什么关系呢?追问这个问题必须从两方面入手:一方面,政府为什么说谎?这在政府那里得到的答案几乎千篇一律:一是出于国家安全的考虑需要说谎。二是出于维护公共利益的考虑需要说谎。但在社会那里就极有可能出现这样的声音:政府说谎是出于自身利益的需要,是政府的自私。

另一方面,诚信是否允许政府说谎?在康德看来,人类是必须拒绝一切谎言的,即使是出于利他的动机也不得说谎,因为谎言是对人类普遍的伤害,它败坏了法律之源。法律以说实话为基础,即使有一个最小的例外,都会使之变为一纸空文。在任何情况下,一个人都无可选择,他必须讲真话。但康德的道理"是纯粹理性世界的道理,也许是神的而不是人的道理"。[①] 因为人是复杂的,人的生命只有一次,而道德规范中的基本义务却是一个复数,除了诚信是一项基本义务外,保护生命也是一项基本义务,而当这两个基本义务发生冲突时,诚信的义务就当然被保护生命的基本义务凌驾了,因而为了挽救一个人的生命我们为什么不可以适当地说谎呢?而且,我们尽管可以同意说谎因挽救一个人的生命而带来的好处,"但我们并不是要因此而否定谎言的性质本身并不恶,并不是要说谎言本身不是坏事"。在受到说谎对待者这方面,"我们要注意和赞赏的只是他人在这一行动中表现的深厚的恻隐和仁慈之情,而不是说谎本身,这一说谎只是被我们原谅,被我们允许"。[②]

但是,政府的说谎与普通人之间为挽救一个人的生命而说谎就大不一样了。一则因为政府与公众的关系是服务与被服务的关系,对于任何事物的知情权从根本上说是属于公众而不是政府的,政府只是公众事务的托管者,它不具备对公众说谎的资格;二则因为政府在公众面前存在身份的两重性问题,一方面它是公众权力的代行者,是公仆,但同时这种公仆又极有趋于蜕化的危险,因而它在公众心中的形象是十分矛盾的,并时时易让公众产生戒心,这使得它与公众之间感情的纽带无法与公众彼此之间的亲情纽带相比,由它向公众说谎即使出于最大的善意也往往容易引起最大的怀疑,效果并不好;三则因为所谓公共利益与政府的私利之间很难有一个明确的划分,政府出于公共利益的说谎除了不易使人相信外,也还确实存在政府假公济私,将纯粹出于私利考虑的说谎也堂皇地冠以公众利益的名义的危险;四则因为除了在涉及全体公众对外一致利益的国家安全问题方面,政府说谎不仅可以取得公众的原谅甚至为公众所支持外(不要忘记,这个说谎其实不是在向国内公众说谎而是在向来自境外的危险力量说谎,其宗旨是保护国内公众),政府在国内事务方面即使出于公共利益和极大善意的考

---

① 参见何宏怀:《良心论》,上海三联书店1998年版,第165页。
② 参见何宏怀:《良心论》,上海三联书店1998年版,第166页。

虑而对公众的说谎,实际也表明了政府对公众自己判断能力和选择能力的不信任,而政府的权力都来自公众,它又有什么权力不相信公众、觉得自己比公众高明呢?所以,笔者相信这样一个结论:即使"政府为公众的利益对公众说谎,也还是有一种严重的危险存在:受骗者一旦发现自己被欺骗了,他们就会感觉受到了污辱,就会觉得自己是在被操纵。他们觉得自己被剥夺了选择的权利,而由别人代替自己选择了,他们就可能不再信任对自己说谎者,甚至对更多的人乃至整个社会持不信任态度,而这种事发生在公众与政府之间远比发生在孩子与父母之间更为危险,因为后者毕竟还得到了一种血缘的亲情维持和调节。"①

5. 诚信意味着政府工作人员须有善德

对政府工作人员的道德品质,亚里士多德曾经说过:"一个城邦,一定要参与政事的公民具有善德,才能成为善邦。"②他将参与政事的公民是否具有"善德"上升到能否建立"善邦"的高度。在密尔看来,即使不是在代议制政体下,在任何政府组织形式下,政府管理人员的美德,"所具有的影响都是政府中一切好事物的根源和阻止一切坏事物的条件。一个国家的制度所能组织的这种好品质越多,组织形式越好,政府也就越好"③。

而罗尔斯则将政府工作人员是否具有美德特别是诚信之德,上升到能否实现法治的高度。他认为,法治的准则是"应当意味着能够",而"'应当意味着能够'的观念可以表达这样一种观念:那些制定法律和给出命令的人是真诚地这样做的。这个体系的立法者,法官及其他官员必须相信法规能够被服从;他们要设想所颁布的任何命令都能够被执行。此外,权威者的行动必须是真诚的,而且权威者的诚意必须得到那些要服从他们所制定的法规的人的承认。只有人们普遍地相信法规和命令能够被服从和执行时,法规和命令才能被接受。如果这里有问题,那么权威者的行动大概另有所图"。④ 罗尔斯有关政府工作人员诚信的这断论述是相当深刻的,他说的这种诚信至少包括以下含义:第一,政府工作人员必须真诚地制定法律和给出命令。第二,不仅是立法者,还包括法官及其他所有政府工作人员,他们自己首先必须设想和相信国家的法规命令能够得到服从。如果他们自己都不相信这一点,只能说明这些法规命令不切合实际,并反证了法规命令的制定者和执行者对公众缺乏诚信。第三,政府工作人员必须相信法规命令在自己的手中能够得到自觉的执行。第四,政府工作人员的行动应当是真诚的,并且这种诚意还必须得到被管理者的信任。对于这种取得被管理者的信任,罗尔斯是将它作为政府工作人员特别是权威者的义务来论述的:"一个占据公职的

---

① 参见何宏怀:《良心论》,上海三联书店1998年版,第163页。
② 亚里士多德:《政治学》,吴寿彭译,商务印书馆1997年版,第384页。
③ J.S.密尔:《代议制政府》,汪瑄译,商务印书馆1997年版,第28页。
④ 约翰·罗尔斯:《正义论》,何怀宏等译,中国社会科学出版社1997年版,第266、第267页。

人也对他的同胞公民负有义务,他一直寻求他们的信赖和信任,与他们在管理民主社会中协力合作。"①可见,在罗尔斯看来,只有具备了上述五个条件,才能实现"应当意味着能够"的法治准则,否则,只能意味着政府工作人员的行动"大概另有所图"了。

三、政府诚信与社会诚信的关系

民情对于建立一个好政府固然有影响,但如何去看待和评价这种影响,就是一个相当复杂的问题。密尔说:"如果我们试行自问,好政府在其所有的意义——从最低微的到最高尚的意义上——究竟依靠什么原因和条件,我们就发现其中主要的、超越其他一切的是组成作为统治对象的社会的那些人的品质。"②可见,在密尔看来,被统治对象的品质对于建立一个好政府是何等的重要。他甚至认为,"每当公众普遍倾向于只注意个人的私利而不考虑和关心他在总的利益中的一份时,在这样的事态下好的政府是不可能的"③。也即没有公众的好品质,就不可能有政府的好品质,没有公众之诚信,就没有政府之诚信。而托克维尔在经过对美国的民主进行考察后,则同样是盛赞民情对美国维护民主共和制度的影响。他甚至认为,虽然美国的法制对美国人的社会幸福和民主政府所取得的成就具有很大影响,但美国法制的这种影响还小于民情的影响。④

但密尔和托克维尔关于被统治者的品质对建立好政府的影响实在是夸大了。依据他们的理论,凡民情不纯、民风不正之地,就不能建立好的政府。凡是民情不诚信者,则必定政府不诚信。这种理论存在的问题是:第一,它缺乏广泛和实际的调查论证。第二,它没有回答民情在多大程度上的不道德或者不诚信就会导致政府的不道德或不诚信。第三,这种民情决定好政府的理论实际混淆了人治和法治的差别,是人治思想的变种。民情是个人道德的反映,如果民情可以决定政府好坏的话,那政府几乎就没有存在的必要了,因为有良好自觉的民情就足以保证社会的自我发展;即使有政府,这个政府也大可实行"无为而治",而不必通过法律并以国家强力实施统治了。第四,也是最根本的,这种思想实际是一种历史唯心主义,不符合人民创造历史的实际,直接导致的错误认识就是,贬低人民群众的历史地位,片面强调人民对政府责任的承担,将政府的不道德和不诚信归于人民的不道德和不诚信。

民情对政府固然有一定作用,但政府德性的好坏,政府是否诚信对社会的影响更为至关重要。一方面,政府是否诚信事关公众的福祉,而只有公众幸福,才有良好的社

---

① 约翰·罗尔斯:《正义论》,何怀宏等译,中国社会科学出版社1997年版,第108页。
② 约翰·罗尔斯:《正义论》,何怀宏等译,中国社会科学出版社1997年版,第25页。
③ 约翰·罗尔斯:《正义论》,何怀宏等译,中国社会科学出版社1997年版,第26页。
④ 托克维尔:《论美国的民主》(上卷),董果良译,商务印书馆1997年版,第354~356页。

会诚信氛围。另一方面,社会诚信需要政府的示范和促进。密尔虽然强调好政府的第一要素是组成社会的人们的美德和智慧,但他又由此得出结论:"任何政府形式所能具有的重要的优点就是促进公众本身的美德和智慧。"① 他甚至认为,"我们可以把政府在增加被统治者(集体地和各个地)的好品质的总和方面所能达到的程度,看作区别政府好坏的一个标准。"② 那么,据此我们也完全可以把政府在增加公众的诚信品质方面所能达到的程度,看作区分政府好坏的一个标准了。政府如何去增加公众诚信的美德呢?密尔进一步提出:"评价一个政府的好坏。应该根据它对人们的行动,根据它对事情所采取的行动,根据它怎样训练公民,以及如何对待公民,根据它倾向于促使公众进步或使公众堕落,以及它为公众和依靠公众所做工作的好坏。"③

由于政府形象对公众具有重要影响,一旦它作出不诚信的行为,所带来的负面作用又将十分恶劣。在托克维尔看来,对公众道德直接产生恶劣影响的首先是学坏的官员。"如果说贵族政体的主政者偶尔试图学坏,那么,民主政府的首长则自动变坏。在前一种情况下,学坏的官员使公众的道德受到直接打击;在后一种情况下,变坏的官员对公众的思想意识发生的影响必将更为可怕。"④ 为了说明这种官员的学坏对公众道德产生的毒害,托克维尔甚至追根溯源,以一个"无名小卒"的突然"步入仕途"对公众造成的反面影响,进行了生动论证:"在民主制度下,一些普通公民看到他们当中的一个人没有几年就从无名小卒爬到有钱有势的地位后,必定吃惊和眼红,并在心里琢磨昨天还与自己一样的人为什么今天有权领导他们了。要把这个人的发迹归因于他的才德,那是令人不痛快的,因为这等于承认自己的才德不如人家。因此,他们便到这个人的某一劣行中去找主要原因,并且经常认为这样做是对的。结果,在卑鄙和权势之间,在下贱和成功之间,在丢脸和实惠之间,便出现了可悲的概念混乱。"⑤ 一个无名小卒突然变得有钱有势,都会引起普通公民从其劣行中去寻找原因而效仿其行,都会在卑鄙和权势之间,下贱和成功之间,丢脸和实惠之间出现可悲的概念混乱,而一个政府或者政府官员若是对公众出尔反尔、背信弃义、巧取豪夺、甚至违法犯罪,那么它给公众带来的毒害又何止千倍万倍于一个小人得势呢?在社会德行与政府德行的关系上;可以得出的基本结论是,一个社会的德行包括诚信,几乎完全取决于政府的德行包括诚信。

(原载《中国法学》2003 年第 3 期,第 34~40 页。)

---

① J.S.密尔:《代议制政府》,汪瑄译,商务印书馆 1997 年版,第 26 页。
② J.S.密尔:《代议制政府》,汪瑄译,商务印书馆 1997 年版,第 27 页。
③ J.S.密尔:《代议制政府》,汪瑄译,商务印书馆 1997 年版,第 29 页。
④ 托克维尔:《论美国的民主》(上卷),董果良译,商务印书馆 1997 年版,第 251 页。
⑤ 托克维尔:《论美国的民主》(上卷),董果良译,商务印书馆 1997 年版,第 252 页。

我国政府诚信问题探究

鄂振辉

当前,诚信问题已经成为我国社会发展中的一个极为重要的问题。《中共中央关于加强党的执政能力建设的决定》提出:"要适应我国社会的深刻变化,把和谐社会建设摆在重要位置,注重激发社会活力,促进社会公平和正义,增强全社会的法律意识与诚信意识,维护社会安定团结。在全社会倡导爱国守法、明礼诚信、团结友善、勤俭自强、敬业奉献的基本道德规范。"面对现实生活中存在的诚信缺失现象,全社会都在急切呼唤加强诚信建设。然而,在社会诚信体系中,政府诚信是核心,起着基础性、决定性、导向性作用。因此,政府诚信极为重要。

一、政府诚信的含义及其重要性

所谓诚信,即诚实守信。政府诚信是指政府管理机关对法定权力和职责的正确履行程度,政府管理部门在自身能力的限度内实际的践约状态,包括政府管理部门的科学民主程度、政府管理部门行政的依法程度、政府管理部门作为公共权力代表的公正程度、政府官员的公信力等。按照社会契约理论,公众与政府间的关系是基于行政权的运行而达成的政治委托代理关系。[1] 公众是行政权委托人,政府是行政权代理人。委托代理关系的成立基于公众对政府的信任,即公众自信其利益期待可通过政府对行政权的代理得到实现。委托代理关系的变更以政府代理行政权的实际表现即政府诚信为条件。与一般的诚信体系相比,政府诚信有两个显著特点:第一,政府诚信是一种代理者诚信,与市场信用体系相比,它是一种非利润刺激诚信,所以存在诚信动力不足;第二,政府诚信是一种建立在诚信方和信任方非对等基础上的特殊诚信,当诚信方即政府一旦发生失信行为,信任方即公众由于其权力支配上的明显劣势而显得孤立无助。

然而,政府诚信是政府自身存在的根本,也是社会诚信的核心。一方面,政府诚信

---

[1] 应松年、杨解君:《行政许可法的理论与制度解读》,北京大学出版社2004年版,第105~106页。

对整个社会诚信体系的良性运行具有主导责任,也是政府和社会秩序的主要原则。政府作为社会公共事务管理者的定位,决定了政府诚信是社会诚信体系的基石;另一方面,政府代理公共权力的诚信度,关系到公共责任和公共利益的实现程度。政府失信于民,本质上是对公共责任的破坏和对公共利益的损害,其结果是导致政府威望的丧失与政治危机、社会动乱的出现。当前,政府诚信对我国社会有如下重要意义:

第一,政府诚信是执政党和政府本身政治合法性的必要条件。政府的诚信度直接影响全社会的诚信水平,所谓"得民心者得天下"。政府失信将在社会各个层面上产生消极影响。政府是政策、制度的制定者,同时又是政策、制度的执行者,这就要求政府有较高的诚信度。一个强有力的政府应该能够有效地实施方针与政策,所制定的制度应该易于被公众认可和遵循;反之,若政府失去了公众的信任,制定的制度只不过是一纸空文,严重的还会导致政府甚至执政党的倒台。人无信不立,事无信不成,政无信必垮。这充分体现了政府诚信对于自身政治合法性的重要作用。

第二,政府诚信是建立社会信用体系的基础。从政府存在的法理基础讲,政府是人民意志的产物,其权力来自人民。因此,政府的诚信与否就不是一个简单的一般信用问题,而是一个政治信用问题。政治信用关系到社会信用、社会信任甚至社会稳定。从政府的职能讲,政府有时是游戏规则的供给者,有时又是游戏规则的执行者。所以,政府诚信关系到竞争的公平与公正,关系到社会的整体秩序;政府诚信是社会诚信的基础,政府失信会导致社会公众信心不足、信任丧失,从而导致社会的普遍失信。

第三,政府诚信是建立和完善市场经济体制的保证。我国正处于社会转型期,政府诚信就显得尤为重要。目前,由于信用缺失引发的各种矛盾时有发生。无照经营、商标侵权、制假售假、合同欺诈、虚假招标、骗税逃税等,已成为人人痛恨的公害,是制约社会主义市场经济健康发展的一大障碍。这就要求政府,必须按照诚信、公开、公平、公正的原则,建立、完善各种保障市场经济正常运作的法律机制,对欺诈、侵权等不法行为予以严厉打击,做到"言必行、行必果"。

第四,政府诚信是建设社会主义先进文化的先导。先进文化包括意识形态的各个领域。但诚信是意识形态的基本所在。诚信作为先进文化的重要组成部分,牵动着社会生活的各种关系。我们的政府是人民的政府,如果政府诚信缺失,国家的方针政策就难以取得人民的信任,更得不到有效的贯彻执行。同时,政府诚信的缺失必然导致社会诚信、市场诚信的缺失,也会导致信仰危机和道德水准下降,建设先进文化将变为一纸空文。

第五,政府诚信是建设法治政府的基本要求。按照现代法治理念,法治政府必须做到以下要求:一是政府颁布的规范性文件具有普遍性;二是规则必须公布;三是任何一项规则不能溯及既往;四是规则必须明确被人理解;五是规则本身不能互相矛盾;六是规则本身必须规定人们力所能及的事;七是规则必须具有稳定性;不能朝令夕改;八是官方行为与所颁布的规则相一致。① 以上法治的八大要求体现的无非就是对政府的诚信要求。在现代社会,一个诚信的政府必然是法治先行,而一个法治政府必然是诚信政府。

二、政府诚信与法律的关系

政府诚信从表面看,似乎属于伦理学、道德学的研究范畴,从而也是一个伦理问题或道德问题,与法治、法律没有直接的关联性。但实际上它却是一个非常重要的法律问题,与法治的要求有着密不可分的联系。因为,我们不能、也不敢想象,一个法治的国家或一个法治的社会,它的政府是不诚实守信的。事实上却恰恰相反,一个法治的国家或社会,其政府必然是诚实守信、忠诚于法律的。因为,任何法律都不是建筑在空中楼阁之上的,它总是与宗教、道德、伦理有着千丝万缕的联系,尤其是法律、法治与道德密不可分。因此,政府诚信不仅仅是道义上的要求,更是法律与法治的要求。

美国现代著名法学家、新自然法学派的主要代表之一富勒(Lon L. Fuller, 1902—1972)坚信,法律与道德不可分离。为此,他在《法律的道德性》一书中,首先阐述了与法律有关的两种道德,即义务的道德(morality of duty)和愿望的道德(morality of aspiration)。愿望的道德是人们对理想的追求,是人类生活的最高目标。而义务的道德则是有秩序社会的一种最基本的要求,它所设立的是一些最基本的规范。若没有这些基本规范,人们就不可能组成一个有秩序的社会。如《圣经》中所提出的"摩西十诫",即不许杀人、不许奸淫、不许偷盗等,这些都是一个良好社会中的人们所必须遵守的社会生活的基本准则。这种义务道德通过法律的义务性规范、禁止性规范表现出来,如公民必须依法纳税、政府必须依法行政,或厂商不许生产假冒伪劣产品、政府不能越权行使职权等。

义务的道德与法律最为接近。社会的基本道德规范要求人们不偷盗,同时,法律也规定偷盗行为是一种违法行为,是法律所禁止的;社会的基本道德规范要求人们要诚信,同时,法律也规定欺骗、欺诈行为是违法行为,根据情节轻重及危害程度,欺骗、欺诈者分别负民事责任、行政责任、刑事责任。然而,愿望的道德和法律则没有直接的联系,有人没有符合愿望道德的要求时,并不意味着他的行为违背了法律的要求,我们不能去指控他,只能表示惋惜。因为,法律没有办法来强迫一个人做到他力所能及的优良程度。这种愿望的道德虽然与法律没有直接联系,但是它与法律的普遍含义有着

---

① 吕世伦:《现代西方法学流派》(上),中国大百科全书出版社2000年版,第86页。

一定的联系。法律的基本规范在一定程度上引导着人们去遵守愿望的道德。社会中的法律制度无法强迫一个人过理性的生活,但是,可以制定出一些合乎理性存在的必要条件。①

所以,愿望的道德与义务的道德之区别,主要在于:第一,愿望的道德是人们对美好与善的追求,是人类能力的一种最大限度的实现,若失败了,人们将感到惋惜,而不会对其加以谴责;义务的道德则不同,它是社会生活的必要条件和基本要求,若有人违反它就会受到谴责和惩罚,也不会因为遵守了义务的道德而受到表扬。第二,愿望的道德是对人的一种期望,它经常表现为一种肯定的形式,而义务的道德是对人的一种基本要求,因此它多为一种否定形式;第三,愿望的道德是对美好生活和至善的一种追求,但所谓美好生活具体表现为何种形式,人们对此的了解并不明确,而义务的道德是切实可行的行为规范,是可知的。

诚信对社会中的自然人、法人、公共权力机关都有愿望道德与义务道德的要求,愿望道德的要求在于,真诚待人处事,恪守约定,严格履约;而义务道德的要求在于不欺骗、不欺诈、不违约。由于诚信对人类社会生活至关重要。因此,古今中外、各国法律都要对诚信作出最低限度的规定,即义务道德的规定,如罗马《十二铜表法》、法国《拿破仑民法典》、我国的《消费者权益保护法》、世界各国的刑法典等等都对诚信作出了具体规定。我们也不难看出,伴随着人类社会的发展,商品经济越发达,人们对诚信的依赖性就越强;同时,人们对诚信问题越重视、法律对诚信的保护度越高,社会发展也就越和谐、越文明。一个国家、一个社会的法律维护了基本的诚信,我们就称之为"良法",反之,我们就称其为"恶法"。

由于政府权力的特殊性,政府诚信是世界各国法律关注的重要问题。政府权力的特殊性表现在其权力运用的有效性和腐蚀性。有效性是指权力可以起积极作用,不仅可以维持自身组织机体的健康发展,保障公民权利的实现,而且能积极地服务于人民,增加公民的福利。腐蚀性是指权力起消极作用,破坏组织的稳定或瓦解该组织,甚至不仅不能保护公民的合法权益,反而可能去侵犯公民的合法权益,腐蚀权力者的灵魂,将权力用于自己谋取私利。其具体表现是:公共权力被私有化(以权谋私),公共权力被商品化(成为交易对象),公共权力本位化(将权力的取得与支配作为终极目的)。②正因如此,世界各国法律的重大课题就在于如何才能保证政府按其所承诺的(即保护公民权利)去做,这已成为当今社会世界各国法律所面临的重要问题。从社会历史发展的进程看,西方各国为了保障政府的诚信有效,从近代以来,先后颁布了宪法、行政法、政治活动经费法、信息公开法、反腐败法等,并且,这些法律也都处在进一步完

---

① 沈宗灵:《现代西方法理学》,北京大学出版社1992年版,第56页。
② 肖泽晟:《宪法学——关于人权保障与权力控制的学说》,科学出版社2004年版,第10页。

备中。

可见，政府诚信、政府行为与法律规定相一致，是当今人类社会生活所要求的基本规范，它属于义务的道德范畴，也是法治社会的最起码要求。如果一个国家或政府制定了法律，却不打算去执行、实施，这是与法治背道而驰的。

三、当前我国政府诚信存在的问题分析

(一) 存在问题

毋庸讳言，当前我国的政府诚信存在着不容忽视的问题，具体表现如下：

第一，有些地方政府的施政目标脱离实际。在实际工作中，不秉承实事求是、量力而行、积极有为、慎重科学的原则，而是脱离实际、好大喜功，仅凭自己的雄心壮志，不做科学论证，盲目浮躁、跟风式地提出脱离社情民意的政府工程、形象工程等，最后以事倍功半、不了了之而告终。这样做的结果，不但给国家造成严重的经济损失，而且，给政府的信用带来严重的损害，人民群众对政府的信用评价大打折扣。更为糟糕的是，这样的政府官员得不到及时的责任追究。

第二，有些政府的决策或施政行为不能自觉尊重客观规律。有些地方政府往往过分看中自己权力的作用，过高估计自己的力量，认为政府无所不能。甚至不愿承认在市场经济规律面前，政府、自然人、法人都是平等的，因此导致一些政府项目、首长项目的盲目性。

第三，政府的政策出台缺乏连续性，未充分考虑前后政策的内容关联，甚至还有朝令夕改的现象。个别政策出台不规范，可操作性不强，执行不到位；有时甚至不讲信用，出尔反尔，前届说的话后届不算数，一届官员一套政策，新官不管旧账，新官不理旧事。

第四，政府的信息公开化程度低。政府的信息公开化是政府信用建设的基础，没有政府的信息公开，就谈不上对政府信用的评价。正因如此，西方发达国家都相继出台了"阳光政府法""信息公开法"。而我国目前有些地方政府及其所属部门，往往只强调法人、甚至自然人的信息披露、公开，敦促他们建立信用体系，但对政府自身的信息公开要求的力度则小得多。例如，政府对企业厂务公开、农村村务公开要求很高，规定的公开内容、公开程序比较具体，但对政府信息公开的要求就相对笼统，甚至交给人民代表大会审议的财政预算决算报告都非常笼统，大项之下无细项。一些人大代表、政协委员反映财政预决算的审议往往流于形式。

第五，政府的施政理念和某些政府官员的言行有时不一致。我国的施政理念是执政为民，情为民所系，权为民所用，利为民所谋。但在实际工作中，一些官员却不是这样,他们不是千方百计为企业、为公民办事,而是想办法吃、拿、要,为本部门、小集体牟利益。社会对政府官员的这些不良行为很反感,直接影响政府的信用与威信。至于各种腐败现象,群众更是深恶痛绝,其对政府威信的影响是致命的。

第六,政府信息统计不规范、不准确,也是政府诚信的一大问题。例如2004年4月,国家统计局计算上半年GDP增长率为9.3%,但各省市统计局上报的数据加权已经达到13.5%,相差竟达4.2个百分点;而经济总量(GDP总额)中央与地方的数据竟相差19.8个百分点。我国目前发布的宏观统计数据来源于政府,属政府行为,其本身代表着政府的公信力,是不能掺杂半点虚假的。虚假不仅带来信息失真,导致经济损失,更重要的是影响政府信用。

(二)原因分析

导致以上政府失信的主要原因在于:

第一,思想意识的原因。一些政府官员没有摆脱所谓传统的政府管理理念,认为政府无所不能,无所不管。口头上宣传建设小政府、大社会,实际上却在追求全能政府、万能政府;有些政府官员未能真正树立执政为民的理念。相反,封建社会传承下来的"为民做主"的思想却根深蒂固,必然导致为官高高在上,不了解社情民意,行政决策、行政行为严重脱离实际,必然失信于民,有些政府官员法治意识、规则意识、依法行政的意识淡漠,在不少情况下,领导意志高于法律意志,主观性、随意性较强,领导者随意改变规则、越权行事的情况时有发生,依法行政尚未成为政府施政的准绳。

第二,体制的原因。我国的官员体制只注重下级对上级负责,官员的政绩考评标准不够完善、不够科学,社会绩效考评所占比例偏低、分量偏轻,强化了各级官员自觉对上负责的意识,缺乏对下负责、对社会负责的意识,只爱做表面文章、追逐短期效率,甚至个别地方跑官、买官现象猖獗。没有严格的、切实可行的政府官员责任追究制,政府、法人、自然人的地位不平等。法人、自然人违反了政府的有关规定,政府有权予以惩罚和追究法律责任;反之,政府违反了法律、侵害了公民、法人的正当权益,甚至给它们造成巨大损失,政府的相关责任人却得不到有效的追究和惩罚。

第三,历史传统的原因。体现公共理性的诚信在我国历史的传统中是极为缺乏的。例如社会慈善,西方的社会慈善是在"众生平等"的底线原则上给人生命的一种关怀,这种关怀不仅超越由血缘形成的亲疏关系,也超越由不同的价值观而形成的善恶关系。在这里,救济者与被救济者的信任不是建立在一致的价值观上,而是建立在公共理性基础上。

四、建设诚信政府的出路与对策

当代中国社会诚信缺失的问题,对市场经济的健康发展产生了巨大的负面效应,阻碍了和谐社会的构建。然而,由于我国目前进行的改革又是政府主动推进型的自上而下的改革,所以,政府自身的诚信有着举足轻重的作用。从某种程度上说,依法治国就是依法治官、依法治吏,政府的诚信度直接影响着社会的诚信度。因此,建设诚信政府是建设和谐社会、公平社会的首要基础。其出路在于:

第一,树立宪政理念、坚持依法行政。宪法是国家的根本大法,任何行政行为都应在维护宪法、遵守宪法的基础上展开。国家应尽快建立违宪审查制度,对违反宪法、违反基本人权的政策、决定依法予以纠正,维护宪法的至高权威。同时,要认真贯彻行政许可法,行政机关一旦做出行政许可的决定,就不能随意变更、撤回或撤销,并有责任依法采取保护措施保证相对人顺利地从事行政许可事项。如果由于行政机关的过错而撤销行政许可,并对相对人造成损失,行政机关应承担相应的赔偿责任。要避免在执法中出现以政府诚信为代价的"全面关闭""一律停业整顿",即"自己得病,他人吃药"的违法行为。政府相关政策的制定,要严格按照法定程序进行,减少政策制定的主观性、随意性。

第二,注重法律制度建设,及时调整或废除不合理的法律制度,推进政府诚信。制度的合理与否是政府能否诚信的关键。很多时候,不合理的制度在促使人们不能做到诚信。而政府越按照不合理的法律去执法,越加偏离社会诚信,越损坏政府诚信的形象,如"暗处或隐蔽执法"等。在政策和制度出台之前,首先自下而上认真倾听民众的呼声、专家学者的意见,重大事项还应由人民代表大会审议。政策和制度实施之后,应根据公民、专家的合理化建议,及时完善,这是保证制度合理性和取信于民的关键。对于不能取信于民的制度,诸如使公民普遍受害而不是普遍得利的制度;不公正的、保护特权阶层的制度;权大于法、命令可以随时取代法的制度;彼此矛盾、前后相左的制度①等,要及时加以废除。

第三,强化政府的责任机制与监督制约机制。政府不仅是制度的建立者,同时更是制度的执行者。制度执行得如何,法律能否奏效,关键在于政府是否承担了应尽的职责。目前,我国市场经济活动中出现的恶意欺诈行为,与一些地方政府的无所作为、听之任之的态度是分不开的。有的地方政府甚至充当失信者的保护伞,使得失信者更加有恃无恐。所以有必要在惩处欺诈行为的同时,更加严惩政府官员中的直接责任者。实践证明,没有制约的权力是极易腐败的权力,更易产生诚信危机。因此,要强化

---

① 刘余莉:《诚信缺失:出路与对策》,《北京行政学院学报》2006年第6期,第82页。

国家权力之间的互相监督,尤其是人民代表大会对行政权力的监督,将人民代表大会的人事权、财政权落到实处;提高法院的地位,真正做到司法机关依法独立行使审判权,扩大高级法院的行政诉讼受案范围,制约行政违法行为。

第四,进一步完善公务员制度,明确奖惩机制,建立科学的公务员考核制度,鼓励公务员讲诚信,守信用,让守信者得益,失信者受损,维护诚信政府的形象。政府的特殊地位决定了政府的诚信对于整个社会风气的形成具有不可替代的作用,所以必须强调政府诚信的榜样与示范作用。孔子说:"自古皆有死,民无信不立。"一个政府最重要的就是守信用,取信于民。古语说得好:"得民心者得天下,失民心者失天下"。人民对于国家有信心,就能形成强大的向心力,国家的任何事情就容易成功。如果一个国家的制度形同虚设,朝令夕改,有法不依、执法不严、违法不究,人民就无所适从。如果人民对政府失去了信心,政府讲得再好,人们不愿意配合,再好的政策也难以实施。先秦时期,商鞅变法而"立木取信"的故事,就说明了政府不能欺骗百姓,说到做到,才能取信于民。

(原载《法学论坛》2005年第6期,第89~93页。)

诚信是一种社会资源

葛晨虹

相对于社会发展中的物质资源、人力资源,诚信可以算是一种社会资源。诚信属于一种道德价值要求,但这种价值要求体现在社会各个领域的存在结构及发展模式中,在社会经济、政治、文化及其他一切社会生活中扮演着极其重要的角色。诚信这种道德资源是一种比物质资源、人力资源更为重要和宝贵的社会资源。

社会信用危机与诚信资源稀缺

目前社会与经济发展中的一个严重问题,是市场、社会的信任危机。社会上普遍存在的假冒伪劣和欺诈行为的背后,本质上是"诚信"的危机。诚信不足给市场经济及社会发展所造成的危害非常严重。

首先,它极大阻碍了信用作为支付手段的功能的发挥。由于信用的缺失,造成了企业生产成本提高和投资预期的不确定性,加大了投资风险,从而使企业和银行的投资活动趋于谨慎和收缩,降低了交易效益和资金使用率。由于担心交易对方的欺诈,一些企业不得不使用现金交易,甚至退化到以货易货等原始实物交易方式。而在一些发达国家,企业间的信用支付方式已经占到80%以上。信用资源的缺失,严重阻碍了我国市场经济发展中虚拟资本的发展。虚拟资本完全是社会信用发展的产物,没有信用,金融债券、股票等信用交易就不可能产生,市场经济也就难以向高度化方向发展。现代化的信用支付是完全建立在信用机制之上的。没有信用任何人都寸步难行,没有信用不会有人借钱给你,没有信用连合伙人都找不到。在许多国家,如有过良好借贷记录的,再借贷就比较容易,如果没有借贷记录的反而难以得到贷款。信誉记录是最好的借贷资本证明。

同时,我国目前信誉资源的缺失,还大大破坏了企业形象,使企业失去了长久发展的生命力。信用作为一种无形资产是关系到企业形象及其生命力的重要社会文化资源,如果企业失去了它应有的信誉,就等于失去了品牌竞争力,企业的生存发展就不存在任何可能。美国可口可乐公司总裁曾声称自己公司即使在一夜之间化为灰烬,第二天仍可在银行获得足够的贷款。这份自信源于公司拥有良好的商业信誉和品牌价值。可见企业如果失信无异于自掘坟墓。另一方面，企业文化是否以诚信为共享价值观，还关系到企业内部人力资源的真正开发与挖掘。诚信资源并不直接等于人力资源，但它是人力资源转化实现为价值的最重要的因素。社会学家科曼主张，除了人的技能和知识外，人力资本还有很重要的一个部分，那就是个体与他人共事的能力，而这种能力不仅在经济生活上极为重要，实际上在社会生产的每一个层面都举足轻重。当然回过头来看，社团中的成员是否具备与他人共事的能力，又必须由这个社团共享规范和价值观的程度高低以及社团能否将个体利益融进群体利益来决定。在那些共享的价值观中，信任就是其中之一。事实证明，社团中人们的彼此信任蕴含了更广大而且更明确的资源价值。

信用环境的恶化，还增加了生产成本和投资风险，并导致企业之间互相拖欠货款和恶意逃废债务。由拖欠导致的连环拖欠（三角债），破坏了信用，扰乱了经济秩序，使企业资金周转受阻，生产不能正常进行，有的企业甚至被拖垮。一些经营管理差而且债务多的企业，甚至把破产、兼并、债转股等等当作了逃债废债的机会。银行作为依靠信用进行经营的机构，大量信贷资本本息无收，利益完全得不到正常保证。信用环境恶化，使守信的企业和银行业深受其害，出现"劣币驱逐良币"的不公正现象，也破坏了银企双方的信用关系，影响了银企双方的正常发展。

此外，信用资源的短缺，还加大了我国参加国际竞争的成本。经济全球化和中国加入WTO，都要求我国必须接受国际市场经济的游戏规则，否则将在竞争中被淘汰出局。在贸易、投资、金融等各类国际交易中要讲求信用，注重商业信誉，这是国际商务管理中的首要信条。社会信誉环境的好坏，是我国国际形象的最重要组成部分，也是国际投资者衡量我国投资环境的重要尺度。我国有巨大的市场潜力，这是我们参加国际竞争的优势所在，但目前这种优势完全被信誉环境的缺陷给破坏了。在加入WTO进行的艰苦谈判中，我国不得不对发达国家在贸易条件方面做出种种让步，其中重要的原因也和国内信誉环境的缺陷相关联。

信用危机不但影响经济发展，而且也正在向全社会各个领域和层面蔓延开来。这种诚信资源的稀缺，不仅增大了经济领域中的道德风险，也影响到整个社会风气和秩序。人与人之间，企业与企业之间，百姓与某些政府部门之间，都充满了不信任，人们陷入彼此需要防备的怪圈之中。正因为如此，信用已经成为中国社会目前最稀缺的资源。当失信由个体行为逐步演变成社会普遍行为时，就会造成社会秩序紊乱，道德教育失范，并从而影响整个社会的健康发展，信用危机甚至可以转化为社会危机和民族危机。市场经济呼唤诚信，诚信建设必须作为市场经济建设中的题中应有之义来加以强化。

东西方"诚信"差异及其现代整合

诚信规范作为社会主义市场经济提出来的一种要求,它就具有不同于传统小农经济条件下、资本主义市场经济条件下,以及计划经济条件下的诚信范畴的内涵,它是一个具有时代规定性的新的要求,具有新的规范内容。

诚信在中国文化中古已有之,而且是占有核心地位的一个道德范畴。诚、信两个字在中国传统文化中的理解,本意上是相同的。许慎《说文》说诚信:"诚,信也","信,诚也"。诚的本意是真实无妄,"信"的本意为"人言","人言为信",其含义也是诚实不欺。可见诚信二字在意义上是相通的。我国传统文化中的诚信规范,其内容有一个不断发展的过程。综合看来,基本内涵可以表达为如下几点:

首先,诚信是立身之本。没有诚信,一个人在社会上就无法立足,无法做人。诚信是一个人品质修养的必具要义。古人认为,"养心莫善于诚",强调"言必信,行必果",如果不讲信用,就不是君子而是小人了。孔子更是把诚信视为做人的三大德之首要,"人之所以立,信、智、勇也"。诚信差不多是人之为人的本质体现,人的尊严、人格都是建立在诚信基础之上的。不诚实不守信的人没有信誉,也无人格可言。

其次,诚信又是人伦交往的基本准则。不论是人伦交往,还是其他社会交往,都应该以信义为本。朋友有信是中国传统文化历来主张的一个原则:"与朋友交,言而有信。"在社会生活中,诚实守信才会有持久的人际关系,而社会人际关系在现代已成为一种事业成功的重要社会资源。一般而言,一个人的社会资源、事业能力、政治、经济地位,往往和他的信誉程度联系在一起。关于这一点,古人也是这样认为的:"人先信而后求能。"

此外,诚信还是治理国家的基本准则。国"无信不立"。社会的诚信危机会导致社会风气败坏,民心散失,最终导致国家的无序和混乱。当年学生问孔子如何治理政事时,回答是:"足食,足兵,民信之矣。"(《论语·学而》)当问不得已而必须去掉一个时先去哪一个,孔子曰,去兵。再去?去食。"信,国之宝也。"对于治理国家来讲,"信"是重之又重的。

可见,诚信是中国传统文化中历来强调的一个道德信条。然而在传统文化中,诚信本质上更多的是一个修身养性的根本原则,是区分君子小人的人格标准。在"仁、义、礼、智、信"伦理五常中,诚信被看作是仁、义德性的自然延伸。诚信在中国传统伦理中,和德治文化相联系,更多的是一种德政和德性品质要求。受中国血缘宗法社会历史及其德性文化决定,传统文化中的诚信属于一种由人格信任、亲缘(熟人)信任构成的德性范畴。

相对来说,西方的信用概念更多的是建立在人们的契约法律关系和观念之上的,可以说守信的概念就起源于现实中的契约利益关系。由于历史发展道路的不同,西方社会进入奴隶制国家时冲破了血缘关系,建立了个体契约关系社会。作为契约,个体双方或多方在立约时就约定,大家都出让一部分权力和利益,同时又交换回自己的权利和利益得到实现的保证。在这种契约关系中,大家都必须信守承诺,如果我违背了使对方利益得到实现的承诺保证,对方也就会取消我的利益实现的保证权利,结果造成两败俱伤。于是在利益交换的现实生活中,人们发现合作最符合他们的长期利益,于是成员之间自愿同意遵守社会契约。自我利益,加上契约的法律机制,就会弥补社会成员之间所欠缺的互相信任。

和中国在血缘根基上生长出的信任机体不同的是,契约成员群体完全可以由陌生人组成,在利益实现的认同基础上,任何时候都可以运用契约规则组成团体。所以,在相对意义上,西方的守信更多出于一种对自我利益的追求而不是人格追求,在本质上是一种外在规则守信而不是内在德性诚信。西方的诚信观念和西方的契约关系紧密联系在一起,信用建立在利益互惠的基础之上。

中国传统的德性诚信机理由于和西方契约性质的互惠信诺机理不同,造成了另一个东、西方"诚信"概念的差异。由于中国的诚信规范建立在人格自律基础之上,守信还是不守信更多依赖于人格良心。相对来说,缺少必要的外在利益制约力量保证。即使一定的人际群体会构成一定的外在制约,但根本上说,那也只是亲缘关系基础上亲友、熟人的一种非强制性的情感制约和道德制约。这在根本上是不同于西方外在契约的制度性强制制约的。

西方的信诺观念不仅受制于外在利益关系和契约关系,而且还和西方基督教文化观念联系在一起。上帝要人们信守承诺。在《圣经》中到处都可以看到人与上帝立约。如果违反约定,就要受到上帝制裁。上帝成了外在强制力量的最高外在权威代表,上帝无所不在无所不察,是最高的外在权威。如果说在中国传统文化中,诚信规范要求人们要有"慎独"的自律精神,那么在西方传统文化中,守信的品质更多的受制于他律的利益制约和上帝的外在制裁力量。

有人认为,为了适应社会主义市场经济的要求,传统的建立在亲缘基础上的人格德性诚信必须向制度或规则诚信转化。诚然,中国传统的人格德性诚信未必能完全满足现代市场经济的要求,市场经济运作需要保证利益关系实现的外在制度诚信机制或规则诚信机制。然而西方的契约规则信用机制也未必是我国社会主义市场经济诚信要求的全部要义。与今天社会主义市场经济相适应,我们提出的诚信规范应当是,既表达对做人的一种德性要求,又表达对社会各种利益关系的协调保证机制。诚信必须具有一种内在德性价值,同时又具有保证利益关系有序的外在功能。诚信的内在道德性和外在规则功能应该是也必须是统一的。

社会诚信资源的优化

诚信作为社会要求,它既有道德价值又有社会资源价值。开发优化"诚信"资源价值,改善社会信誉环境,是一项系统工程,需要全社会共同努力。目前至少要从以下几个方面着手做起来。

要注重营造一种弘扬诚信的社会氛围。诚信能够形成一种社会资源,但这种社会资源的基础是社会成员普遍具有诚信的情操,光有某一个成员个别的诚实守信是不可能形成为资源价值的。一位经济学家说,在普遍没有信誉的情况下,如果一个人童叟无欺,有可能会赚很多钱,因为你掌握了市场经济最需要与稀缺的资源。但也可能正好相反。因为你所在的社会环境没有任何信用可言,人们对市场缺乏信任,独立的诚信就会受到很大的损害,就很难生长并长久下去。

"以德治国"的理念,以及党的十六大报告再次强调社会道德建设要"以为人民服务为核心、集体主义为原则、以诚实守信为重点",为社会信用的呼唤和改善营造了良好的社会舆论氛围。

各行各业都应该以讲信誉作为突破口,切实加强道德建设。要注重对人们不断进行教育培训。在许多发达国家,各行各业都高度重视员工培训工作,除了进行技术技能性的培训,更多的是进行企业文化、价值观和行业发展战略方面的培训。被誉为"生产人才专家"的韦尔奇,每年都要召回世界各地的高级管理人员到本部培训,其主要内容就是讲企业文化和诚信问题。有人曾问过韦尔奇:"在通用电器公司,你最担心什么?什么事会使你彻夜不眠?"这位在全球备受推崇的企业家回答:"诚信。"

要使人们从思想上充分认识不讲诚信的危害性。认识到诚信是社会道德建设的基石,也是整个市场经济建设的基石。诚信是做人的人格标准,也是市场经济、社会文明发展的基本保证。要强化诚信意识,宣传诚信理念,提倡和实践"阳光下的利润"。

建立良好的社会信用体制,不仅要靠教育和宣传引导,还要靠法律和制度去规范。要用严密的法律、严格的制度来规范各种信用关系。对政府公务员、企业管理人员、执法人员、财会人员等,建立具有法律效应的信用档案制度和资格认证制度。如建立企业(法人)信用身份认证系统,建立社会个人信用代码等等。资格的认证,以及一个人的信用记录,可以大大制约人们的不讲诚信的行为,会用外在强制的形式和力量引导人们向诚信行为发展。要在全社会尽快建立完整的信用机制。正如《国务院关于整顿和规范市场经济秩序的决定》中所要求的,要尽快"建立健全符合市场经济体制要求的社会信用制度"。

除此之外,各行各业,甚至每一个人,都应当从自身做起,呼唤诚信并传播诚信。诚信是可以传播和相互传递的。建立诚信的过程中最重要的是各级政府、部门、各行各业的领导率先成为有诚信素质的领导。如果他们都能重视自身的信誉,同时重视抓本部门、本行业的信誉,信誉就会在该部门和行业确立起来。

总之,全社会要把信用作为社会道德的底线来对待。对于一个合格公民来讲,这是最起码的人格要求。对企业来讲,信誉不仅是企业宝贵的精神财富与无形资产,而且也标志着企业文化的高层水准与企业人格的成熟。所以各行各业要把信誉当作资本来经营。美国学者弗兰西斯·福山在《信任》一书中曾预言,21世纪是信誉的世纪,哪个国家的信誉度最高,哪个国家就会赢得更广阔市场。诚信在市场经济及社会发展中的基点地位,就好似人们所比喻的,是多米诺骨牌中最顶头的那一张。

(原载《江海学刊》2003年第3期,第23~26页。)

诚信与当代社会文明

余玉花

党的十六大提出了建设物质文明(经济建设)、政治文明(民主政治建设)和精神文明(思想文化建设)的任务。① 三大文明构成中国当代的社会文明。三大文明各有其独自的内容和发展规律,但是它们之间并不是完全独立、互不相干的,事实上三大文明之间不仅存在着难以分割的相互关系,甚至还有着些共同的发展条件和理念要求,诚信即是当代社会三大文明发展的共同要求。

一

诚信,作为人类文明的诉求,古已有之。中国古代文献《尚书》中已出现了"诚"的概念,只是带有浓厚的神化色彩,"神无常享,享于克诚"。② 真正把诚作为道德要求提出来,是从天道自然中得到启发的,"诚者,天之道也"③古人发现,自然宇宙"真实无妄",山就是山、水就是水,一年四季春夏秋冬循序轮换,日月星空昼夜更替,不管人类对其评价如何、期望如何,大自然一如既往按自我的规律运动不息,从不理会人的愿望。"诚者,实也。实有之,固有之。"④不仅如此,自然真实的力量还大大超越人为想象的力量,任何改变自然规律的痴心妄想都必然在真实自然面前击得粉碎。这使古代哲人非常感慨,有鉴于人的世界已存在"诈、藏、奸、妄、虚"等不真实之现象,于是,古人将天之诚道移至人间,成为人之道的要求,提出"思诚者,人之道也"。⑤ 一个"思"字道出了"诚"并非出自人的自然本性,而是人道德上的追求。因而在古代伦理思想中,"诚"体现为一种非常崇高的道德境界,是与天道本性相一致的至高境界,这同时成为对人道德上的期望,是做人德性的要求。正因如此,在具有古代教育学理论的典籍如

---

① 参见中共十六大报告。
② 《尚书·太甲下》,中华书局1998年版。
③ 《孟子·离娄章句上》,上海古籍出版社1987年版。
④ 王夫之:《尚书引义》,中华书局1976年版。
⑤ 《孟子·离娄章句上》,上海古籍出版社1987年版。

《中庸》《大学》中,才有大量的关于诚的论述。其中,不仅坚持"至诚"作为道德目标的崇高品性,而且论证了"诚"在转化人的德性中的手段意义,特别在感化人的作用上,"诚则形,形则著,著则明,明则动,动则变,变则化,唯天下至诚为能化"①。诚与信最早并不同构为一个词,信有自己的道德含义。信在儒家伦理中是作为道德规范提出来的,即人们熟悉的五常"仁、义、礼、智、信"。信是朋友之间的一种基本义务,"朋友有信",因而与义相联系,常称之为"信义","信近于义,言可复也"。信的基本要求是承诺,"言必信,行必果",说到做到。同时也有信任的涵义在其中。相对于崇高品性的诚,信的道德层次要低得多,大多数普通人都能够做得到,只是限于熟悉朋友的范围内。但是信与诚还是有联系的。孔子讲"主忠信,毋友不如己者",②此中的"忠"即是忠诚,类似于"诚"。诚作为人的内在品性是信的基础,无诚何以可信?信是诚的外在印证。诚信由此形成一个概念。

诚信道德的提出,无疑是古代文明的一项成果。提出道德人即文明人的标准之一是诚信,亦即做人要真实不虚,做事要守诺可信。从做人之道来看,提倡做真实的人,亦即君子之道。然而,既然谈到君子之道,那意味着求诚守信还有更大的好处和抱负,那就是通过"修身、齐家、治国、平天下"。尽管平天下总是少数人,但是大多数人能够以诚修身、以信办事,则足以使天下太平,虽然这是当时统治者及其思想家的目的所在,但诚信道德的提出和推广,毕竟推动了人类文明的进步。

不过,中国古代的诚信文明主要限于道德领域。由于古代社会人们生活的范围有限,自然经济的小农方式客观上限制了人们之间的交往,这使诚信道德具有不同于今天的特点,反映了当时社会文明的水平。第一,古代诚信要求没有超出家族和朋友的圈子,诚信文明可以称之为家族文明和熟人文明。第二,古代的"诚"因赋予了形而上的本体意义——天道之诚,当天道之诚与人道之诚融合之后,不仅富含神秘的色彩,而且"至诚"品格变成了少数圣人君子才可企达的道德境界,实际上对大多数普通人来说,道德提升的可能性很小,自然也不成其为大多数人的要求了。虽然《中庸》也强调"天下至诚"的重要性,但是当道德目标过高于社会的一般水平,往往会流于空洞,难以实践和实现。第三,重诚轻信的倾向。③ 诚信道德难以实践也与诚信地位不一致、重诚轻信,从而使诚信脱节有关。在中国传统道德中"信"并非是不可不遵循的铁的律令,因为信要受制于其他的道德要求。首先,信要服从于义的要求,如服从忠孝之义。如果承诺信守与忠孝相背,则忠孝为先,为了忠孝亦可以不信不守。其次,仅有信还不足以使人成为善者。孔子就认为,"好信不好学,其蔽也贼,好直不好学,其蔽也绞"④。

---

① 《中庸·致曲章》,中华书局1998年版。
② 《论语·学而》,中华书局1980年版。
③ 何怀宏:《良心论》,上海三联书店1994年版,第141页。
④ 《论语·阳货》,中华书局1980年版。

这话也不是没有一点道理,历史上不乏讲义守信的"江湖好汉",虽然这些江湖义士未必属于善者之类。这也是信不被看得很重的原因。再次,信还不是目的意义上的道德价值,只具有工具价值。孔子之所以主张"信",因为信是达到道德目的的条件,"人而无信,不知其可也。大车无輗,小车无軏,其何以行之哉"①,仅此而已。信的地位之所以不高,是当时中国社会的经济政治发展状况所决定的。

上述分析可见,诚信道德在古代文明发展中曾占有一席之地,但在整个道德体系中地位并不突出,也没有获得广泛意义的社会功效。然而,诚信道德的历史意义在于,诚信的思想观念为人类文明的进一步发展提供了思想资源。随着人类社会的发展,诚信对于文明发展的重要性正不断地显示出来。同时,古代诚信理论上的某种不足或历史缺陷恰恰为后世文明提供了文化发展的空间。

二

物质文明是最基础的社会文明,物质文明的水平不仅是衡量一个社会文明程度的基本尺度,同时它还是其他文明发展的前提条件。在任何一个社会,物质文明的发展总是处在首要的地位上,这是符合社会文明发展规律的。我国从1978年党的十一届三中全会以来,坚持经济建设为中心,在短短的二十多年的时间里,物质文明取得了很大的成绩。但是与世界发达国家相比,同我们所期望的目标相比,都有很大的差距,因此"我们在社会主义现代化建设的整个过程中,必须始终重视物质文明的发展,牢牢把握经济建设这个中心,努力把国民经济搞上去"②。物质文明是通过积极有效的经济活动而创造出来的。积极有效的经济活动一方面需要有合理的制度保障,另一方面也需要支配经济生活的合理观念。因为,任何经济活动都是人的活动,都是在人们的理念支配下的结果。正因如此,诚信文化或诚信伦理与当代物质文明形成了不可分割的关系。

诚信在经济活动领域中的意义首先体现在制度文明的层面上。与古代诚信不同,现代信(用)不纯粹是"守诺"的一种美德,更重要的是,信的可用更为突出。因此,信用在当代经济发展特别是制度发展中的作用非常突出,不仅是当代经济制度构建的基础,甚至本身就是经济制度的一部分,那就是信用制度。这使诚信突破了只作为人的德性、品格要求的范围,而与具有普遍性的、相对强制的、可操作性的制度结为一体。毫无疑问,信用制度是市场经济的产物,亦是市场经济所需要的。不过,产生信用制度的信用关系在古代也存在过,但是所涉范围极其狭窄,信用关系产生的概率比较小,偶

---

① 《论语·为政》,中华书局1980年版。
② 《江泽民论有中国特色社会主义》,中央文献出版社2002年版,第381页。

然性比较大。而在现代市场经济的条件下,普遍的交换关系使信用关系普遍化了。无论是货币买卖、商品交易,其发生的经济关系都是信用关系。当然人们进入市场,从事经济活动的首要的目的是追求利益,所有人的求利目的使人们形成一个相互依存的关系。但是互存关系转化为实际市场行为要有一个条件,那就是经济关系的双方都以对方的可信为前提,这也是利益能否实现的重要条件。可以想象,当你尚未确信对方之前,绝对不会出手自己的东西或购买对方的东西,对方亦同。如果缺乏可信,经济活动必然遭遇困难,结果也难以满足人们获利的经济目的。因此,满足人们从市场中获利的要求进而促使市场经济活跃和繁荣,必须要求人们的经济关系是信用关系,亦即将"信"运用于市场经济活动的各个方面,形成信用制度。至于现代经济的银行金融业则直接建立在信用基础上,在如今信用卡普遍使用的情况下,没有信用制度简直是难以想象的。

但是,信用制度的客观性要求并不意味着信用制度是自然生成的。事实上,人类的各类制度包括经济制度都是人为建立而成,信用制度也同样如此。因为制度是"要求成员共同遵守的,按一定程序办理的规程或行动准则"。[1] 因此,建立信用制度首先要有信用的理念,同样,信用制度的有效实施,以及人们对信用制度的自觉遵守都需要观念上的信用,如果信用观念不建立,那么信用制度即使建立也可能是无用的。

诚信文化对于现代物质文明的意义,不仅在于其相对强制性的信用制度,还在于其渗透于经济活动中的诚信理念。在市场经济活动中,诚信谋利是一大原则,通俗的说法就是文明经商。物质文明讲到底就是物质财富的创造和积累,是通过人们谋利的经营活动而达到的。但并不是所有的谋利活动都能够增进社会财富、都符合物质文明的要求。经营的态度、经营的手段都可能影响物质文明的进展。从市场经济活动本身特性以及客观结果来看,诚信谋利是其基本要求。第一,诚信是获利的条件。前已述之,市场双方的交易只有在诚信的基础上才能达成,倘若双方缺乏诚意和信任,则交易不成。如果一方欺诈而成交的,那就可能是一次性买卖,别人不会再上当,等于是自断生意路。第二,诚信可以降低交易成本。市场上追求利益最大化原则最基本的做法是降低成本。但是在一个诚信度很低的市场中,经济人为了提高经营的安全性,必须要设立调查部门和监督机构,甚至卷入费用昂贵的诉讼,这就提高了交易的成本。而"交易双方相互信赖,可以起到降低经济交换成本的作用",[2]从而获得更多的利益。第三,从整个市场经济来看,诚信创设一个良好的交易环境,使人们在激烈的竞争中不失安全感,这必然有助于市场经济健康有序地发展。

然而,诚信在经济活动中的意义并没有被人们充分地认识和理解,现实经济活动

---

[1] 《辞海》,上海辞书出版社2002年版,第2197页。
[2] 彼得·科斯洛斯基:《伦理学原理》,中国社会科学出版社1997年版,第21页。

中失信的情况比较严重。这里存在一个认识问题,那是没有把诚信与现代物质文明特别是市场经济联系起来。具体表现为两个方面:一是把经济活动只看作逐利的活动,与诚信无关,甚至认为从商无信,所谓"无商不奸",越奸越诈则越能赚钱。显然这是对经商活动的曲解,不了解流通劳动的价值,也是古代"重农抑商"政策流弊的影响。二是诚信观还停留在传统的人格理念上,还未扩展到经济领域,以致使诚信游离于经济活动之外,使经济活动失去了最基本的文明理念。但是,无法回避的现实严肃地告诫人们,当代的物质文明以诚信为基石,市场经济就是信用经济,诚信文明的理念应当贯注于市场经济所有活动之中。

三

在当代政治文明建设中,诚信是一个不能忽视的因素。说到政治,似乎是个敏感而复杂的问题。历史上的政治活动充满着诡诈、权术、肮脏甚至血腥,简直无文明可言,根本谈不上诚信。但是随着时代的进步,政治文明的要求已经作为时代课题提出来,政治中的诚信问题也越来越引起人们的重视。

诚信何以成为政治文明的应有之义?这是由政治文明的本质所决定的了我国政治文明实质是民主政治。"我国政治体制改革的目标是,建设有中国特色的社会主义民主政治,健全社会主义法制,切实保障人民群众当家作主的权利。"[1]政治的核心是权力。政治权力的历史形态是私权或集权,而民主政治下的权力是公权。公权有两大特点,一是权力授自于公众,二是权力运作程序的公开性。这两者都关系到权力的合法性,而合法性的基础是民众的可信度。根据合法性的价值原则,现代政治应当建立在可信的基础上。因为这与民选制度密切相关,无论是国家的权力机构(人大)或是行政管理机构(政府)都由民主选举产生。民众的信任并投下庄严的一票,首先来自被选举者的可信之上,取决于公众对公权机构的信赖。所谓"取信于民",即是以信取信,前者是公权机构及其组成人员的知识能力、情操人品皆可信,而后才有民众之信。可见公权机构的诚信是最为关键的,民众据此才能赋予其信任和权力。而民众的信任正是权力合法性的本质象征。失去民众的信任可以说就是失去了权力合法性的依据,现代社会出现的某种政治危机或政府危机,其实质是信任危机,而信任危机则意味着权力的合法性遭到了质疑。

诚信对权力合法性的意义不仅在于权力建立之初,也包括对政治权力有效期全过程的维系。换句话说,现代民主政治要求公权机构合法存在的整个过程都应坚持诚信原则。因为公权机构的可信度不是一成不变的,在某种条件下可能会发生变化,或可

---

[1] 《江泽民论建设有中国特色社会主义》,中央文献出版社2002年版,第299页。

信度提高，也可能降低，甚至完全失去民信，可见，民主选举之初的可信并不意味长久的可信。现实政治生活中出现的高官腐败、机构腐败而降低了民众的可信度，即说明了政治可信度是可变的。当然，政治生活中可信度的变化有多种原因，不能一概而论。但是权力可信度的可变性更证明了政治诚信之重要，说明要保持政治权力可信度和合法性，必须始终不忘权力获得之初对民众的许诺。

权力运作程序的公开性只有在诚信的基础上才能做到，同样，公开性也能促进权力的诚信度。现代民主政治是民众广泛参加的政治，因此要求权力运作完全透明和公开，否则民众的权就成为空话。另一方面，非公开的权力运作容易误导民众，其结果会产生"狼来了"的效应，民众的怀疑感上升，公权机构的可信度下降。"非典"爆发事件足以印证此种结果。可见，公开性与可信度之间存在着升降同步的逻辑关系。在现实政治生活中，民众对权力运作公开性的呼声很高，实现政治权力的公开性是政治体制改革的一个重要指标。当然，权力运作程序公开性的实现需要多种条件，但是权力运作主体的态度是达到公开性的关键。黑箱操作、蒙蔽公众，说到底，是权力运作者缺乏开诚布公的意愿，不愿意向公众讲实情、说真话，是不诚信的表现，不管这种做法出于何种动机，哪怕是良善动机。因为民主政治既然是公众的事，那么不管政治活动产生何种结果都应该让民众知晓，哪怕最糟糕的问题出现，也应该公开，不至于使民众不明就里而蒙在鼓里，另一方面也可以动员广大民众共求对策，群策群力共渡难关，因为民主政治本来就不是少数人的政治。这说明权力运作能否公开性还涉及公权机构对广大群众信任的问题。以此而见，民主政治中的诚信包含着双重双向的内容：公权机构对民众的信任和民众对公权机构的信任。然而，无论何种信任都需要通过权力运作的公开性才能达到。

诚信在政治活动中的作用是毋庸怀疑的。这个问题古人早已注意到了。在中国古代诚信理论中有不少涉及政治诚信的问题。孔子曾经发表过政治信用的观点："民无信不立""信则人任焉"。① 这是要求统治者认识到"取信于民"的重要性。当然这种政治信用工具色彩十分明显，主要服务于统治者的需要。当代民主政治中的诚信则不能限于工具层面，虽然政治诚信中客观存在着效用要素，也是应该充分利用的文明资源，但是社会主义民主政治的本质更要求讲"诚"，以诚立信，以信见诚。如果说古代政治中"取信于民"是出于一种无奈、一种权术之计，那么当代政治文明倡导的诚信则完全出于执政主体的自愿，不是被迫的，也不是为了政府的脸面或官员的位子，而是一种政治道义，是执政党"执政为民"宗旨的体现，因而是真心诚意的、完全彻底的。正因如此，政治诚信成为当代政治文明一块不可缺少的文化基石。

---

① 《论语·阳货》，中华书局1980年版。

四

在当代社会文明中,精神文明属于软性文明。与物质文明的成果物化形态相比,精神文明没有自己独立固态的成果形式,通常要借助于物质载体才能表现其内容。与政治文明的制度强制特点相比,精神文明具有更大的张力弹性和自由度。精神文明属于派生文明,有赖于物质文明和政治文明,但是精神文明一旦形成,不仅能够独立成高级形态的社会文明,而且对物质文明和政治文明产生极大的影响。故而,国家重视社会主义精神文明建设。"我们进行现代化建设,无疑要致力于发展生产力,把物质文明建设好。同时,必须把社会主义精神文明建设提到更加突出的地位。"[1]精神文明就其自身来看,也有一个庞大的结构体系。大致分为包括教育、科技、卫生、体育、艺术等知识智慧在内的文化系统和包括思想情操、理想信念、道德风貌在内的思想系统。诚信,无论作为一种美德,还是作为一种理念,都属于精神文明的范围,是思想系统的内容。诚信对于精神文明发展的意义在于:第一,作为精神文明的内容之一,诚信文明是精神文明建设的一部分,诚信自身建设如何,自然关系到精神文明的建设。第二,诚信建设问题将对精神文明其他方面的建设产生很大的影响。

在社会的精神生活领域里倡导文明,其终极目的是促进人的精神追求文明化,最大限度地促进人的全面发展。人的精神追求是多种多样的,但都离不开做什么人问题的思考。关于做什么人的答案自然也是各种各样的。但是,世界上古今中外绝大部分的主流文化都把诚信看作文明人追求的基本要求。中国古代文化一再强调诚信为做人的基本要求,提出"人无信不立",认为"诚者,物之终始,不诚无物。是故君子诚之可贵。"[2]民间流传的格言"诚信是金",不光指诚信能带给人利益,还是一种可贵的品格、精神。西方基督教文化把"不许说谎"列为"十诫"之一,说谎即为罪。康德认为,说谎违背了做人的目的,毁掉的是人的尊严。[3] 黑格尔则揭示伪善(欺骗和假面具)是真正的恶。[4] 众多的文化与思想家之所以把诚信看作做人的基本要求,把其列为基本的美德,是因为其他的精神追求,其他的道德美善没有"诚"为前提的话,都会变得丑恶。试设想一下,虚假的仁慈意味着什么?所以,做人从诚信开始,美德基于诚信。诚信在做人问题上举足轻重的地位凸显了诚信在精神文明中的地位。

然而,诚信文明的意义远不限于此。诚信作为个人美德并不是为了自我欣赏,更主要的是能够满足人们交往的需要,同时也只有在交往中才能表证诚信的美德。因为

---

[1] 何怀宏:《良心论》,上海三联书店1996年版,第380页。
[2] 《中庸·自诚章》,中华书局1998年版。
[3] 何怀宏:《良心论》,上海三联书店1996年版,第163页。
[4] 黑格尔:《法哲学原理》,商务印书馆1996年版,第148页。

诚与信都需要有表述对象的,也就是诚信行为到达的相对方,即道德客体。没有交往,没有行为作用的对象,诚与信的品格则无法表现和衡量。这样一来,诚信就从个体的做人之道扩展为社会交往之道,诚信道德变成了诚信伦理,成为日常生活中人与人相处和往来的伦理纽带。如果交往中有一方不诚信,那就会伤害另一方的利益或尊严,如果交往双方都不诚信,交往可能发生恶变甚至中断,而当交往中的不诚信现象扩大到一定程度时,则会出现诚信危机,腐蚀人们之间的道德关系,败坏社会风尚,损害社会精神文明。

因此,交往中的诚信伦理对精神文明的作用不可小视。从我国的情况来看,诚信交往已成为社会关注的问题。其原由是公共交往中失信情况较为普遍,欺骗事件、造假事件频频发生,由此可能动摇原有的诚信观念,并对经济生活和政治生活造成很大的影响。交往诚信度的降低,与我国社会转型而带来的社会重大变化不无关系。市场经济和对外开放,以及信息社会的迅速到来,极大开拓了公共领域,另一方面个体独立性又不断提升,这些促使公共交往的普遍化和频繁性。面对这突如其来的陌生的社会和广泛交往的陌生人,人们缺乏道德上的准备。与此同时,社会的巨大变化使原来维系诚信交往的监督形式不起作用了,失信成本很低甚至不必付出代价,再加上利益的诱惑,诚信道德底线不可避免出现了裂口。但是交往失信恰恰与现代公共交往的要求是相悖的,亦与现代文明发展格格不入的。交往越具有公共性和普遍性,则越需要文明交往,需要交往主体诚信的品性,和对诚信规则的遵守,以诚交往,信守诺言。令人欣慰的是,人们对诚信文明的重要性已有所认识,《公民道德建设实施纲要》的贯彻落实,不断推进诚信文明的建设,现代诚信理念开始被人们所接受,社会失信状态有所改变。但是诚信建设仍是一个十分艰巨的任务。

综观诚信在三大文明建设中的地位和作用,不难得出结论:坚持不懈地进行诚信建设,不仅是当代精神文明建设的需要,也是物质文明和政治文明建设的需要。

(原载《伦理学研究》2003年第6期,第68~72页。)

诚信观的构成及其对诚信教育的启示

傅维利 王 丹 刘 磊 李德显

近些年我国实施诚信教育的效果并不十分理想。分析其原因,除了社会性诚信环境尚有待改善外,教育者对人的诚信观、诚信行为等的形成特征和发展规律也缺乏深入的研究,致使许多教育举措缺乏科学依据和针对性,也是其重要原因。笔者认为,诚信与人道德的其他构成要素一样,由知、情、意、行四方面构成。研究诚信虽然可以有多种起点,但对诚信观的研究具有基础性的作用。本文尝试着分析诚信观的构成特点,并据此提出有针对性的教育建议。

一、东西方对诚信的不同理解

根据有关学者的研究,"诚信"一词最早见于《商君书·靳令》,其核心思想孕育形成于中国商朝晚期至春秋战国时期。对中国影响深远的儒家文化一直崇尚诚信,并以诚信作为"修身、齐家、治国、平天下"的根基。如《大学》是中国文化史上第一篇较集中论述儒家诚信思想的作品,该书在传统的"为民父母"政治思想的基础之上,提出了修身以诚为本,治国以修身为本的治国理念和自我培育与上行下效的诚信教育模式。①

但是,在中国的古典伦理中,将"诚"与"信"合用还是比较少见的。在传统的道德理念中,"诚"与"信"既具有同一性,又存在一定的差异性。所谓"同一性",是指虽然人们对"诚""信"有多种解释,但其基本含义都是真实不欺。如"诚"作为一般概念,具有真心实意、无妄不欺的意思,既不自欺,也不欺人;而"信"的基本含义是诚实不欺,遵守诺言,言行相符,是诚实、不欺、讲信用的意思。所谓的"差异性"是指"诚"与"信"属于不同层次范畴。孔子认为,"诚者,乃做人之本"(《论语·为政》)。荀子说:"天地为大矣,不诚则不能化万物;圣人为知矣,不诚则不能化万民;父子为亲矣,不诚则疏;君上为尊矣,不诚则卑,夫诚者,君子之所守也,而政事之本也"(《荀子·不苟》)。可见,在儒家的诚信思想中"诚"处于核心的位置,是"信"的依据和根基,而"信"是"诚"的外在

---

① 王公山:《先秦儒家诚信思想研究》,博士学位论文,山东大学中国古典文献学,2004年,第4页。

体现。①

在西方,诚信(integrity)作为人们基本的道德行为规范,同样具有源远流长的历史。从语源学的角度看,integrity(诚信)与 integer 相联系,意思是一个整数,integrity 也与 integration 相联系,意思是把各个部分统一成一个整体。从这个角度分析,诚信具有前后一致、言行一致的整体性特征。这是一个方面。另一方面,"西方的'诚信'是在地处地中海的罗马帝国繁荣的海外贸易和简单商品经济充分发展的基础上建立起来的。'诚信契约'与'诚信诉讼'在当时罗马成为最普遍的商业和司法原则"②。因此,西方诚信思想的另一个重要特征就是它始终与契约观念联系在一起。应该说,这种强调彼此约束的社会契约的思想传统深刻地影响了他们对诚信内涵和功能的理解。

通过以上的分析,可以得出这样的结论:在中国古代诚信文化中,"诚"处于核心的位置,人们更关注其自律的价值,正所谓"其身正,不令而行,其身不正,虽令不从"(《论语·子路》);而在西方的诚信文化中则"信"处于核心的位置,人们更多地关注诚信制度对人的约束,具有清晰的律己和律他的双重制约价值。

二、现代意义上诚信的基本内涵

古今中外,虽然诚信作为人类道德的基础和根本受到极大的关注,但人们对诚信内涵和外延的定义和理解却有不小的差异。这不仅影响了当代诚信研究的发展,也制约了在日益现代化和国际化条件下,诚信作为普遍的道德原则在各国和各民族中的交流和实践。因此,在探讨诚信教育的有效对策之前,有必要依据当代社会的期望和需求,对诚信的内涵作出新的定义。

笔者认为,诚信是指主体能够按其主观意愿,在作出主观判断的基础上,真实地表达客观事实及其主观判断,作出相应的承诺,并按此践行的一种道德规范或品质。和其他道德特质一样,作为"道",它表现为社会对人们诚信行为普遍的规范性要求;作为"德",它是具体个人在诚信方面所表现出的心理和行为上的品质特征。

作为个人的道德特质,诚信包括相互联系的"诚"和"信"两部分,其中"诚"是指主体对所感知到的客观事实和相应的主观判断进行真实表达的心理和行为品质,其表现为讲真话,不说谎。详细分析起来,它又包括以下两个基本方面。一是客观事实与主观判断之分。人们所面对的诚实事件可分为客观事实和主观判断两类。在人诚实品质发展的早期阶段,人们更容易真实表达所感知到的客观事实,而谨慎表达自己的相应判断。这主要是后者会更多地关涉到相应的利益冲突。例如,许多学生可以真实地

---

① 洪跃雄:《诚信辨析》,《江汉论坛》2006 年第 1 期。
② 邹建平:《诚信论》,天津人民出版社 2005 年版,第 17 页。

表述老师体罚学生的事实,但不愿意表述自己相应的是非判断。因此,可以将真实表述主体的主观判断,作为人诚实品质发展进入较高级阶段的重要标志之一。二是隐性与显性之分。隐性的"诚"是指主观上愿意表达客观事实和相应的主观判断,但迫于环境压力而没有作出表达的心理和行为品质;显性的"诚"是指不仅主观上愿意而且在客观上实现了真实表达的心理和行为品质。相对于隐性的"诚"来说,显性的"诚"处于人诚实品质发展的高级阶段,是现代社会所期望的诚实品质。同时,它对推进人诚信品质的发展具有重要价值。因为真实表达的过程不仅是行为主体自我肯定"诚"的过程,更是自我强化"诚"的过程。同时,显性的"诚"为下一步"信"的发生和健康发展奠定了重要基础。

"信"主要指主体能够在作出道德判断的基础上,对其道德判断进行真实的表达,作出相应的承诺,并按此践行的心理和行为品质,表现为讲信用,说到做到。"信"的发生是主体首先作出主观判断,而后进行相应的承诺,最后付诸行动,落实承诺的过程,即判断→承诺→践行。"信"的发生必须满足两个条件:其一,行为主体所作出的判断、承诺和践行必须逐次发生,不能缺失;其二,在"信"发生的过程中,行为主体所作出的判断、承诺和践行必须是一致的。需要特别指出的是,行为主体的主观判断不同于主观愿望。主观判断是行为主体结合其所处的情境和主观愿望进行思维加工的结果。在某些情境的压力下,行为主体很有可能作出有悖于其主观愿望的判断。这说明,在人类的实践中,实际上存在着两种不同性质的守信行为:一种在起始时,人的主观判断便与行为主体的真实愿望完全一致;另一种则因掺入了多种环境因素,其主观判断并不与真实意愿保持一致。前一种"信"是以较高水平的"诚"为基础的,而后一种"信"则有些偏离了"诚"的轨道,或者说其所依托的"诚"还处于较低的水平。

诚实和守信原本是两个不同的道德规范,随着时代的发展和需求,已经逐渐演变成了一个整体,并以其特定的内涵在现代人的社会生活中发挥着重要的作用。在完整的诚信体系中,"诚"和"信"既有区别,也有了更为紧密和清晰的联系。"诚"和"信"之间的这种紧密联系主要表现在,在现代社会中,人们已经把诚实作为"信"真正实现的基本前提。在"信"逐次发生的链条中,存在前后相继的两个必要环节,即判断→承诺和承诺→践行。前面已经分析过,在第一个环节中,行为主体实际上存在两种选择:一是按其主观意愿真实地表达主观判断;二是迫于环境压力违心地表达主观判断。显然,前一种"诚"处于较高级发展阶段。如果没有这种较高级的"诚",行为主体所作出的承诺并不是其主观愿望的真实表述,那么"信"发生的一致性链条的第一个环节就会被扭曲,随后"信"的行为也很容易中断。所以,在现代意义的诚信观中,人的真实判断与其真实意愿应当是高度一致的。这也正是现代诚信观的进步所在,是现代诚信观与传统诚信观的主要区别之处。这种诚信观与现代司法要求真实反映当事人主观愿望的原则也一致。

上述分析表明,随着社会道德文明的进步与发展,人们对诚实与守信有了更深刻的理解和认识。将其紧密地联系在一起作为一个道德规范,既反映两者之间的内在联系,也反映时代对人们诚信心理和行为的更高要求。

三、诚信观的构成

诚信观是人们对诚信的基本看法,是人们界定诚信内涵,评定其价值和水平高低的基本取向和内在标准。诚信观不仅是人诚信行为的起点,而且在一般情况下,多数人对诚信的基本看法,就构成了社会主流的诚信观,从而对整个社会的诚信状态产生重大影响。因此,研究个体诚信观的构成特点和社会群体诚信观的取向特征,对研究诚信和诚信教育问题都具有十分重要的意义。笔者认为,诚信观大致包括以下三个基本方面。

(一) 对诚信基本内容的把握

对诚信内容的把握包含两个方面:一个是外壳,另一个是内涵。所谓外壳指的是语义学意义上对"诚信"的了解,即一个人知不知道表达诚信的词汇。所谓内涵指的是一个人所理解的诚信指的是哪些方面。关于诚信的内涵,前面我们已经作了分析,在现代意义上,它应当包括"诚实——讲真话,不撒谎"和"守信——说到做到"两个基本方面及其关联特征。但是,不同个体在把握和理解诚信内涵方面具有较大差异。我们不能把一个人的诚信观看成另一个人的诚信观,把社会主流的诚信观看成所有人的诚信观。

(二) 对诚信行为评定标准的把握

人们在评价诚信问题时,必须使用一套事先在内心形成的标准体系。这套标准处于人诚信观的核心位置。人们在评判一个人或一件事是否具有诚信特征时,在面对不同的人或事时所使用的标准是不一样的。为此,我们尝试着建立一种由两个基本范畴和四个基本维度构成的诚信标准结构体系,它基本涵盖了人们评价诚信问题时所面临的基本对象和情境。在四个基本维度上,我们标注出了诚信观由低到高发展的趋向性特征。这就为进一步深入考察和评价一个人的诚信观发展水平提供了具有操作意义的重要前提。

1. 两个基本范畴

笔者在对诚信问题的观察中发现,在诚信的评定标准上,实际上存在两个基本范畴,即"对己"的和"对他"的(可能在少数人那里这两个范畴是融合的或部分融合的)。我们设想,绝大多数人在这两个范畴中的诚信评定标准存在差异。一般人或许对自己的诚信行为所设定的评定标准较低,而对他人的诚信行为所设定的标准偏高。正是由于内存着这样两个不同的范畴,我们应对人们有时候表现出的"言不由衷"或"言行不一"的状况作具体分析。

在笔者看来,"言不由衷"或"言行不一"其实存在三种状态:一种是行事策略,即为了达到目的,故意表现出违背内心真实意愿或观念的言行(一般伴随着积极的情感体验)。第二种是基于环境压力,被迫表现出违背内心真实意愿或观念的言行(一般伴随着不良的情绪体验)。需要指出的是,在人的观念构成中也有情境约束维度,如果评估超出了情境约束维度的极限,相关情境即变成环境压力。所以,同一情境或环境变因,在不同人身上启动的内在影响机理是不同的。第三种分别使用"对他"和"对己"两种范畴中的诚信标准实施评价、表达或行为约束(一般伴随着积极的情感体验)。如果这时对外表达的是"对他"的诚信标准,而约束自己行为的是"对己"的诚信标准,那么看上去仍然是"言行不一"或者"说一套做一套"。例如,有的人经常说谎,但并不伴随着消极的情绪体验,但如果发现有人对他撒谎,便勃然大怒。说明在诚信观念"对己"和"对他"两种范畴中,此人存在不小的差异。历史上曹操所说的"宁负尽天下人,不要天下人负我",印证的也是这种情况。笔者认为,前两种是真正意义上的"言不由衷"和"言行不一",而在第三种情况中,他们的言行实际上仍然是其意愿或观念的真实表达,是"言自由衷"和"言行一致"。之所以在此方面会出现误解,是因为人们一直认为诚信观念只存在一种范畴。如果用一种范畴的观点看,只能将言与行间的差异解释为"言不由衷"和"言行不一"。判断第三种与第一种界限的标准是"是否故意";判断第三种与第二种界限的标准是"是否具有积极的情绪体验"。也就是说,如果一个人做了看上去"言不由衷"和"言行不一"的事,而又不是故意的,同时伴随着积极的情感体验,那么此人在"对他"与"对己"两种诚信观范畴中一定存在着不小的差距。

在此项研究中我们重点研究第三种情况,其原因是从观念到行为是人类活动的基本特点,在多数情况下,人的观念与言行是一致的,观念的差异必然带来言行的差异。关于一个人如何将观念形态的东西转变为行为,傅维利在《真实性道德冲突与学生的道德成长》中提出的相关理论以及科尔伯格(Lawrence Kohlberg)关于道义判断与责任判断的观点都有一定的参考价值。笔者认为,道义判断可能是基于"对他"的范畴,而责任判断可能是基于"对己"的范畴。如果按照科尔伯格的理论,一个人只有从道义判断转变为责任判断,才可能导致行动,那么从观念到行动的实现路线应当是:观念("对他"范畴)→观念("对己"范畴)→行动的心理倾向→行动实现。

2. 四个基本维度

维度选择的三个原则:一是最大可能涵盖人们在现实生活中遇到的所有诚信事件;二是可以较好地呈现不同人内在诚信标准的不同特点;三是能充分地表现出人诚信标准从低向高的连续性发展特征。

在"对己"范畴中包括三个基本维度,即利益预期维度、频率维度和情境约束维度,而在"对他"范畴中则包含了四个基本维度,即对象维度、利益预期维度、频率维度和情境约束维度。

(1) 对象维度。其以熟悉→陌生为维度发展的主导方向,即在关涉利益的诚信问题上,人们可能对熟人使用较高的诚信标准,而对陌生人使用较低的诚信标准。如果一个人说,"你对别人撒谎还可以理解,但对我撒谎是绝对不能容忍的",或者说,"你答应别人的没做到还可以理解,但答应妈妈的也没做到是绝对错误的",那么评价者和被评价者间一定有很亲近的关系。也就是说,如果一个人不仅对熟人而且对陌生人也使用了较高的诚信评价标准,那么这个人的诚信观就达到了较高的水平。

熟悉→陌生的发展脉络大致是:血缘系列→朋友系列→小团体系列(如同学、同事、同乡)→大团体系列(如同民族、同国家)。其诚信标准发展特征应当是:伴随着熟悉→陌生的方向,诚信观在此维度也表现出由低向高的发展特征。

(2) 利益预期维度。其以面对获得低利益事物→面对获得高利益事物为维度发展的主导方向,即如果评价人只对低利益关涉事件坚持较高的诚信标准,而对高利益关涉事件却给予较低的诚信标准,那么,他在这一维度上处于较低水平;如果对高利益关涉事件也坚持较高的诚信标准,那么,他在这一维度上处于较高水平。

由于利益相关可以表现出性质不同的两类:一类是对自己或被评价者有利,在这种情况下,人们一般会全面肯定诚信法则;另一类是对自己或被评价者有害,即说真话或守信用会明确损害自己或被评价者的利益,在这种情况下,人们一般会降低诚信的内在评定标准,而且有损自己或被评价人利益的程度越高,相应的内在诚信评定标准会定得越低。因此,在这一维度上,我们重点考察利益丧失的情况,即伴随着诚信事件与被评价人利益丧失的增大,其诚信观在此维度上也表现出由低向高的发展特征,即诚信观发展水平较高的人,不仅在利益丧失小的情况下会坚持诚信的标准,而且在利益丧失大的情况下也坚持诚信的标准。

(3) 频度维度。其以偶然发生→持续发生为维度发展的主导方向,即如果一个人对自己或被评价人偶然表现出诚信行为便认定为诚信,那么此人在这一维度上处于较低水平,反之处于较高水平。

诚信标准在此维度上的发展特征是:伴随着诚信行为发生频率的上升,评定人的诚信观也呈现由低向高的发展特征。

(4) 情境约束维度。其以情境约束严紧→情境约束宽松为维度发展的主导方向,即对待同一诚信事件,情境的约束力高时,评定人认为该讲诚信,而在情境的约束力低的时候,评定人就认为不一定要讲诚信,说明此人的诚信内在标准处于较低水平;如果一个人在任何情境约束条件下,都表现出较高的诚信要求,说明此人的诚信内在标准处于较高水平。

诚信标准在此维度上的发展特征是:伴随着情境约束力由强到弱,人的诚信观在此维度上也表现出由低向高发展的特征。

(三) 对诚信价值的把握

价值是人们对事物存在意义和应当具有的作用的判定。不同的人对诚信价值的判断可能有明显的差异。我们从两个维度上考察这种差异。

1. 个人维度

这一维度主要考察人们对诚信对个人生存与发展价值的看法,以低价值→高价值为维度发展的主导方向。如果一个人对诚信的个人价值有较低的评估,说明此人在此诚信观维度上处于较低水平,反之处于较高水平。

2. 团体维度

这一维度主要考察人们对诚信对团体生存与发展价值的看法,以低价值→高价值为维度发展的主导方向。如果一个人对诚信的团体价值有较低的评估,说明此人在此诚信观维度上处于较低水平,反之处于较高水平。

在团体维度上,可以按团体内部的联系特征和利益关联的紧密程度细分出血缘团体(如家庭、家族)、同伴团体(人们切实在一起工作、学习或生活,如班组、班级、宿舍、社区)、意义团体(在某种意义上属于一个团体如国家、民族、大洲)。

由于这些团体与评估人的利益关联程度成由紧到松的发展走向,因此诚信观在此维度上也应呈现相应的发展走向。

当诚信能为团体带来利益的时候,价值评估可能没有显著差异。当诚信能为团体带来伤害的时候,伴随着利益关联程度成由松到紧的发展走向,评估人在此维度上发展水平呈现由低到高的发展走向。

四、对学生的诚信教育

诚信教育隶属道德教育的范畴,是培养学生"讲真话,说到做到"道德品质的教育。其主要任务是提高学生的诚信认知,陶冶学生的诚信情感,锻炼学生的诚信意志,训练学生的诚信行为。对诚信观的深入分析,能启示我们合理地把握诚信教育的方向,提高诚信教育的效果。

(一) 把建立充满信任的教育和生活环境作为诚信教育的重要起点

诚信与信任是相互递进、相互制约的关系。这主要表现在人们对所信任的人通常是诚信的;诚信之人的一个最为直接的效果就是更容易赢得别人的信任。反之,如果个人与个人之间、组织与组织之间、个人与组织之间缺乏起码的信任,那么,诚信将因风险太大而不可能产生或存续。这说明,诚信与信任是在不同特征的联系中相互推升或相互削减。

需要指出的是,在这种相互影响和制约的关系中,教师与家长应率先营造和建立值得学生和孩子信任的教育和生活环境。这主要是因为在环境营造和改善中,教育者处于主导的位置上。教育者应率先以信任学生为表率努力建立这种信任环境,并把它作为诚信教育的重要起点。

(二)把价值提升、标准构建和行为形成作为诚信教育的重点

由于诚信能充分体现真实互利原则,保证了社会有序、健康和持久的运行,因此,它一直是进步社会所积极倡导的主流道德规范和指导社会各个方面健康运行的普遍原则。因此,我们要把诚信教育放到道德教育的重要位置上,使之成为最为重要的德育内容。在诚信教育中我们要做到以下几点。

第一,要提升学生对诚信价值的理解。教育者不仅要通过理论阐释和案例说明的方式,让学生深入地了解诚信对个人发展和社会生活的价值,而且要在处理关涉学生利益的生活、学习事件中,采用充满信任和诚信的方式,实实在在地示范和展示诚信的价值。教育实践已经反复证明,教育者在教育组织和实施过程中所展现的非信任和非诚信的教育行为,是对诚信教育最大的伤害。

第二,要把诚信标准的教育作为一个长期、艰巨和重要的工作来抓。世界上先进的道德教育有一个共同点,就是不局限于现成的道德结论,而是特别重视对学生进行内在价值评价标准的教育,这与我国的直接给予结论的道德教育方式形成鲜明的对照。由于有了工具意义上的给予,使得先进的道德教育方式具有鲜明的鼓励学生自主实施道德判断和行动的持续长远的指导价值。借鉴世界先进的道德教育的理念和方式,我们要按照"对他"和"对己"两个范畴,在四个基本维度上逐步找到我国儿童青少年诚信内在评价标准的一般发展常模,并在此基础上,确立按年龄阶段划分的发展标准及其教育的内容和方式。

第三,正如前面所分析的,现代意义上的诚信包括前后相继的两个必要环节,即判断→承诺和承诺→践行。这就要求我们的诚信教育不能止于说理,还要特别注意延伸到行动。笔者推荐以感知—明理—行动为主线的诚信教育模式。

(原载《教育研究》2010年第1期,第44～49页。)

科研诚信是全球永远的课题
——中国科研管理与学术出版的诚信环境

叶 青 杨树启 张月红

引 言

2015年5月31日至6月3日,第四届世界科研诚信大会(4th World Conference on Research Integrity,http://www.wcri2015.org)在巴西里约热内卢召开,来自全球50多个国家的600多位科研机构和学术团体领导人、大学校长、期刊主编、政策制定者和科研人员参加了会议。本届大会的主题是"科研激励和科研诚信:完善科研体制,促进负责任研究"(Research Rewards and Integrity:Improving Systems to Promote Responsible Research),大会共包括6次全体会议、10次专题会议和30个分组会,会期4天。本届大会中国大陆有6位代表参会,其中,国家自然科学基金委员会主任杨卫,浙江大学学报(英文版)总编张月红分别作了大会报告。中国科学院监审局局长李定,科技部科研诚信办公室孙平博士(由美国科研诚信办公室[Office of Research Integrity,ORI] Zoë Hammatt 代言)分别作了专题报告。本文就本届大会的主题内容并结合中国科研诚信环境的景观,以及学术期刊在科研诚信建设中的作用展开讨论。

1. 全球注重科研诚信研究

自2007年在葡萄牙首都里斯本召开的首届世界科研诚信大会上提出的"促进负责任的研究",[①]到"关于符合专业标准的负责任研究根本原则的世界声明",即《科研

[①] 曹南燕、邱仁宗:《促进负责任的研究——记首次世界科研诚信大会》,《自然辩证法研究》2008年第5期,第108~111页。

诚信新加坡声明》①和《关于跨界科研合作中的科研诚信蒙特利尔声明》,②再到本届强调的科研体制的改革,国际科研诚信的研究重点正在从对研究人员的要求转移到科研体制的改革。本届大会的6次全体会议的主题包括:

(1) 科研体制中现存的问题(Current Problems in the Research System)。

(2) 当前科研体制的驱动力量(Drivers of the Current Research System)。

(3) 科研体制的变化(Changing the Research System)。

(4) 资助机构在促进科研体制变革中的作用(The Role of Funders in Driving Change in the Research System)。

(5) 不同国家促进科研诚信的做法(Different Countries' Approaches to Fostering Research Integrity)。

(6) 出版机构在促进科研体制变革中的作用(The Role of Publishers in Driving Change in the Research System)。

以下选择部分国家从事科研诚信研究的最新成果进行介绍。

来自剑桥大学的Ottoline Leyser教授介绍了英国在探索科研文化项目中的一系列调查研究,报告中提到:第一,高质量的研究需要具备合作、开放、交叉、创新这四个条件。第二,"经费资助"的竞争作为目前研究人员竞争的重要环节,虽然能激励研究人员之间展开竞争并筛选出更好的人选,但过度的竞争同时也会引起一系列不良影响,比如会降低研究质量、导致盲目追赶、削弱创新和变革以及减少合作研究。第三,同其他国家一样,英国现阶段的科研成果评估中也存在着"发表高影响因子文章"的巨大压力,这种科研评估体系片面且不科学,往往会导致重要研究成果不被发表、多学科交叉研究受抑制、缺乏非文章形式的成果鉴定和合作研究的鉴定以及成果归属等问题。事实上评估内容应该更加广泛,研究人员学术影响力和专业培训及监督活动的参与程度也不容忽视。《关于科学评估的旧金山宣言》(San Francisco Declaration on Research Assessment, DORA)为此提供了一个很好的参考。③ 第四,关于评估体系中另外一个重要环节——同行评估,71%的调查人员认为同行评估有利于科学的发展,但考虑到一些不当的评审行为、评审时间不足以及其他一些弊端,认为需要进行回顾评审、评估人员培训、给予足够时间和资格认定。总的来说,过度的竞争、日益繁重的科研工作压力以及尚不完善的评估体系不利于科研文化的繁荣,这就需要政府管理部门和相关机构营造良好科研环境来引导科研道德行为:完善科研评估标准并清晰地传

---

① 《科研诚信新加坡声明》,《科学通报》2010年第Z2期,第2684页。
② The LANCET. Integrity in research collaborations: The Montreal Statement E. The Lancet, 2013, 382 (9901): 1310.
③ GAGAN R. San Francisco Delaration on Reseach Aeeseement, Disease models & mechanisms, 2013, dmm. 012955

达给研究人员;为科研及其他相关人员提供良好的科研训练环境;对评审人员进行培训及资格认定;公开评估过程的结果。希望全社会共同参与,构建良好的科研文化氛围,形成一个开放合作的科研文化共识:铭记科研道德、做好指导建议和倡导集体责任。

来自美国科研诚信办公室(ORI)的 Zoë Hammatt 在关于科研不端行为的驱动因素的报告中明确定义了五个科研不端行为的驱动因素:缺乏指导、培训不足、竞争压力、个人心理问题和个人情况。一项对法国研究人员进行的调查显示,科研诚信和学术不端问题需要通过建立道德标准和政策来界定。在 2014 年小保方晴子的 STAP 干细胞丑闻在学术界闹得沸沸扬扬后,日本学术振兴会(Japan Society for the Promotion of Science,JSPS)于 2015 年 3 月出版了一本关于科研诚信的手册。① 随后,日本的高校和科研院所于 2015 年 4 月建立了咨询委员会,负责监测每个大学的科研诚信情况以及明确和评审科研诚信教育的内容。在本届大会上还看到了非洲国家的身影,一份关于加强非洲科研诚信的报告指出,非洲目前整体上尚缺少一个监管体系,相关制度建立缓慢且发展不均衡,为此非洲各国正在开展广泛对话,希望以此来增进相互之间的信任和理解,加强合作和消除误解。②

2. 中国科研诚信环境的改观

2.1 政府科研管理部门与高校科研院所

1996 年 11 月,中国科学院设立科学道德建设委员会,负责组织和领导学部的科学道德和学风建设工作,这应该是我国最早正式设立科研诚信管理部门的单位。随后,中国工程院、国家自然科学基金委员会(NFSC)、教育部和科技部先后成立了各自的科研诚信管理部门(表1)。2009 年 8 月 26 日,由科技部牵头,联合教育部、财政部、人力资源和社会保障部、卫生部、解放军总装备部、中国科学院、中国工程院、国家自然科学基金委员会和中国科学技术协会共 10 个科研诚信建设联席会议单位,发布了《关于加强我国科研诚信建设的意见》(国科发政〔2009〕529 号)为推动科研诚信建设、充分调动广大科技人员的积极性和创造性、保障我国科技事业的健康发展和促进创新型

---

① JSPSEC. For the Sound Development of Science—The Attitude of a Conscientious Scientist. Maruzen Publishing Co., Ltd., 2015.
② KOMBE F., ANUNOBI E. N., TSHIFUGULA N. P., et al. Promoting Research Integrity in Africa: An African Voice of Concern on Research Misconduct and the Way Forward. Developing world bioethics, 2014, 14 (3):158-166.

国家建设提供了指导性意见。

表1 中国科研诚信管理部门建设情况

名称	设立部门名称	成立时间
中国科学院	科学道德建设委员会	1996年11月
中国工程院	科学道德建设委员会	1997年8月
国家自然科学基金委员会	国家自然科学基金委员会监督委员会	1998年12月
教育部	教育部社会科学委员会学风建设委员会	2006年5月
科技部	科技部科研诚信建设办公室	2006年11月
科技部等*	科研诚信建设联席会议制度	2007年3月

*第一届科研诚信建设联席会议制度由科技部、教育部、中国科学院、中国工程院、国家自然科学基金委员会和中国科学技术协会6个部门组成,后又增加了财政部、人力资源和社会保障部、卫生部和解放军总装备部,总数达到10个。

2002年2月,教育部发布《关于加强学术道德建设的若干意见》。[①] 同年3月15日,北京大学校长办公会通过并正式生效了《北京大学教师学术道德规范》,同时成立学术道德委员会,负责评估学校学术道德方面的方针、政策和存在的问题,对有关学术道德问题进行独立调查,并向校长提供明确调查的结论和处理建议。[②] 由此,学术道德建设工作在国内各地高校全面展开。根据教育部的统计,截至2008年12月,5%以上的部属高校设立了学风建设的专门机构,初步建立起全国高校学风建设的工作网络。2009年3月19日,教育部首次就处理学术不端行为发出《关于严肃处理高等学校学术不端行为的通知》。[③] 2013年1月1日,教育部颁布首部处理学术不端行为的部门规章《学位论文作假行为处理办法》,该办法的出台实施,首次明确界定了学位论文作假行为和对各行为责任主体的处罚,对规范学位论文管理、打击学术造假、推动学术诚信建设和营造良好学风环境具有重大意义。[④] 2014年6月6日,国内29所"985工程"高校研究生科研诚信研讨会在南开大学举行,共同发布了国内首份《中国研究生科研诚信公约》。[⑤]

通过对我国各省市自治区(除港澳台)"211"等高校进行网上检索"学术诚信""道德规范""诚信办公室"和"学术不端"等关键词,以及浏览各高校网站,可以看到:北京大学率先于2002年正式出台了学术道德规范;安徽、山东、江苏、浙江、上海等东部沿

---

① 教育部:《关于加强学术道德建设的若干意见(转发)》,《社会科学论坛》2002年第6期,第23~25页。
② DING Y. Beijing U. issues first-ever rules. Science, 2002, 296(5567): 448.
③ 教育部:《教育部关于严肃处理高等学校学术不端行为的通知》,《中华人民共和国国务院公报》2009年第23号,第18~19页。
④ 李文君:《〈学位论文作假行为处理办法〉解读》,《教育与职业》2013年第16期,第50~51页。
⑤ 马献忠、吴军辉:《首份中国研究生科研诚信公约发布》,《中国社会科学报》2014年6月9日,第A01版。

海地区的高校在随后两三年也相继出台了各自的学术道德政策;截至2013年,各省市自治区的"211"等高校均在各自网站在线了学术道德奖惩政策,并相继成立了道德学术委员会(图1)。

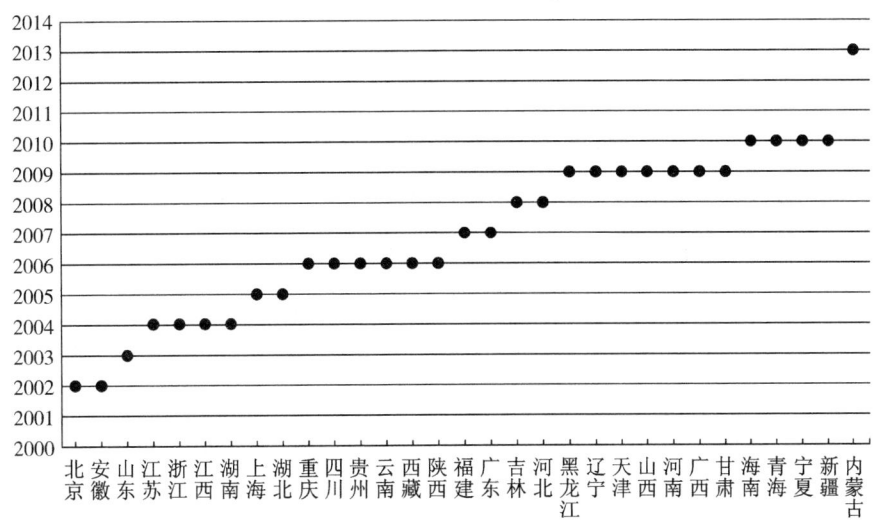

图1 中国各省市自治区(除港澳台)"211"等高校出台学术道德政策起始年份

本届世界科研诚信大会上,我国国家自然科学基金委员会主任杨卫院士作了题为"六项改革举措促进中国科研诚信——演变中的中国科研评估"(Six Changes in the Research System to Reinforce Integrity:Evolving Research Assessment in China)的主题报告。① 报告首先强调了对学术不端行为"零容忍"是基金委一贯的态度。随后介绍了我国近年取得的科研成果以及现阶段科研诚信建设的情况。最后就关于科研体系的六个改变作了详细介绍,包括:在处理学术不端问题上主动出击;采取保密和透明的信息政策;通过行政撤销、权力分级和权力分离把权力关进笼子;分别设置NFSC的外部委员会、高校的学术委员会和中国科学技术协会的伦理道德委员会;调整大学的奖励政策偏向;机构改革,防止科研体系碎片化。中国科学院监审局长李定教授作了题为"中国科学院通过体制改革促进负责任研究"(Improving Systems to Promote Responsible Research in the Chinese Academy of Sciences)的报告,介绍了中科院在近年来开展科研道德建设中取得的成效及科技评价体系改革的进展。② 科技部科研诚信办公室孙平博士(由美国科研诚信办公室Zoë Hammatt代言)作了"完善制

---

① 刘秀萍:《杨卫主任出席第四届世界科研诚信大会并访问阿根廷》(2015-06-11)[2015-07-17]http://www.nsfc.gov.cn/publish/portal0/tab38/info48497.htm.
② 《李定出席第四届世界科研诚信大会》(2015-06-11)[2015-07-17]http://www.jianshen.cas.cn/yw/201506/t20150625_4379312.html.

度体系,指导科研不端行为的处理"(Improving Institutional Systems for Conducting Research Misconduct Proceedings)的报告,介绍了一项关于基金资助机构和高校科研院所处理科研不端行为的调查报告。

2.2 学术期刊的责任

学术期刊作为科研成果最终报道的守门人,遵守学术伦理道德、净化学术环境、规范论文发表是期刊编辑义不容辞的责任。① 为此,除了依赖一直以来所采用的国际同行评审制度外,还需要依靠新技术的运用以及相关行为规范、指南或政策的制定。

2.2.1 AMLC 和 Crosscheck 检测工具的使用

"中国知网"学术不端文献检测系统(AMLC)是同方知网在 2008 年研制成功的、我国第一个可大规模应用的学术不端检测系统。② 截至 2015 年 5 月,同方知网上登记的 9869 份中国学术期刊中有 5593(56.7%)份期刊正在使用 AMLC 软件进行反剽窃检查。通过对各省的学术期刊使用 AMLC 的情况进行统计,发现 31 个省市自治区(除港澳台)的平均使用率为 54.8%(34%～65%),其中有 24 个省份的使用率处于 50% 至 61% 之间;使用率最高的三个省份为辽宁、黑龙江和河北,最低的两个省份为宁夏和青海;期刊的种类数量上北京以绝对的优势占据第一(2728 份),约占全国总数的 27%（图 2）。

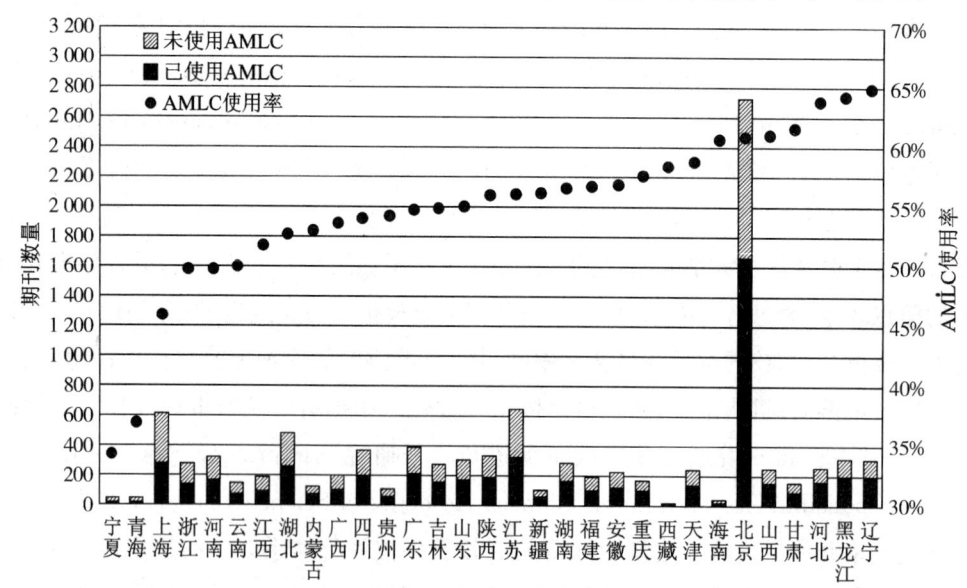

图 2　中国各省市自治区(除港澳台)学术期刊 AMLC 软件使用情况

---

① 林汉枫、贾晓燕、张月红等:《重视学术伦理是期刊编辑义不容辞的责任——〈浙江大学学报(英文版)〉初探 CrossCheck 的工作模式和规范标准》,《中国科技期刊研究》2011 年第 22 卷第 3 号,第 328～333 页。

② 《〈浙江大学学报(人文社会科学版)〉建立双重防线在全国社科期刊中率先采用"学术不端文献检索系统"》,《浙江大学学报(人文社会科学版)》2009 年第 2 期,第 102 页。

鉴于国际上英文的学术期刊主流还是采用 CrossCheck 提供的 iThenticate 软件进行重复性检查。① 我们设计了一份关于 CrossCheck 卷，调查发现国内约 300 本英文期刊中有 158（53%）本左右的期刊已经开始使用该软件，这和 AMLC 的使用率整体上保持一致。

2.2.2 防剽窃政策的制定

无论是出于提高期刊质量的考虑还是为作者提供切实有用的学术诚信规范指导，学术期刊都需要制定自己的学术道德政策。② 2010 年以来，越来越多的出版商和期刊开始建立自己的学术道德政策。③ 其实早在 2008 年，中国的学术期刊就已开始了这方面的研究，虽然很少能在全国范围内看到这些政策的身影，但是目前国内至少有五个期刊（浙江大学学报（英文版）三个刊、科学通报和细胞研究）已经在各自的网站上发布了学术道德政策。下面以《浙江大学学报（英文版）》为例进行介绍。

《浙江大学学报（英文版）》于 2015 年 5 月出台了自己的《防剽窃政策》，④该政策在参考了国际出版伦理委员会（COPE）自 2008 年以来出台的一系列伦理政策及防剽窃流程图的基础上，⑤结合期刊的自身特色，对多年来防止论文投稿和发表中剽窃问题的实践经验进行整理汇总。主要包括：对九种剽窃现象的界定及相应的作者防止剽窃指南；指导编辑处理不同类型问题的政策方法；在投稿期和发表前利用 Crosscheck 进行检测的流程和分析标准。该政策的制定，为提升我国期刊的学术信誉和质量标准，并切实保证期刊所发表论文的学术诚信提供了实践与参考。⑥

3. 结　语

正如本文作者张月红在本届诚信大会上，用多组统计数据和直观地理图示向世界展示了中国的科研诚信的实时景观，让全球学术界和出版界感受到了中国的进步和提升。同时，这些有力的证据说明，由于国家政府管理部门的高度重视和积极推进，近十

---

① ZHANG H Y. CrossCheck: an effective tool for detecting plagiarism. Learned Publishing, 2010, 23(1):9-14.
② MORRIS S., BARNAS E., LAFRENIER D., et al. Handbook of Journal Publishing. Cambridge University Press, 2013.
③ BUTLER D., Journals step up plagiarism policing. Nature, 2010, 466(7303):167.
④ ZHANG Y H, LIN H F, YE Q. Anti-plagiarism policy of JZUS-A/B & FITEE. Journal of Zhejiang University-SCIENCE A (Applied Physics & Engineering), 2015, 16(6):507-512.
⑤ COPE. What to do if you suspect plagiarism. 2013. [2015-07-17]. http://publicationethics.org/resources/flowcharts.
⑥ 浙江大学学报英文版编辑部：《〈浙江大学学报（人文社会科学版）〉制定防剽窃政策》,（2015-06-10）[2015-07-17]http://www.sinori.cn/jsp/archives/archivesView Dt! archivesViewDt.action? modelId=1 & columnId= & archivesId=12109.

年来,无论是高校科研院所,还是出版单位与学术期刊都积极参与到科研诚信的建设与研究中。对于中国的科研诚信的建设与改观,有一位巴西的代表评论说看到中国的科研诚信的巨大变化,让我们巴西同行感到了惭愧和压力。同时,来自美国的学者也评论说,这些年我们一直在关注中国科研诚信的改观和研究,有些研究具有全球性。然而,我们也必须清楚地意识到与发达国家之间还有一定的差距,如 Nature[①]、Lancet[②] 这些学术期刊早已建立了完善的出版伦理政策,哈佛[③]、剑桥[④]等美国、英国的高校均已将科研诚信形成了一种学术文化。的确,科研诚信是全球永远的课题,我们在科研诚信建设的道路上还有很长一段路要走。政府部门、基金资助机构、出版商(学术期刊)、高校科研机构(科研人员)犹如整个科研体制系统里不可或缺的生态要素,只有共同重视,发现问题、解决问题、相互协作,才能使其健康有序地发展。

(原载《中国科技期刊研究》2015 年第 10 期,第 1040~1045 页。)

---

① NATURE. Polices:Publication ethics. [2015-07-17] http://www.nature.com/authors/policies/publication.html.

② The Lancet. Information for Authors. (2015-03). [2015-07-17]. http://www.thelancet.com/pb/assets/raw/Lancet/authors/lancet-information-for-authors.pdf.

③ Harvard University. Harvard Guide to Using Sources. [2015-07-17] http://usingsources.fas.harvard.edu/icb/icb.do.

④ University of Cambridge. University-wide statement on plagiarism. (2015-07)[2015-07-17] http://www.admin.cam.ac.uk/univ/plagiarism/students/statement.html.

西方篇

苏格拉底之死——用生命诠释诚信

〔古希腊〕柏拉图

被雅典人投入监狱的苏格拉底在狱中与他的朋友克力同的对话——

苏格拉底（以下简称"苏"） 那么，根据我们所同意的，必须研究，未经雅典人释放，企图离开此地是否正当？正当，我们尽管做去，否则只好罢论。你所提关于花钱、损誉、儿子无依等等，确实只是大众的想法；他们基于置人死地，若是能做，也易于起死回生，不动思虑，随兴所之。至于我们，在理性的约束下，除方才所同意的结论之外，不得虑及其他，请问：赂人带领离开此地，或行贿得人之助以自逃，此举是否正当，或者做这些事确实是悖理枉法。行这些事若是不正当，我们就不得计较留在此地静候死期以及其他任何悲惨遭遇，应当念念在于免行不义。

克力同（以下简称"克"） 我觉得你说得对，苏格拉底；我们应当怎么办呢？

苏 好朋友，我们一起检查。你如有理由能驳我的话，就请说，我肯接受你的；否则，载福的朋友，请你即刻停止累次对我重复的一套老话，力劝我背雅典人的意旨而擅离此地。我甚愿遵命行事，可是我不能做违心的事。且看，我们检查的起点对你是否说得透彻了？请尽你的能事试答我的问题。

克 我要试。

苏 我们是否说，无论如何都不许有意做错事，或者在某种情况下可做、某种情况下不可做？或者如我们以前多次所同意，绝不可做错事，既不正当，又不光彩？或者我们以前所同意的在这几天之内一概推翻；唉，克力同，我们老年人以往长时间交谈，却不理会我们自己无以异于儿童吗？或者我们以往所说的最有力，不管世人赞许与否，不论我们必须受苦更重或较轻，做错事无论如何总是坏的、可耻的？我们是否这么说？

克 是这么说。

苏 那么，我们无论如何都不可做错事。

克 当然不可。

苏 既然无论如何不可做错事儿，那么，世人所共许的以错还错也不可行。

克　显然不可行。

苏　好了,克力同,作恶可不可?

克　哪可,苏格拉底。

苏　那么世人所许的以恶报恶是否正当?

克　绝非正当。

苏　以恶待人和错待人没有差别。

克　你说实话。

苏　那么我们对人不可以错还错,以恶报恶,无论所遭受于人者如何。注意,克力同,你承认这话,不要违背本心;我知道只有少数人相信、能信这话。信与不信的人没有共同立场,他们只是各执己见,互相轻蔑。所以,你要端详审度,到底你是否与我共此见解,从此出发,即:无论如何,做错事、以错还错和将恶报恶以求免受害于恶,通通是不对的;或者你不与我共此见解,不从此出发? 我以前相信这见解,如今仍然服膺这见解;你如果别有想法,请说,请见教。若是依旧保持我们以往的见解,请听下文的话。

克　我保持我们以往共同的见解,请往下说。

苏　我往下说,毋宁问:曾同意做、而又是正当的事,是否必须做,或者可以背信负诺?

克　必须做。

苏　从这些方面考虑:未得国家许可而擅离此地,我们是否负了最不应负的人——以恶对待他们了? 我们践诺守信留在此地是否正当?

克　我不能答你的问,苏格拉底,我不明白。

苏　请由此着想:我正要逃出、或者用别的什么名目离开此地时,国家与法律来到我身旁,问我:"苏格拉底,告诉我们,你心想做什么? 你所图谋的事不是有意竭力毁坏我们——国家和法律——吗? 你想国家还能存在、还不至于天翻地覆,如果法庭的判决不生效力,可以被私人废弃、取消?"克力同,我们怎么答复这话以及其他类似的话,有人,尤其是演说家,有许多话好说,关于违法——保证判决生效的法,他有得说的。或者我们质问他们说,国家冤我,对我判决不公;我们可以这样质问吗?

克　借帝士的名义,这正是我们所要说的,苏格拉底。

苏　怎么好,假如法律说:"苏格拉底,这岂不是你和我所同意的,同意遵守国家的裁判?"我若对他的话表示惊讶,也许他会继续说:"对这话不必惊讶,苏格拉底,请答复,因为你惯于问答。来,请问你对国家和我们有何不满,竟至于想毁灭我们? 首先,你身不是由我们来的? 你父不是通过我们娶了你母,生了你吗? 请说,你对我们管理婚姻的婚姻法有什么不良处可指摘的?"

我说，没有什么可指摘的。"请说，关于诞生后的鞠养与教育，你所受过的，我们管理这些事的法律指示你父教你音乐与体育，制定得不好，指示错了吗？""不错"，我答复。"好了，你既是我们所生、所养、所教，首先你能说你本身和你祖先不是我们的子息与奴才吗？既是如此，你想你我应当平等，我们如何对待你，你就应当如何报复我们吗？你和你父、你主（如果你有主）没有平等，不得以所受的还报他们，不得以恶言语还恶言语，以拷打还拷打，以及所有其他此类的报复。你想可以这样对待祖国和法律，如果我们认为应当处你死刑，你就竭力企图毁坏、颠倒我们——国家和法律，还要说这种行为正当，你这真正尊德性的人竟至于此吗？你难道智不及见：国之高贵、庄严、神圣，神所尊重，有识者所不敢犯，远过于父母和世世代代祖先？国家赫然一怒，你必须畏惧，对他愈益谦让、愈益奉承，过于对父母；能谏则谏，否则遵命，命之受苦便受苦，毫无怨言，——或鞭笞，或监禁，甚至负伤或效死疆场。令则必行，无不正当，不得退避，不许弃职。不论临阵与上法庭，必须全部遵行邦国之命。可谏诤以促进公议，不许强违意旨；如此对待父母已是不敬，何况对待国家，更是大不敬了！"我们应当怎么答复，克力同？法律所说是否实话？

克 我想是的。

苏 注意，苏格拉底，法律也许还要说："如果我们说，这些话是真实的，你此刻企图要对我们做的事就是不正当的。我们生你、养你、教你，凡所能给其他公民的利益，都给你一份。此外我们还预先声明给雅典人所欲得的权利：成年以后，看清了国家行政和我们——法律，对我们不满，可带自己的财物往所欲往之地。国家和我们不合你们的意，你们要走，我们没人拦阻，不会禁止你们带自己的财物到所要去的地方，——或去殖民地，或移居外邦。可是我们默认，凡亲见我们如何行政、立法、依然居留的人，事实上就是和我们订下合同，情愿服从我们的法令。不服从者，我们认为犯三重罪：一、不服从所自生的父母；二、不服从教养恩人；三、不守契约，既不遵命，又不几谏我们的过失，虽然我们广开言路，并不强制执行，——既不能谏，又不受命，两失其所当为。"

"我们认为，苏格拉底，你如果实行意中所图的事，便无所逃于这几层罪责，你的罪名不轻于，实际上重于所有雅典人。"我若问何以然，他们也许就证实我和他们订约比所有雅典人都紧。他们要说："苏格拉底，我们掌握着强有力的凭据，证明国家和我们合你的意。你若不是喜欢我们过于所有其他雅典人，断不至于与此邦结不解之缘：除从军外，你一向不曾出国参观，无意了解他邦及其法律，不像他人，你从不旅行；我们和我国在你为意已足。你对我们极其信任，同意作我国公民，受约束于我们。你生子于此，你对本国是满意的。你受审时，原可自认放逐的处分，今天也许如愿邀准去做此刻不许偷做的事。当时你却装面子，说当死则不忧不惧，宁死莫放逐。你不以当时的话为耻吗？你蔑视我们——法律,要毁坏我们——法律;你想逃,不顾和我们所订甘为守法公民的契约,做最下贱的奴才所做的事。首先答复这问题：我们说,你言语与行为都和我们订下了甘为守法公民的契约,这是否实话？"我们应当怎么答,克力同？表示同意,或是振振有词？

克 必须表示同意,苏格拉底。

苏 他们要说："你此刻做的不是践踏和我们所订的约吗？你我定约时,我们对你不强、不欺,不逼你于短时间内决定,七十年之间,你尽可以走。如果我们不合你的意,或者合约对你显得不公平。你经常称赞政、法修明的腊克戴蒙和克累提,以及希腊境内境外的各邦,你都不想去,你比盲与跛和其他残废的人尚且更少出境。本国合你的意过于其他雅典人,显然我们——法律——也合你的意,法律以外,对于一国还有什么可满意的？你如今不想守约了？苏格拉底,你受我们劝,就不至于逃亡而闹一场笑话。"

"仔细想,你行此犯法的错事,对己对友有何益处？很明显,你的朋友也要冒放逐的危险,剥夺公民权,乃至亡家破产。首先你自己,若去一个最近的邦,如政、法修明的台拜坞斯或麦加拉,苏格拉底,其英明政府视你如敌,其卫国人民加你白眼,认为你是法律破坏者;况且你的行为愈足以加强审判官们的自信心,坚信对你判断公允,因为毁坏法律者当然会被指为诱惑青年和惛瞀的人。你是否不奔政、法修明的国家,不投最治理的人民;因失其亲,你的生活还有价值吗？你仍去接近他们,厚颜同他们谈话吗,苏格拉底？正如在此地与人谈谈尊德性、重公义、法律至宝、法律为贵,人生价值莫过于此？你不觉得苏格拉底的事迹显得可耻？必然会觉得。或者你漂泊远举,只奔啬他利亚去投克力同的朋友;那里乱无法纪,也许有人爱听你逃监的笑谈,——化装,或披羊皮,或作逃亡者其他打扮,以隐形变态,然而不会有人说你年老尽许余日无几,还是如此贪生,贸然丧尽廉耻行此滔天犯法的事？或许没有人说,如果你不得罪人;你若得罪人,苏格拉底,管保你要听许多扯你脸皮的话,你只好依人偷生,趑趄嗫嚅,自齿于仆从之列。你到啬他利亚,吃喝以外,有何作为？像是混酒肉去的。我们以前关于公义以及其他德性的言论哪里去了？或者你为儿子想活,要把他们教、养成人。这怎么办？把他们带到啬他利亚去教养,为异邦之宾,分享你的福气？或者不把他们带去,你以为,他们不在你身边,有你活着,所受教养总比你死去好？固然,你的朋友会照顾他们。难道你去啬他利亚,他们为你照管,你去阴间,他们不为你照管？只要那些自命为你友者稍有出息,我相信他们一定会为你照管。"

"苏格拉底啊,听从我们抚养你的人吧。不要顾惜儿子、性命以及其他一切过于公义,使你到阴间时理直气壮,有词以对官府。很明显,你做这事,无论在此界、彼界,对你与你友,都没有好处,不会变为更正直、更圣洁。你去世,如是去世,总算含冤,不是死于我们——法律,是死于人;你若无耻图亡,以错还错,以恶报恶,践踏自己所订的合约,毁伤最不应该毁伤的人——你自己、你的朋友、你的国家和我们,我们可要终汝之身对你怀恨;我们的弟兄——阴府的法律——也不欢迎你,因为他们知道你想尽方法毁灭我们。不要听克力同的话,受我们劝吧,苏格拉底。"

亲爱的朋友克力同,我仿佛真听见这些话,像崇奉渠贝垒女神的人在狂热中如闻笛声;这些语音在我心中不断回响,使我不闻其他的话。你要明白,此刻我方坚信这番话,你从旁聒聒,也是徒然。你如自信有能为力之处,就请说。

克　苏格拉底,我没有可说的了。

苏　那么,克力同,就这样吧,就这样办吧,这是神所指引的路。

[选自〔古希腊〕柏拉图:《游叙弗伦·苏格拉底的申辩·克力同》,严群译,商务印书馆2014年版,第87~94页。]

具体的德性：诚实

〔古希腊〕亚里士多德

　　自夸与之对立的那种适度的品质也是同这些事情相关的，并且也没有名称。先来描述一下这些品质是有帮助的。因为，在一个一个地说明了这些品质后，我们就能更好地理解品质的性质。如果我们看到在这些场合德性都是适度，我们也就会相信所有德性都是适度的品质。我们已经说明了在共同生活中同提供快乐或痛苦有关的那些行为，我们接着要说到同语言、行为和外在表现的诚实与虚伪有关的那些行为。按通常的理解，自夸的人是表现得自己具有某些受人称赞的品质，实际上却并不具有或具有得不那么多；自贬的人是表现得自己不具有他实际上具有的品质，或者贬低他具有的程度；有适度品质的人则是诚实的，对于自己，他在语言上、行为上都实事求是，既不夸大也不缩小。无论诚实还是虚伪都可能或者有目的，或者没有目的。而如果一个人没有特殊的目的，他的语言和行为就表现着他的品质。就其本身而言，① 虚伪是可谴责的，诚实则是高尚［高贵］的和可称赞的。所以，具有这种适度品质的诚实的人是可称赞的；虚伪的人，尤其是自夸的人，则是可谴责的。我们就来谈谈诚实的人与虚伪的人，先从前者说起。我们要说的，不是守约的或涉及公正与不公正的那些事务上的诚实（因为适用于这些事务的是另外一种德性），而是不涉及那些事务时一个人的出于品质的语言和行为上的诚实。② 这样的一个诚实的人被看作是有德性的人。因为，他在无关紧要的时候都爱讲真话，在事情重大时就更会诚实。他会拒绝不诚实的行为，认为那是耻辱，因为他以往不论后果怎样都不曾做事不诚实。我们所称赞的正是这样的人。这样的人会倾向于对自己少说几分。因为，既然说过头是讨人嫌的，对自己少说几分也许更好些。那种没有什么目的而喜欢自吹的人，在品质上比有目的的还低些

---

①　即不是就其目的而言。
②　因为，那些事务上的诚实是对于具体的是非的，正是对这些是非的判断的诚实与否表现着一个人是否公正。而这里所说的诚实只是一种交往与交谈方式上的诚实，这种诚实不涉及对于是非与利害关系的态度，是一种自由的品质。

(因为,他要是有目的就不会自夸了)。① 但这种人只是愚蠢而不是恶。② 那些出于目的而自夸的,如果是为着名誉或荣誉,就不算太坏;如果是为着钱或可用来得到钱的东西,其品质就比较坏。因为,使得一个人成为自夸者的不是能力,而是选择:一个人是因为形成了自夸的品质才是一个自夸者的。这就好比,有的人说谎是因为喜欢说谎,有的人说谎则是为得到荣誉或好处。③ 为得到荣誉而自夸的人表现得自己具有的是那些受称赞和尊敬的品质。为得到钱而自夸的人表现得自己具有的则是对邻人可能有用的品质,例如预言或治病的本领。这后一类的品质④一个人是否真的具有比较好隐瞒。⑤ 大多数人喜欢表现得自己具有这后一类的品质,也正是因为它们既可能对邻人有用,你又不大好说他不具有。⑥ 有些贬低自己的人似乎比自夸的人高雅些。因为,他们的目的似乎不是得到什么而是想避免张扬。他们尤其否认自己具有的,如苏格拉底常做的那样,也是那些受人尊敬的品质。⑦ 而那些在细枝末节的小事上贬低自己的人被人称做伪君子,这种人是真正让人看不起的。有时,这种自贬又实际上成了自夸,就像斯巴达人的裙子⑧那样。因为,同过度一样,过分的不及也是一种夸张。但

---

① 亚里士多德此番评论是基于荣誉是外在善的判断。为某种目的而自夸的人通常是为着荣誉,而荣誉是最大的外在善。亚里士多德这里是说,没有目的而自夸的人甚至不如这样的人,因为他不是为得到荣誉这样一种善而自夸。

② 关于这种没有目的而出于品质的自夸者,塞奥弗拉斯托描述道:"当他在一所租用的房子里时,他会(对每个不了解这点的人)说,这是他的家宅,但是他准备卖掉,因为对他来说太小了。"见斯图尔特(J. A. Stewart)《尼各马可伦理学注释》[克莱伦顿出版公司,1892 年](卷 1 第 358 页)。

③ 从"因为,……"到这里的这两句话,罗斯(第 102 页)和克里斯普《亚里士多德尼各马可伦理学》[剑桥大学出版社,2000 年]第 77 页)用括号括起来,似乎把它们看作是对上面一句的注释。亚里士多德此处的表达比较含糊,需要作些说明。格兰特(A. Grant)《亚里士多德伦理学》[朗曼斯与格林出版公司,1885 年](卷Ⅱ第 88 页)引证《修辞学》卷Ⅰ1335b20,认为亚里士多德是指,为得到钱而自夸的人同喜欢自夸的人的区别在于前者是出于选择,而不止是基于能力,正如诡辩者同辩者证者的区别不在于理智而在于道德。所谓选择,即出于目的或意图的对手段的选择。亚里士多德接下去的话表明,他认为得到钱财(或可用来得到钱财的东西)而自夸与出于这种(卑贱的)目的而说谎具有同样的性质。不过,亚里士多德在前面又说,并非出于目的的自夸表现着一个人的品质。而如果无目的的自夸与为着卑劣目的的自夸都是品质的表现,即都是出于选择,他在这里说明的区别就不具有实质性。

④ 即对邻人可能有用的品质。

⑤ 相比之下,一个人是否具有那些受尊敬的品质,例如是否办事公正,则不易隐瞒。

⑥ 亚里士多德在此共讨论了三种自夸者:(1)没有目的,只是因喜欢自夸而自夸的人。这种人品质上虽然并不恶,但比较低等,因为他们甚至不是为了荣誉而自夸。(2)喜欢为得到荣誉而自夸的人。这种人是本来意义上的自夸者。其品质也并不恶,因为他欲表现得自己具有的是那些受人尊敬的品质。(3)喜欢为得到钱或可用来得到钱的东西而自夸的人。这种人在品质上是恶的,因为他表现得自己具有对邻人可能有用的品质是为着得到钱财;而且他这样做是出于狡计:对这些品质别人不好确定他是否真的具有。参见斯图尔特,卷Ⅰ第 358 页。

⑦ 同喜欢为荣誉而自夸的人表现得自己具有的相同的那些品质。

⑧ 斯图尔特(卷 1 第 365 页)和莱克汉姆(H. Rackham)《亚里士多德尼各马可伦理学》[海恩曼公司,1926 年](第 244 页注)都认为,这可能是指雅典人模仿的斯巴达裙。这种裙子大概因其过分简单而显得夸张。

是,在一些不那么明显和突出的事情上适当地用一点自贬倒也不失高雅。①

同诚实的人相对立的似乎是自夸的人,因为自夸是比自贬更坏的品质。

〔选自〔古希腊〕亚里士多德:《尼各马可伦理学》,廖申白译注,商务印书馆 2003 年版,第 119~122 页。〕

---

① 亚里士多德此处讨论了两种情形的自贬:(1)不失高雅的自贬。这种自贬是在那些受尊敬的品质上贬低自己。(2)伪君子式的自贬。这种自贬是在有能力做的小事情上贬低自己,关于亚里士多德对这种自贬的谦卑的批评,参见亚里士多德:《尼各马可伦理学》,廖申白译注,商务印书馆 2003 年版第 111 页注③。这两种自贬在亚里士多德的讨论中都有对苏格拉底的指涉。斯图尔特(J. A. Stewart)《尼各马可伦理学注释》〔克莱伦顿出版公司,1892 年〕(卷Ⅱ第 358 页)引证杰伯的话说,亚里士多德指的本来意义的自贬是第二种自贬。斯图尔特认为,柏拉图通常在偏离诚实这种谴责的意义上使用自贬(或自嘲)一词,但是他没有使苏格拉底自称为自贬者。《尼各马可伦理学》保留着自贬的这种基本的意义,但是把它用来指苏格拉底式的自嘲。不过当自贬被用来指逃避普通人的注意的策略时,它又被看作是不失高雅的。不过塞奥弗拉斯托把自贬谴责为一种完全恶的品质。斯图尔特又说,在希腊人的生活中,除了这两种自贬之外,还有阿那卡西斯(Anacharsis)所说的纯粹消遣性的自贬,这种自贬被塞奥弗拉斯托描述为通过隐瞒真实感情与意图而误导他人的昔尼克式快乐。(同上,第 359 页)

对莱古鲁斯坚守诚信的探讨

〔古罗马〕西塞罗

尤利西斯认为自己的诡计多端是有利的,至少悲剧诗人是这样表现他的。在我们最可靠的权威荷马史诗中他没有受到这种嫌疑;但是悲剧作品指摘他装疯卖傻以图逃避一个军人的义务。玩这个把戏在道德上是不正确的,但是,或许有人会说:"这对他尤利西斯保持王位,舒舒服服地和父母、妻儿生活在伊萨卡是有利的。和这种平静的生活相比较,你认为每天生活在劳累和危险之中有什么荣耀吗?"

不,我认为,花这样的代价换来的平静生活是应该被鄙视和拒绝的,因为它既然在道德上是不正确的,就也是不利的。如果尤利西斯坚持不改装疯卖傻的做法,你想人们对他会有什么看法呢?你看,他后来尽管在战争中表现英勇,埃阿斯还是骂他:

> 你们大家都知道,最初首倡誓约的正是他;
> 参加盟誓的人中又只有他破坏了誓约;
> 不断地装疯卖傻,为的是
> 他可以不参加军队。
> 如果不是机敏智慧的帕拉米得斯
> 揭穿他无耻的把戏,他会永远地
> 不履行誓约的义务。①

对于他来说,最好还是像他后来所做的那样,不仅去和敌人征战也和海涛斗争,而不在希腊正联合起来进行反对蛮族人的战争时背弃希腊。

但是,让我们别再用外国的神话故事,还是用我们自己历史上的真实事件为例说明问题吧。马可·阿提利乌斯·莱古鲁斯在第二次任执政官期间被汉尼拔的父亲哈

---

① 希腊神话说:美女海伦长大成人,许多英雄向她求婚,她父亲采取奥德修斯(罗马人称他为尤利西斯)的建议,要大家宣誓不和海伦未来的配偶打仗,并且在有事时帮助后者。海伦嫁给了墨德杜俄斯。后来她被特洛伊王子拐走,墨德杜俄斯起兵,邀请奥德修斯等英雄参加希腊联军远征特洛伊,奥德修斯装疯,被帕拉米得斯揭穿。

密尔卡部下的斯巴达将军桑提普斯用诡计俘虏监禁在阿非利加。① 他在宣誓如果不能使某些贵族战俘被放还迦太基则自己保证返回迦太基之后，被假释并派往元老院为使。他回到罗马后不可能不看到表面的利益，但他认定这不是真正的利益所在，结果证明果然如此。他的表面利益是留在本国，和妻子儿女一起待在家里，保有前执政官的头衔和尊贵，把自己遭到的失败看作战争游戏中任何人都可能有的不走运。有谁会说这样做不是有利的呢？你认为有谁会这样说呢？但是心灵的伟大和勇气这样说。

你能找到比这两种美德更大的权威吗？否定有利的答案来自这两种美德，因为，从不怀着恐惧等等一切，不受早年生活全部成败荣辱的影响，不把发生在一个人身上的任何事情看作是受不了的，这乃是上述两种美德的特点。因此莱古鲁斯是怎么做的呢？他来到元老院，陈述了自己的使命，然而他拒绝参加对问题的表决；因为他认为，只要他还处于对敌人发过的誓言约束下，他就不是元老院的成员。更有甚者，虽然有人会说："反对于自己最有利的事情，多愚蠢呀！"但他说归还战俘是不利的，因为他们年轻而且是出色的将军，而他自己则已年老力衰。他的建议被元老院接受后，战俘没有释放，他本人还返回迦太基，对自己祖国和家庭的眷爱并没能使他留下来。这时他并不是不知道，他正在走向最残忍的敌人和迎接最大的痛苦；但他认为自己的神圣誓约必须遵守。就这样，我说，甚至在他被强制不能入睡地慢慢处死时，也比作为一个老年战俘、一个执政官衔的背誓者留在家里好些。

你们会说："但是，不仅不提议交换战俘而且甚至还劝阻这种行动，这是他的愚蠢。"

那是什么意义上的愚蠢呢？他即使是为了国家的福利，也愚蠢吗？难道，对国家不利的事情能够对任何公民个人有利吗？

当人们把利益和道德正确分离开来时，他们就推翻了大自然所确立的基本原则。我们大家都是在寻求利益，这是一种不可抑制的倾向，我们不可能不是这样。有谁会拒绝对自己有利的事情呢？或者说，有谁会不竭尽全力确保自己的利益呢？但是，因为只有在荣誉、适当和道德正确中才能找得到利益，所以我们才把这三者视为首要的、最高的努力目标，同时把我们称之为利益的东西主要视为生存必需的而非荣耀。

可能有人要问："那么我们为什么必须遵守誓言呢？是因为我们畏惧朱庇特的愤

---

① 西塞罗把时间搞错了。莱古鲁斯任执政官是在公元前276年和前256年。他战败被俘是在公元前255年突尼斯战役，当时他第二次任省总督（前执政官）。公元前255年的那个哈密尔卡不是汉尼拔的父亲，因为后者到公元前247年才开始一生的经历，当时还是个青年。

怒吗?"完全不是。所有哲学家普遍的看法是:神永远不会愤怒,也永远不会伤害人。这是下述两派哲学家的共同任务:一派哲学家①告诉我们说,神自身摆脱了烦恼,也不把烦恼加诸别人;另外一派哲学家②相信神是永远在做着事情的,并且是永远在管理着他自己的世界。再说,假设朱庇特发怒了,他加给莱古鲁斯的伤害能超过莱古鲁斯给自己带来的痛苦吗?因此,宗教顾忌没有起到超过利益考虑的作用。

"或者,他是担心他的行为会造成道德上的错误?"关于这一点,首先,俗语说得好:'诸恶权衡,取其最轻者。'那么,那种道德错误所包含的恶真的有他所受的可怕折磨那么大?其次,阿西乌斯有如下的两行对话:

特厄斯提斯:你违背了誓言?

阿特柔斯:我没立过誓,我不对任何无信义的人立誓。

"话虽出自一个罪恶的国王之口,但还是说得很精彩。"

他们的第三个论证如下:正如我们主张有些事情看起来似乎有利但并不有利一样,他们也主张,有些事情看起来道德上正确但并不正确。他们争辩说:"例如就在这件事情里,莱古鲁斯为了忠于他的誓言回去受折磨了,这看起来是道德正确的。但是这样做其实并不是道德正确的,因为敌人用暴力勒索到的誓言是不应该有约束力的。"

最后他们还论证说:任何高度有利的事情都可以证明是道德正确的,即使事先不像是正当的。

人们提出来反对莱古鲁斯行为的论证大体上就是这些。让我们依次逐个地研究一下它们吧。

"他不必担心朱庇特发怒伤害他;朱庇特不惯于愤怒或伤害。"

无论如何,这个反对莱古鲁斯行为的论证,像用来反对信守任何别的誓言的论证一样没有力量。在立誓时我们必须考虑的不是一个人如果违誓有什么可怕,而是它的义务何在:誓言是一个以宗教神圣性为基础的保证;一个当着神这个证人的面许下的诺言是必须严肃遵守的。问题不再关系神的愤怒(因为没有这种事情),而是关系着对正义和诚实的义务。恩尼乌斯说得好:

啊,装上翅膀的庄严的忠实女神

和你的朱庇特名义的誓言啊!

因此,无论谁违背了誓言就是冒犯了忠实女神。正如我们在加图的演说辞中发现的,我们的祖先决定把她的庙宇建造在卡庇托里山上靠近至高至善的朱庇特的地方。

---

① 伊壁鸠鲁学派。

② 斯多葛学派。

反对派继续发表意见："但是，即使朱庇特已经动怒了，他加诸莱古鲁斯的伤害也不能超过莱古鲁斯给自己带来的伤害。"

如果除了痛苦没有任何恶，那么这个反对意见是完全正确的。但是，最权威的哲学家们①使我们确信，痛苦不仅不是最大的恶而且根本就称不上是恶。请别贬低莱古鲁斯，他是证明这些哲学家学说正确性的一个并非不重要的证人。不，我倒倾向于认为他正是一个最好的证人。除了这位卓越的罗马公民——他为了忠于自己的道德义务自愿面对苦难——我们还能要求什么更够资格的证人呢？

又，人们说，"诸恶中取其最轻者"——这意思是不是说，可以"宁可挑选道德错误而不挑选不幸"，或者，有什么比道德错误更大的恶？如果肉体的难看能引起一定程度的反感，那么，一个不道德的灵魂之丑恶和可憎看上去应该多么令人难以忍受呀！因此，比较严格地讨论这些问题的哲学家们②敢于说道德错误是唯一的恶，而那些比较粗疏地讨论这些问题的哲学家们③不加犹豫地称它为最高的恶。

人们再次引用这句话："我没有立过誓，我不对任何无信义的人立誓。"诗人这么说是合适的，因为，他在塑造阿特柔斯的形象时必须使语言符合人物的性格。但是，如果人们是要把这句话立为一个原则，即，对不守信义的人立的誓约不算誓约，那要让他们注意，别让伪誓者拿这作为借口。

此外，我们有规范战争的法律，在和敌人打交道时必须常常注意忠于誓约：一个人心里清醒地知道应该履行的誓言一说出口就必须遵守；不是在这种心态下说出的誓言，如果不履行，不算是伪誓。例如，假定有人不交付为赎身和海盗协议的一笔钱，这不算欺骗——即使已经立誓要交赎金而没有交也不算欺骗；因为海盗不被包括在合法敌人之列，他们是全世界的共同敌人，和他们不应该有任何的誓言，也不应该有任何有相互约束力的誓约。因为，对假的东西立誓不是伪誓，但是，正如用我们的法律套语所说的，"凭你的良知"立下誓言而后不履行，这是伪誓。欧里庇得斯透辟地说过：

> 我的舌头立了誓，我的心没在立誓。④

莱古鲁斯无权推翻与敌人签下的战争条款和条约。因为战争是在和一个宣过战的合法的敌人进行着：在和这样一种敌人的交往上，我们有一整套的随军祭司团法典以及许多别的法律作为双方间的共同约束。如果事情不是这样，元老院决不会把我们的杰出人物镣铐着解送给敌人们。

---

① 斯多葛派。
② 斯多葛派。
③ 逍遥学派。
④ 《希波吕托斯》612行。

然而那种事情发生过。提图斯·维都利乌斯和斯普里乌斯·波斯杜密乌斯在他们第二任执政官期间在考狄昂岔路口战败,我们的军团蒙受屈辱。因为他们和萨谟奈人媾和,在没有得到人民和元老院批准的情况下缔结了和约,所以他们被解送给了萨谟奈人。人民保民官提比略·努米西乌斯和昆图斯·迈利乌斯也同时被送交给了萨谟奈人,因为缔结和约是得到他们两人支持的。这样做的目的是为了取消和萨谟奈人订的和约。而交出将军这一做法的提出者和辩护者正是上述要被交出的那个波斯杜密乌斯。

　　许多年之后,盖乌斯·曼西努斯有一个类似的经历。他支持卢西乌斯·福里乌斯和塞克斯都·阿得利乌斯根据元老院法令提出的议案,把他交给努曼提亚人,因为他在没有得到元老院授权的情况下与努曼提亚人缔结了条约。议案通过后他被交给了敌人。他的行为比昆图斯·庞培①光荣,庞培的处境跟他一样,然而在庞培自己恳求下议案被否决了。在后一事例中表面的利益压倒了道德的正确,在前一事例里利益的假象被道德的正确所压倒。

　　人们论证反对莱古鲁斯的做法说:"强迫立下的誓言不应该有约束力。"仿佛强迫能被用来影响一个勇敢者似的!

　　"那么,他为什么还要长途跋涉去元老院呢,特别是在他打算劝阻交出战俘之后?"

　　你们是在批评他行为的最高贵的地方。因为他不想停留在自己的判断上,而是把它摆出来辩论,以使他的判断可以成为元老院的判断。如果不是这样做加强了他主张的分量,俘虏一定已经交还了迦太基人;如果那样的话,莱古鲁斯已经安全地留在自己的国家,留在自己家里了。但是,因为他认为这样做对他的国家不利,所以他相信,宣布自己有罪并为此受罚是道德上正确的。

　　他们还论证说,任何高度有利的事情都可以证明是道德正确的。他们其实应该不说它"可以证明是"而说它实际上是道德正确的。因为,无论什么东西,如果不同时是道德正确的就也不可能是有利的;也不可能有一个东西正因为是有利的所以才是道德上正确的,只能是:因为它是道德正确的所以它是有利的。

　　因此,从许多出色的历史事例中我们不容易指出一件事情比莱古鲁斯的行为更勇敢、更值得赞扬。

　　但是,莱古鲁斯行为中有一点是尤其值得赞美的,即,建议扣留战俘的正是他自己。他回去这个事实在我们现在看来可能好像是值得称赞的,可是在那个时代他不能不那样做。因此,功劳属于时代而不属于人。在我们的祖先看来,没有什么能比誓言更有效地保证忠实。可以清楚地证明这一点的有《十二铜表法》、"圣法",甚至对敌人

---

① 昆图斯·庞培·鲁福斯,执政官(前141年),在对努曼提亚战争中任司令(前140年),缔结不幸的和约。

都保证忠实的条约、监察官所作的调查和由监察官施行的惩罚。比起别的案件来,监察官们给违誓案件所作的判决往往是最严厉的。

保民官马可·庞波尼乌斯控告奥卢斯之子卢西乌斯·曼里乌斯在任独裁官期满后又延长了几天才卸任,还指控他赶走自己的儿子提图斯(后来被称作托夸图斯①),不让他和人们交往,要他住在乡下。儿子——当时还是个少年——听说父亲因自己之故而遇到麻烦,匆匆赶到罗马(故事这么说),天亮时来到庞波尼乌斯家门口,被通报给庞波尼乌斯。由于他以为这儿子在愤怒中会给他某种新的证据用以反对其父亲,所以庞波尼乌斯起床,屏退左右,传呼年轻人进房。提图斯一进房便抽出佩刀发誓说,如果庞波尼乌斯不宣誓撤回对他父亲的诉状,便立即杀了他。鉴于处境的危险,庞波尼乌斯立了誓。他向人民报告了这事,说明了为什么有义务放弃控告。于是他撤回了对曼里乌斯的诉状。在那个时代人们对誓言神圣性的重视程度可见一斑。

而这个年轻人就是在阿尼俄河战役中杀了那名向他挑战单独决斗的高卢人并摘下其项圈,因而赢得了那一称号的提图斯·曼里乌斯。他在第三次出任执政官期间,在维塞里斯河战役中把拉丁人打得落花流水。他是伟大人物中最伟大的一个,一方面宽大地对待自己的父亲,另一方面又能特别严厉地对待自己的儿子。

莱古鲁斯忠于誓言应该得到称赞,而坎尼战役后经过立誓被汉尼拔假释派往元老院去的那十个人应该受到谴责,如果他们真的没有回去的话。因为他们发过誓,如若交换战俘的谈判不成,他们还回到彼时已落入迦太基人之手的军营去。历史家们关于事实说法不一。最优秀的作家之一波里比乌记载,那次被派去的十个著名贵族中九人在其使命失败于元老院之手后回去了。但是其中一个人曾经在离开军营不多一会儿之后又借口忘了什么东西而蹓回过军营,谈判失败后滞留罗马。他解释说,自己回过一次军营,因而已解除了誓言的约束。他错了,因为,欺骗不能消除伪誓罪——只有加重。厚着脸皮冒充智慧的诡计只能是愚蠢。因此元老院下令把狡猾的恶徒缚捆起来送回给汉尼拔。

但是,这个故事的最重要部分如下。汉尼拔手中的这8000名俘虏不是他在战斗中俘得的,也不是在生命危险时逃走的,而是执政官鲍鲁斯和瓦罗留在后面军营中的。虽然这些俘虏可以用一小笔钱赎回,但是元老院决议不赎回他们,为的是让我们的士兵把这个教训牢记在心,他们必须不成功则成仁。据同一作家记载,汉尼拔听到这个消息时完全气馁了,因为元老院和罗马人民在这个灾难的时刻表现出如此高的勇气。就这样,表面利益在和道德正当比照衡量时被后者压倒了。

另外,用希腊文写了一部罗马史的作家盖乌斯·阿西利乌斯说,有几个人玩了这

---

① Torguatns 意为"佩戴项圈者"或"摘取项圈者";源自 torguis(项圈)一词。

样一个蹑回军营以解除自己誓言约束的把戏,监察官使他们带上了各种各样的耻辱标志。

关于这个论题到此可以作个结论了:懦弱、胆怯、沮丧、萎靡状态下做出的事——莱古鲁斯如果在关于战俘问题上支持一项看上去似乎对他个人有利但对国家不利的措施,或者同意了留在家里,那么他的行为即属此类——是可耻的、不光彩的和不道德的,因而不是有利的。这个道理十分明白。

[选自〔古罗马〕西塞罗:《论义务》,张竹明、龙莉译,译林出版社 2015 年版,第 144～153 页。]

论 说 谎

〔法〕蒙 田

再没有人比我更不宜于夸自己的记忆了,因为我几乎找不着它一些痕迹,我亦不信世界上还有比我记忆更坏的人。我的其他禀赋都庸碌平凡,可是在记性差这一点上,我以为我是非凡而且稀有的,值得因此享受一种声誉。

除了我所感受的天然的不便利而外(真的,柏拉图深感它的需要,很合理地称它为伟大而有力的女神),在我的家乡,要说一个人无意识的时候,他们说他没有记性;每逢我对人诉说我这弱点,他们便讥笑我而且无论怎样都不相信我,仿佛我在控告我是疯子似的,在他们心目中记忆与智慧绝对是一回事。

这样使我更吃亏。可是他们确实错怪了我,因为经验证明一个极好的记忆往往反配上一个衰弱的判断力。他们错怪我的还有一点,那就是除了做朋友外我什么都不行,所以责备我的弱点就等于忘恩负义。他们因我的记忆而怀疑我的感情;把天然的缺憾当作良心上的弱点。他们说:他忘记了这个委托或这个许诺;他全不想念他的朋友。他全想不起,为了爱我,要说这说那,或隐瞒这隐瞒那。无疑地,我很健忘,但是因不关心而忽略朋友托我做的事,那可不是我的本性。愿大家宽容我的不幸,别把这不幸当作恶意,尤其是一种与我的脾性绝对相反的恶意!

我也有我的慰藉。第一,因为这毛病帮我纠正了一个我很易犯的更坏的毛病,就是野心;因为对于一个要包揽世事的人,缺乏记忆力真是一个难堪的弱点。

自然界进步的现象许多例子告诉我们:自然往往加强我们别的禀赋以补救某种禀赋的薄弱。我的理智与判断力将不能尽量发挥它们自己的才干,却很容易像大多数人一般,被引导去懒懒散散地追随别人的足迹,假如别人的创见与意旨受了记忆的恩惠我会时时刻刻记在心里。

我的话因而较简短,因为记忆的货仓比起创见的货仓容易充足。如果我的记忆对我忠实的话,我就会喋喋不休地震破我朋友们的耳鼓,因为种种事物都会惹起我去运用挥使这小小才干,引动及激发我的雄辩。那是多么可哀!我亲眼见有几个朋友就是这样:因为他们的记忆把他们的题材原原本本地供给他们,他们把故事往后追溯得那么远,又附上了如许的无谓枝节,如果这故事是好的,把它的好处全窒死了;假如不好呢？你就不知应该要诅咒他们幸而有这么强的记忆，还是不幸而有那么可怜的判断力。一上了高谈阔论的大路之后，要停止及截住是很难的事。再没有什么比较那骤然站住更显得马的力量了。

甚至那些说话切题的人当中，我也认识了有好些虽然想却不能在他们的路程中骤然站住。他们一壁在脑袋里搜寻一个驻足点，一壁却喃喃个不休，就像一个快要昏倒的人拽着他的脚步一样。老头子尤其可厌，他们对于过去的记忆还在，却忘记了他们已复说了多少遍。我知道有好些很有趣的故事在某爵士的口里变得索然无味，因为我们当中没有一个不是听过上百次了。

第二，记忆的短缺给我的安慰是，正如一个古人所说的：我容易忘记别人的侮辱。我需要一个当头棒，和大流士①一般，为要不忘记他从雅典人手里所受的耻辱，教一个仆人每当他吃饭的时候，向耳边大喝三声"主呵，勿忘雅典人！"在另一方面呢？我重见的地方与书籍永远带着一种新鲜的颜色向我微笑。

记忆不强的人切勿学人撒谎，这点说得真有理。我知道那些文字学家把"说假"与"撒谎"分开：说假是说一件假的，而说者信以为真的事；而撒谎这个词来源于拉丁语（也是我们法语的由来），它的定义却是瞒住良心说话，因此只应用于那些言与心违的人，也就是我现在想论及的。

这种人或虚构整件事，连枝带叶，或改变及粉饰那原有真实基础的事物。那些改变或粉饰的，如果要他们常常复述一件事，就很难不露马脚，因为那真实的事情先进入他们的记忆里，由概念与认识的媒介印在上面，自然而然地显现给我们的想象，驱逐那立足没有那么稳固的虚伪；而原来所听到的各种详细情形也三反四复地窃进脑海里，把添上去的假冒而且模糊的枝节消灭。

至于那些完全虚构的，既没有相反的印象摇动他们的虚伪，似乎就没有那么容易被人觑破了。但也不尽然，因为那是一个无实质的虚体，如果抽根未牢，就易于被记忆所遗漏。关于这层，我常有许多有趣的经验，老是那些体察他们事业利益或顺从上司的颜色而说话的人吃亏。因为他们想用以束缚他们的信义及良心的种种情景既要经过许多变动，他们的话自然也不能不随时转移。于是同一桩事，他们今天说灰，明天说黄；对这些人说这样，对那些人说那样；如果这些人偶然把他们所得的矛盾的消息像脏物般合拢在一块，这巧妙的伎俩又如何结果呢？况且稍不留意，他们便自己打嘴巴；因为有什么记忆容得住他们对于每件事所捏造的形形色色呢？我看见有个与我同时的人苦苦追求这种机巧的声誉，他们不知道即使得了声誉，效果却不可得。

说谎确实是一个可诅咒的恶习。我们所以为人，人与人所以能团结，全仗语言。如果我们认识说谎的遗害与严重，我们会用火来追赶它，比对付什么罪过都合理。

---

① 大流士（前550—前486年），波斯帝国阿契美尼德王朝最伟大的国王之一（前522年—前486年在位）。

我觉得人们往往白费他们的工夫去极无谓地惩罚小孩子无辜的小过,为了他们毫无印象和影响的无意识举动折磨他们。据我的私见,只有说谎,其次便是刚愎,我们应该极力歼灭它们的萌芽与滋长。它们随着小孩子长大,舌端一度向这方面伸展之后,你要觉得奇怪,任你如何也不能把它拉转来。所以我们常见许多在他方面很诚实的人,仍不免屈服及受制于这恶习。我认识一个品性很好的裁缝,我从未听他说过半句真话,即使是在说实话于他有利的时候。

倘若像真理一般,谎言只有一副面孔,我们还好办,因为我们会把惯于说谎的人所告诉我们的反面当真实。可是真理的背面却有千万副面孔和无限制的田地。

毕达哥拉斯派①的哲学家以为善是确定的有限的,恶是无限的无标准的。千百条路引我们背离,只有一条路引我们达到目的。我确实不敢断定,我是否做得到撒一个坦白及严肃的谎以救我避开一个明显而且极端的危险。

一个古代的神父(圣奥古斯丁②)说:我们宁愿和一只相识的狗做伴而不愿意和一个言语不通的人相好。"所以一个生客对于一个生客不能算人"(普林尼③)。虚伪的语言比缄默更难交易哩!

弗兰西斯一世④常自夸用这种方法拷出塔韦纳的口供,他是米兰公爵斯福扎的公使,一个著名的善于辞令的人。塔韦纳受了他主人的使命对国王陛下致歉,为了一件很重要的事。这件事就是:弗兰西斯王想同他新近从那里被驱逐出来的意大利、具体说就是米兰的公爵通通消息,觉得应该有一个人在公爵的宫廷代表他,实际是公使,表面却是一个私人,只在那里经营他个人的私事;因为比较起来要倚靠皇帝多些,公爵(他那时正与皇帝的侄女,丹麦王的女儿,现在是洛林的孀妇议婚)如果被人知道跟我们有往来和通消息,对于他的事必定有很大的阻碍。被找到适宜负此使命的是一个名叫梅尔韦耶的米兰人,国王的御马司。他带了许多亲信及公使的任命,表面更带了许多为他私事的介绍信去见公爵。他逗留在公爵的宫廷太久了,皇帝终于微有所闻。我们相信就为了这缘故而发生了以后的一件事:借口有人暗杀,公爵派人在夜里杀了他,而案情的手续却前后两日便告完结。

塔韦纳带了一个捏造的关于这案件的详细说明书来到(因为弗兰西斯国王写信给公爵及所有基督教的国王要求完满的答复),准备在理事会晨会宣读。为了辩护他的案情,他很伶俐地提出几个似是而非的事实作为解释:他说他的主人自始至终只把我们的钦差当作他的百姓及私人,这人到米兰完全是为他的私事并且他从未因别的任务

---

① 毕达哥拉斯(约前580—约前500年),古希腊哲学家、数学家。他所创立的学派曾对世界产生很大影响。
② 圣奥古斯丁(354—430年),古代基督教最伟大的思想家。
③ 普林尼(23—79年),古罗马作家。
④ 弗兰西斯一世(1494—1547年),法国瓦罗亚王朝国王(1515—1547年在位)。

在那里逗留；他否认他知道这人是王的下属或且王认识他，自然更不知道他是王的公使了。于是弗兰西斯国王从各方面用种种疑问及抗议反驳他，终于在"为什么在夜里，而且，简直可以说是秘密行刑"一点上使他语塞。这可怜的人仓促间不得不说实话，答道，为了对他陛下的恭敬，公爵会觉得面子上过不去，如果在白天行刑，我们可以想象他怎样露出马脚，在弗兰西斯国王一个这样的暗探面前被绊倒的情形。

  教皇尤里乌斯二世遣了一个公使去谒见英王，鼓动他反对弗兰西斯王。那公使把他的使命说完之后，英王在回答的话中特别注重关于准备与一个这么强有力的王作战的种种困难，列举了几个理由。公使很不知趣地回答他也曾想过这些困难，并且对教皇提过。这些话与他为鼓动战争而来的原来目的相去甚远，英王马上猜出这公使私下里必定是倾向法国的。他的主人得知这个消息后，将他的财产全部充公，他自己仅仅保住了一条命。

  〔选自〔法〕蒙田：《蒙田随笔》，梁宗岱、黄建华译，人民文学出版社 2005 年版，第 17～21 页。〕

论敌对双方间的诚信[①]

〔荷〕格劳秀斯

1. 前面已经说过,战争中合法行为的数量和范围可以基于其本身的内在价值以及由此发生的一些先在约定来加以考量。前一点前文已经完整地解释过了,此处应当对后一点加以讨论,这就涉及了敌对方相互之间的诚信。

西塞罗在其《论善与恶的界限》(On the bounds of Good and Evil)第五卷中有很好的论述说,每个人都应当对信守诺言的品性表示赞赏,不仅出于公正的动机,而且在对己不利的情况下也应如此。奥古斯丁(Augustine)也说,信守对敌人所作的诺言是正确的,因为一个人在敌人的性质之下并没有失去要求履行诺言的权利,这是一种每一个有理性的人都能够保有的权利。这是发生承诺之义务的理性和言辞的力量。不可以推想,因为在某些情况下欺骗敌人是合法的,同样的规则就允许背弃诺言。因为说真话的义务是基于先于交战国存在的原因而发生的,而且这些原因是战争国家赖以改变和精简的必要条件。但是,一个承诺也授予其自身一种新的权利。有一种区别没有逃过亚里士多德的注意,他在谈到说真话时说,他不认为诺言中的真实和真诚涉及正义或非正义,它们属于另一类的美德。

2. 至于同海盗达成的协议,我们可以看到,庞培在很大程度上通过协议结束了同他们之间的争端,饶他们不死,允许他们定居下来,条件是放弃过去的生活方式。万国法倒并没有在正义合法战争所涉及的普通敌人中建立起同样的与其沟通的模式;但作为人这一特定境况仍然赋予他们这些特权,这是由自然法所规定的——在自然法中遵守诺言是一致的规则。

3. 让我们来考察对于这个问题是否会有一种比西塞罗的观点更可疑的说法。——首先可能会说,残暴的罪犯并不构成国家的一部分,根据自然法,可以由任何人对其加以惩罚。所以,根据同样的道理,可能被处以死刑者可以被剥夺财产和所有的权利。在这些权利中包括了要求实践承诺和约定的权利;因而通过惩罚的方式罪犯被剥夺了这项权利。作为答复则可以说,当然可能存在这种情况,但是遭到这种待

---

① [英译者注] 译文从原文第十七章跳到第十九章。

遇的人并非作为一名罪犯因为所有这些针对他的待遇表明他已经不再被当作罪犯,而是拥有一切协议权利的人,他的罪犯性质实际上未加考虑,所有因罪犯身份而导致的惩罚好像都被免除了。所以,协议的每一项都必须加以解释,以避免自相矛盾。

4. 反对遵循善意原则对待海盗的意见,源自他们以恐吓手段强订条款的行当。故此,若承诺出于强迫,则承诺人解除其约定义务,因为他已经不正当地由一种有悖人的自由天性、并且有悖人的行为性质的条款而蒙受了损失,协议应当解除。

应当承认这种情况有时确会发生,但并不适用于一切对海盗所作的承诺。因为要使一个业已接受一种承诺的人能够解除其约定义务,承诺人本身必须是在不正当的恐吓之下作出承诺的。所以,如果某人已经承诺以赎金赎回其遭到囚禁的朋友,他就要受到承诺的约束。在这种情况下并没有恐吓的影响,因为他是完全自愿达成契约的。

5. 在恐吓的强制之下作出的承诺在某种情况下也具有约束力,这就是已经由庄严的宣誓加以确认:在这种情况下,一个人不只是对同类作出了承诺,而且通过最神圣的诉求将自己约束于上帝;不管是恐吓还是其他原因,都不能与之对抗而成为例外。但承诺者的继承人并不受此类义务的约束,因为遗产继承是根据建立于财产原始制度的人类交往规则进行的,而这一类实践誓言的神圣权利并不包括在内。由以上讨论可以得出结论,如果某人违背了对此类敌人所作的承诺,则无论是否在誓言之下,在此方面他不必为其他国家的惩罚负责,因为由于海盗行为所引起的普遍恐慌,国家已经认为对于这些人未经告知就默许违背诚信原则的行为是正当的了。

11. ①在正式战争——亦即通过宣战,由君主或国家授权进行,同时在双方间展开的战争——的许多其他法律权利中,还包括了赋予每一项承诺有效性,这有助于战争的结束;所以,如果任何一方处于不正常的对未来灾祸的恐惧之中——甚至违背其意愿——而作出了对其不利的承诺,或者同意了对其不利的条款,那么这样一种协议应当具有约束力。因为万国法允许交战方在可能的情况下互相威吓,以使对方屈从于最不公平的条款,同样也就准许许多自然法和国内法上不那么公平的东西了。因为,如果这样一种做法得不到确立,那么普遍发生的战争就永无宁日,而结束战争对于人类的利益而言实在是太重要了。

这些就是西塞罗所说的应当为敌方不可侵犯地保持的权利:因为敌人不仅拥有其在战争中的自然权利,还拥有一些其他源于国家间同意的权利。但这不能因此导出说,任何在非正义战争中通过此类承诺实施强占的人,都可以在良善者的虔敬和责任感之下持续保有其所得,他也不能强迫他人坚守此种协议,无论是否处在誓言之下。因为这种承诺的自然和内在的非正义性质是永远不变的,也不能被去除或转化,直到获得承诺方新的且自由的合意。

---

① [英译者注]原文第6~10节略。

12. 只有在万国法允许的情况下,才可以在常规战争中合法实施恐怖影响。故而没有人可以有效获得大使在扣押其随员的威胁之下而作出的承诺。

13. 和 14. 在两种情况下,承诺人不会因不履行其承诺和协议而担上"背信"的罪名:包括条件尚未成立,以及已经作出了相应的补偿。因为,当协议中只有明示一方作某种行为,另一方才相应履行其义务时,这整个协议的所有条款看起来是联结在一起的。因而图鲁斯(Tullus)[①]在答复阿尔巴人时祈求神灵降祸于他们,因为是他们首先希望外交官们遭到刀兵之灾并拒绝了其请求返回的正当要求。对此乌尔比安说,由于协议赖以成立的某些条件没有成立而拒绝协议,就不应再视其为同盟者了。为此,除非有意为之,否则通常要以明示条款规定,对于某特定条款的违反并不导致整个协议的无效。

15. 赔偿的起源已经在第二编[②]中解释过了,那是我们接受处于他人手中或我们应得之物的等价物的权力和权利,并且除此以外别无他法;如此,根据同样的道理,对于已经处于我方控制之下的物就更有理由享有权利,无论是有体物还是无体物。因此,如果某项承诺只是他方占有我方之物的等价物,我们就不负有履行的义务。塞涅卡在其《论利益》(On Benefits)第五卷中说,如果债权人获取了超出其债额度的等价物,通常就对债务人负有一种义务;因为,尽管他确实借出了钱款,但若他因此而获得对并未购买的土地的占有,则就同债务人互换了地位,这次轮到他成为债务人了。

16. 如果缔约方之一在另一协议中负有同样或更多的债务,并且除了以当前契约之利加以清偿外别无他法——尽管同前一个债并无关联,那么也是一样可以进行抵销的。但从法律的观点出发,所有的行为都是截然不同的,不管是其形式、基础还是混同的内容;但在某些情况下受到某些法律的限制,这总是必要的:一种法律不能同其他的法律混淆,但每个人在主张权利的过程中都必须基于不变和久经考验的基础。然而,万国法并不承认这类区别,在没有其他方法保障我们的权利时,可以允许超越这些法律。

17. 和 18. 同样需要说明的是,当一方强行获得了一项承诺,但并未以契约的方式协议确定任何债的关系,而只是对承诺人作了某种侵害,那么就可以采取一切能够平衡此项承诺的惩罚措施。

19. 当案件悬而不决,各方当事人进入和解协议时,无论达成何种协议——支付价款还是另外的赔偿金,他们就不能在达成此种协议的同时根据最初发生争议的事件要求进一步的补偿。同样道理,如果在战争期间交战方谈判解决最初的争议,那么就推定他们是解决一切产生敌对行为的原因,他们就不能继续有效享有战争权利,从而

---

① [中译者注] 图鲁斯,罗马王政时期的王,在努马之后。
② [英译者注] 见本书第二编第十七章第 2 节。

同时享有由此和由谈判产生的利益。因为,如果是这样,就不可能有任何条约得到确定的执行。

也许有人会问:何种性质的事物会导致应当对承诺作出赔偿呢? 可以回答说,这样一种承诺或协议可以在战争过程中发生的另一些责任的境况中发生,比如,撕毁停战协议、侵犯外交官权利,或者其他任何有悖万国法建立于交战方之间原则的行为。

在此还必须说明,当事方在进行赔偿时,应当抱有最大程度的谨慎,以禁绝侵犯到第三人的权利,尤其是在不违反万国法原则就可能发生这种状况的时候,在这种情况下,国民的财产可以为国家所负的债务负责。此外,这也是高贵的心灵甚至在已经受到损害的情况下仍然信守诺言的标志。这样的例子有,印度的圣人雅查斯(Jarchas)曾称赞那个受到邻国兼友邦损害的国王,说他不认为自己可以解除誓言下的协议,因为这乃是神圣的行为,并不因为他人的不义而撤销。

几乎一切有关某一交战方向另一方作出约定誓言的问题都可以通过上文建立的原则来加以解决——包括对于允诺的性质和效力所作的一般性解释、誓言、协定以及对于君主义务相关权利的解释,还有对于疑点进行解释的方法等。但是,为了清除一切疑问和难点,一个对于最常见的、应用最广的谈判的简要讨论看来并不是令人厌烦的。

[选自〔荷〕格劳秀斯:《战争与和平法》,〔美〕A.C.坎贝尔英译,何勤华等译,上海人民出版社2005年版,第456~462页。]

论许诺的约束力

〔英〕休 谟

责成人们实践许诺的那个道德规则不是自然的;这一点由我将进而证明的下面两个命题可以充分地显出,就是:在人类协议确立许诺之前,许诺是不可理解的;即使可以理解,它也不伴有任何道德的约束力。

我说,第一,许诺在自然状态中是不可理解的,也不是在人类成立协议之前就存在的;一个不知道有社会的人永远不会与他人订约,纵然他们凭着直观能够觉察到对方的意图。如果许诺是自然的、可以理解的,则我许诺这一句话必然伴有某种心理活动;而其约束力必然以这种心理活动为基础。因此,我们可以逐一检视心灵的全部官能,看看在我们的许诺中哪一种官能在活动。

许诺所表示的那种心理活动不是完成任何事情的一个决心;因为单是决心决不能加上任何义务。许诺也不是做那样一件事情的欲望,因为我们承担义务,可以没有那样一个欲望,甚至可以带有公开宣布的厌恶心理。许诺也不是对我们许诺去做的那种行为的意愿;因为许诺永远关系到将来,而意志则仅影响到现在的行为。因此,结果就是,投入许诺并产生其义务的那种心理活动,既然不是要作一个特殊行为的决心、欲望或意愿,它必然是对由于许诺而发生的那种义务的一种意愿。这也并不单是一个哲学的结论,而是完全符合于我们平常的思想方法和表达方法的,例如当我们说我们受了自己的同意的约束,义务发生于我们单纯的意志和意愿等等的话。因此,唯一的问题就是,如果假设有这种心理活动,是否就陷入明显的荒谬,是否就陷于一切不由于成见和语言的误用而观念混淆的人所永不能陷入的那样一种荒谬。

一切道德都依靠于我们的情绪;当任何行为或心灵的性质在某种方式下使我们高兴时,我们就说它是善良的;当忽略或未作那种行为、在同样方式下使我们不高兴时,我们就说我们有完成那个行为的义务。义务的改变以情绪的改变为其前提;新的义务的发生以某种新的情绪的发生为其前提。但是我们确是不能自然而然地改变我们自己的情绪,正如我们不能改变天体运动一样;我们也不能借我们意志的单纯一种活动,即许诺,使任何行为成为令人愉快的或令人不快的,道德的或不道德的;如果那种行为,离开了那种活动,可能会产生出相反的印象,或赋有另外一些的性质的。因此,要说人们意愿任何新的义务,即意愿任何新的苦、乐的情绪,那是荒谬的;而且人们也不会自然而然地陷于那样大的一种荒谬。因此,许诺在自然状态中是一种完全不可理解的东西,而且也没有任何心理活动是属于它的。①

但是,第二,如果有任何一种心理活动属于它,它也不能自然地产生任何义务。由前述的推论,可以明白地看到这点。许诺创生了新的义务。一种新的义务以新的情绪的发生为其前提。可是意志永不产生新的情绪。因此,任何义务不能自然地发生于许诺,即使我们假设心灵竟然能够陷入意愿那种义务的荒谬情形。

前面我们证明正义一般地是一种人为的德时所用的推理,可以更明显地证明这里的真理。人性中如果原来不赋有一种具有推动作用的、能够产生某种行为的情感或动机,那么没有人可以把那种行为当作义务来要求我们。这个动机不能是义务感。义务感以先在的一种义务为前提;而且一种行为如果不是被任何自然的情感所要求的。它也不能被任何自然的义务所要求;因为即使不作这种行为,那也并不证明心灵和性情中有任何缺点,因而也并不产生任何的恶。可是显而易见,除了义务感以外,我们并没有其他动机,导使我们完成许诺。如果我们认为许诺没有道德的义务,我们便永不会感到有遵守许诺的任何倾向。而各种自然的德却不是这样。虽然原来没有救济贫困的义务,我们的仁爱心仍会导使我们达到这种义务;当我们不尽那种义务时,我们就感到那是不道德的,这是因为这件事证明了我们缺乏自然的仁爱情绪。一个父亲知道照顾子女是他的义务,不过他对这件事也有一种自然的倾向。如果没有人有那种倾向,那么就没有人有那种义务。但是除了完成许诺的一种义务感之外,人们没有任何遵守许诺的自然倾向;因此,忠实并不是一种自然的德,许诺在人类协议成立之前是没有力量的。

如果有任何人不同意这个说法,他必须给下面这两个命题作出一个确当的证明,就是:有一种特殊的心灵活动伴随着许诺,随着心灵的这种活动又发生了不同于义务感的一种践约的倾向。我可以断定,这两点中不论哪一点都是无法证明的;因此我大胆地断言,许诺是以社会的需要和利益为基础的人类的发明。

---

① 如果道德是可以被理性发现的,而不是被情绪发现的,那么尤其显而易见,许诺不能把道德加以改变。道德被假设为成立于关系。因此,每新加上一种道德,都必然是因为有某种新的对象关系而发生;因而意志不能在道德方面直接产生任何变化,而只有先在对象上产生一种变化,才能有那种效果。但是一个许诺的道德的义务既然是意志的纯粹结果,而在宇宙中任何部分都丝毫没有改变,所以必然的结果就是:许诺没有自然的义务。

如果有人说,意志的这种活动事实上是一个新的对象,因而产生了新的关系和新的义务,那么我可以答复说,这纯粹是一种诡辩,我们的思想只要有几分准确性和精确性,就可以发现出这种诡辩。意愿一个新的义务,就等于是意愿一个新的对象关系;因此,这个新的对象关系如果是由意愿本身形成的,那么我们事实上就该是意愿那种意愿了,这显然是荒谬而不可能的。意志在这里既然没有对象可以趋向,就必须无限次地返回到它自身。新的义务以新的关系为基础。新的关系又以一个新的意愿为基础。新的意愿以新的义务为对象,因而以新的关系、并因而以新的意愿为对象;这意愿又着眼于一种新的义务、关系和意愿,如此一直推到无穷的地步。因此,我们绝不可能意愿一种新的义务;因此,意志绝不可能伴随一个许诺,或是产生一种新的道德义务。

为了发现这些需要和利益,我们必须考察我们已经发现为产生前面所说的一些社会法则的那些人性性质。人类因为天性是自私的,或者说只赋有一种有限的慷慨,所以人们不容易被诱导了去为陌生人的利益作出任何行为,除非他们要想得到某种交互的利益,而且这种利益只有通过自己作出有利于别人的行为才有希望可以得到的。但是由于这些交互行为往往不能在同时完成,所以其中一方就只好处于一种不确定的状态,依靠对方的感恩来报答他的好意。但是人类中间的腐败情况是太普遍了,所以一般地说,这种保障是很薄弱的;而且我们这里既然假设施与者是为了自利才施惠于人的,所以这就既消除了义务,并树立了一个自私的榜样;这种自私正是忘恩负义的母亲。所以,我们如果只是顺从我们情感和爱好的自然途径,我们便很少会由于无私的观点而为他人的利益作出任何行为,因为我们的好意和仁爱天然是很有限的;我们就是为了利益起见也很少会去做那一类的行为,因为我们并不能依靠他人的感恩。这样,人类的互相服务就可以说是消灭了,而每个人都得凭自己的技巧和勤劳来谋求幸福和生存了。关于稳定财物占有的那条自然法的发明,已使人们彼此可以相安,而通过同意转移财产和所有物的那条自然法也开始使人们互相受益;不过这些自然法不论怎样被严格地遵守,仍不足以使他们互相服务,如他们可以天然变得的那样。所有物虽然是稳定了,但人们若是占有自己用不着的大量财物,而同时又苦于缺乏其他物资,那么他们由这种稳定所能获得的利益仍然很小。可以适当地补救这种不便的财产的转移,也不能完全加以补救;因为只有在那些现前的、个别的对象方面,才能进行财产转移,而对于不在现前的、一般的对象,则不能进行这种转移。一个人不能转移六十里以外的一所特定房屋的财产权,因为这种同意不能伴有交付,而交付是一个必需的条件。一个人也不能凭着单纯的表示和同意转移出十斛谷或五大桶酒的财产权;因为这些只是一般的名词,与任何一堆特定的谷或某些大琵琶桶的酒毫无直接关系。此外,人类的交往也不限于物品的交换,还可以扩展到服务和行为;我们也可以交换这些,达到互利的结果。你的谷子今天熟,我的谷子明天将熟。如果今天我为你劳动;明天你再帮助我,这对我们双方都有利益。我对你并没有什么好意,并且知道你对我也同样没有什么好意。因此,我不肯为你白费辛苦;如果我为了自己利益帮你劳动;期待你的报答,我知道我将会失望,而我所依靠于你的感恩会落空的。因此,我就让你独自劳动,你也照样对待我。天气变了,我们两人都因为缺乏互相信托和信任,以致损失了收成。

　　这一切都是人性中自然的、固有的原则和情感的结果;这些情感和原则既是不可改变的,所以人们会以为依靠于这些原则和情感的我们的行为、也必然是同样不可改变的,而且不论道德学家们或政治学家们如何为了公益而干预我们,或是企图改变我们的行为的经常的途径,那也是徒劳无益的。如果他们的计划的成功依靠于他们在改正人类的自私和忘恩负义方面的成功,那么除非有全能的上帝加以协助,他们将不能前进一步,因为只有全能者能够重新改造人类心灵,而在那些根本之点方面改变心灵的性质。他们所能企图的,只是给予那些自然情感以新的方向,并且教导我们说,我们通过间接的、人为的方式,比起顺从我们的欲望的直接冲动来,更可以满足这些欲望。因此,我就学会了对别人进行服务,虽然我对他并没有任何真正的好意;因为我预料到,他会报答我的服务,以期得到同样的另一次的服务,并且也为了同我或同其他人维持同样的互助的往来关系。因此,在我为他服务了、而他由我的行为得到利益以后,他就被诱导了来履行他的义务,因为他预见的、他的拒绝会有什么样的后果。

不过人类这种自私的交往虽然开始发生了,并且在社会中占了主导地位,可是这也并不完全取消更为慷慨和高尚的友谊和互助的交往。我对于我所爱的那些人,对于特别相识的那些人,仍然可以作种种服务,而并不希望得到任何利益;他们也可以同样地报答我,而且没有别的企图,只是为了补报我过去的服务。因此,为了区别那两种计较利害的和不计较利害的交往,人们就给前者发明了某种语言形式,借以束缚自己去实践任何某种行为。这种语言形式就构成了我们所谓的许诺,这就是对于人类计较利害的交往所加的一种认可。当一个人说,他许诺任何事情时,他实际上就表示了他完成那件事情的决心;与此同时,他又通过使用了这种语言形式,就使他自己会受到再不被人信任的处罚,如果他失约的话。一个决心就是许诺所表示的自然的心理活动,但是在这种情形下,如果只有一个决心,那么许诺将是仅仅声明了我们先前的动机,而不会造成任何新的动机或义务。许诺是人们的协议,协议创造出了新的动机来,因为经验教导我们,如果我们制定一些符号或标志,借以互相担保我们在任何特殊事情中的行为,那么人事的进行将会调整得对彼此都有利益。当这些标志制定以后,谁要应用这些标志,谁就立刻被他的利益所约束了,要实践他的约定,并且如果他拒绝履行他的许诺,他将永不能期望再得到别人的信托。

人类固然要有知识,才能感觉到制定并遵守许诺的这种利益,可是这种知识不应该被认为超出于人性的能力以外,不论人性是处于如何野蛮而不开化的状态。只消对世事稍有一点的实践,就会使我们看到一切这些结果和利益。最短的社会经验,就会使每一个人发现出这些利益;当每一个人看到所有其他的人都有同样的利益感觉时,他就立刻会履行他在任何协约中所承担的义务,因为他确信,他们也不会不履行他们的义务的。他们全体都同心一致地加入那个旨在谋求共同利益的行动计划中,并同意忠于他们的诺言。要形成这个协作或协议,不需要任何别的条件,只需要每个人感觉到忠实履行约定是有利益的,并向社会中其他成员表示出那种感觉来。这样就立刻使那种利益对他们起了作用;而利益是履行许诺的最初的约束力。

随后,一种道德感又和利益结合了起来,成为人类的一种新的约束力量。这种道德感,在实践许诺这一方面,正和我们戒取他人财产的道德感一样,都发生于同样的原则。公益、教育和政治家们的措施,在两种情形下都有相同的作用。在假设许诺有一种道德的义务时,我们对于所遇到的一些困难,或是加以克服,或是设法逃避。例如,一个决心的表示通常并不被认为是有约束力的,而且我们也不容易想象,使用某种语言形式如何就能引起任何重大的差异。因此,我们在这里就虚构一种新的心灵活动,我们称之为承担义务的意愿;而我们就假设道德以这个意愿为基础。不过我们已经证明,并没有这样一种心理活动,因而许诺并不施加任何自然的义务。

  为了证实这一点,关于被假设为加入许诺以内并产生其约束力的那个意志,我们可以再附加其他几点的考虑。显而易见,单是意志永不能被假设为产生义务,意志必须被词语或标志表示出来,才能以一种束缚加于任何人。这种表达方式一旦被用来表示意志,立刻就变成了许诺的主要部分;一个人即使在暗中改变意向,打消决心,不再意愿承担那种义务,他也并不因此而少受一些他的诺言的约束。不过在许多情形下,表达方式虽然构成许诺的全部,可是并不永远如此;一个人如果用了他所不解其意、并且也无意用来约束自己的表达方式,那他自然就不受它的约束。不但如此,他即使懂得表达方式的意义,可是他如果只是开玩笑地用它,并且应用了显然表示他没有诚意来约束自己的那样一些标志,他也就没有实践的义务;词语必须是意志的完全表示,不容有任何相反的标志。不过,我们甚至也不能把这一点推得太远,以至想象:我们显然凭锐敏的理解力、根据某些标准、推断某人有欺骗我们的意向,可是在我接受了他的表达方式或口头许诺以后,他仍然不受它的约束;这个结论仅仅适用于那些例子,即当所用的标志不同于欺骗的标志的时候。如果说许诺所加于人的义务只是为了社会的方便而作的一种人类发明,所有这些矛盾就很容易说明;但如果说这种义务是由身心的任何活动所发生的某种实在的、自然的东西,那么它将是永远不能说明的。

  我还要进一步说,每一个新的许诺既然对作出许诺的人加了一种新的道德义务,而且这种义务既然发生于他的意志;所以它就成了我们所可能想象到的最为神秘而不可解的一种作用,甚至可以比之于化体(transubstantiation)或圣职,①在这种情形下,某种语言形式加上了某种意向,就完全改变了外物的甚至一个人的本性。不过这些神秘活动虽然那样地相似,可是很可注意的是,它们在其他一些点上却大为差异,而且这种差异就可以认为是它们来源不同的一个有力的证明。许诺所加于人的义务既然是为了社会的利益而作的一种发明,所以随着那种利益的要求,它就被纳入许多不同的形式,甚至陷于直接的互相矛盾,而也不肯忘掉它的目的。而宗教方面的那些荒诞学说、既然只是僧侣们的捏造,而不着眼于公共的利益,所以即使有新的障碍,它们的进程也很少受到打扰;我们必须承认,在建立了第一个荒谬前提以后,那些学说就比较直接地遵从理性和常识的趋势。神学家们清楚地看到,外在的语言形式仅仅是一种声音,需要一种意向,才能有任何效果;并且这种意向一旦被认为是一个必需条件以后,

---

① 我只是就圣职被人设想为可以产生不可磨灭的品格而言。在其他方面,圣职只是一种合法的资格。

则在没有意向的时候,就必然会同样地阻碍效果的发生,不论是明白表示的或隐藏的,不论是诚恳的或欺骗的。因此,他们通常就断定,僧侣的意向才构成圣礼,他如果暗中取消意向,他自己就犯了重罪,不过同时也仍然使洗礼、圣餐或圣职归于无效。这个学说的可怖结果并不曾能够阻止它的成立,而关于许诺的一个类似的学说则因其扞格不通而阻止了那个学说的成立。人类对现世比对来世总是更为关心,而容易认为现世方面的些小祸害比来世方面的最大祸害更为重要。

关于许诺的起源,我们也可以由暴力得出同样的结论:人们假设暴力可以使一切契约归于无效,而使我们摆脱其所加于我们的义务。这样一个原则就证明,许诺没有自然的义务,只是为社会的方便和利益而做的一些人为的设计,如果我们正确地考虑这件事。则暴力与希望或恐惧等任何其他动机并没有本质上的差异,而后面这些动机却可以诱导我们作出诺言,并使自己受其约束。一个受了重伤的人如果许给医治他的外科医生以一笔巨款,他一定就有践约的义务;这个情形与一个许给强盗以款项的人的情形本来没有那样大的差别,以至于在我们的道德感中产生那样大的差异,其所以产生这种差异的缘故,乃是因为这些道德感完全建立在公益和方便上面的。

[选自〔英〕休谟:《人性论》下册,关文运译,商务印书馆 1980 年版,第 556~566 页。]

商业对于人民习俗的影响

〔英〕亚当·斯密

现在来谈警察问题的最后部分,即说明商业对人们习惯的影响。一旦商业在一个国家里兴盛起来,它便带来了重诺言守时间的习惯。在未开化的国家里,根本不存在这种道德。欧洲各国中,荷兰人最懂得做生意,同时也是最重诺言的人。在这方面,英格兰比苏格兰人较胜一筹,但不能和荷兰人同日而语,而苏格兰比较偏僻地区的人民,又比不上商业城市的人民。这种差异并不是由于国民性的关系,像一般人所想象的那样。没有什么必然的理由可以说明为什么英格兰人或苏格兰人不能像荷兰人那样准时履行契约。这个差异是由于利己心理的作用,就是支配个人的一切行动,使其在某一问题上根据利害观点采择某一行动的原则的作用。荷兰人也好,英国人也好,都有这种心理。① 商人本来最怕失信用。他总是时刻小心翼翼地按照契约履行所承担的义务。一个比方说经常每天和人签订二十个合同的人,绝对不能从欺骗附近的人而得到大好处。他的奸诈面目一被人看出,失败便无可避免。但只偶然互相打交道的人们,就常常会想行巧施诈以牟利。因为如果行使诡计一次侥幸成功,所得到的利益可能大大超过因此所遭受的名誉上的损失。

就诚实和守约而说,我们所称为政治家的那些人并不是值得称颂的人物。② 各国大使更不必说。他们在外交上占一点小便宜时,人们就交口称道,而他们也沾沾自喜,引以为豪。这种现象所以存在,是由于国与国之间一百年中不过偶然打两三次交道的缘故。假使有一次施展狡诈手腕成功,所得的好处可能远大于名誉上所受到的损失。法国自从路易十四以来,在英国的名誉不很好,但法国的利益和光荣,并不因此有损毫末。可是,如果国与国之间像商人那样,一天必须打交道一两次,它们就不得不小心谨

---

① "他们利用自己的技能和聪明以及对方的无知和愚蠢来占便宜。当法律掌握在他们手中时,他们就百端勒索。如果对方是和他一样有知识有权力的人,则他们就装作是世界上最坦白最诚实的商人。他们的坦白和诚实与其说是受良心或道德的驱使,毋宁说是由于习惯的关系,他们是由于必须互相交易而养成这个习惯。商人依赖诚实公道,不下于战争依赖纪律。缺乏诚实风气,商业就要完结,大商家就会沦为小贩。没有纪律,战争就一定会失败,而兵士就会变成盗贼。"坦普尔:《对于荷兰的观察》,《论文集》,1757年出版,第1卷第154页。

② 在《国民财富的性质和原因的研究》第2卷第4篇第2章第41页上,亚当·斯密比较了有原则性的立法者和"一般人称为政治家或政客的那种阴险而狡猾的动物,他们的政策方针,完全以时势的变化为转移"。

慎,借以保持名誉。一个人如果常常和别人作生意上的往来,他就不盼望从一件交易契约来图非分的利得,而宁可在各次交易中诚实守约。一个懂得自己真正利益所在的商人,宁愿牺牲一点应得的权利,而不愿使人产生疑窦。像后者那种性质的事件,不但是可恨的,而且也是罕见的。在大部分人民都是商人的时候,他们总会使诚实和守时成为风尚。因此,诚实和守时是商业国的主要优点。

[选自〔英〕坎南编著:《亚当·斯密关于法律、警察、岁入及军备的演讲》,陈福生、陈振骅译,商务印书馆2011版,第265~266页。]

如何教育孩子遵守诺言

〔法〕卢 梭

在培养道德观念的过程中,是不能怪我们走得太慢,不能怪我们每一步都走得太稳。年轻的教师们,我请你们想一想这个例子,而且要记着,在任何事情上,你们的教育都应该是行动多于口训,因为孩子们是容易忘记他们自己说的和别人对他们说的话的,但是对他们所做的和别人替他们做的事情,就不容易忘记了。

正如我所说的,这样的教育或迟或早是要进行的,只不过是要看学生的性情是温和还是暴烈而提前或延迟进行的时间罢了;它们的效用是眼睛可以看得出来的;但是,为了不至于在这些困难的事情中把重要的东西忽略了,我们再举一个例子来谈谈。

你那个性情暴烈的孩子碰到什么就搞坏什么,你不要生气,把他能搞坏的东西都放在他拿不着的地方。他打坏他所用的家具,你别忙着给他另外的家具,让他感觉到没有家具的不方便。他打破他房间的窗子,你就让他昼夜都受风吹,别怕他受风寒,因为,宁可让他着凉,不可让他发疯。绝不要埋怨他给你造成的种种麻烦,不过,你要让他头一个感觉到这些麻烦。最后,你才叫人来修理窗子,你自始至终什么话都不要说。他又打破了呢,那就换另一个方法;你不要生气,只是直截了当地告诉他说:"这些窗子是我的,是我费力气安在那里的,我不能让它们打破。"然后,你把他关在一间没有窗子的黑屋里。这样做的时候,如果他还要吵闹和发脾气,那就谁也不去理他。不一会儿他就会泄气和改变声调,在那里唉声叹气地诉他的苦的;一个仆人到那里去,这个造反的人就会请那个仆人把他放出来。叫那个仆人不要找什么借口说不能放他,只回答他说:"我的窗子也不是愿意人家打破的。"说完就走开。让孩子在那里呆几个小时,呆到足以使他在里面感到心烦,而且能够把这件事情记在心里以后,才派个人去叫他同你订一个条约,根据这个条约,你还他的自由,而他今后也不再打破你的窗子。这样做,他觉得再好不过了。他叫人来请你去看他;你到他那里去,他向你提出他的条约,你马上就接受,同时对他说:"这个想法很好,对我们两人都有好处;你为什么早不想到呢!"然后,既不问他还有没有什么异议,也不要他说他坚决遵守他的诺言,你只是欢欢喜喜地拥抱他,并且马上把他带到他的房间去,好似这个条约一发誓遵守,就是神圣不可破坏的。采取这种做法,你想他对这些约定的信念和它们的用途会抱怎样的看法呢?在这个世界上，只要还找得到一个孩子（当然是指尚未娇养坏的孩子）经过这样的教训之后还故意打破窗子的话，那就算我错了。按照这样的次序去做吧。当这个顽皮的孩子在地上挖出一个窟窿种蚕豆的时候，他绝没有想到他是给自己挖牢房，让自己的知识迅速地把他关在里面。①

我们现在已进入道德的世界，这里向罪恶打开了大门。欺骗和撒谎的行为将随着社会习俗和义务而同时产生。一个人既能做他不应该做的事情，也就想掩饰他该做而未做的事情。一种利益既可使人许下诺言，则更大的利益就可使人违反诺言。问题不只是在于违反了诺言可以不受惩罚，而是因为有天然的手段；他可以隐瞒，可以撒谎。由于我们不能防罪恶于未然，到现在就只好对罪恶的行为加以惩罚。人生的种种不幸就是这样随着人的错误而同时开始的。

在这方面，我说的话已经是够多了，其目的是为了使大家明了我们不能为了惩罚孩子而惩罚孩子，应当使他们觉得这些惩罚正是他们不良行为的自然后果。所以你不要去斥责他们撒谎，绝不要仅仅因为他们撒谎而处罚他们，而要使他们明白，如果撒谎，则谎言的种种不良后果都要落在他们的头上，例如，即使说的是真话，也没有人相信；即使没有做什么事情，也要被别人不由分辩地指责说干了坏事。不过，我们要向孩子们讲解清楚什么叫撒谎的行为。

谎言有两种：第一种是就过去所做的事情撒谎，第二种是就将来承担的义务撒谎。第一种撒谎的情况是：否认他所做过的事情，或者硬说他做过他没有做过的事情，总而言之，就是他明明知道事情的真相不是那样，却偏偏说成是那样。第二种撒谎的情况是：许出一些他并不打算加以遵守的诺言。总而言之，就是表示一种同他本来的意图相反的意图；有时候这两种谎是合在一起撒的；②不过，我在这里只谈一谈它们不同的地方。

一个人如果意识到自己需要别人的帮助，同时又常常领受别人的恩惠，他就绝不会起骗人的念头；反之，他还一心要别人明了事情的真相，以免错误地损害了他。因此，可以很明显地看出，撒谎的事不是孩子的天性，而是服从的义务使他们不得不撒谎，因为服从别人是一件很痛苦的事情，所以他们就悄悄地尽可能设法不服从别人，同

---

① 此外，即使这种遵守诺言的责任感在孩子心中还没有通过它实际的效用而得到明确的认识，但他已经开始萌芽的内心情感将把这种责任作为一种良心的法律，作为只等到有应用的知识才加以发挥的固有的原则，加到他的身上。这个最重要的特点，不是由人的手画在我们心中的，而是由一切正义的创造者刻在我们心中的。除去原始的契约和它加给人的义务，则人类社会的一切都是虚幻的。只是在对自己有利的时候才遵守诺言的人，其守信的情形等于是一句诺言也没有应许，或者说，他到最后是终归要违反他的诺言的，正如玩杓球的人之所以迟迟不利用对方给他的那个分数，只不过是为了等到更有利的时候才利用罢了。这个原理极重要，值得深入地研究，因为人正是从这里开始同自己相矛盾的。

② 例如被人指控做了一件坏事的罪犯，替自己辩护的时候总说他是一个诚实人。他这样说，在事实和义务两方面都是撒了谎的。

时,他们还觉得,与其暴露事情的真相要到将来才能得到利益,不如撒一个谎就能免掉一次处罚和责备,得到现时的利益。在自然和自由的教育之下,你的孩子干吗要向你撒谎呢?他有什么要隐瞒你的呢?你不找他的岔子,你不惩罚他,你不强迫他。他为什么不像告诉他的小伙伴那样天真地把他所做的事情都告诉你呢?他不可能认为向你承认就会比向他的伙伴承认会遭到更大的危险。

由于答应做什么或不做什么是双方协定的行为,既逾越了自然的状态,也有损于自由,所以,就义务而撒谎的行为是更不符合自然的。再者,孩子们所做的一切许诺,其本身就是无效的,因为他们的见解有限,只能看到眼前的情形,所以当他许下诺言的时候,他们是理解不到他们所许诺的事情的。他们一会撒谎,他们也就会作这样或那样的诺言,因为他们心里所想到的只是怎样摆脱现时的困难,所以凡是在眼前不会产生什么影响的手段都是可以采用的:他答应在将来做什么的时候,实际上是空话,他的想象力还处在懵懵懂懂的状态,还想象不到他这个人在两个不同的时候的情景。如果叫他答应他明天从窗口跳出去,就可以免掉他一顿鞭打或给他一包糖果,他也会立时答应的。这就是为什么法律不尊重小孩的约定的理由;如果严厉的父亲和老师强要孩子们做他所许诺的事情的话,也只能是因为这些事情即使他们不许诺也是非做不可的。

小孩在答应做什么事情的时候,是并未撒谎的,因为在他作出诺言时,他对他所许诺的事情没有什么了解。但是,如果他不履行诺言,情况就不同了,就可以把他的诺言追诉为一种谎言,因为他很清楚地记得他作出过那个诺言;不过,他不知道遵守诺言的重要性罢了。由于他没有观察将来的能力,所以也就预见不到事情的后果;即使他破坏了他的诺言,他的行为也并不违背他那样年龄的理智。

由此可见,孩子的撒谎,完全是老师造成的,他们想教会孩子说实话,结果却教会孩子说谎话。他们巴不得能好好地管教孩子,使孩子循规蹈矩,但是又找不到相当的手段来达到目的。他们认为凭一些空洞的格言和不合理的清规就可以重新约束孩子的心灵,因此,他们宁可让孩子背诵功课和撒他们的谎,也不愿意让孩子保持天真和诚实。

至于我们,我们只主张我们的学生从实践中去学习,我们宁可让他们为人忠厚而不愿他们有一肚子的学问;我们并不勉强他们老老实实,以免他们弄虚作假;我们并不硬要他们作出这样或那样的诺言,以免他们不打算遵守他们的诺言。如果当我不在的时候,他做了什么坏事,而我又查不出是谁干的,我也不归罪于爱弥儿,我也不问他:"是不是你?"①因为这样做,除了教他加以否认以外,又会得到什么效果呢?如果他的

---

① 再没有比这样问法欠慎重的了,特别是当孩子做了错事的时候,这样问就更显得不慎重了:如果他以为你知道是他干的,他也许会以为是你对他设的圈套,他有了这种看法,就可能对你发生反感。如果他以为你不知道,他就会对自己说:"我干吗要暴露我的错处呢?"可见,当初诱使他撒谎的,正是由于你这样冒冒失失地问他。

性情执拗,使我不得不同他订个条约,我的做法也要极其慎重,以便条约的内容全部由他提,而不由我提;当他订下条约的时候,我总要使他觉得履行条约就能获得很大的现实利益;万一他不履行诺言,我也要使他觉得,这样撒谎所招来的痛苦是由于事物发展的必然后果,而不是出自老师的报复。不过,我是根本不需要采取这如此毒辣的手段的,因为,我几乎可以断定,爱弥儿要很久很久以后才知道撒谎是怎样一回事情的,而且,他在知道的时候,一定会大感奇怪,想象不出撒谎有什么好处。所以,事情很清楚,我愈是使他美好的生活不受他人的意志和判断的影响,我就愈能使他明白撒谎对他没有好处。

如果我们不是那样急于想教好孩子,我们也就不会那样急于硬要他做这做那的,我们就可以从从容容地只是在适当的时候才提出我们对他的要求,这样,只要不采取溺爱的方式,是一定能教好孩子的。但是,一个愚昧的教师由于不知道如何对孩子进行教育,以致时时刻刻要孩子答应做这个做那个,既没有分别,也没有选择,而且数量也过于繁多,弄得孩子十分烦恼,承担了许许多多的诺言,结果使他把那些诺言看得满不在乎,置于脑后,认为不屑于遵守,甚至把它们看做一套空话,觉得作出了诺言又破坏诺言是一件好玩的事情。你希不希望他忠实地遵守他所说的话呢?如果希望的话,对孩子提出什么要求的时候,就一定要十分慎重。

[选自〔法〕卢梭:《爱弥儿》上卷,李平沤译,商务印书馆 1978 年版,第 107~112 页。]

论出自人类之爱而说谎的所谓法权

〔德〕康 德

在邦雅曼·贡斯当①的著作(《1797年的法国》②,第6期,第1篇《论政治上的反作用》)中,第123页包含着如下说法:

> 说真话是一种义务,如果人们无条件地并且处处采纳这个道德原理,它就会使任何社会成为不可能。对此,我们从一位德国哲学家自这个原理得出的非常直接的结论中得到了证明,他走得如此之远,并且断言:如果一个凶犯问我们,我们那被其追杀的朋友是否躲在我们家中,对该凶犯说谎也会是一种犯罪。③

法国哲学家在第124页以如下方式反驳这个原理:说真话是一种义务。义务的概念与法权的概念不可分割。一种义务是在一个存在者那里与另一个存在者的法权相符合的东西。在不存在任何法权的地方就不存在任何义务。因此,说真话是一种义务;但只是针对对真话有一种法权的人。但是,没有人对伤害别人的真话拥有法权。

在这里,πρωτον ψευδος[首要的错误]就在于这个命题:"说真话是一种义务;但只是针对对真话有一种法权的人。"

首先要注意,"对真话有一种法权"这个表述是个没有意义的词。人们毋宁必须

---

① 贡斯当(Henri Benjamin Constant de Rebecque),著名法国政治家和作家,1767年生于洛桑,1830年卒于巴黎。——普鲁士皇家科学院版编者注

② 参见编者导言。——科学院版编者注

③ 哥廷根的J. D. 米夏埃利斯比康德更早地表达了这个奇异的见解。至于康德是这段话所说的哲学家,则是这篇文章的作者自己告诉我的。——K. Fr. 克拉默**
这确实是我在某段话中讲的,但我现在再也记不起来,我借此予以承认。*** ——I. 康德

* 参见《康德全集》,第Ⅶ卷,第343页关于8页的注释。K. Fr. 克拉默暗示的这段话在J. D. 米夏埃利斯的《道德》中,C. Fr. 施托伊德林版,第2部分,第160、第163页,1792.——科学院版编者注

** 1752年生于奎德林堡,自1775年始任基尔大学希腊语和东方语言以及布道学教授,1794年因公开发表对法国革命的同情而被免除其职务,后来成为巴黎书商,卒于1807年。——科学院版编者注

*** 这样一段话在康德迄今的作品中无法找到;此外参见《康德全集》,第Ⅵ卷,第430、第481页。——科学院版编者注

说：人对他自己的真诚(veracitas)，亦即在他的人格中对主观的真话有一种法权。因为客观上对真话有一种法权，就会等于是说：一般而言就"我的"和"你的"来说，一个被给予的命题是真的还是假的，取决于他的意志；这就会是一种奇怪的逻辑。

现在第一个问题是：人在他不能回避用"是"或者"否"来回答的场合里，是否有权限(法权)不真诚。第二个问题是：他是不是完全有责任在一种不义的强制迫使他作出的某个陈述中不真诚，以便防止一个威胁着他的、对他或者对一个他者的犯罪行为。

人们不能够回避的陈述中的真诚，是人对每个人的形式义务①，不管由此是给他还是给一个他者带来多么大的坏处；而且尽管我在伪造陈述时并没有对以不义的方式迫使我作出陈述的人行事不义，但我毕竟通过这样一种由此也(虽然不是在法学家的意义上)能够被称为说谎的伪造而在一般而言的义务的最根本部分上行事不义，也就是说，我在事情取决于我的时候使得陈述(声明)一般而言没有获得任何信任，因而也使得所有建立在契约之上的法权被取消，丧失其力量；这是一般而言的人性所遭受的不义。

因此，说谎在仅仅被定义为有意对另一个人作出不真的声明时，并不需要补充说，它必然伤害一个他者；就像法学家为定义它所要求的那样(mendacium est falsiloquium in praeiudicium alterius[说谎是损害另一个人的谎言])。因为它在任何时候都在伤害一个他者，即便不是另一个人，但毕竟是一般而言的人性，因为它使得法权的源泉变得不可用。

但是，这种好心的说谎也可能由于一种偶然(casus)而变成可按民法来惩罚的；不过，仅仅由于偶然而逃避惩罚的东西，也能够按照外在的法律被判为不义。也就是说，如果你以一次说谎阻止了一个现在要去凶杀的人的行动，则你对由此可能产生的所有后果要负法律责任。但是，如果你严守真诚，则公共的正义不能对你有所指摘；不管无法预见的后果会是什么。毕竟有可能的是，在你真诚地用"是"来回答凶犯他所攻击的人是否在家的问题之后，这个人不被察觉地走出去了，就这样没有落入凶犯的手中，因而行动就不会发生；但是，如果你说谎，说他不在家，而且他确实(尽管你不知道)走出去了，凶犯在他离开时遇到了他，并且对他实施行动，则你有理由作为此人死亡的肇事者而被起诉。因为如果你尽自己所知说真话，则也许凶犯在家中搜寻自己的敌人时会受到路过的邻居们的攻击而行动被阻止。因此，谁说谎，不管他这时心肠多么好，都必须为由此产生的后果负责，甚至是在民事法庭前负责，并为此受到惩罚，不管这些后果多么无法预见，因为真诚是一种必须被视为一切能够建立在契约之上的义务之基础的义务，哪怕人们只是允许对它有一丁点儿例外，都将使它的法则动摇和失效。

---

① 我在这里不可以把这个原理强化到如此程度，以至于说，"不真诚就是侵犯对自己的义务"。因为这个原理属于伦理学，但这里谈的是法权义务。——德行学说在那种违反中只关注说谎者为自己招致责难的卑劣。

因此,这是一个神圣的、无条件地颁布命令的、不能通过任何习俗来限制的理性诫命:在一切说明中都要真诚(正直)。

在这里,贡斯当先生关于对这样一些严厉而且据说迷失在不能实行的理念之中的、但由此而是应予谴责的原理的叱骂所作的评论,是好意的,同时是正确的。——"每次(他在第123页下面说),当一个被证明为真的原理显得无法运用时,其原因都在于,我们不了解包含着运用手段的中间原理。"他(在第121页)提出平等学说来作为构成社会链条的第一环:"(第122页)因为没有一个人不能通过这样一些法律来约束,他一起参与了这样一些法律的形成。在一个结合紧密的社会中,这个原理可以直接运用,而且并不为了成为通常的原理而需要任何中间原理。但是,在一个人口十分众多的社会里,人们就必须还为我们在这里提出的原理附加上一个新的原理。这个中间原理就是:个别的人都能够或者以自己的人格或者通过代理人参与法律的形成。谁要把前一个原理运用于一个人口众多的社会,不为此采用中间原理,就肯定会造成这个社会的堕落。然而,仅仅见证了立法者的无知或者笨拙的这种状况,不会证明任何东西来反对原理。"——他在第125页的结束语是,"因此,一个被承认为真的原理必须永不被背离,无论在这里存在的危险多么显著"(不过,善良的人由于无条件的真诚原理给社会带来的危险而自己背离了它,因为他不能发现用来防止这种危险的任何中间原理,而且这里也确实插不进任何中间原理)。

如果人们想保留这里所提及的人格的名字,则"法国哲学家"把某人由于说出自己不能回避其承认的真话而伤害(nocet)另一个人的行动与他行事不义(laedit)的行动混为一谈了。陈述的真诚伤害家中的居住者,这纯属偶然,而不是一个自由行为(在法学的意义上)。因为从他要求另一个人应当为他的好处而说谎的法权中,会得出一种与一切合法性相冲突的要求。但是,每个人不仅有一种法权,而且甚至有一种极严格的义务在陈述中真诚,哪怕这种真诚会伤害他自己或者他人。因此,他真正说来并没有借此伤害由此受难的人,而是偶然引起了这种伤害。因为既然真诚(在他一度必须说话时)是无条件的义务,每个人在这一点上都根本不是自由地选择的。——因此,"德国哲学家"将不把"说真话是一种义务;但只是针对对真话有一种法权的人"这个命题接受为自己的原理:首先是由于该命题不清晰的程式,因为真话并不是财富,能够肯定一个人对之有法权,却否认其他人对之有法权;但尤其是由于真诚的义务(这里惟一说的就是这种义务)并不在人们对之有这种义务,或者人们对之也能够宣布放弃义务的人格之间作出区分,而是由于它是在所有的关系中都有效的无条件的义务。

而今,为了从一种法权形而上学(它抽去了一切经验条件)达到一个政治的原理(它把这些概念运用于经验场合),并凭借这个原理达到依照普遍的法权原则对政治的一个课题的解决,哲学家将给出:(1)一个公理,亦即一个无可争议的确定的命题,它直接产生自外部法权的定义(按照普遍的法律任何一个人的自由与每个人的自由协调一致);(2)一个公设,即外部公共法律的公设,作为所有人按照平等原则联合起来的意志,没有平等就不会有每个人的自由;(3)一个问题,即如何才能使得在一个如此庞大的社会中还按照自由和平等的原则保持和睦(亦即凭借一种代议制),这就将是政治的一个原理,政治的活动和秩序如今将获得从人的经验认识得出,仅仅以法权管理的机制以及这种机制如何合目的地建立为目的的法令。——法权永远不必适应政治,但政治却必须在任何时候都适应法权。

作者说:"一个被承认为真的(我补充:先天地被承认为真的,因而无可争议的)原理必须永不被背离,无论在这里存在的危险多么显著。"只是人们在这里必须理解的不是伤害的危险,而是一般而言行事不义的危险。如果我使完全无条件的,并且在陈述中构成至上法权条件的真诚义务成为一个有条件的,还从属于其他考虑的义务,并且即便我由于某次说谎事实上没有对任何人行事不义,却毕竟侵犯了在所有一般而言必不可免的陈述上的法权原则(在形式上行事不义,尽管不是实际上行事不义),就会发生后一种情况;这比对某一个人行事不义更加糟糕,因为这样一种行为并不那么总是以主体中的一个原理为前提条件的。

一个人,面对另一个人对他提出的质问,即他在自己现在应当作出的陈述中是不是愿意真诚,并不是已经由于借此对他表示的怀疑而感到不满,而是请求允许自己想一想可能的例外,这个人就是一个说谎者了(in potential [潜在地]),因为他表明自己并不承认真诚是义务自身,而是为自己保留对一个规则的例外,而这个规则就其本质而言是不能有例外的,因为它在这种例外中完全与自身相矛盾。

一切法权实践的原理都必须包含着严格的真实性,而且这里所说的中间原理只能包含着它们(按照政治的规则)运用于出现的事例的进一步规定,但绝不能包含着它们的例外,因为这些例外毁掉了普遍性,而他们只是因为普遍性才享有原理之名的。

[选自〔德〕康德《康德政治哲学文集》注释版,李秋零译注,中国人民大学出版社2016年版,第264~269页。]

信用在资本主义生产上的作用

〔德〕卡尔·马克思

我们关于信用制度所得的见解，可概述如下：

Ⅰ．为促成利润率的均衡，或促成资本主义生产全部所依以立脚的这种均衡运动起见，信用制度是必然会成立的。

Ⅱ．各种流通费用的节减。

（1）主要流通费用一种，就是货币本身。那会依下述三种方法由信用而节省的。

A．交易的一大部分，因有信用之故，得完全不用货币。

B．流通媒介的流通，因有信用之故，被加速了。① 这一项，和（2）项所述的情形，有一部分共同之处。从一方面说，这种加速是技术的；那就是在现实的为消费而起的商品交换量不变时，较小量的货币或货币记号，将可实行同等的职务。这一点，是和银行制度的技术相关联的。从另一方面说，信用又会加速商品变形的速度，并加速货币流通的速度。

C．金币得由纸币代置。

（2）信用会使流通或商品变形之个别的阶段加速，并进而使再生产过程一般加速（从另一方面说，信用又使购买行为和售卖行为，得在更长的时期内相分离，因而构成投机的基础）。准备基金得以缩小。这可由两方面来考察。一方面，它会使流通媒介减少；另一方面，它又会减少那必须常常在货币形态上存在的资本部分。②

Ⅲ．股份公司的成立。由此发生的是：

---

① "法兰西银行银行券的平均流通，在 1812 年，为 106538000 法郎；在 1818 年，为 101205000 法郎；而货币通流即收付总额，在 1812 年，为 2837712000 法郎；在 1818 年，为 9665030000 法郎。法国 1818 年的流通活动，与 1812 年的流通活动相比，成 3：1 之比。流通速支的大调节器，是信用。……这说明了，为什么，货币市场的严重压迫，通常与充实的流通相一致。"（《通货学说评论》第 165 页）——"1833 年 9 月至 1843 年 9 月间，差不多有 300 家银行，在大不列颠境内成立，它们各自发行银行券；结果是把银行券的流通限制 $2\frac{1}{2}$ 百万镑；在 1833 年 9 月底，是 36036244 镑，在 1843 年 9 月底，是 33518544 镑。"（前书第 53 页）——"苏格兰流通的可惊的活跃，使那里有 100 镑即可经营的业务，在英格兰需有 420 镑。"（前书第 55 页。最后这个叙述，仅与营业的技术有关的）。

② "在银行设立以前，实行流通手段机能所必要的资本额，常比商品现实流通所需要的资本额为大。"（《经济学界》1845 年第 238 页）。

(1) 个个资本所不能经营的生产和企业,在规模上,可发生惊人的发展。同时,那种种向来由政府经营的企业,都社会化了。

(2) 以社会化生产方法为基础并以生产手段和劳动力的社会累积为前提的资本,在这里,直接取得了社会资本(直接相结合的诸个人的资本)的形态,而与私人资本相对立。它的企业,也以社会企业的资格,而与私人企业相对立。那是在资本主义生产的限界之内,把私人所有的资本,实行扬弃。

(3) 实际从事业务的资本家,转化为管理人,他不过处分别人所有的资本。资本所有者则转化为单纯的所有者,单纯的货币资本家。因为他们所得的股息,包括利息和企业利益,即包括总利润(因为管理人的薪给,是,或应当是一种熟练劳动的工资,在劳动市场上,是同别种劳动的价格一样受调节的),所以,这个总利润只当作利息,只当作资本所有权的报酬而收受。资本所有权,和它在现实再生产过程内的机能,完全分离了。同样,这种机能,附属在管理人身上的,也和资本所有权完全分离了。利润(不复仅是它的一部分即利息,这种利息是以借者的利润为辩护理由的),单表现为对他人的剩余劳动的占有。这种占有,是因生产手段转化为资本,因生产手段与现实生产者相分离,因生产手段当作他人所有而与一切在生产上实际活动的个人(由管理人至日佣劳动者)相对立这个事实,发生的。在股份公司内,机能与资本所有权分离了,劳动亦完全与生产手段和剩余劳动的所有权相分离了。资本主义生产最高度发展的这个结果,是一种必然的过渡;必须经过这个阶段,资本才再转化为生产者的所有,但到那时候,它不复是个别生产者私人的所有,而是结合劳动者的所有,是直接的社会所有物了。从另一方面说,那又是一个过渡点,必须经过这一点,一切向来与资本所有权分离不开的再生产过程内的机能,都转化为结合生产者的机能,转化为社会机能。

在我们更进一步讨论之前,我们且注意这个经济上重要的事实:因为在这里,利润纯然采取利息的形态,所以仅提供利息的企业仍然是可能的;并且,这也就是一般利润率下落趋势得以阻止的原因之一。这是因为,不变资本与可变资本较持有惊人比例的诸种企业,不一定参加一般利润率的均衡化过程。

〔自马克思写出上面那一段话以来,大家知道,已有新的产业经营形态发展了。这种形态,代表股份公司的自乘数和三乘数。在今日,一切大产业部门生产增进的速度,是日日增加,但追加生产物的市场的扩大,却是一天比一天更迟缓的。前一种日日增加的速度,竟与后者日趋缓慢的事实相对立。大产业数个月间造出的物品,竟在市场上数年间吸收不了。加之,保护税政策(Schutzzollpolitik),使各个产业国家,和别的产业国家,尤其是和英国隔立起来,并人为地提高国内的生产能力。其结果,是一般的慢性的生产过剩,价格压下,利润下落或全然消灭。要之,旧自由竞争制度,已经到了末日,不得不公开宣告屈辱的破产。这一点,是由下述的事实宣告的。在各国,一定部门的诸大产业家,会组织一种加特尔(Kartell),来共同实行生产的调节。加特尔设一委员会,决定各经营单位的生产量,并终审地,分配所接到的各种定单。有时候,还会暂时成立所谓国际加特尔,例如,有一个国际加特尔,曾统制英国和德国的铁的生产。但生产社会化的这个形态,还嫌不足。各经营单位间的利害关系的对立,会屡屡把这个形态破坏,并把竞争恢复。因此,在生产阶段允许的限度内,有若干生产部门,竟把该生产部门的全部生产,在共同的经营下,累积在一个大股份公司内。在美国,这种尝试曾经几度成功;在欧洲今日,最大的一个实例,是制钾托拉斯。这个托拉斯,把英国的全部钾生产事业,归到一个单一的公司手里。个别的经营所,合计在三十以上,它们以前的所有者,在股份形态上,保有他们的总投资的评价价值(Taxwert),合计约有五百万镑,那代表该托拉斯的固定资本。技术方面的指导仍保留在原人手中,但营业方面的指导累积在总经理部手中。流通资本,约有一百万镑,是在公众间募集。总资本合计为六百万镑。因此,这个部门——那是全部化学工业的基础——在英国,竞争已为独占所代替了;因此,总社会(即国家)在这个生产部门将来所要实行的剥夺行为,已经痛痛快快的,准备好了。——恩格斯(Friedrich Engels)]

这是资本主义生产方法在资本主义生产方法之内自行扬弃,是一个自行扬弃的矛盾,那在表面上表现为一个到一个新生产形态的过渡点。在现象上,它也会表现成为这样的矛盾。它会在一定部门内,形成独占,并诱起国家的干涉。它会繁殖起一种新的金融贵族,并在发起人,创立人,名义董事的形态上,繁殖起一种新的寄生虫,并由公司的创立,股票的发行,股票的买卖,引起一个完全的诈欺制度。那是一种私生产,但没有私有财产的统制。

Ⅳ. 股份制度,使资本主义的私产业,在资本主义制度的基础上,自行扬弃;它越是扩大,越是侵入新的生产部门,它越是把私产业破坏。这点且不说,信用还会使个别资本家或被视为资本家的人,可以在一定限界之内,绝对地支配别人的资本,别人的所有,并支配别人的劳动。① 支配社会资本(不是个人资本)的支配权,使他对于社会劳动,能够支配。因此,一个人实际所有的或公认为他所有的资本,不过成为信用上层建

---

① 我们可以看《泰晤士报》(1857年12月3日,5日,7日)恐慌年1857年的破产表,并比较破产者自己的财产和他们的负债额。——"在事实上,有资本和信用的人的购买力,绝非一个对投机市场毫无实际认识的人所能想象。"(杜克《通货原理研究》第79页)"一个人,如其大家相信他有充足的经营顺常营业的资本,而在同业中,又有良好的信用,那就只要他对于他所经营的物品,乐观地,认为一定会涨价,并且他在投机的开头和进行中,又诸事顺手,他会就大超过他的资本额,而异常推广他的购买额的。"(前书第136页)。——"制造业者,商人等等,都大大超过他们的资本来营业。……在今日,资本与其说是商业交易的限制,不如说是良好信用的基础。"(《经济学界》1847年第333页)

筑(Kreditüberbau)的基础。这个话,对于大商业,是特别适用的。社会生产物也就有最大的一部分,要通过大商人之手的。在这里,一切的尺度,一切可以在资本主义生产之内当作辩护的理由,都消灭了。投机的大商人,不过拿社会的财产(不是他自己的财产)来冒险。资本由节蓄而起的见解,也同样成了不合理的。因为,他所要求的,正是别人应该为他节蓄[全部法兰西人,近来就是这样,为巴拿马运河的诈欺者,节蓄一万五千万法郎。巴拿马运河,是这段话写过二十年之后才开凿的,但当中的诈欺情形,已经正确的在这里描写了——恩格斯(Friedrich Engels)]节欲论的别的用语,也为他的奢侈,——它本身现在也成了信用手段——所批颓了。在资本主义生产发展初期尚有若干意义的诸种观念,在这里,都毫无意义了。在这里,成功与失败,都使资本趋于集中,使夺取过程依最惊人的规模进行。在这里,夺取过程,已由直接生产者,推到小资本家和中等资本家了。这种夺取,原来是资本主义生产方法的起点;它的完全的实行,又是资本主义生产方法的鹄的。它的最后的目的,正是使一切个人的生产手段被剥夺,当社会生产发展时,这种生产手段,将不复成为私生产的手段和私生产的生产物,而只能在结合生产者手里,成为生产手段了,成为社会的所有,和社会的生产物了。但这种剥夺在资本主义制度之内,却表现在一种矛盾的形态上,表现为少数人对于社会财产的占有。信用又使这少数人,日益成为纯粹的冒险者。因为所有权在这里是采取股票的形态,它的运动和移转,也成为证券交易所的赌博的结果;在这种交易上,小鱼为大鱼所吞,羊是为交易所的恶狼所杀的。在旧形态内,社会的生产手段,是当作个人的所有物表现的;对这种旧形态的对立性,在股份制度内,已经存在了;不过,到股份形态的转化,尚拘因在资本制度限界之内。所以,股份制度,没有克服社会公有财富和个人私有财产之间的对立,却不过在一种新形态上,把这种对立形成。

    劳动者的合作工厂(Kooperativfabriken),虽然到处都会在它的现实组织内,再生产并且必定会再生产现存制度的一切缺点,但它仍会在旧形态之内,表示旧形态的最初的破坏。在这种合作工厂内,组合的劳动者,成了他们自己的资本家,使他们能够用生产手段,来使他们自身的劳动价值增值,所以,在它里面,资本与劳动的对立总算扬弃了。它指出了,新的生产方法,自然会在物质生产力的一定的发展阶段及与其相应的社会生产形态上,由一个生产方法发展出来,并因以成立。工厂制度是由资本主义生产方法发生的,信用制度也是由资本主义生产方法发生的;若无工厂制度和信用制度,合作工厂是不会发展出来的。信用制度,是资本主义私有企业到资本主义股份公司的渐渐的转化之主要基础,但也是国家合作企业渐渐扩大的手段。资本主义的股份公司和合作工厂一样都可说是资本主义生产方法到组合生产方法的过渡形态,不过在前者,资本与劳动的对立仅有消极的扬弃,在后者,这种对立便有积极的扬弃了。

    以上,我们主要是就产业资本的关系,来考察信用制度的发展及其内隐含的资本所有权的扬弃作用。在以下数章,我们将就生息资本的关系,来考察信用;那就是,考察信用对于这种资本的影响,和信用在这场合所采的形态。在那里,我们还须提出几种特殊的经济学注解。在这里,我们只要说:信用制度是生产过剩和商业过度投机的主要支点,这是因为,再生产过程——它的本性,是可自由伸缩的——在这场合,会拉紧到极端的限界;而它所以会这样拉紧,就因为社会资本的一大部分,将由资本的非所有者使用;这种非所有者,在使用资本时,会比资本所有者更不当心。资本所有者在运用他自有的资本时,一定会权衡当中地限制的。这个情形,指出了如下的事实:即,以资本主义生产的对立性质为基础的资本价值增值,只能在一定限度内,许有现实的自由的发展,因此,这个价值增殖,会在事实上成为生产的一个内在的桎梏和限制。这种桎梏和限制,不断会为信用制度所冲破。① 信用制度会加速生产力的物质的发展,并加速世界市场的成立。此二者,乃新生产形态的物质的基础。使这种物质基础发展到一定的程度,乃资本主义生产方法之历史的使命。同时,信用还会加速矛盾之强烈的爆发——即恐慌——并加速旧生产方法的分解要素。

  内在于信用制度之内的二重性质是:一方面,它会发展资本主义生产的发条和财富(由榨取他人劳动而起的)的蓄积成为最纯粹最巨大的赌博欺诈制度,并日益限制那少数榨取社会财富者的人数。另一方面,它又是到新生产方法的过渡形态。自劳(Law)以来,至伯勒尔(Isaak Pereire),一切主要地为信用制度发言的人,都具有诈欺和预言者的乐天的混合性质,那也是因为信用有这样的二重性质。

[选自〔德〕卡尔·马克思:《资本论》第三卷第五篇第二十七章,郭大力、王亚南译,上海三联书店 2009 年版,第 314~319 页。]

---

① 查尔麦斯《论经济学》伦敦 1832 年。

论 守 信

〔英〕西季威克

我们来考察守信，或对允诺的忠实。我们的确应当在这里来考察它，因为我们已经看到，有些思想家已经认为守法义务是建立在守约这一更优先的义务基础上的。然而，前已指出，社会契约似乎至多是一种方便的虚构和逻辑的假设：借助于它文明社会的成员之间的相互的权利义务关系能得到清楚的表达；但是它在陈述常识的伦理原则时不大适用。然而，我们却应当承认：在守法义务与守信义务之间，却常常有一种密切的历史联系。首先，在某些时代和国家，至少有相当多的一部分宪法内容曾是通过社会各集团间的明确契约而确立和肯定的；这些集团同意这些内容是因为未来的政府将依据某些规则而建立。遵守这些规则的义务于是就表现为忠实于契约义务。当加给社会的是一名立法者而不是一条法律时，情况更是如此。立法者的权威是通过其臣民——或他们之中的有代表性的部分——要求他宣誓将忠实于他们而得到加强的。不过，甚至在这类情况下，我们也只能借助于一种合理的虚构，才能把全体公民看作有义务遵守只由其中的少数人实际订立的约定的。

在我们开始考察守诺义务时，我们可以先指出下述事实：有些道德学家把守诺和诚实视为同类的义务，甚至直接把这两者等同起来。从某种观点来看，这两者之间的确有类似之处，因为我们都是靠言行一致来履行诚实责任和守信责任的：有时是靠使行合于言而履行之，有时则是靠使言合于行而履行之。但是这种类比显然是肤浅的和不全面的，因为我们有义务兑现的并不是我们的所有的话，而只是我们的允诺。如果我只说我想戒一年酒，但是过了一个礼拜又喝了一些，人们（至多）会笑话我没有决心。但是如果我已经立誓要戒酒，人们就会谴责我失信。所以守信义务的基本因素似乎不是兑现我自己的陈述，而是兑现我已有意在他人身上唤起的期望。

不过，在这一点上又产生了这样的问题：当别人在一种非允诺者所含的另外的意义上理解其允诺时，他是否有义务满足他并非故意引起的期望？我认为，常识的意见是：如果在某些场合，所引起的期望是自然的和大多数人在那些情况下都会产生的，他就有义务这样做。但是，这似乎是一种或多或少不明确的公正义务，而不是守信义务，因为严格地说这里根本不存在允诺。语言的正常效果是将言者的意思转达给听者

(在这里即将允诺者的意思转达给受诺者)。我们也总是假定当我们说出一项允诺时，这种效果已经产生了。如果由于某种意外的原因这种正常效果没有产生。我们可以说这里不存在允诺，或不存在一个完全的允诺。

所以，当允诺被双方以同样的意义理解时，承诺的道德责任才完全形成了。而且，在"允诺"的概念里不仅包括言词，而且包括所有表意方式，甚至包括没有以任何方式明确表达的默契，如果这些默契明确地构成一种约定的话。允诺者有义务去做他和受诺者都理解为将得到兑现的事情。

那么，这种责任是否在直觉的意义上被看作一种独立的和明确的责任呢？

人们常常回答说是。我们也许还可以说，对未经反思的常识来说它似乎是这样。但是反思似乎表明：对这一原则需要作相当多的限定，其中有些是明晰而准确的；有些则是或多或少不明确的。

首先，有头脑的人们将普遍承认：允诺的责任是相对于受诺者的并且可以由他来取消的。因而，如果受诺者已去世，或者是受诺者不同意和不可能解除允诺，这便构成了允诺中的一种特例，解决这种特殊的允诺中的问题存在着某些困难。①

其次，做一项不道德的行为的允诺被视为没有约束力的，因为不做不道德行为这一优先的责任更重要，正如在法律中做一个人不能合法地去做的事的契约是无效的一样。如果不是这样，人们就可以靠许诺不去履行道德责任而逃避任何道德责任，这显然是十分荒唐的。② 这一原则当然也适用于不道德的取消行动或抑制行动。不过在这里，也由于区别义务的不同性质与程度的约束力的必要性而产生了某种困难。因为显然有这样的时候：一项允诺使得不做一件本来是我们的一项义务的事成了我们的责任。例如，如果我已许诺把我能拿出来的所有的钱都给一位并无劳绩的朋友，我不把这钱交给一所值得称赞的医院就成了我的义务。然而，我们已经看到：在许多场合中，确定严格的义务的界限是一件极困难的事。例如，我们可能很难弄清：去帮助一位朋友的允诺在多大程度上比对自己的子女进行一次有益的教育更重要。于是，允诺责任可以压倒优先责任的范围就在实践上变得颇为模糊。

当我们更缜密地考察作出允诺的条件以及兑现允诺的后果时，我们碰到了一些在考虑时更困难、分歧更大的对守诺义务的限定。首先，人们对于靠"欺骗或暴力"得到的允诺是否有约束力有争论。说到欺骗，如果说允诺相对于陈述的真实性，那么当这个陈述被表明是假的时，按照我原先阐述的原则，它当然就没有约束力。不过一项允

---

① 向神起誓构成了另一种特例。许多人认为：如果这些允诺是有约束力的，神就必定是被设想为能以某种方式解除允诺的。但这个问题超出了我的讨论范围。

② 如果在作了允诺之后行为变得不道德了，情况就更为复杂。不过，人们普遍认为不做恶的优先义务在这里也更为重要。

诺也可以是出于欺骗的而又是无条件的。尽管是这样，如果人们都知道了要不是因为那些虚假的陈述①就不会有这项允诺，大概大多数人仍然不认为它有约束力。但是，虚假陈述可能只是许多考虑中的一个因素，而且它还有程度上的差别。所以，如果我们因为一种欺骗性的陈述是作出允诺的部分原因就违反这项允诺，我们就会怀疑这样做是否正当。如果在这之前并没有明确的陈述，而只有关于虚假内容的暗示，或者根本没有陈述过或暗示过的虚假内容，而只有一种物质状况上的隐瞒，我们就更加怀疑这样做的正当性。我们可以指出，某种这类隐瞒是我们的法律所允许的。例如，在大多数商业契约中，法律采取"货物售出概不退换"的原则，并且也不因为卖方没有说明所售商品的缺陷而拒绝实施契约，除非他曾通过某些言词或行为使买方相信它没有这种缺陷。不过，这一点并没有解决下述道德问题，即如果表明了在达成承诺时一方作了物质上的隐瞒，这项承诺还是否有约束力。我们还必须考虑错误的印象不是故意造成的，而或者是受诺人本身就有的，或者是以无意的方式造成的情况。对于后面这种情况，也许大多数人会认为允诺的约束力不应受影响，除非它明确地是一项相对的允诺。但是，常识似乎在所有这些问题上都摇摆不定。当我们界定部分地出于某种程度的非法暴力和恐吓而作出的允诺时，也存在某些多少与此相似的困难。

但是第二，即使一项允诺是相当自由地和公平地作出的，情况也可能在兑现之前改变得如此之快，以至令遵守这项允诺的效果可能十分不同于在作出它时所预见的效果。在这样一种情况下，大概所有的人都会认为受诺者应当解脱允诺者。但是如果他拒绝这样做，我们就似乎很难确定允诺者是否还有义务。有些人可能认为无论情况如何他都还有义务。另一些人则认为，情况的巨大变化已经取消了允诺者的守诺责任。他们也许还补充说，所有约定都应被理解为是从属于一个一般协议的，这个协议就是：它们仅当物质状况不发生实质性的改变时才有约束力。但是，这样一个原则可能极其有害于义务的理论上的明确性。

当我们考察前面已指过的、对已去世者或暂时无法与之联系的人的允诺时，这种困难采取了一种新的形式。这时，允诺者无法得到来自对方的对允诺的解除，尽管履行这项允诺可能在事实上违背双方的意愿——或双方可能有的意愿。人们可以说，我们的义务是兑现允诺的"意图"；这种说法有时把这种困难掩盖起来了。因为如果这样使用意图一词，按照一般的说法，它的意义就十分模糊：它可能或者是指受诺者加到这个词上的、不同于其通常用法可能包含的任何意义的东西，或者是指他在恳求这项允诺时所期望的、履行这项承诺的后果。我们通常不认为允诺者会关心这后者。他当然并没有保证去追求受诺者所期望的那个总目的，但这只是就一些具体的手段而言的。如果他认为这些手段不利于实现这个目的，在通常的情况下，他就无法摆脱他的

---

① 这里关于"陈述"所说的东西可以被扩展到任何产生虚假印象的表达方式上去。

允诺责任。但是在上面假定的情况下,即当环境发生了实质性的改变,并且对那项允诺又无法加以修正时,大概大多数人就会说:我们应当考虑受诺人的更长远的希望,把我们真诚地认为可能是他的意图的东西付诸实施。但是这样责任就变得非常模糊了。因为我们很难从一个人在特定环境下的希望中,找出他在复杂地改变了的环境下可能希望的东西。而且在实践上,这种对允诺责任的观点也总是引出极大的意见分歧。有些人认为在这样一种情况下也应当对责任作出严格的解释;另一些人则走到另一个极端,认为责任已完全不复存在,这种意见的对立丝毫不令人奇怪。

此外,还有这样一种说法:允诺不能令一项优先的责任失效;而且,作为这一规则的一种具体运用,人们都认为允诺不应损害任何人。然而,更深入的思考表明:我们很难弄清哪些为允诺所涉及的人属于这一限定的范围。首先,人们似乎不常认为,一个人有义务像避免伤害他人那样严格地避免伤害自己。所以,很少有人觉得,一项允诺可以因为它是一项愚蠢的允诺,并且将要求允诺者承担超出给受诺者带来的好处的痛苦和负担而不具有约束力。不过,如果举出一个其牺牲极其不相称于其所得的极端的例子,许多有良知的人就会觉得应当放弃而不是恪守这项允诺。当我们考察兑现允诺可能伤害受诺者的情况时,就产生了一个不同的问题。因为,当我们说伤害任何人都不公正时,我们通常不仅仅是指受诺者自己认为是伤害的东西,而且是指实际上是伤害的东西,虽然他自己可能认为那是一种好处。我觉得,给某人一种我知道有毒的食品显然是犯罪,尽管他可能愚蠢地相信那是一种好吃的食品。但是,假设我已经答应某甲为他做某件事,而在我兑现这一允诺之前,我看出这于他会有伤害。环境可能并未改变。而仅仅是我对于环境的观点改变了。如果甲仍然持着与我不同的观点并要求我兑现允诺,我应当服从他吗?当然,谁也不会说这个例子也像下毒的例子那么极端。但如果那条规则不适用于极端的例子,那么我们该在哪里划定界限呢?究竟在哪一点上我应当放弃我的判断——除非我的信念已经削弱了——而服从甲的判断呢?常识对此似乎没有提供明确的答案。

我已经阐明:一项允诺只有被双方相似地理解着的时候才具有约束力,这样一种理解通常要以充分的明确性,即要使用明确的词语和书面签名,才能获得。不过,甚至在采取了此种方式时,不明确性和误解也时而发生。在默契——在这里允诺常常是十分复杂的——中,缺乏明确的一致意见的情况就更可能发生。所以,弄清楚前面提出的那个问题,即允诺者有何种义务满足他无意地引起的期望,就是十分重要的。我认为这种义务与其说属于守信,还不如说属于公正,因为公正所要求的正是满足正常的期望。那么,我们将如何确定这些期望的性质呢?我们通常用来确定这些期望的是下述方法。我们探讨一般的人们在类似环境下具有的信念与期望,从而构建起一种一般人或正常人的观念,并考察他在那些环境之下会具有哪些期望。因此,我们所诉诸的是语言的习惯用法,以及在处于特殊关系——允诺者与受诺者所处的关系——中的人们中流行的习惯性的默契。这种习惯的解释和理解当然并不对进入一种约定的人有约束力。但是它们构成了这样一种标准:我们可以假定它能为所有人理解和接受,除非它明显的是人们所拒绝的。如果约定的一方偏离这个标准而没有作明确说明,我们就觉得他遭受可能由于这种误解而产生的损失是正当的。所以这一标准是普遍适用的。但是如果习惯是模糊的或正在变化的,我们就不能运用这一标准。那时,双方的公正要求就成了一个难题,解决它将非常困难,如果不是完全不可能的话。

至目前为止,我们一直假定允诺者能够选择他自己的词语,并且假定如果受诺者发现这些词语不清楚,他就能够要求允诺者对它们作出限定或(不改变原意的)解释。但是我们现在要指出:在对社会作允诺——作为获得某种公职或报酬的一项条件——时,如果需要作允诺,我们就不得不使用某种固定的词语。对这种允诺作道德解释的困难变得更大了。诚然,人们可能会说:应当按照社会对那些词语的通常理解来解释这类允诺。如果它们的惯用法是一致的和不产生歧义的,这条解释规则无疑就是足够明确和简单的。但是,既然这些词语常常由同一社会的不同成员以不同方式,尤其是带有不同程度的严格性与松散性使用着,我们常常就很难说我们能严格地从某一种意义上来理解这种允诺。于是就产生了下述的问题:允诺者是否有义务按照最通常解释的那种意义来遵守这一允诺?或者,他是否可以选择这一允诺可能有的其他意义?如果这种允诺的词语形式是一种古老的誓词,就又产生了下述进一步的问题:我们究竟应当在这些语词的现在一般具有的意义上,还是在它们在产生时带有的那种意义上解释这项允诺?或者,如果这些词语兼有这两种意义,我们是否应当在由政府赋予这些词语并强加给允诺者的那种意义上理解它?在这些问题上,我们很难从常识那里得到任何明确的观点。这种困难还由于下述事实而变得更大,这个事实就是:通常存在着做这类形式上的约定的诱惑,它们甚至使得相当有良知的人也在一种勉强的、做作的意义上作出这种约定。一当许多人不断地作了这种约定,对这种约定的意义就产生了一种新的一般理解。有时候它们被视为"纯粹的形式";或者,如果它们还没有达到堕落程度的话,至少是被人们在一种不同于其最初含义的意义上理解的。于是就产生了下述的问题:这种缓慢的不合惯例的松散或歪曲过程,能在何种程度上修正允诺对于一个有完全的良知的人的道德责任?当这一过程完成时,我们采取守信这一词语的新意义——尽管它可能与它的自然意义相冲突——就显然是正当的,虽然在这类场合中我们最好也使允诺的形式改变得适合于改变了的内容。但是,当这一过程由于一部分社会成员仍然在原来的严格意义上理解约定而没有完成——这是我们更常碰到的情况——时,允诺的责任就变得难于确定,有良知者的关于它的判断也就会充满歧见与困惑。

我们把这一讨论的结论概括如下。我们似乎可以说,只有下面这个原则才能得到人们的一致同意,这个原则就是:一项明确的或隐含的允诺是有约束力的,如果它满足一系列条件,即如果允诺者对于受诺者在理解允诺时所含的意义有明确的信念;如果受诺者仍处于能够解除这项允诺的地位并且仍然不打算解除它;如果这项允诺不是通过暴力或欺骗而获得的;如果它不与明确的优先责任相抵牾;如果我们确信它的兑现将不致伤害受诺者,或者使允诺者蒙受不相称的牺牲;并且如果自从允诺作出以后环境没有发生实质性的改变。如果这些条件之中的任何一项不成立,这种一致意见便不复存在,有头脑的人们的常识的道德感就将陷入模糊性和歧见之中。

[选自〔英〕西季威克:《伦理学方法》,廖申白译,中国社会科学出版社1997年版,第319~327页。]

契约关系的道德

〔法〕爱弥儿·涂尔干

在上一章中,我们已经看到,社会想要提出合约或契约的概念,有多么艰难啊!所有权利和义务都来源于物或人的存在状态;不过,在确切意义上的契约中,这只是一种被单纯构想出来的状态,还不能作为义务的基础。除了意志被宣布出来以外,它不会获得或提供任何东西。可是,这种宣布怎样才有可能对形成它的意志产生约束作用呢?我们是否可以说,契约中存在着两种相关的意志,它们通过某种方式相互产生约束作用呢?它们通过某种形式结合起来,而且这种联系不让它们为所欲为呢?不过,另一方契约当事人所做的履行某些条款的诺言(我这一方也履行其他某些条款),是怎样促使我遵守我的诺言,反过来说对方也必须遵守他的诺言呢?这并不是因为另一方本身已经向我发了誓,我对他的许诺具有某种程度的约束性。一方的许诺与另一方的许诺并没有什么性质上的不同;如果任何一方的许诺本身都没有能够对意志产生强制作用的道德权威,那么双方就不会取得共识。而且,即便为了达成契约,也无需对相互履行契约的过程作出许诺。也许还会有单方面的契约存在。例如,有担保人的赠礼契据或契约就没有任何交换。在这种情况下,如果我宣称我将给某个特定的人一笔钱或某件东西,我就必须履行我的诺言,虽然我在交换中从未得到任何东西。所以,就这一情况来说,只有我宣布了我的意志,没有任何相互之间的宣布能够约束我们。那么,它是怎样获得这样一种特殊的力的呢?

只有通过非常缓慢的进程,各民族人民才能达到这一阶段:即为这样的意志的宣布赋予道德力和法律力。当财产的交换和转让越来越频繁,人们开始发觉有必要建立契约关系时,才会有各种权宜之计来满足这样的需要。新的权利还没有确立起来,人们就尝试用法定的权利去适应这些新的需求。这便是人们所采纳的原则。一旦契约当事人达成共识,就产生了物或人的状态或条件,并随后进一步履行着各种义务。例如,契约当事人一方要履行他曾许诺的条款。所以,人们总会得到或确立某些用来约束另一方当事人的东西。卖方交付了物;在这种情况下,已经转化为买方世袭财产的物,便会强迫他去履行他的义务:依据原则(任何社会都接受了这一原则,只不过不同社会观察它的角度有所不同),任何人都不能损人利己。或者说,一旦共识的条款确立起来,契约当事人就会让自身遵循一种过程,在他们之间确立一种自成一类的关系;然后,这种已经获得的关系就会在两者之间引入一整套权利和义务体系。

意志共识的结果,就是借助上述两个过程,人们在法定权利中引入了一种变化,由此产生的约束关系也就具有了契约的性质。不过,这些约束关系并不是意志共识的产物,就此而言,依然不存在真正意义上的契约。在这两种情况里,合意本身并不具有强制性的权力;至少可以说,除了借助某种中介以外,它尚不能形成权利。能够使理解产生法律效果的是物或人所获得的一种状态,其基础是没有任何中介的理解。只要契约还没有得到履行,至少有一部分没有得到履行,只要契约当事人还没有把他们的血液混合起来,还没有围坐在同一张桌子旁,他们就仍然可以随意撤销他们的决定。这样,单纯宣布意志就没有什么效力可言了。人们利用法定权利就几乎达到了契约权利的效果,但这种权利到目前为止还远没有形成。

然而,人们还有另一种接近契约权利的途径。无论这一过程如何,意志只有通过向外界宣布自身,向外界阐发自身,才能够约束自身。它们必须让人们了解,只有这样,社会才能为它们赋予一种道德的意涵。这种宣布或外部呈现是借助言辞来实现的。言辞中有一些真实的、自然的和活生生的东西,可以被赋予某些神圣的力,一旦它们被宣布出来,就会对宣布它们的人产生约束和强制的权力。根据某种仪式形式或仪式条件把它们说出来,就足够了。这样,它们就是神圣的了。我们完全可以想象,一旦我们认为这些言辞具有了这样的神圣性,我们就会对说出它们的人产生尊重感。它们与那些本身就是权利和义务对象的人和物具有同样的威信。所以,它们也是义务的一种起源。能够为其赋予这种性质以及这种约束力的手段,就是誓言或对神圣存在的乞灵。通过这种方式,这一存在便成了人们提出或交换诺言的保护者;他是在场的,可以把自身的某种东西以及他所激发出来的情感传递给这些诺言。谁要是违背于此,谁就触犯了神,谁就会遭到他的报复,也就是说受到神的惩罚,对信仰者来说,这些惩罚似乎是确切无疑的、不可避免的,就像后来那些被送交法庭的人一样。在这些情况下,一旦契约当事人的嘴中说出了这席话,这些言辞就不再是他自己的了,会成为外在于他的某些东西,因为它们的性质已经发生了改变。这些言辞是神圣的,而他本人则是凡俗的。所以,这些言辞已经超出了他的自由意志之外:尽管它们来源于他,却不再取决于他。他不再能够改变它们,而必须履行这些说法。誓言也是一种传递给言辞的手段,也就是说,传递给人类意志的直接呈现,我们在所有道德事物中都可以看到这种超验的东西。我们也可以说,言辞从说出它们的人那里脱离出来了,形成了某种新的东西,然后强加给说出它们的人。

看起来,这确实是具有正规且庄严的形式性的契约的起源。契约的特征之一,就是除非人们已经宣布了某种约定的程式,否则这些契约就是无效的。我们决不能回避这一特征,否则契约就没有约束力。巫术和神圣程式的本质特征,可以通过这种标记来确认。当某些按照既定顺序安排好的明确的言辞被认为具有某种力量时(即使是最轻微的变化,也会失去这种力量),我们可以确信,它们具有或已经具有了一种神圣的意义,它们已经从神圣本原中获得了它们的特权。因为只有圣言才能对人和物产生这样的作用。司法形式主义只不过是神圣形式和仪式的替代物而已。

对日耳曼部落来说,用来描述缔结庄严契约的行为的词,是 adhramire 或 ar-ramire,可译成"履行可靠的誓言"(fidem jurejurendo facere)。在其他的地方,我们发现这可以与圣誓(sacramantum)结合起来:"在宫殿履行的誓言"(Sacramenta quae ad palatium fuerunt adramita)。adhramire 就是在誓言中立下庄严的诺言。罗马初期的口头合同(stipulatio)很有可能具有相同的性质。这是一种可以口头(verbis)达成的契约,也就是说,是通过程式确立而成的。任何了解罗马法在何种程度上具有神圣性和祭司性的人,都不太会怀疑这些言辞(verba)首先是一种仪式程式,可以为许诺赋予一种神圣性质。确切地说,当这些程式在祭司面前被宣讲出来,就有可能获得神圣基础。这样一些庄严的言辞不就是誓言吗?

即便不总是如此,也有可能会经常出现这样的情况,口头仪式不足以使互换的言辞具有神圣性,不足以使这些言辞成为不可撤销的;此外,人们仍需采用某些实际操作的仪式。这非常类似于"上帝的钱"(denier à Dieu)的起源。一旦契约当事人双方达成交易,一方会交给另一方一笔钱。这既不是一种分期付款,也不是定金,一种价格上的定金(arles)或抵押金,而是当事人一方额外支付的一笔钱,不属于最后支付的总额。所以,看来不可能把这笔钱当作契约的部分履行,就像我们在物权契约中所看到的那样。它必定具有某种意义。它一般用于宗教仪轨,这从它的称呼中就可以看得出来:上帝的钱。难道这就是在契约中以某种方式来供奉神祇,使神也成为某种约定当事人的某些献祭的遗存吗?这种情况似乎像嘴里说出来的话一样,是用来乞求神灵保佑的非常有效的方式,因此,它对人们已经作出的许诺能够起到约束作用。

用麦秆举行的仪式也许有同样的情况。在上一章中,我们似乎从这样的仪式中发现了物权契约的遗存。可是,我们错了。事实上,我们并没有理由相信,这种仪式与物权契约一样古老,我们也没有证据表明它来源于这种特殊的形式。还有一个事实可以用来反驳把这两者联系起来的做法,即麦秆(festuca),它可以用来使已经达成契约的约束关系变得神圣不可侵犯,但移交它的并不是未来的债权人,而是未来的债务人。这种情况与物权契约中已经得到全部或部分履行的移交不同,因为债务人单方的履行仍然需要得到彻底的贯彻。这样的步骤并不能产生将债权人维系于债务人的效果,而只能将债务人维系于债权人的身上。最后,罗马人口头达成的庄严契约通过空洞的程式,形成了口头合同的说法。口头合同(stipulatio)的说法来源于 stipula,也就是麦秆的意思。"当老者们要承诺什么事情时,就把手中握持的麦秆折断"(Veteres, quando sibi aliquid promettebant, stipulam tenentes frangebant)。直到相当晚近的时期，人们还普遍使用着麦秆。这意味着，麦秆与庄严的口头契约有很紧密的联系。这两套程序似乎密不可分。我们很难说出这种仪式的确切涵义。有证据表明，它指的是债务人向债权人的效忠之举或纳贡，对债务人有约束作用。这使债务人法律身份中的某些东西传递给了债权人，也就是他的某些权利。使我们相信这种解释是正确的理由，便是能够在中世纪取得一席之地的这种程序的本性，而中世纪恰恰是早期阶段的延续。实际上，麦秆很难在法兰克时代存活下来。某种手势已经取代了它的位置。当把某种带有许诺性质的东西提供给某个特定的人的时候，未来的债务人已经由债权人来支配了。凡是人们作出单方面的诺言，或立下誓言（宣誓书）的时候，都要把手放在神圣遗物上，或把手举起来（难道这不是靠苍天作证吗？）。用不着说出这些手势的神秘性质，我们就能够体会到神圣的存在，因为我们有时候依然在使用这些手势，甚至在我们自己的日子里；无论如何，这些意图都无疑会形成一种约束关系。特别是在这两种具有极其重要意义的契约中，我们都发现了这一点。首先，封建契约就把人们维系在了他们的主人身上。人们若表明忠心，就得跪在地上，把他的手放在主人的手中立下誓言，宣誓效忠。在婚约中，我们也可以发现同样的仪轨。那些立下婚约的人必须携手举行婚礼，天主教婚礼仪式至今还依然有这样的痕迹。我们也很清楚，婚约是带有约束性的。

当然，我们今天不再能够准确地说出为这些仪轨提供基础的宗教信仰是什么了。不过，我们可以从这些比较中得出某些一般的意涵。行按手礼或是携手，已经代替了移交麦秆的举动；所以说，两者的意义相同，意图也相同。无论如何，行按手礼都是众所皆知的举动。所有宗教都有这样的姿势。当牧师要祈福某一对象或使其变得神圣的时候，就把手放在它们上面。当一个人洗脱罪行的时候，也会把他的手放在他将要献奉的牺牲上。他身上或他的人格中留有的一切卑劣或罪恶的东西，都会离开他，传递给畜生，与其一同毁灭。在另一种情况中，借助同样的步骤，用来供奉给神的牺牲逐渐代替了杀它或使它被杀的人。这样，无论人格的全部，还是人格某些特殊的部分就呈现给了人的心灵，具有了被传递的或可被传递的属性。很明显，这些仪式的功能产生了这种类型的传递作用。当然，如果我们对应我们今天的观念来检验它们，我们就会只倾向于看到各种符号，以及能够为契约约束关系提供寓言形式的方式。不过，通常说来，习俗刚开始并不具有符号的特征；符号系统所表现的只是当人们失去习俗之原初涵义时出现的衰减趋势。习俗的发源靠的是社会关系的能动因素，而不是符号；它们形成了这些关系，直到后来，它们才衰减成为单纯外在的和物质意义上的意涵。众所周知，这种以物权契约为基础的转移是一种物的转移，只有这样的转移，才会形成契约，使契约获得自身的约束力。只有到了很晚的时候，它才变成仅仅为契约存在提供物质证明的手段。就我们刚才考察的习俗来说，也适于同样的情况。我们也有理由把所有这些与血缘盟约联系在一起。它们也具有以道德人格的名义来约束契约当事人的效力。

［选自〔法〕爱弥儿·涂尔干:《职业伦理与公民道德》,渠东、付德根译,上海人民出版社2006年版,第146~150页。］

信用：资本主义精神

〔德〕马克斯·韦伯

这项研究的标题，用了一个有点自命不凡的术语：资本主义精神。这个术语意欲使人了解什么呢？试图定义这个术语，必然引起某些这类研究所固有的困难。

如果可以发现什么对象，使这个术语能够应用于它，并具有某种可理解的意义，那么，这种对象只能是一种历史个体，即在历史的现实中互相关联的各种因素的复合体，它是由我们从其文化意义的观点出发，将那些因素组合而成的一个概念整体。

然而，这样一个历史概念，由于其内容涉及一种因其独特个性而有意义的现象，所以无法按照"类同种差"（genus proximum, differentia specifica）的公式进行定义，而必须从历史现实中取出个别部分，逐渐组合而成。因此，最终的定义性的概念不能放在研究的开头，而必须在研究结尾时得出。换句话说，我们必须在讨论过程中，作为该讨论的最重要的结果，找出对我们所理解的资本主义精神的最佳概念阐述，亦即从我们感兴趣的观点出发的最佳阐述。而这种观点（我们后面将谈到的观点），绝不是对我们所探讨的历史现象进行分析的唯一出发点。其他立场对这种现象如同对其余各种历史现象一样，将会产生出其他的基本特征。因此，按照我们的分析目标，这种现象对我们意味着什么，绝无必要仅仅通过资本主义精神加以理解。这是种种历史概念的必然结果。因为，就其方法意义而言，这些概念不是要用抽象的一般公式把握历史现实，而是要用必然具有独特个性的各种具体生成的关系体系把握历史现实。

因此，如果我们试图确定我们正要加以分析和历史解释的对象，绝不能用概念定义的形式进行，而至少应在开始时对这里所谓的资本主义精神作一个暂定的描述。然而为了清楚地理解研究对象，这样一种描述实际上是不可缺少的。为此，我们先去看一个关系到那种精神的文献，它以近乎经典的纯粹性包含着我们所要探寻的东西，同时它还具有与宗教毫无直接关系的优点，因此对我们的目的而言，它是毫无偏见的。

要记住，时间就是金钱。一个通过自己一天劳动可以挣到十先令的人，如果游逛或闲坐半天，尽管他在玩乐或消闲中只花了六便士，也不应将此算作全部开销；因为他实际上还另外花掉了、或者不如说还另外扔掉了五先令。

要记住，信用就是金钱。如果一个人把他的钱放在我这里，逾期不取回，那就是将利息，或者在那段时间用这笔钱可以得到的一切给了我。只要这个人信用好、信誉高，并且善于用钱，这种所得的总额就会相当可观。

要记住，金钱具有孳生繁衍性。金钱可以产生金钱，其孳息可以再生更多孳息，如此下去。五先令一变就是六先令，再变就是七先令三便士，如此下去，一直到变成一百镑。钱数越多，每次转变所产生的钱也越多，这样利润的增长就越来越快。谁要是杀掉一只育龄母猪，谁就毁掉了它数以千计的后代；谁要是毁掉一个克朗，也就毁掉了它可能产生的一切，甚至可达无数英镑。

要记住这句俗话：善付钱者是别人钱袋的主人。以遵守诺言按时付款而著称的人，可以在任何时候，任何情况下筹集到他的朋友们省下的钱。这一点时常大有益处。除了勤劳和节俭，实在没有什么比在交易中的守时和公正更有助于青年人的成长；因此，绝不要违背诺言把你应当还账的时间拖延一小时，否则一次失信，就会使你朋友的钱袋永远向你关闭。

影响一个人信用的行为，哪怕是最不足道的琐事，也应注意。如果债权人在早上五点或晚上八点听到你的锤声，那他在半年之内都会感到放心；但是，假如在你应当工作的时间，他却在台球桌旁看到你或是在小酒店听到你的声音，第二天他就会派人收回他的钱，并且要你一次还清。

注意小事还表明你关心自己的债务，并使你看起来像一个精细而诚实的人，这也会增加你的信用。

要当心，不要将你持有的一切视为己有，生活中也要同样当心。这是许多有信用的人常常犯的错误。要避免这种错误，就必须在一段时间里对你的收入和支出严格记账。如果从一开始你就用心注意细节，就将带来如下好结果：你会发现异常微量琐碎的开销如何积成巨额，而且明了已经节省了多少，以及今后可以节省多少，同时又不致产生大的不便。

如果你是以谨慎、诚实而为人所知的人，那么一年六镑可以给你带来一百镑的用场。

每天随便花掉四便士的人，一年便要乱花掉六镑多，这就失去了使用一百镑的信用。

每天浪费价值四便士时间的人,日复一日,等于每天浪费掉使用一百镑的特权。

无所事事地失去了价值五先令时间的人,就是丢掉了五先令,也不妨说是故意把五先令扔进了海里。

失去五先令的人,绝不止是失去这么点钱,而是丢掉了用它做交易可能带来的一切利益,到一个年轻人成了老人的时候,这会累积成数额相当可观的金钱。

用这些话向我们宣教的正是本杰明·富兰克林(Benjamin Franklin)。费迪南德·科恩伯格(Ferdinand Kürnberger)在他那本机智而又恶毒的《美国文化的景象》中,曾以同样的话讽刺过所谓美国人信仰的自白。没有人会怀疑,这里以典型风格道出的就是资本主义精神,尽管我们不敢奢望与这种精神有关的都已包含在此。让我们先停下来琢磨一下这段话,科恩伯格曾在《令人厌烦的美国》中把这段话的思想概括为一句话:"从牛身上榨油,自人身上赚钱。"这种贪婪哲学的特点,似乎在于表现了享有信誉的老实人的理想,尤其是表现了个人对于增加自己的资本并以此作为目的负有某种责任的观念。确实,这里所宣扬的绝不单纯是立身处世的手段,而是一种独特的伦理。违背了这个伦理的规则不被人认为是愚蠢,而被看作是渎职。这才是事情的实质。它不单是那种到处可见的商业上的精明,而是一种精神气质。这正是我们感兴趣的特质。

雅各布·富格(Jacob Fugger)有一位商业伙伴,那人已经退休并想说服富格也这么做,因为他已经赚足了钱,所以应该让别人也有机会赚钱。但富格认为这是怯懦而加以拒绝,并回答说:他(指富格自己)的想法不同,他要干到不能再赚钱为止。他这句话的精神显然与富兰克林那些话完全不同。前者所表现的是一种商业勇气和与道德无关的个人倾向,而后者则具有蒙上了某种伦理色彩的生活行为箴言的特点。本文使用的资本主义精神概念,具有下述特定的意义,它指的是现代资本主义精神。因为从我们说明问题的方式显然可知,本文所研究的仅是西欧和美国的资本主义。在中国、印度和巴比伦,在古希腊罗马时期和中世纪,资本主义也曾存在,但我们将会看到所有这些地方的资本主义都缺乏这种特殊的精神气质。

富兰克林的全部道德态度,都带有功利主义色彩。诚实之所以有用,是因为它可以保证信用,守时、勤劳和节俭也都如此,所以它们才成其为美德。从这一点可以得出如下逻辑推理:只要诚实的外表能够达到同样的目的,则有此外表就足够了,不必要地、过分宣扬这种美德,显然是无效的浪费。实际上,富兰克林自传中关于自己皈依这些美德的故事,或者关于要严守谦逊外表的价值的讨论,以及故意贬低自己个人的美德功劳以获得普遍承认等等,都证实了上述印象。按照富兰克林的看法,这些美德和其他美德一样,只在它们对个人有着实际用处时,才是美德,因此若能实现预定目标,只需换换样子就足够了。这对于狭义功利主义是不可避免的结论。在许多德国人的印象中,美国主义宣称的美德实际上是伪善,这一点似乎已被这个明显的实例所证明。然而事情的真相绝非如此简单。本杰明·富兰克林本人的性格,就像他那本自传中所表现的无比坦诚那样,消除了那种怀疑。他把自己能够认识美德的功利性归结为意欲引导他走上正义道路的神明启示,这个情况足以表明,存在着某些粉碎纯粹自我中心动机之外的东西。

事实上,这种伦理的"至高之善"(summum bonum),即尽量地赚钱,加上严格规避一切本能的生活享受,是毫无幸福可言的混合物,更不用说享乐了。把赚钱纯粹当作目的本身,从个人幸福或对个人的效用的观点看,显然是完全超然和绝对不合理的。赚钱、获利支配着人,并成为他一生的最终目标。获取经济利益不再从属于人,不再是满足他自己物质需要的手段。我们称之为自然关系的这种颠倒,虽然从自然情感出发是不合理的,但却显然是资本主义的一项主导原则,这是没有处在资本主义影响之下的一切民族所不具备的。同时,它表现了一种与一定宗教观念有着密切关系的情感。因此,如果问道为什么应当"从人身上赚钱",本杰明·富兰克林在他的自传中引用了《圣经》中的一句话——即他那位严奉加尔文教的父亲在他年轻时反复向他灌输的那句话——回答说:"你见到过在事业上克勤克俭的人吗,他必站在君王面前"(《箴言》第二十二章第二十九节),尽管他本人是无派系色彩的自然神论者。在现代经济秩序中,只要干得合法,赚钱就是职业美德和能力的结果与表现。不难看出,这种美德和能力是富兰克林伦理学的全部真实意义所在,这一点毫无例外地体现在我们引用过的他那几段文字中,同时也体现在他的一切著作中。

实际上,职业责任这一独特观念,是我们今天非常熟悉的,但在现实当中却又不那么理所当然。它是资本主义文化的社会伦理的最重要特征,而现在,一定意义上也是资本主义文化的根本基础。它是个人对其职业的内容应当感觉的而且确实感觉着的义务,无论这个内容包含着什么,特别不管它在表面上是利用个人的力量,还仅仅是利用个人的物质财产(作为资本)。

[选自〔德〕马克斯·韦伯:《新教伦理与资本主义精神》,彭强、黄晓京译,陕西师范大学出版社2002年版,第17~26页。]

说真话、撒谎和协定

〔澳〕约翰·L·麦凯

假设通常真正的状态是,人们将会作为各种各样的圈子——较大的或者较小的圈子——的成员而生活,在这些不同的圈子里存在着不同种类和不同程度的合作、竞争以及冲突,在这个假设之上,说真话的恰当性就变得不确定了。说真话自然地赞同合作;对一个竞争者或者敌人说真话,这并不是明显地合理的。一个问题也可能被看做一个闯入,它或许得到了一个闯入权利的假设的支持,而这个提问的人可能是拒绝和憎恨这个假设。在由于这种或那种原因不可能告诉询问者去关心他自己的事务的地方,一个谎言就可能是对隐私的一个恰当的捍卫。

在说真话和信守协定之间存在着一个重要的区别。只有一个人已经作出了一个协定,他才能信守它,而作出一个协定是自愿的,并且一般来说是深思熟虑的,然而一个人经常处于一种非常不自愿的情形中,在这里他不得不决定是不是要说真话。不说话或许并不是一个真正的选项:对一个问题不给出任何答案也可能是通过暗示而给出了某个答案,而不是另外一个,而一个圆满的、自信的谎言可能是揭示真相不值得追求的唯一可行的选项。

另一方面,谎言在任何特殊的关系圈子里都是寄生于在那同一个圈子里说真话的。你只有一般地甚至也告诉你的敌人真话,你的敌人才会相信你说的东西。如果医生习惯性地告诉病得很严重的病人有意要让他安心的谎言,那么,他们的谎言不仅不能够使病人安心,而且甚至病人的病情并没有他担心的那么严重,这个真话也将无法使人相信。由于相当一部分谎言将随着时间的推移而被发现是谎言,所以任何人的可信度在谎言中、在任何特殊的圈子里都是一个可消耗的资产。一个谨慎的人将不会浪费他的有限的令人相信的谎言,而会节省地使用它以达到最好的效果。

然而,协定却处于一种不同的情形中,这不仅如同我已经说过的是因为它们自愿达成协定的,而且也是因为它们是为了控制并结束冲突而作出的一个根本性的设计。在自然地有着不同目标的个体之间以及群体之间存在着的各种不同程度的竞争、冲突,以及合作的不可避免性和可接受性,关于这些我所说的一切,只是增加了能够作出协定、能够依赖于这些协定之被恪守的重要性。事实上,具有不同的约束程度和不同的正式程度的协定的概念——有些协定包含了暗指的从句"如果没有出现不按协定办事的重要理由",而对另一些协定一个人可以完全依赖,不论发生了什么事——这很重要。

　　来看看君主应该如何守信。最正式的协定将会是其正常的关系包含了最激烈的冲突和最小的自发合作的两方之间的协定,这是这一进路的逻辑推论,它将只是乍看起来很荒谬。但是人们经常拒斥这个推论。不仅仅只有马基雅维利才认为,"一个君主,尤其是一个新登基的君主,为了使国家存在,他就不能遵守所有那些被人们认为是善的东西、那些经常被责成的东西,他的行事要与诺言、仁慈、人道、宗教等等相反对",认为"这样一个审慎的规则,当使他束缚自己的理由不再存在的时候……不应该再信守承诺"。休谟也说:"世界上存在着一个非常流行的行为准则,很少有政治家愿意公开承认它,但它已经得到了所有时代的实践的认可,这个行为准则就是,存在着一个为君主们所立的道德体系,它比应该支配私人的道德体系要自由得多。"休谟并没有断言"最庄严的契约在君主之间不应该发生效力"。君主之间的契约和个人之间的誓约都是为了同一个目标服务的,因此是以同样的方式被约束的。不过他论证说,它们是较小的约束,它们"可以因为一个更加微小的动机而合法地遭到违犯"。他给出的理由是:"虽然国家之间的交往是有利的,甚至有时候是必要的,但不像私人之间的交往那样必要、那样有利,没有私人之间的交往,人的本性便完全不可能存在了。"这在休谟的年代毫无疑问是真的,而如果它是真的话,它就是他所得出的那个结论的一个很好的理由。现在,对人的本性而言,除非存在某些限制,否则国家之间的侵略将会继续存在,这是完全不可能的。我们依然可以同意休谟所说的:"对于相互欺骗的君主和大臣,比对于一个破坏其诺言的私人的绅士,我们必然要更为宽容。"欺骗在一个竞争的游戏中完全有可能是一个可能恰当的行动;但是破坏最庄严的契约则是另一个问题;那败坏了一个设计,没有这个设计,那些冲突(它们自身是可以接受的、不可避免的)几乎不能被限制在可容忍的范围内。

　　但是除了中止冲突的协定,还有国际间的协定,它们的实现扩展了敌对。国家 A 的统治者向国家 B 的统治者承诺,如果国家 C 攻击 B,那么 A 将与 C 开战,如果国家 A 的统治者这样承诺的话,会是什么样子?如果 C 真的攻击 B 了,这个承诺应该被遵守吗?在一个特殊的情况下,这可能是很难决定的。也很难说,如果遵守承诺的话,什么时候给予这个保证是正当的。但是再一次地,最好把在一个特定的情况下作出决定的问题转变为对一个有规律的行为模式问题。相当清楚的一点是,作为一个长期存在的实践,给出这一类不可靠的保证,可能会实现,也可能不会实现的承诺,这很有可能要比下面的情况更加糟糕,要么不给出任何这样的承诺,要么就只给出将会实现的保证。因为,在存在着不可靠的保证的地方,对立双方很有可能各自从他们自己的观点来乐观地解读这些保证。就是说,C 的统治者很有可能相信如果他们攻击 B 的话 A

将不会卷入战争,而 B 的统治者则很有可能相信 A 会卷入战争。因此,B 的统治者在应对 C 的时候很有可能会冒着更大的风险,而 C 的统治者将不会受到相应的约束。和可靠的承诺或者根本就没有任何承诺比起来,不可靠的承诺更有可能使一个利益的冲突演变为公开的战争,对于这个推理指出的这个结论,我们很容易找到一些历史上的例证。

[选自〔澳〕约翰·L·麦凯:《伦理学:发明对与错》,丁三东译,上海译文出版社 2007 版,第 183~186 页。]

道德迷宫、道德勇气和诚信问题

〔美〕罗伯特·C·所罗门

> 公司中正确的准则未必适用于个人家庭和信仰。企业中所谓的正确就是满足上司对你的要求,这就是公司中的道德。
>
> ——罗伯特·杰科尔,《道德迷宫》

我相信,亚里士多德关于团体和个人美德的框架正是现今在逆境中经营的企业所需要的。对于坚韧和竞争的强调可能是有用的。但前提是对此要有正确的理解:不能把坚韧与诚信对立,同样的,竞争也不能影响合作。不过在此我并不想大肆宣扬亚里士多德方式,好像这是解决公司伦理问题的终极处方。团体可能是嘈杂无序、勾心斗角、令人窒息甚至是危机四伏的,但也可以是团结合作、充满建设性的。如果缺乏一个认同并褒奖美德的环境,个人的美德可能会逐渐消退,甚至带来自我挫败。即使是对完美的追求,既可能带来傲慢和精英主义,也可能带来高质量和合作。此外,各种伦理形式的存在本身就证明了:即使是在有着最优秀员工的顶级公司,内部意见不一致的现象也是必然而非例外的。① 但高尚的道德在合作和创新的混乱(通常也被称为"混沌")中就会显示其力量。离开了集体感和合作感,团队就不会产生。没有个人和团队的美德,任何的成功——如果那是成功的话——都是空洞乏味的。但这意味着商业伦理不能仅仅局限于对美德的描述和赞美;它也必须参与到孕育这些美德并为它们提供组织环境的过程中。

在亚里士多德之后,由于一种理想化的思维和狭隘的沙文主义,对美德的探讨就中止了。沙文主义认为自己所处的集体和文化是理想的、瑕不掩瑜的——不同于那些庸俗和野蛮的"边缘"文化。理想化的思维建立在一个未经证实的假设上:其所在的集体和文化是一致的,因而那里存在着各种美德的联合,是一种为讲道德的男女所喜爱的和谐。相应的,在亚里士多德理论中就缺失了改革的冲动以及把自己所在的集团和文化视为不完美,甚至是存在严重缺陷的尝试。回顾历史,雅典依靠庞大的奴隶人

---

① 参见斯图尔特·汉普希尔:《道德与冲突》,哈佛大学出版社1983年版。

口来支撑了自身的繁荣,我们当然可以对此表示轻视,但是,大多历史却可以通过此种视角得以诠释。温和地说,我们可以批判亚里士多德对贸易和投机活动认识的不足,同样也可以这样认为:尽管不发达的雅典取得了各种成就,但在今天大体上仍然是一种落后的文明。但是当我们回归到自己的集团和文化中时,我们又会轻易地认为自己的集团和文化是正确的、瑕不掩瑜的,我们的机构是有凝聚力的。但事实是,目前我们整个公司制度正被迫反省甚至重建。① 我们根本无从得知自己是否已经步入正轨,或是踏上了一条已经铺好的征程;我们也有可能要披荆斩棘开创一条未知之道。亚里士多德所谓的"美德的联合"是否存在亦不得而知。那也是为什么众多的商业和商业伦理为内部纷争及道德两难所困扰的原因所在。很多时候,正确的做法意味着可能丢掉饭碗,而做该做的事却是错误的。

直率地说,亚里士多德关于美德的联合理论实际上认为:如果一个人(真的)有了某种美德,他就拥有了全部美德。这些美德现在和以后都不会冲突。我相信,经验证明了这完全是谬误:在对理论和实际的美德的观察中,我们常常可以看到各种美德相互矛盾、忠诚发生冲突以及平行的价值观之间相互碰撞。我很容易听到那些承受着压力的销售经理抱怨说过度的信赖和直率的诚实会削弱谈判中技巧的功效,在某种程度上也即损害了企业自身。在达德利·莫尔最近的一部电影中,一名广告执行人决定他的公司只说真话。随之而来的混乱是可以想象并引人深思的。毫无疑问,工作中,尤其是在那些政治化的公司或团体中——在那里,也许每个人都无法脱身——忠诚往往会与工作冲突。职员对上司的责任很有可能与对下属的义务冲突;除那些最优组织的企业外,职员很可能收到两个上司所发出的矛盾的甚至是背道而驰的平级指示。对一位当初提携自己、年迈无力的经理的尊崇可能与广泛意义上的对公司的义务相悖。尼采与亚里士多德针锋相对,他否认美德的联合存在:对一种美德的追求可能会销蚀甚至损毁其他的美德。② 工作中对完美的追求在不断巩固其目标的同时也会给公司的团队带来压力;对个人诚信的追求,在有着相反个人或公司价值的环境中也会碰壁。

有关这种冲突所带来的严重后果,罗伯特·杰科尔在《道德迷宫》一书中已经进行了详细的叙述。③ 但我认为他过多地考虑了道德和公司政治间的冲撞,忽视了道德的

---

① 约翰·奈斯贝特:《公司重建》(纽约:Bantam, 1983)。
② 尼采:《查拉图斯特拉如是说》第1卷(纽约:Viking, 1954)。亦参见莱斯特·亨特:《尼采与美德》(纽约:Routledge, 1990)。
③ 杰科尔:《道德迷宫》,第191~192页:"官僚政治将产权的所有和控制分离,将社会的所有和独立、行为和责任、罪责与义务、语言和内涵、真理和现实分离。"在道德和美德上,"官僚政治制定着自己的内部的规则,社会的道德准则则用来衡量行为"。

多样性和妥协的重要性,而不仅仅是道德的纯粹性。① 就如著名的亚里士多德派大师汤姆·彼得斯所说的:"从公司政治行为的层面去考虑'纯粹'的立场将会误入歧途……道德的纯粹性与自得的古怪性之间并无差异。"② 在任何不完美的组织和社会中,无论个人是多么的诚信,都无法保证美德联合的实现。美德也很难脱离个人的职责和职位独立存在。美德是由环境界定的,但各种环境又是重复和冲突的。在任何一个组织中,职位和责任之间都会有重叠的运行轨道——某个领域中的美德可能和另一领域中的美德冲突,甚至在另一个领域是一种犯罪。这就是痛苦的现实,有些人由此宣称亚里士多德式的美德是不存在的。对此,我的观点是:虽然亚里士多德意识到了对完美世界的追寻是徒劳无功的,并且人们已经尽其所能了,但人们对道德的信仰和追求却是必不可少的。人与组织的本质都存在缺陷,不然的话,那些希腊悲剧又是从何而来的呢?③ 但同时,这并不意味着我们就该在绝望中退却,编造出一种与自己在公司中所处角色相分离的虚伪诚信感——那些处于围城之外的哲学家或是商业理论家常常会这样做;或是将完全融合到工作或社团的角色中去,以至于无法超越这样的视野(这是亚里士多德的倾向,也是那些独裁经理的最佳策略)。但事实远非如此简单。我们通常扮演着多重角色,承担着各种内在冲突的责任。因此,我们要进一步强调判断力和诚信的重要性,也即在头脑中要有全局观念。这不仅是直觉,也是一种后天养成的品质,包含着平衡的艺术、合作的艺术和个人的手腕(这可以和杂耍相媲美)。

这种平衡的艺术和杂耍的比喻试图解决美德无法联合的问题,我认为这远比杰科尔在他具体研究中所描述的无可救药的"道德迷宫"要富有建设意义。我们并非已经陷入了一个越来越复杂的迷宫,只能把诚信作为唯一的救命稻草。但杰科尔已经正确地找出了威胁诚信的症结所在,即嵌入性的问题:人们嵌入到自己的工作和自己在公司中的职位当中,除了在公司中面临的压力外,他们很难关注其他方面,结果就会遇到我们在开篇案例分析的那位过热的债券交易商的问题。这是一种无知,脱离了全局观。商业伦理意味着我们要跳出部门、公司的藩篱,越过那条"底线"。但很不幸的是,这种视角只是受到鼓励,而在公司面临危机时,很少有执行官或是经理能在困境中审视全局,采用它。在财务危机中,那些最优秀的人成为了牺牲品;我们也都和一些"幸

---

① 杰科尔认为道德和官僚政治之间有着无法逾越的鸿沟,认为原先那种充满了强势宗教和象征意义的旧道德、失落的"拯救经济的解药",已经为"官僚作风"的道德所取代。杰科尔最终放弃了在前几章中社会科学的中立立场,告诫说我们已经处于"缺少加尔文教上帝的加尔文世界"(杰科尔:《道德迷宫》,第193页);"在这样的世界里,公平和平等的概念只是那些经理用来衡量他们工作价值的私人工具,变得十分灵活"(第198页)。最后,他得出结论:这"已经是一个难于把道德和争取个人的生存和发展相区分开来的社会了"(第204页)。
② 汤姆·彼得斯:《道德辩论》,《道德文摘》(1989年12月)。
③ 亚里士多德的"悲剧缺陷"理论源自于他的《诗学》,但很多时候被视为是亚里士多德站在理想化的诚信概念的角度,从更深的层次努力,以最终否认悲剧。参见马撒·努斯鲍姆《善的脆弱性》,剑桥大学出版社1989年版。

存者"共事过,虽然他们碌碌无为,对公司贡献甚微(有时是降低效率),却得以在坚韧的裁员中幸免。他们成功的原因就在于嵌入性:他们成功地取得了庇护,而庇护他们的人也正是通过相同的方法取得了成功。相反,那些被裁员的人可能就是因为他们太显眼了,没有足够的嵌入性,哪怕(或是因为)他们做出了很大的贡献。他们所犯的错误是:他们以目标为导向,而没有按现在俗称为"C. Y. A."的方法去做。事实上正如杰科尔所说(索尔斯顿·维布伦总结):"某个公司的利益与某个经理或是共同利益之间并没有必然的内在联系。"[①]

罗伯特·杰科尔具体而又消极地描述了嵌入性问题:各个公司中的执行官和员工为了满足上司政治的、蓄谋的甚或是变态的心血来潮,是如何牺牲了个人价值和尊严。其中的一些人就想着有朝一日自己也可控制别人,对别人反复无常、施虐。大多数人抱着"过一天算一天"的想法,保住工作和薪水,直到跳槽或是公司剧变。他指出了他们是如何嵌入这个系统的:他们如井底之蛙,缺乏自己的见解,更糟糕的是,在"现实"的名义下,对周围视而不见。他们把忠诚看作是唯一的任务。"正确就是满足上司对你的要求"。嵌入公司中的员工和经理,他们局限于做好本职工作,此外就一无所长了。

我们在前面探讨过(在一定的条件下)目的与内在目标和规则之间的区别。我认为,行为道德不仅仅是遵循那些规则并追求那些目标,也是为了实现最终的目的——对于商业来说就是实现普遍的繁荣,分配上的公平和对优秀的奖励。但中间目标和最终目标之间难免存在着分歧,而且危险在于某项具体的工作和职责可能会遮蔽住全局的目标。当然,大多数时候这并不是道德问题,因为组织有序的公司会把各项任务和工作与完成公司总体的任务和构想统一起来。但在松散的公司中,仅仅按照指示完成个人的工作是不够的。我前面提到一个学生最近辞掉了"电话推销员"的工作,因为那家公司出售并不存在的外科手术设备。这就是个很贴切也很普遍的例子。在这个例子中,察觉到自己对道德规范的违反以及完成任务的不当并不需要太高的道德敏感性,但却需要相当的勇气并愿意作出牺牲。"但是我真的需要一份工作"。我的学生抱怨道。我们也是如此。个人的工作职责与隐形不道德的企业行为之间的复杂关系常常成为公开议题,所以我们很有必要在大的道德框架下,来审视自己的工作和在组织中的角色,即使我们"真的需要这份工作"。

如果公司真的是(像所宣称的那样)以优取胜,如果成功真的是创新、辛勤工作的自然成果,那么嵌入性并不麻烦,更多时候会成为一种有益的合作关系,以完成项目,追寻共同的目标和利益。但在许多(即使不是大多数)管理职位中,个人的成功完全取决于其他人的行为,其中有些根本无法监督和管理。这样,管理者开始感到失望,并试

---

① 杰科尔:《道德迷宫》,第198页。

图从错误的方法和虚幻的安全中找到出路,自己(或其上司)失去了从组织的最终目标出发的视角。当视线渐渐模糊时,卓越的概念就失去了意义,取而代之的是一种僵化的甚至病态的集体感——"团队合作"令人讽刺地变成了每个经理所认知的"要么干你的活,要么出局"的观念。换而言之,闭上你的嘴巴,把道德放在一边。由此带来了灾难性的后果:从"底线"来衡量结果,以收益和成本来分析道德,牺牲个人甚至公司的价值观,最终不可避免地诱发办公室政治。

杰科尔对那些处于困境的公司的描述可怕而又真实,如何解决这一问题呢？在这种情况下,公司本身就是问题的一部分,诚信,在面临着道德迷宫的时候,本身是一种挑战而非答案。此时答案只有两个词,即"道德勇气"。但这种被赞赏的品德常常被误解和扭曲。道德勇气不仅仅是勇士的一项品质,不是简单地把战场上的英勇转化到更为文明的公司环境中去。道德勇气也不是坚韧,虽然坚韧,像我们先前提到过的,有时是道德勇气的一种形式。道德勇气也不是一种自我牺牲:我们在前几章中着重澄清了利他主义和个人牺牲之间的界限。道德勇气也不是一种自以为是的固执,它并不与妥协完全对立。事实上,道德勇气在更多时候要愿意而非拒绝妥协。

奥图尔在《管理先锋》中把道德勇气称为"伟大的必要条件"。① 但他所指的道德勇气似乎不是我们所指的,而是被他含糊称作对于"对公共利益的热情"(约翰·亚当斯概括)的"传统"忧虑。但无论多么的崇高,慈善是无法和勇气画上等号的。至少奥图尔不分青红皂白地把所有道德混为一谈的做法是不对的。但如果不涉及具体的对象,那么奥图尔的论断又是正确的。道德勇气不单是伟大也是普通诚信的必要条件。在艰难的环境中,诚信就通过其自身得到展现。道德勇气要求对全局的把握:组织的目标,组织或是其部分可能影响其目标的行为。也就是要在坚持公司最高目标的前提下,保持一种高于对上司、有时甚至是最高执行官负责的忠诚。为此可能要付出高昂的代价,但那些公司告密者和牺牲品往往是在这一点上做得过火了。就像奥图尔在那些案例中指出的:道德勇气往往会取得成功的。但这不是领导人所专有的品质,这是一种在压力下使人经受住考验的品质。道德勇气在危机时就是诚信。

如果杰科尔的论断是大体正确的,那么商业伦理的后果将很恐怖。对美国商业或是公司生存率预测的结果将令人不寒而栗。如果公司要实现自身的目标,如果市场提供了一种知识界精华,那么除了努力地工作和贡献会有奖赏这种错觉外,还应该有别的东西。一旦行为不再为目标服务、而只是出于自我保护时,公平、合作这些深层次的必不可少的价值观也会随之崩溃。在一个以政治而非生产为主导的社会,政治最终将

---

① 詹姆斯·奥图尔:《管理先锋》(纽约:Doubleday,1985),第12章。值得注意的是,虽然奥图尔在这章标题中就响亮地提出了这个口号,但后文的内容实际上与道德勇气毫不相关。直到该章的倒数第2页,他才重新喊了一下这个口号,他所说的无非就是在如今已是陈词滥调的"社会责任"的名义下,汇集了一些平平奇奇的美德。

占上风。如果成功是只由那些被取悦者评定,目标仅仅是服从内部的权贵,那么个人的诚信和使命感就会开始解体。"在这样一个世界,该怎么办?怎么可能保持个人的诚信呢?"①杰科尔反复问道。他断然否决了诚信可以在一种公司中存在,这种公司缺少道德标准,充斥着"团队工作"(而不是工作),只是寻求治标不治本的方法来短期掩盖问题而不是承认并解决问题,中庸主义泛滥。

但是,即使在公司面临破产前那些短暂(也很痛苦)的转折期中,也往往存在着会唤起衰败公司对最终目的和自身社会责任认识的外在力量。② 消费者是否真是"上帝",我们暂且不谈,但是他们的确掌有实权。无论公司内部如何混乱和倾轧,但底线仍在于市场。公司总要生产并出售一些商品。公司的勾心斗角并不是出于财务困难或是为了引起公司的滑坡,其目的在于保持胜利。没有人会去争抢当一艘行将沉没的船的船长。办公室政治的泛滥有其底线,受到生产和盈利目标的制约。坦率地讲,没有市场就没有了争抢的目标。公司的合作与其在市场上的份额有着(而且一定有)很高的相关性。商业中的诚信,也就是要关注这些市场最根本的力量,而不是屈从于工作上的直接压力。这样,诚信与成功就是相辅相成而不再对立了。健康的组织能够意识到这一点,在各个层面上都保证贯彻,并将其融入成员的思维中去。

杰科尔在《道德迷宫》中仅仅描绘了公司道德的阴暗面:"组织的混乱搅乱了职业规划,由此引发了深深的焦虑;为了获得威望,或是长期做出那些结果不明的艰难抉择所带来的精神上的贫瘠,那些经理相互倾轧,展开了激烈的竞争,并带来了敌意情绪。"③这本书的目标就在于为这些焦虑和压力提供解药。如果迈克尔·刘易斯所说的交易员的错误在于对个人的成功得意忘形,以至忽视了全局和交易的目的;那么普通的公司经理的错误则在于,面临大局时茫然不知所措,失去了安全感。乍一看,这两种情况是相反的:交易员喜欢明确的目标和迅速的反馈;而经理则为既没有明确的目标也没有有益的反馈而苦恼。但从我们分析的角度出发,这些区别相对其共同点来说就没有那么重要了:概念上的独立阻碍了我们的视野,使我们无法从最终目标和全局来考虑问题,使诚信无法实现。

杰科尔反问:"在这样一个世界,该怎么办?怎么可能保持个人的诚信呢?"④但实际情况还不至于像杰科尔描述的处于危机中的公司那么糟糕。公司生活既非地狱,也

---

① 杰科尔:《道德迷宫》,第194页。
② 非常不幸的是,现在很多高级经理仍然持有一种陈旧的观念:认为这种"大动荡"是有益的,可以使人才得以显现。的确,新的简洁的组织方式在一个多变的市场中更具有竞争力,但连续的剧变往往会带来杰科尔详细描述的悲剧。但对于大多数公司而言,它们的大部分时间并不是、也不可能处于动荡状态的。只有在稳定的前提下,大的组织才能够运作,组织的成员也才能够展现自我、追寻目标。就像其他的优秀病理学家,杰科尔集中注意力于疾病,并想把它去除,但忽视了健康的器官。
③ 杰科尔:《道德迷宫》,第4页。
④ 杰科尔:《道德迷宫》,第194页。

非通往天堂之途(这分别是清教徒的伦理和杰科尔"拯救经济"的观点)。的确,在一个不健全的组织中生活的确没有保障,这也会腐蚀个人的诚信。但差的公司并没有悲观主义者想象的那么多,诚信问题也不像商业批评家所说的那么严重。当公司制即将迎来其第一个百年华诞的时候,我们在对此失望的同时也看到希望的曙光。在今后的几年中,很多产业将会在生存竞争中触礁,亚里士多德式的美德,一种集体感和合作感,不是简单地将公司视为墨守成规的赚钱机器,对完美而非短期利益的追求,对个人及公司诚信的重视以及尽管借鉴着亚当·斯密的观点但已经渐渐被忽略的全局观点,仍然是生存和成功的重要条件。这种观点正在重新受到人们的重视。公司将不再是(如果曾经是的话)磨灭个性和个人诚信、摧毁灵魂的巨石。公司的成员作为新的一代,将不再沉溺于20世纪80年代急剧膨胀的欲望,也不愿意忍受50年代的逆来顺受。90年代的幸存者,他们背弃并目睹了旧规则的解体。他们理解了亚里士多德派大师汤姆·彼得斯的观点:"每个人在终极意义上都是孤独的。我是谁,我不是谁,这些问题都只能由每个人自己来回答,然后或多或少的按照结论来行动。"[①]我们正携手重建公司,努力建成一个不仅繁荣且有创造力、也能为个人和精神带来收益的商业世界。伦理和卓越,团队和诚信不仅代表着效率和成果,它们也是公司的灵魂所系。

[选自〔美〕罗伯特·C·所罗门:《伦理与卓越——商业中的合作与诚信》,罗汉、黄悦等译,上海译文出版社2006年版,第319~329页。]

[①] 汤姆·彼得斯:"道德辩论",第2页。

诚信伦理与资本主义

〔印〕阿马蒂亚·森

一、价值观在资本主义中的作用

虽然资本主义常常被看做只是在每个人贪欲的基础上运行的一种安排,事实上,资本主义经济的高效率运行依赖于强有力的价值观和规范系统。确实,把资本主义看做仅仅是一个基于贪欲行为的综合体系,实在是严重低估了资本主义的伦理——它对资本主义的辉煌成就做出了丰富的贡献。

运用正规的经济模型来理解市场机制的运行,就像经济学理论研究中的标准方法那样,在某种程度上是一把双刃剑。模型可以提供对现实世界运行方式的洞见。另一方面,模型的结构有时会掩盖了某些暗含的假定,这些假定产生出这些模型赖以建立的常规关系。成功的市场之所以能以其运行的方式来运行,并非只是以交换"被允许"为基础,它还依赖于机构和制度(例如有效支持契约所规定的权利的法制体系)与行为规范(它使达成的契约有效,而无需不停地求助于诉讼来保障契约履行)的坚实基础。形成并运用人们对相互之间言词和许诺的诚信,是确保市场成功的一个非常重要的因素。

当然,对资本主义的早期捍卫者来说,很清楚,资本主义的出现和发展涉及释放人们的贪欲之外的其他某种东西。曼彻斯特的自由派人士并非只是为了贪欲和自爱的胜利而战。他们的人性概念包容了更广阔的价值观领域。虽然对于人类(在不受干预地行动时)能够——而且将会——做些什么,他们可能是过度乐观了,但是他们正确地看到了人们具有某种自发的相互之间的感情,而且相信人们会对开展互利行为的需要有一种开明的理解(而无需国家不停地督促)。

亚当·斯密也是这样,他考察了涉及经济、社会和政治关系的多种多样的价值观。甚至那些早期的论者,例如孟德斯鸠(Montesquieu)和斯图亚特(James Stuart),在把资本主义看做是某种用"利益"取代"激情"的体制时,一般也注意到这样的事实,即以一种智力的、理性的方式追求利益,比起由激情、欲望和暴虐倾向驱使,是巨大的道德进步。斯图亚特认为,"利益"是控制"专制的蠢行"的"最有效的约束"。如赫希曼(Albert Hirschman)精美的分析所指出的,资本主义的早期倡导者从资本主义伦理的出现中看到一种巨大的动机改善:"它激发了某些温和的人类天性,以取代凶恶的倾向。"

虽然资本主义伦理很有成效,事实上在某些方面它也具有深刻的局限性,特别是在处理经济不平等、环境保护,以及需要在市场之外开展诸多合作等等问题上。但是在它的作用范围之内,资本主义通过一个伦理体系——它为成功地使用市场机制及有关机构提供了所需要的眼界和信用——而得以有效地运行。

二、商业伦理、诚信与契约

一个交换经济的成功运行依赖于相互信任以及——公开的或隐含的——规范的使用。当这些行为模式随处可见的时候,很容易忽视它们的作用。但是在必须从无到有地把它们培育起来的时候,这种欠缺可以成为经济成功的一个主要障碍。前资本主义经济体由于资本主义的美德尚未发展起来而面临困难的例子俯拾皆是。资本主义需要比单纯的利润最大化更加复杂的动机体系,这一点已经以不同的形式,经过很长的一段时期,被许多重要的社会科学家,如马克思、韦伯、托尼(Tawney)和其他人所认识到。非利润动机在资本主义的成功中发挥了其作用,这并不是个新论点,只不过这方面的丰富的历史证据以及按这个方向展开的概念论证在当代专业的经济学中经常被忽视了。

良好的商业行为基本准则有点像氧气:只有当缺少氧气时我们才对它感兴趣。亚当·斯密在他的《天文学史》中有一段有趣的评论,其中他提到这样一种普遍的现象:

> 一件事物,当我们很熟悉而且天天看到它时,虽然它是那么伟大而美丽,但它只给我们留下一个很不强烈的印象;因为既无惊奇,亦无意外之处,来支持我们对它的赞赏。

在苏黎世、伦敦或巴黎或许不会引起惊奇或意外的事物,在开罗、孟买或拉各斯(或莫斯科),在那里的人们为建立有效运作的市场经济的规范和制度而进行着充满挑战的斗争却可能是大成问题的。甚至意大利的政治和经济腐败问题,它们近年来受到很多讨论(而且曾经导致意大利政治均衡的许多剧烈变化),也在很大程度上与意大利经济的某种二元性质有关,即一方面,在经济的某些部分保存着"欠发展"因素,而另一方面,在同一经济的其他部分则能观察到最具活力的资本主义。

三、市场经济中规范与制度的差异

行为准则甚至在发达的资本主义经济中也有差异,它们促进经济成就的成效也不一样。虽然资本主义非常成功地在现代世界极大地增加了产出、提高了生产率,但是各个国家的经验仍然是相当多样化的。东亚经济的成功(最近几十年来),以及其中最突出的日本经济的成功(更早很多年),对传统经济理论中描述的资本主义的模型提出了重要的问题。把资本主义看做一个以个人拥有的资本为基础纯粹追求利润最大化的体系,遗漏了使这个系统在提高产出和创造收入上如此成功的很多因素。

日本常常被看做是成功的资本主义最突出的例子,而且尽管它经历了最近漫长的衰退和金融风波,这个结论可能不会完全被推翻。然而,日本商业中占统治地位的动机模式,比纯粹的利润最大化,具有更丰富的内容。不同的评论者曾经强调日本的不同的动机特征。森岛通夫(Michio Morishima)把"日本精神气质"的特点概述为源自日本历史的特点及其对基于规则的行为模式的倾向。杜尔(Ronald Dore)和韦德(Robert Wade)找出了"儒家伦理"的影响。青木昌彦(Masahiko Aoki)看到了合作与更加趋于战略性思考的行为规则。铃村兴太郎(Kotaro Suzumura)强调承诺与竞争环境及理性公共政策两方面的结合。池上英子(Eiko Ikegami)则注重武士道文化的影响。还有其他一些以行为为基础的解释。

确实,《华尔街日报》所作的显然令人困惑的断言,即日本是"唯一成功运行的共产主义国家",甚至也多少含有一点正确的因素。这个不合常理的评论点出了支撑日本许多经济和商业活动的非利润动机。我们必须理解并解释这个奇怪的事实,世界上最成功的资本主义国家之一的经济繁荣,建立在一个在某些重要领域不同于简单追求自利的动机体系之上,而追求自利——我们一直听到这样的教导——是资本主义的基石。

日本绝不是特殊的商业伦理促进资本主义成功的唯一例子。在世界上许多国家,无私工作、为企业做奉献以提高生产率等品德,也同样起到了促进这些国家经济成就的重要作用,而且甚至在最发达的工业国家,也有很多不同版本的这样的行为准则在起作用。

〔选自〔印〕阿马蒂亚·森:《以自由看待发展》,任赜、于真译,中国人民大学出版社2013年版,第261~265页。〕

诚信才是明智之举

〔美〕约翰·麦克米兰

"在一项交易中,你要有进有出,懂得妥协、退让,然后,你抓到现金,一走了之。"这就是著名的好莱坞经纪人欧文·拉扎尔并不复杂的商业哲学。对有的人来说,抓到钱就是典型的市场行为,他们信奉弱肉强食的丛林法则。

现实恰恰相反。在那些人与人之间缺乏信赖的地方,市场并不能良好地运作。对于最简单的交易而言,一个买家用现金购买一件他所熟悉的商品,并不需要什么信用。但是,大多数交易并非如此简单直接。在一个运作良好的经济中,商业生活要求人们有能力做出可靠的承诺。

作为买方,当我们购买的商品具有不确定性的时候,我们都要依赖卖方的诚信,这几乎发生在人们所购买的任何商品上。例如,当你购买食品时,你得相信吃了它不会让人生病。当你买药时,你希望它不会给你带来什么副作用。你还会相信,自己购买的汽车能够可靠地行驶,必要时可以有机修工很好地维修它。你希望自己的雇员不会偷懒。在向一位医生或者会计师进行咨询的时候,你也要信任他们的专业能力,无论什么时候,只要买方不能够事先检验产品的质量,卖方都需要想办法来打消买方的疑虑。从另一个角度来看,作为卖方,在需要提供信用的时候,你都要信赖你的顾客。你让顾客不用付钱就先把商品拿走,是因为你相信他们一定会回来付账。

"诚信才是明智之举——它是财富之源。"马克·吐温用这句妙语道出了设计良好的市场的一个关键特征。有些人天性诚实,而有些人却不是这样。设计良好的市场有各种各样的机制,正式的或者非正式的法则,可以保证诚信的确能创造财富。市场的信心就是建立在这些规则和习惯之上,它们甚至可以让那些生性狡猾的人都愿意信守自己的诺言。

要让消费者希望得到,并且愿意掏钱购买,这是普遍的商业规律,甚至炸薯条的口感这类琐事都不能例外。你可能会说:"炸薯条不就是炸薯条吗?"这样的说法只能说明,你并没有成为一个快餐业巨头的天赋。在20世纪50年代,麦当劳的创立者雷·克拉克就被炸薯条迷住了。他后来回忆说:"对我而言,炸薯条简直成了最神圣的东西,它的制作过程就仿佛是一个虔诚的宗教仪式。"他派自己的雇员带着液体比重计到农场去，把那些没有达到最佳含水量标准的马铃薯淘汰掉。他发明了一种食品加工法，能够把马铃薯中的天然糖分转变为淀粉。他开发了一种"马铃薯计算机"，用以调节每包炸薯条的烹调时间。克拉克给自己的公司找到的竞争优势就是，炸薯条具有整齐划一的规格——淀粉和油脂的组合比例绝对精确、可靠。无论是在美国的明尼阿波利斯，还是在白俄罗斯的明斯克，只要有麦当劳的商标，你就保证可以得到自己所预期的食品。

提供质量保证的市场机制是多样和各异的。在购买电池的时候，你会去找自己用过的并且发现使用寿命较长的那个牌子的产品。在购买汽车的时候，你会挑选某家具有可靠信誉纪录的制造商，有关的信息可以从消费者报告那里找到。你给汽车安装一台新的消声器的时候，会去一家在广告中有质量保证承诺的修理店。去看病的时候，你会找那些具有认证资格的医生。需要做聘用决策的时候，你会参考前任雇主给员工提供的推荐信。在选择律师的时候，你则会根据朋友们的推荐。市场有无数种方法，可以把高质量的生产商和低质量的生产商分开来。

声誉就是一种质量的保证。与一家你从未听说过的公司相比，一家知名的公司能够提供更多的安全感。因为任何错误的行动都会损害那家企业宝贵的声誉，因此，你可以认为它会按时发送货物，不会欺骗你。在互联网零售商之间持续存在价格差异的现象，就是消费者需要质量保证的一种反映。有声誉的公司提出的要价可以比竞争者更高，它们能够从自己的品牌中获得回报。

要传递出令人信服的信息可能是一件困难的事情。你如何能够说服潜在的顾客，让他们相信你的产品要比竞争者的更好呢？我们假定你的确拥有更好的产品，同时还假定你能够采取某些行动，让自己的目标顾客注意到。这样的行动需要你付出一定的成本，而且更为关键的是，如果你弄虚作假，那么采取这样的行动将使你付出更多的代价。我们把这种行动称为一种"信号"。假如顾客看到你采取了这种行动，他们就会推断你的确在说实话。在你发出信号的时候，你是在向大家表明："行胜于言。"

广告就可以充当这种信号，正如马克·吐温所说："广告是报纸中唯一值得信赖的报道。"某家饮料制造商推出了由摇滚巨星主演的轰炸式的商业广告，所有的内容看起来都像是浪费。但是，大肆地铺张浪费恰恰是关键所在：它表明该公司对自己的产品十分自信。公司期望消费者在试用其产品之后会继续购买，从长远来看，公司可以把自己的广告费用收回来。广告成了信心的传递方式，因为低质量产品的制造商不可能把广告的成本收回来。广告语宣传说"试试吧，你会喜欢它的"，这种行为比语言本身更令人信服。

发信号也是自然界的交流方式之一。在非洲东部的热带大草原上，当一头狮子靠近一只瞪羚的时候，觉察到捕食者气息的瞪羚便会跃向空中，它跳起来足有6英尺高。为什么瞪羚要在原地跳跃，而不是竭尽所能地逃跑呢？动物学家解释说，这看起来是一种极其疯狂的举动,实际上却是十分理性的行为。跳跃是瞪羚传递信号的一种方式,它等于是在告诉狮子"我十分强壮、健康,你想追上我是枉费心机,只能浪费彼此的能量"。如果一只瘦弱的羚羊也这样做,它可能会付出很大的代价——因为狮子有可能识破骗局,继续追逐下去——所以,这是一个可信的信号。

为什么孔雀要有如此华丽的尾巴呢?这样的装饰既笨重又会吸引捕食者,但是它确有其存在的必要性——那就是作为一种交流的手段。因为对于那些寻觅配偶的雌鸟来说,茂盛的羽毛是一种信号,显示了雄鸟的健壮,并且拥有良好的遗传基因。

装饰是一种可靠的夸耀质量的信号。与孔雀的羽毛一样,我们在经济生活中有各种各样类似的行为——表面上看起来十分浪费的装饰,实际上却起了显示良好声誉的作用。例如,很多银行和保险公司都有十分体面的办公场所,其奢华程度远远超过业务的实际需要。如此华丽的办公场所显示出这家公司的实力是可靠的,并且把自己与那些支付不起这样豪华场所的不可靠公司区别开来。还有,尽管有更便宜的地点可供选择,但许多零售商还是把他们的商店开在纽约第五大道这样地租昂贵的中心区,为的也是发出一种信号,显示它们可以为你提供长期服务。在创业过程中,只有当企业家本人把自己的很大一部分钱投入公司之后,许多风险投资家才愿意支持这家公司——这并不是因为风险投资家缺那点儿钱,而是他们把这看作企业家表达诚意的一种信号。

功能完善的市场拥有一系列信号机制,用来传递可靠的产品的质量信息。发出信号可以克服低质量产品驱逐高质量产品的难题,但这样做并不是免费的。孔雀的绚丽尾巴是一个累赘;银行的豪华装修以及软饮料公司高昂的广告费用都会直接影响它们的利润。

卖家如何才能让买方为自己所拖久的商品债务埋单呢?最近,纽约一家有线电视公司——模范有线电视台(Paragon Cable)——采用了一种新奇的催促赖账不还的顾客们付账的办法。模范有线电视公司并没有去起诉那些违约者,也没有中断对他们的服务,而是只给违约者的家庭发送美国公共事务有线卫星电视网(C-SPAN)的节目,里面的内容全部是冗长乏味的政治演说、辩论和听证会。据报道,这是一种十分有效的收账措施。

顾及将来是促使人们信守诺言最基本的动机。如果你向某个商家要求赊购某项商品,你会获得别人的同意吗?如果是在邻居的商店里买一些水果,那很有可能成功。但如果你买的是辆汽车,那就不太可能获准,显然,二者的差别是由于你违约所得的收益不同。如果这家水果店对你购物十分便利,那么你继续在那里购物的好处将远远超过你欠债不还所骗来的那几美元。与此相反,在购买一辆汽车的时候,你可以从欺诈中获得成千上万美元,而且你又不是经常买车,因此,卖家并不能指望你做"回头客"。诚信究竟是不是明智之举,取决于哪一方的收益更大:继续交易的是未来收益还是违约的当期收益。

如果你违约,其他的卖家也可能不再和你做生意,所以,尽管你从违约中获得的收益大于与这个卖家继续做任何生意的价值,你也会愿意如约付账。违约可能会被列入黑名单,那将失去未来的生意,这种代价会阻止你去欺诈。在更大的范围内保持自己的信誉,这给诚信行为提供了更进一步的激励。

要维持声誉的效力,有关的信息就需要得到传播。因此,流言蜚语也有其真实的经济效用。有的小群体能够采取一致行动,例如,某位做糖产品期货的商人就说:"在金融市场中,场内经纪人形成了一个群体,他们实施自我管辖。如果有人做错了什么事,他们就会告诉他:'你最好不要再这样做了。如果再这样做的话……我们会把你赶走。'"

在那些紧密的群体中,如场内经纪人或者传统的村落里面,制裁可能会自发产生。而在一个流动的社区中,人们来来往往,信誉就很难确立了。当违约发生的时候,要让其他人都知道,并且清楚是谁干的,这就需要一个信息渠道。比如说,政府的信用管理署就能发挥信息贮存库的作用。对于大多数消费者来说,降低自己信用等级的风险成了促使他们按期付账的有效激励。

过去,美国的海鲜市场常常被"拿了钱就跑"的事情所困扰。批发商将整船的海产品运给其他州的买家,而自己得到的支票经常被银行退回。那些购买方可以轻易地找到其他卖家,因此他们违约逃跑是合算的。缅因州的波特兰市有一位名叫尼尔·沃克曼的企业家,他看到这种情况之后成立了一家名叫迅鱼(GoFish)的公司,专做替批发商讨债的工作。很快,他意识到自己不仅仅可以讨债,还可以做更多的事情,因为他所收集到的信息还具有尚未充分利用的价值。他说:"他们拖欠的债务,你只能讨回来一次,但是,关于这个家伙拒付账单的信息,你却可以一次次地卖给很多人。"于是,迅鱼公司开始通过互联网为订户提供关于海鲜购买方信誉的即时信息。通过这一简单的安排,把有关的信息发布出来,沃克曼重塑了市场的激励机制。现在,那些买家如果还希望继续在这个行当里做下去,就不得不支付自己的账单。信息的发布不仅给迅鱼公司带来了利润,同时也改善了整个市场的运作。

在纽约的钻石批发贸易中,交易商之间交接着一袋袋价值数百万美元的钻石,而不需要任何书面协议。一个握手,说一声"祝你好运",就构成了一个具有约束力的协定。这种口头协议能发挥作用,部分原因在于这些交易商几乎都是哈西德教派的犹太人,他们有着共同的信念。然而,面对如此巨大的交易额,个人关系也许还无法提供足够有力的约束。于是,钻石市场经过了精心设计,使任何违反协议的交易商将失去未来的所有生意,不仅仅是和被欺骗的商人,而且包括和所有其他珠宝商的生意。制裁由一个名为"钻石经销商俱乐部"(Diamond Dealers Clubs)的组织来实施。任何一个新成员在加入俱乐部的时候都要同意,把未来遇到的所有争议都提交俱乐部的仲裁委员会处理。违约的成员将被罚款,或者受到在20天以内暂停贸易的制裁。违约处罚将张贴出来,让所有的人都能够看到。在特殊情况下,一个成员有可能被驱逐出俱乐部,甚至逐出整个钻石贸易业。为了继续做这项生意,一个珠宝商必须守信。

在墨西哥,制鞋商协会对鞋类贸易发挥了监督管理的作用。这个协会保存了所有从它的会员那里购买产品的零售商的数据,如果哪个零售商没有付账,就会记录在数据库内,供任何一位会员查阅。知道这样的信息会被公开之后,零售商违约的现象就减少了。这是一种古老的方法,在中世纪的欧洲,商人们组成的行会也为其成员提供了类似的合约保证。

在今天的B2B(Business to Business)电子商务网站中,有一部分服务就是提供保证。例如在化工产品中,有的在线交易网站让某些化工产品——如石化产品、塑料等——的购买方能够在网上同全世界各地的销售商做生意。离开了信任,这样的市场是不可能存在的。买方还是会通过自己以往惯用的渠道,到那些和他们建立了长期合作关系的贸易伙伴那里去购买。化工产品在线交易网站全球化工交易网(ChemConnect)的负责人约翰·贝斯利说:"在这个行业,一项交易的平均规模大约是20万美元。要想完成这种规模的在线交易,你必须有十足的把握,自己的交易伙伴会按他们所说的去做。"在线交易网站的一个竞争优势就来源于它的保证,它要向买方保证卖方会按时提供合格的产品,也要向卖方保证买方将如约付账。因此,大部分在线交易网站都要仔细甄别那些使用他们服务的公司,一旦发现有成员在与其他成员交易的过程中出现违约行为,就会立即采取行动。

鲍勃·迪伦在《甜蜜玛莉》(*Absolutely Sweet Marie*)中唱道:"为了不让法律闯入你的生活,你就必须守信。"一个设计良好的市场拥有一系列保存信誉记录的机制。那些欺诈行为的消息会传播出来,这样的威胁足以使绝大多数人在绝大多数时候保持自己的诚信。

[选自〔美〕约翰·麦克米兰:《重新发现市场》,余江译,中信出版社2014年版,第69~75页。]

作为社会复杂性简化机制的信任

〔德〕尼克拉斯·卢曼

从现在起我们有可能把信任问题阐述为冒险,一种风险投资。① 世界在不可控的复杂性中消失到这种程度,以致人们在任何时刻都能够自由地选择不同的行动。然而,我得在这里、在现在行动。我只有短暂的片刻才可能看到其他人做了什么,并有意识地调整我自己。就在这一片刻,只能把握和处理少量的复杂性,因而只能获得少量合理性。倘若我对他人未来(或确切说同时发生的或过去的,如果我只能在未来确立它的话)特定行动的过程赋予信任,那么,更复杂的合理性的其他机会将会产生。如果我能够相信能分享这种收益,那么我就愿意合作,这种合作不是马上得到回报的,也不是直接看得到收益的。② 如果我参照这个事实:他人是否与我协调地行动或不行动,那么我就可以比较合理地追求我自己的利益——比如说,在车流中更加顺畅地行驶。③

一方面,只有在充满信任的期望对于一个决定事实上产生影响时,信任才算数;否则我们所有的只是一个希望而已。如果一个母亲把孩子交给保姆看管,那么许多希望也包含在其中:任何不测都不要发生,这个保姆会对小孩好,不会睡觉时打开收音机吵醒孩子等等。她的信任只会延伸到那些不测事件,倘若它们发生,就会使她懊悔自己不该离开,不该把孩子交给任何人照管。所以,信任总是与关键性的抉择有关,背信弃义所造成的损害,大于从被证明为适当的信任表示中将要获得的益处。因此,信任

---

① 在这里,我们发现,我们与鲁道尔夫·肖特兰的信任伦理分析的最重要的相关点。Schottländer (1957),28ff. 他也强调信任中"赌注"这一因素;也参见 M. Deutsch (1958),265f.,他的信任概念基础同样是,行为预测的相关动机值。在心理学中,人们经常看到,一种包罗万象的而尚未清楚界定的信任概念,它的具体运用还谈不上。参见 J.S. Bruner, J.J. Goodnow 和 G.A. Austin (1956),225ff.,他的论述与以下定义相关:"'自信',主要是一个人在进行分类时的确信程度。"(226)所以,他没有区分熟悉与信任,也没有区分信任与概率的计算。

② 参见 M. Deutsch (1960a),也参见 Zand (1972)的实验。

③ 例如,也参看根据博弈论对"囚徒困境"的讨论。这里,两个因犯可以以牺牲对方来认罪,从而获得减刑;而没有认罪的话,将只能被判一种轻罪。在这种情况下,理性的过程将是保持沉默,不相信认罪。参见 D.R. Luce 和 H. Raiffa (1957), 94ff.; A. Rapoport (1960), 173ff.; A. Rapaport 和 A.M. Chammah (1965)以及 Deutsch (1958)对此重做的实验。这个例子(它某种程度表明与现实有点接近)说明,交流本身就足以产生信任。J. Loomis(1959)的实验证明了,在相互依存情境下交流所起到的重要作用。

者意识到因其他人行动选择而产生的过分损害的可能性,并把这种可能性铭记在心。抱有希望的人任凭有怎样的不确定性,只是纯粹地怀有信心。信任虑及偶然性,而希望则忽视偶然性。

另一方面,这并非假定,风险与信任的根据在做任何事情之前都被理性地权衡。尤其当期待接近于确定性时,信任也可能表现为不假思索、粗疏随便和墨守成规,从而无需处处花费心思。现如今,与人一起外出时,人们总是对别人赋予信任,才不会认真权衡是要带刀还是带枪。信任逐渐地融合到对连续性的期望中,成为我们经营日常生活的坚定的指导方针。但是,并非所有这种性质的期望都包含信任;只有那些与行为有关的期望才包含信任,而且即便是在后者当中,也只有那些人们借以对自己的行动做出承诺,要是它们没有实现、人们将懊悔自己的行为的期望,才真正包含着信任。

因此,建立在信任基础上的行动,最终回顾起来是否正确,取决于信任是受到尊重还是遭到背弃。从于决策论中获得的那种纯粹客观、毫无时间性的视角看来,这似乎只是众多不确定性中的一个所产生的问题,其可能性可以在很大程度上被估算出来。然而,这种观点没有充分注意到以下事实:由于贬低了期望的确定性,它对时间估计不足。决策者在做决定时并没有可以利用的知识,至少它极少以可计算的可能性这种字眼出现。① 所以,我们不得不得出这样的结论,行动是否建立在信任的基础之上,就构成了似乎能够获得的行动合理性的本质区分。

在所提到的两个例子,合作行动与个人的协调的行动中,信任,通过复杂性的简化,排除了某种行动的可能性:这种行动离开信任是不可能的,无吸引力的——换言之,本来不会实行的。执是之故,以信任为基础行动的益处和全部理由——特别在"囚徒困境"与市内交通的例子中显现出来——与其说对更长的行动链或更广的因果联系(尽管这也可以成为信任的一个结果)的确定控制,还不如说,首先,在向不在意发展时,通过引进信任,某些发展可能性就可以不予考虑。某些不能排除掉的、但不会扰乱行动的危险中性化了。

通过信任简化复杂性的下一个例子,在越来越组织化了的社会结构中变得意义重大。不管组织与理性计划怎样努力,人们不可能根据对行动后果的可靠预测来指导所有的行动。仍有剩余的不确定性有待处理,也必须有一些角色,其任务就是妥善安排这些不确定因素。例如像政治家、经营主管之类的角色,就是根据成功的结果而不是根据可测量的标准象征性地受到监督,这恰恰是因为,正确的行动不可能事先在细节上充分地加以辨别。但是成功——如果它确实要出现的话——并非直到行动过后才

---

① 怀疑论的根据也在其他方面,因为至今还没有找到一种不依赖于个人风险准备的、令人信服的方法,来计算和细分概率和效用价值。这一缺陷是一种症状表现,而且根据预期效用最大化的流行叙述聪明地掩盖了这种缺陷。参见 H. Koch(1960)。此外,对于抵御高风险的计算,是类似于一种对抗自然的赌博或游戏,在这种情况下,信任问题很难在严格的意义上应用。参见 M. Deutsch (1960a),124f. 及(1958),226。

显现出来,虽然之前必有承诺。通过对某时成功作预支,不成功则撤销,例如,通过任命某人官职,资本信贷等等,信任克服这种时间难题。① 复杂性难题以这一方式被分摊,因而变少:也就是说,一方暂时信任另一方会成功地驾驭暧昧不清的情况,换言之,将会简化复杂性;确实,在这种信任的基础上,另一方实际上有更好的取得成功的机会。

在此意义上简化不是演绎。相反,它与归纳相似。归根到底没有确切根据供给信任;信任总是从已有的证据进行推断;如西美尔②指出的那样,它是知与无知的融合。尽管信任者从来不会没有理由,而且他完全能够说明为什么在这个或那个事件中表示信任的理由,这些理由实际上意在维护他的自尊并在社会上证明自己是正当的。在滥用信任的事件中,这些理由防止他在自己和其他人面前显得像个傻瓜,像一个没有经验的、对生活不适应的人。③ 它们至多用来解释赋予信任的理由,而不是解释信任本身。信任仍旧是冒险行动。

以这种方式超越现实情境,从具体的先前经验、从信任的特定根据中获得相对的独立性,在学习理论中,这被称为"普遍化"(Generalisierung)。④ 信任判断将经验泛化,使它们延伸到其他"类似的"案例,而且在它们经受得住检验的范围内,它们使对区别的不介意稳定化。这种期望的泛化过程有三个重要方面,值得进一步考虑:它包括疑难问题从"外在"到"内在"的部分移位(Teilver lagerung Problematik von "aussen" nach "innen");一个学习过程;对周围世界结果的符号记述。

所有这些形式的普遍化,特别是对信任的阐述,假定系统的存在是对其运作的支持,系统本身复杂到足以能够在其内部再生产出世间的某些关系。当然,没有一个系统能够在其表象中重复或复制带有一切深不可测复杂性的实在世界。唯心主义的形而上学与这一假设顽固地联系在一起,它把"主体"或"意识"抽象化为世界的同伴,因而把它提升到相同的复杂性水平。它所忽视的是,实在与表象,世界与意向,"外在"与"内在"之间复杂性的减少,所以,它不能够把握通过简化复杂性创造秩序的表象的功能。

事实是,一切内在过程——而且在此确切地说,是"内在"与"外在"之间的差别的意义,还有待发现——在一个更低的复杂性水平上运作,从而相较其环境而言,展示出较少的可能性,或较多的秩序。它们有选择性地运作:世间的数据间的关系被吸收进

---

① 信用与成功的标准的相互作用,有关论述参见 D. Braybrooke (1964), 542ff.;另见 G. Vickers (1965). 180 及其他各处。

② G. Simmel (1922), 263f.。

③ 关于自我呈现(selbstdar-stellung)问题,以及在这种失望的信任情境下激起的必要的辅助性社会安排,参见 90,以及以下各页。

④ 行为主义心理学的广泛研究都基于这个概念。德语的评论见于 F. J. Stendenbach (1963), 90ff.,或 K. Eyferth (1946a), 103~110 或另见(1964b), 357~360。

来并被作为与系统相关的信息处理。因此,它们用数据加工的内在秩序代替最初无组织的环境复杂性,这种内在秩序的问题作为适应环境的正常运作基础输入到系统之中。

就信任来说,复杂性的简化因为其主观性而采取了特殊的形式。我们可以把这些形式描述为不确定性被吸收,或被容忍的程度变化。系统用内在的确定性代替外在的确定性,①因而提升它对外部关系中不确定性的耐受性。复杂性如何减少的问题,与它在环境中的存在有关,因而转变为这种内在确定性次要问题的一部分。

内在的确定性在两个不同的、确实对立的方面产生——很大程度因为,不论系统条件差别多么大,信任的发展可以相当可靠地一再被预料到。一方面,它可以以下述事实为基础,即信任的对象对内在的结构发挥了一种必不可少的功能:对经验进行处理。信任的削弱相应地会对自我的信心产生极其深远的后果,因为它会导致内在性情的巨大改变,所以不会作为一种可能性得到鼓励,对它来说,系统缺乏时间、能量以及环境的支持。在完全相反的方面,信任的确定性可能依赖一个比较强分化了的内在系统,其后果是,信任的对象的失败只能导致部分的、孤立的损害,而且信任的对象可能被功能等价物取代。在这两种情况下,信任的首要的支持力,来自系统内在信息处理安排中它发挥的功能,而不是直接来自环境中原生的保证。因此,处理经验的内在安排逐渐取代处在外在世界复杂性简化的"正确性"的基础。

作为某种内在物的信任条件,使对某些事物的信任态度形成特定风格的可能性增加。其实,这种风格,一般地来说对信任问题有影响,因为它既与不信任也与信任有密切关系。译成帕森斯的"模式变量"的概念语言,②信任和不信任,通常会被看作是情感的③(非中立的)和弥散的(非特定的)态度,按照其对象给出的方式看,是特殊的(非普遍的)和先赋的(Eigenschaften)[非自致的(Leistungen)]。所以,信任与对象的关系,不依赖特定的个人利益与经验背景,不顾它会与之相关的特殊事态而出现。举一个典型例子,无论在什么地方信任者遇见现实的个人,不管他们各自的角色背景如何,对这个特殊个人的信任都会被激活。但是,甚至对比较抽象的功效结构的信任,例如,对货币价值的信任,预先假定与对象同样具体的关联,如果它要成为信任,而不是以经验为基础的知识的话。只有通过对象的中介,信任才成为符号方面可控制的,我们将在下文详述这种方式。所以,信任是一种态度,这种态度既不是客观的,也不是主观

---

① D. Claessens (1962, 91f.)对有关通过内在确信来泛化自我释放的过程中信任的形成做了一些观察。主要是这种内在的确信使得容忍有限的社会系统和家庭中的距离和空缺成为可能。

② 有关理论的详细阐述,请特别参见 T. Parsons, R. F. Bales 和 E. A. Shils (1953),以及 T. Parsons (1960)。

③ 帕森斯的理论忽视了感觉和意志力区分的可能性,因此我必须这样理解"情感的"这个概念,它包括并从而涵盖两个方面,不仅仅是信任的感性形式,而且首先还是信任的意志力形式。

的;它不可能转换为其他对象或者其他信任者。

这样一种态度,信任——在此我们也看到,它并非简单地包括来自环境的机械的影响——必须学会,就像任何其他种类的泛化一样。这一学习过程的潜在假设在婴儿期就规定下来了。在家里,由于社会制度,也是由于家庭成员之间的信任的特定运作,信任的最早期形式找到了它在已高度复杂化世界中第一个确证。① 当然,学习过程并没有在那里终止。新的处境,新的人,在整个一生中不断地提出关于信任的新问题。为恋爱和朋友关系,或者更一般地讲,为所有种类的人际纽带以及深化熟人关系做准备的生活道路,可以理解为是对信任关系的检验与学习。分化了的、易变的社会系统,设定了一个特别高的标准,如果人们可能学会,不只是信任本身,而且还学会学习怎样去信任,才能符合这一标准。这是家庭的社会化功能的一部分。如若假定诸社会系统也必须学习信任的话,也不会太误导人。

我们对这种学习过程的理解绝不是全面的。大概而言,它不单单是从孤立的世间的经验中做概括,也是对特定的、信任未被出卖的处境中的经验进行迁移和概括。首先,认为最初的经验是特殊处境特有的观念是非常成问题的;这一观念(就像一般的行为主义的学习理论)不能说明,普遍化是怎样开始运作的,孩子是怎样才把好的信任经验从母亲迁移到父亲、兄弟姐妹,最终迁移到陌生人。相反,我们必须从起点开始:学习过程通过学习者的经验自己调整的,该过程也由学习者自我发展的(也是学习到的)同一性控制的。

如果一个孩子通过区分"我"与"你"建立起他的自我,他必须做的头一件事就是忘记他的第一次、几乎没有动机激发的信任行为,并找到一种顾及这一区别的信任形式。学习过程不会硬把我与你的分离变成完全的绝对的区别。相反,你是作为"另一个我"存在的。学习者推己及人,因而有可能使他与其他人的经验普遍化。② 因为他感到,他从心理上准备尊重某些不相识的人的信任,他也能够把信任赋予别人。③

最后,信任的麻烦性质在它反射到周围世界的方式和途径上一目了然。赋予信任的人与社会格局变成符号复合体,这种复合体对骚乱特别敏感,它仿佛根据信任问题记录下每一个事件。所以,在这种信任问题的范围内发生的任何事情获得了典型的关联。如在随机检验的例子中,个体事件对整体而言具有压倒一切的重要性:一个谬误就可以使信任全然无效,根据它们的符号值,相当小的错误和表达不当,都可能揭开某人或某事的"真面目",经常带有冷酷无情的严格。泛化的强迫性质,从环境的简单化

---

① 参见 D. Claessens (1962),88ff.。
② 参见 G. H. Mead (1934),他强调,通过与他人共有的经验,个体自我的习得的互惠性方面。在此,它是统一过程诸方面互补的问题。
③ 参见 M. Deutsch (1958, 278ff.)关于信任的准备与值得信任之间存在统计相关的假设,支持这些关于学习过程的解释。参见 L. L. Roos (1966)的评论。

形象的不可避免性生成的紧张,表现在信任的脆弱性之中。

对上述最后一点的较好的说明,有关在美国筹备联邦预算时议员们和行政人员的关系的描述中找到。① 公共行政管理的现实远比议员们能够完全理解和评判的更为复杂。政府人员具体地控制着行政运作,议员们若没有对前者人格正直的信任就无法行动。因此,议员们实际上并不对现实环境实行控制,而是对他们准备去信任的程度实施控制,而且只是通过这种方式对现实处境实施间接控制。在这些受到相当大约束的环境中,他们通过收回信任以及其他制裁,对不诚实的非常细微的迹象,作出情绪激烈的反应。

换言之,无论是谁付出信任,都不得不对他自己接受其中包含的各种风险的心理准备保持警惕。即使仅仅因为要消除疑虑相信,他自己也必须明白,他不是无条件地信任,而是在某种限度之内,与特定的、理性的期待成比例付出信任。当他把信任赋予某人某物时,他必须约束与控制的正是他自己。这是动机结构的固有部分,它使信任成为可能,它通过值得信任的符号,使信任的目标更可能达到而产生。

当然,符号调整的信任对骚乱敏感的形式和方向因事而异。然而,原则仍是同样的:因为现实对实际控制来说太复杂了,借助各种符号的暗示,信任得到控制,一种粗略简化了标志框架,作为传送有关继续信任是否正当的信息反馈圈,为此提供支持。

虽然如此,并非每条信息都威胁或破坏信任。信任的对象享有一定的信誉,甚至允许不好的经验能得到有效的重新解释或被吸收。就如我们将要论证的,特别在区分信任与不信任(第10章)时,控制是根据界限实施的,若不收回信任,就不可能跨越这些界限。在风格、技术、弹性方面,这种控制与依据明确目标、规范或价值的控制有根本区别。② 它是一种可调适于更大复杂性的更简单的方式,但是它的确预先假定:各种界限,或信任批判的行为方式,可能得到识别并能足够清晰地界定。

此外,各种符号控制起作用的方式,典型地趋向于不受质询和不确定的。它大多通过推论实行,这些推论仍然是不传播的,因而甚至不必做界定,或不必适当地证明为正当的。这就是理由和观点的非常精确的表达与信任的管理、信任的收回都不协调的原因。③ 没有必要为一个寻求信任的人这样做;它甚至可能很容易地变成一个分裂的因素,或者更严重,可能唤起不信任。因为提供详尽的实际信息和专门的论证,就是否认信任的真正功能和方式,尽管这种说明的可能性应当提出来。当某专家沿着那些同样的思路开始论证时,他可能成为某政治家及其论据的一种威胁。该政客能提出的论据越多,信任他的需要就越少,究竟是谁使该方案生效就越无关紧要。如其不然,倘若

---

① 参见 A. Wildavsky (1964)。
② G. Vickers (1965, 34.)对此也有所论及。
③ H. Hauke (1956, 52f.)也强调了这一点。

信任问题仍然是相关的,那么论据的积聚反倒暴露了一种可能导致收回信任的不确定性。

信任关系的所有三个组成部分(用一种内在秩序及其疑难问题代替更为复杂的外部秩序及其疑难问题,学习的需要和符号控制)进一步确认了我们的假设:信任与复杂性简化联系在一起,更具体地讲,是因其他人自由进入世界的复杂性的简化。信任发挥功能以便理解并减少这种复杂性。

按照"A 对 B 有功能"的模式,功能命题看起来好像是见识,而且可能轻易地诱导分析研究在那里止步。没有比这更危险的了。这种命题的知识价值,主要来自它与其他类似构造命题的关系。所以,进一步仔细审视表明信任概念绝不是这种说法:它给问题提供现成的解答,只要使之生效,世界的难题就消除了。倒不如说,它是最初复杂性问题的一种替代表达形式。信任是,而且将依然是一个问题。复杂性是不可避免的危险。鉴于风险的不可避免性,它采取的形式将是决定性的。在大多数事例中,系统能够比较容易地承受作为信任固有的风险复杂性。但是仍然要问:在什么条件下,而且具有什么进一步的后果问题?

[选自〔德〕尼克拉斯·卢曼:《信任:一个社会复杂性的简化机制》,瞿铁鹏、李强译,上海人民出版社 2005 年版,第 30~40 页。]

信任的三个维度

〔波兰〕彼得·什托姆普卡

为完成我们对信任的论述,我们必须确定这个范畴的本体论地位:信任的赌博实际上位于何处,属于现实中的哪一个领域?对这个问题有三个回答,我们并不认为它们是互相抵触的,而是把它们看成相互补充的,它们加在一起构成信任的复杂的三维状态。

一、作为一种关系的信任

第一种回答假定信任是关系的一种性质。即使它最初是一种单方面的期望和承诺(commitment),最终它常常以关系的建立为结果:直接的或间接的交换。当给予信任的行动唤起互惠的行动时,它是直接的交换,即产生一个令人信任的客体或给予相互的信任作为回报。例如,取回我的钱并享有我信任其信用的那个人的信任,是对我给予他信任的直接回报。但当信任是一种对他人——他们的行动对我们来说是重要的,但他们不知道我的信任,并且只是不知情地以达到我们的期望、满足我们的需要或实现我们的目标的方式行动来回应——的被预设的倾向时,也有一种间接的交换。例如,制度、组织、政体的可靠的、有效的、公正的运作提供了对我们给予它的信任的间接回报。

理性选择理论对信任关系的维度给予了关注(Elster, 1989; Coleman, 1990; Hardin, 1991, 1993, 1996)。这个理论的基本假设是信任者和被信任者都是理性的行动者,通过对可得信息的理性计算,他们试图使效用最大化(实现目标、获得利益、获利减去费用)。他们的关系采取交换或博弈的形式,其中每一个参与者都被这种理性的计算所驱使,并考虑他人的相似的计算理性。这"把信任看作本质上是对被信任者通常自私自利的行为的理性预期的一种解释……信任在这里似乎是被薄膜包装起来的利益"(Hardin, 1991:187)。

包含信任的交换的特有属性是基本的不确定性或风险(即主要的是对于参与者未来行动的不完全的信息)的存在。就像卢曼所说的:"信任只在坏的结果将使你后悔自己的行动——即当可能的失败将给你带来损失——时才需要"(Luhmann,1988:98)。在这种风险条件下,给予信任有两条主要的指导原则。第一条是在风险之下的效用的最大化:"如果相对于失败的机会来说的成功的机会,比相对于可能获得的数量(如果他成功)来说的可能损失的数量(如果他失败)大,那么通过下赌注于信任,他有预期的收获;因而如果他是理性的,他应该给予信任"(Coleman,1990:99)。第二条是在风险情景中损失的最小化。我们可以套用科尔曼的话来说就是:"如果相对于成功的机会来说的失败的机会,比相对于可能损失的数量(如果他失败)来说的可能获得的数量(如果他成功)大,那么通过放弃下赌注于信任,他有预期的收获;因而如果他是理性的,他应该收回信任。"

根据对信任的这种说法,信任者的关键问题是缺乏对与这种情景相联系的所有的相关方面的充足信息:依赖于受托者(trustee)的总体的值得信赖性或对潜在的获得和潜在的损失的估计的成功和失败的可能性,由于各种收获和损失的度量和比较的测量方法的不相容性(例如,一个人如何比较由参与者对信任的背叛引起的后悔、羞愧或"丢脸"与如果信任被满足的潜在的金钱的收获)而变得更加困难。"这至少要求个体参与各种信息获取和整合的过程"(Earle and Cvetkovich,1995:28)。需要各种信息的最复杂和困难的估计也许在于我们考虑作为信任对象的人或社会客体的值得信任性。"在做出是否给予信任的决定中包含的三个参量(quantity)中,经常是最不为人所知的一个参量是受托人将维持信任的可能性。"(Coleman,1990:102)例如:如果我把钱存在银行里,很容易计算我将得到的利息,但是真正的问题是银行的偿付能力及其倒闭的可能性。这可能通过对存款的保险来应对,但它意味着信任保险的提供者的生存能力,将会伴随着出现在另一水平上的估计值得信任性的问题。

单个关系只是最小的组合单元,它与其他单元相联系,形成更复杂的涉及信任和不信任关系的网络(科尔曼[1990]称之为"信任系统(system of trust)")。由于信任的多条线的互动效应、纵横交错和重叠,它们获得了某些新的品质。这不仅意味着存在于被信任者(trustee)一边的值得信任的行为——即被信任者只简单地实现信任者的期望,而且意味着被信任者向信任者给予相互的信任,期望来自信任者的值得信任性,如果关系要持续下去,他现在有义务达到信任的要求。每一个参与者既是信任者又是被信任者(Giddens,1991:96)。这造成了一种强大的,相互增强的信任联结。"每一个人现在都有成为值得信任的另外的动机。"(Hardin,1993:56)在相互不信任的情形中相似的动力在起作用。不仅我怀疑我的不道德的同伴,而且我的同伴对我有相似的怀疑。我们中的每一个人在不信任的同时也不被信任。我们每一个人都采取保护性措施——使自己远离他人,避免与他人交往,限制与他人沟通,这增强了相互威胁的感觉,同时抑制了接近可能的相反证据的通道(限制了可能的值得信任的行为的可见性)。结果通过不断增长的疏远和怀疑的恶性循环(vicious loop),相互不信任不断增强。这种模式的例外发生在受标准控制的不信任的情景中,当游戏的规则允许甚至宽恕相互不信任时。这种对抗性安排的例子包括:纸牌游戏中的欺骗、在一个阿拉伯杂货店买便宜货、在法庭上作为辩护律师和检查官出现。不信任被控制在可接受的或预定的限制之内,因而不会造成相互怀疑的不断增强。

二、信任与合作

最复杂的信任系统出现在合作的情景中。"信任的重要性直接源自人作为社会动物的天性,人只有通过协同与合作的活动方式才能满足自己的绝大部分需要"。(Benn and Peters,1977:279)人们常常面对许多他人并与他们的行动相联系而行动。当在一起集体行动时,合作发生了,它们指向某些共同目标,这些目标是他们中的每一个人独自不能够达到的。在这种情景中,每一个人的成功依赖于所有他人采取的行动。这种合作显著地提高了不确定性和风险,因为参与者的数量众多,而这些参与者中的每一个都是自由的和大抵不可预测的行动者,这种不确定性和风险成倍地增加了。所以,信任具有特别的重要性。信任是合作的前提条件,也是成功合作的产物。就像一些学者所说的那样,"信任是合作的润滑剂"(Dasgupta,1988:49),或"信任是合作的情感基础"(Barbalet,1996:77)。与此相反,不信任破坏合作。"如果完全不信任,在自由行动者之间的合作将会失败"。(Gambetta,1988b:219)

在合作情景中,信任意味着指向每一个参与者的一系列赌博,我期望他们完成其分内工作(我相信简、马克、海伦和弗兰克做好他们的工作)。由于每一个参与者都做这样的指向每一个他人的一系列赌博,相互信任的网络变得异常复杂。在这些个体之上纵横交错着信任的连线,每一个人也给予整个合作团体一般化的信任(generalized trust)("这是一个熟练可靠的参与者组成的优秀团体")。在一般化的信任的顶端,甚至存在着更抽象的对维护愉快合作的协调、监督、或领导的组织化的体制的信任("这个团体组织良好,管理有方")。

因为每一个人的成功需要所有人的贡献,合作情景除了具有包含在人际关系之中的所有一般类型的风险之外,还造成了新的风险:他人(所有的他人、某些他人、或在某些情形下甚至一个他人)可能背叛从而使其他人的努力化为泡影。当通过合作将达到的目标具有公共的好处,最终独立于他们贡献的程度,有益于所有人的时候(在世界杯足球赛上获胜给所有的队员而不仅仅给进球的队员带来荣誉和金钱;民主革命的成功给所有的公民而不仅仅给革命者带来自由)。那么合作团队的每一个成员都可能被诱惑免费搭乘(freeriding),减少努力,或一起背叛,而依靠他人去达到目标。这种最终导致自我挫败的(self-defeating)实践从短期来看还可能被证明是有益的,因此在合作情景中解决免费搭乘的周密方法(组织化的控制、激励的分配等)被设计出来。让我们看看合作的各种情形,并尝试解开这里出现的复杂的信任网络。明显的差异将被归因于所承担的合作任务的不同特点。体育运动提供了很多例子。因此我们的第一个例子是在戴维斯杯国际网球锦标赛上的网球选手,或在奥林匹克运动会上参加集体项目的体操队。他们处在类似于迪尔凯姆的"机械团结(mechanical solidarity)"(Durkheim, 1964b [1893]),或微观社会学者称为"共同合作(co-acting)"或"附加(additive)"任务(Ridgeway, 1983:290—291)的情景中:每一位选手依次——确切地说是不在一起——完成特定的任务,而为了全队的胜利每一个人必须完美地完成任务。每一个选手相信其他队友是优秀的,不会使他们的努力化为泡影。工具性信任出现了。被队友信任产生了胜过他人的强烈责任感。这些多重的、纵横交错的信任之线加起来形成了一般化的信任氛围或气候,我们隐喻性地称之为团队精神或团体士气(group morale)。就像所有的教练都知道的,团队精神的出现是取胜的至关重要的前提条件。

体育之外的相似的例子是在街道上铲雪的工人小组。每一个人与在附近的其他人相平行,实际上在一起做与其他人一样的工作。他们的努力加起来达到共同的目标。每一个人都相信他人会做其分内的工作,不需要胜过他人,而只要以通常的效率水平做出自己的贡献。这再一次涉及工具性信任。对信任的赌博没有太大的风险,因为有足够多的机会对免费搭乘者进行即刻地监控并且动员集体的制裁。

足球队则是一个迥然不同的例子。这接近于迪尔凯姆的"有机团结(organic solidarity)"(Durkheim, 1964b [1893]),或用现代术语所说的"相互关联任务(interacting task)"(Ridgeway, 1983:291)。根据任务的分工,队员们被卷入到不同的行动中,而球队的获胜依赖于他们的流畅的执行和协调。每一个队员相信队友很好地完成他们各自的任务:例如,守门员依赖后卫队员的良好的防守,得分队员依赖精妙的传球等。工具性信任在此也是生死攸关的。

典型的工作群体、军事小分队、任务小组、委员会和陪审团都以相似的方式运作。明确的劳动分工产生了相互依赖的强烈联系,信任作为有效运作的前提条件出现了(例如,在装配轿车的小组中,每一个工人都依靠其他工人的符合要求的有效率的劳动);在某些其他的团体中,价值论的信任也可能是必须的(例如,在陪审团中每一个成员必须信任其他成员的道德的诚实与公正)。

我们的最后一个例子是喜马拉雅山探险队。在危险的团体体育运动中,队员之间相互依赖的重要性远胜过有效地执行任务。面对最大的风险,我相信其他人不会抛弃我,会支持我、帮助我,会为了救我而不惜冒生命的危险。价值的和基于信用的信任是至关重要的。在那里也会发展出对整个团队的特别强烈的依恋,它被看成是生存所必需的支持力量。登山者愿意为了团队的目的而失去自己的舒适和满足。"在一个士气高昂的组织中,他们会理所当然地为组织的目的做出小的,甚至也许是大的牺牲"。(Banfield, 1967:87)

体育运动之外的可用来比较的例子是做一个复杂的外科手术的外科医生团队。所有的三种信任都会在那里出现：工具性的、价值论的和基于信用的，而且只有通过他们的结合，成功的合作才是可能的。另一个例子是军事单位。在有着最大水平的威胁的战争条件下，高昂的士气、对团体的依恋和对其他战士的责任感，对获得成功来说是至关重要的。高度的工具性、价值论和基于信用的信任似乎是提高战斗效率的先决条件。"非道德的家庭主义者不会赢得战争。士兵出于对组织，特别是'弟兄们'的忠诚而战斗，而不是出于狭隘私利而战斗。"(Banfield，1967：88)

三、作为人格特质的信任

信任研究的一个不同取向是把信任看作人格驱动力、信任者的一种品质，而不是信任者和受托者之间的一种关系。这是一种典型的心理——社会视角（psycho-social perspective）。许多学者认为存在"基本信任（basic trust）"，或"信任冲动（trusting impulse）"，或基本的信任（fundamental trustfulness）（Giddens，1991；Wilson，1993），它作为在健康家庭的亲密的、关爱的氛围中成功社会化的产物而出现。这种信任倾向在后来将由伴有适当给予的相互的、互惠的信任的愉快的生活经验所增强。基本信任一旦在头脑里确立，它就变得有人情味了。巴巴莱特把它包括进基本的"社会情感（social emotion）"中："自信、信任和忠诚是构成社会生活基础的情感。"(Barbalet，1996：75)

信任的冲动可能是具体的也可能是一般化的。它可能指向某一类特殊的人，也可能包括所有人。在后一种情况下，它经常把世界与这种概括化的、普及性的倾向——比如乐观主义、开放主义、行动主义、未来取向、成就取向等——联系起来。

信任的冲动专门指向其他人类存在。所以破坏信任冲动足以使人失去人性，使信任的对象具体化，使它从人的特质——个体性、同一性、尊严、自制——中被清除掉。齐格蒙特·鲍曼（Zygmunt Bauman）断定这是在对犹太人的大屠杀中使用的一种策略，犹太人在意识形态上以权威的方式被定义为寄生虫或杂草，而不是人。对这种客体，信任（或同情）的冲动不可能出现。所以不存在对他们的残忍的、大规模灭绝的禁忌（Bauman，1988）。乔恩（Chong）就遵循这种论证："纳粹党卫军变得残忍并通过不允许吃饭、睡觉、和独处，以及加强群体惩罚以羞辱他们的犯人从而使他们失去自尊和个体性……这使得控制犯人更加容易。"(Chong，1992：704)这种效应发生不仅仅因为犯人的抵抗力被瓦解，而且因为压迫者逃脱了任何良心的谴责。在宗教战争、种族清洗和建立在赋予不同身份基础上的其他形式的歧视和迫害中，同样的策略也被采用。

信任作为人格的积淀是信任的第二个维度，补充了把信任看成一种关系的看法。基本信任的存在和缺失在计算风险和代价时是一个限定因素，导致给予各种客体信任或从他们那里收回信任。它独立于任何理性的考虑,有时可能支持理性的考虑,但有时可能与合理性的暗示相反。对这种倾向于信任或不信任的心理偏向的忽视减少了理性选择理论充分地处理信任问题的能力,至少在它的传统理论中是这样。它似乎忘记了进行计算的理性行动者也是发育完全的人,也是经常充满情感和非理性的。

四、作为文化规则的信任

理性选择取向的传统版本似乎也忘记了信任或不信任的决定发生在先于此存在的文化背景中,在那里标准的规则推动人们去信任或远离信任。把信任看作一种文化现象是文化取向的研究领域,它澄清了信任的第三个维度。从这种视角看,信任既不是作为计算的取向,也不是作为一种心理倾向,而是作为文化的规则而出现。它属于在迪尔凯姆的独特意义上的"社会事实(social fact)"(Durkheim, 1964a),或定位于在刘易斯(Lewis)和韦吉特(Weigert)(1985)意义上的纯粹"社会现实(social reality)"的水平上。它是社会整体的属性,而不是关系或个体的属性。如果规则要求信任被一个社会分享,而且每一个成员都认识到这些规则是给予的和外部的,那么它们就会对实际的给予或收回信任的行动施加强有力的约束。它们可能显著地改变理性的计算和信任的内在倾向。

信任规则既涉及那些接受信任的人,即信任者和被信任者,也涉及那些给予信任的人。根据规范的义务,既要去信任他人,也要让他人觉得自己值得信任、有信用和可靠。这两种义务的所在地是从它的承担者那里要求特殊行为的社会角色。这种规范义务是随角色而不同的。存在涉及信任者并包括规范的要求去信任他人的角色。对"助人型职业"来说就是如此(参见 Merton et al., 1983):内科医生、辩护律师、社会工作者、牧师等。而其他的社会角色涉及被信任者,并特别强调其值得信赖性(达到信任的要求,也就是行动可靠、道德、充满爱心)。例如,大学教授被期望是可信的和说话负责的;法官被期望在他们的判决中是公正和公平的;足球裁判被期望是不偏不倚的。"位高而任重(noblesse oblige)"的许多普遍规则都要求那些在社会层级中已达到较高地位——常常被赋予信任——的人作出表率。

另外一些规则则涉及把有价值的东西托付给他人的特殊情形。这些规则规定了受托者很强的义务——好好地保护所托付的客体,或归还的时候要保持固有的形状。例如,一个人把一个秘密告诉另一个人,当然期望他保守这个秘密。"特许保密通讯(privileged communication)"规则严格禁止律师、医生、牧师和记者暴露秘密获得的信息。再举另一个例子,一个临时照顾婴儿者被强烈地期望好好地照看孩子。同样,看护所对居住者的良好生存负有责任。医院被期望给患者最好的治疗。这种以及相似的规范要求的强度可以通过对那些背叛这种信任的人——忽视了患者的医生、伤害了婴儿的临时照顾婴儿者,暴露了在忏悔时得到的秘密的牧师、对孩子性别歧视的父母——的极度厌恶和严厉制裁来判断。

某些社会角色对不信任包含了一种期望,或者甚至是一种要求。这就是边境卫士、机场警察、海关税务官员、检票员、公诉员,或法庭检查官遇到的情况。他们被期望把怀疑作为职业职责来行使。也有其他的角色允许把不信任作为一种正常的态度。对在阿拉伯杂货店买东西的人来说,不讨价还价是不合适的,它需要假设店主常常抬高初始价格来骗人。对玩纸牌游戏的人来说,向对手表明信任是与游戏的角色相对立的。不信任的规范在官僚政治组织中有时呈现出病态的形式;它们变成了官僚政治文化的一个组成部分。例如,对税务员来说,纳税者似乎总是做贼心虚、疏忽大意或欺骗成性的。

最后,也有某些社会角色与不值得信任相关。没有人会期望间谍是可信的、关爱的或相互信任的。通过欺骗、隐瞒、撒谎、"伪装"、骗过他人,能从他人那里获得信任是工作的要求之一,并且背叛这种信任还被认为是正常的、可以接受的行为。

所有这些都是因角色而不同的信任规则。但也存在对信任或不信任的扩大的期望,这样的期望在某些社会的某些时期盛行。弗朗西斯·福山区分了高信任社会(文化)和低信任社会(文化)。在高信任文化中,他列举了远东的几个国家;在低信任文化中,他列举了某些西方国家(Fukuyama,1995)。罗伯特·普特南和理查德·斯蒂弗斯抱怨19世纪高信任的美国文化的衰亡和我们这个时代"玩世不恭的文化(culture of cynicism)"的暴露(Putnam,1995b,1995c,1996;Stivers,1994)。

在信任的文化中,一些规则可能是非常概括性的,要求对各种客体给予广泛的信任并且对他人的好意表达确信,预示着普遍存在的安全感。也可能存在更特殊的规则,指明作为规范要求信任或不信任的对象的客体。因客体而不同的文化的信任或不信任经常体现在刻板印象和偏见中。"你不应当相信任何超过三十岁的人",或相反:"你只能信任年纪大的人";"不要相信俄罗斯人,而相信法国人";"买美国货",而"不要买中国产品"。也存在文化的扩散的规则,要求和增强一般化的值得信任性。中世纪的同业公会、历史悠久的公司、著名的企业、黄金和钻石经销商、精英报纸和杂志,以及已被信任的出版社,非常强调履行职责和不辜负客户的信任。"职业的骄傲(pride of the profession)"或"公司的荣耀(honor of the firm)"已成为包括在各种活动中的方针。

一旦信任文化出现了并牢固地扎根于社会的标准系统中,它就会变成一个强有力的因素,在很多情景中,对于各种社会角色,既影响人们去信任的决心,也影响人们达到信任的要求或很多行动者相互给予或达到信任的要求的决心。

[选自〔波兰〕彼得·什托姆普卡:《信任:一种社会学理论》,程胜利译,中华书局2005年版,第79~90页。]

立 信 篇

中国之会计师职业

潘序伦

一、会计师职业之性质

会计师之在中国,实为最近新兴之职业,故其性质尚未为一般普通商民所了解。吾国无论已,即在欧美各国,会计师之历史亦不过五六十年间事。唯在最近之三十年中,此项职业发展极速,执行会计师业务者亦日多。吾国之会计师职业,今虽可谓仍在幼稚时代,然六七年来之进步,亦殊可惊。至其将来之发达,更可预卜也。爰草是篇,将是项职业介绍于国人焉。

尝忆六七年前,笔者初辞一切职务,专任会计师时,有不少之亲友同事,辄以"何为会计师""会计师所为何事"等问题见询。其最普通之误解,则以会计师为与律师相同之职业。当事人来所面谈或致函时,每有称笔者为某律师者。此种误解,至今仍未完全祛除。或曰会计师者,一商店之查账员耳。或曰会计师者,一会计专家耳。其实此种观念,皆不过为片面之观察。盖会计师之职业,范围至广,查账职务,不过其中之一端,不能概括其职务之全部。会计师之学术,范围亦至广,会计簿记不过其中之一科,不能概括其学术之全体也。会计师之性质既不能为一般社会所完全明了,其发展自难收普遍之效。故笔者在草此文之先,首应解释者,厥为此点。

会计师者,应具有独立自由之地位,高尚诚信之道德,以及经济上、财政上、商业上、会计上专门之学识与丰富之经验,以承各方面之委托,而为之办理会计财务、商事等一切事务,或备各方面之顾问,而为之答解会计上、商事上、财务上一切问题,借以建立一般社会之信用,保障其利益,而辅导整个工商业之发达、改良、健全为目的者也。试将此项定义,分析言之如下:

(一)会计师应具之资格

甲　独立自由之地位

乙　高尚诚信之道德

		经济上
丙	专门之学识	财政上
丁	丰富之经验	商业上
		会计上

(二) 会计师职务之种类

		会计上
甲	事务之办理	商事上
乙	问题之答解	财务上

(三) 会计师之目的

甲　建立社会财务信用

乙　保障社会各般利益

丙　辅导整个工商业之发达改良及健全

"夫会计师制度，实为经济进化后之产物。际此工商业勃兴，企业组织日益复杂之秋，举凡创始之设计、平时之检查，以及收束之清理，胥有赖乎会计师，为之整理擘划，方诸律师医师，其社会相需之切，未为多让。而又处于超然之地位，本其独立不倚之精神，证明财界诸般之真相，以坚社会之信用，而供公众投资之参证，其影响所及，正不独直接之利害关系人而止，此美国所以有公共会计师之称也。"①

二、会计师职业之创始及其现状

我国之有会计师，自最初迄于今，为时未逾十五岁。民国纪元之七年，北京农商部颁行《会计师暂行章程》，欧风东渐，新制斯立。然国人之需求未亟，故新制之推行不广。直至民国十年，沪上始有会计师事务所。又三载，上海会计师公会发起，经营匝载，以十四年三月成立。自初颁章程迄民国十二年，六载之间，遵章呈请为会计师者，不过十四人，而设所服务者，益寥若晨星。适上海会计师公会成立之年，部颁会计师执照，已达百号。最初加入上海公会，就沪埠及其他各地设所开业者，亦已二十余人。至于今日，部颁会计师证书，将及千号。通都大邑，设立会计师公会者，已有八处。而上海公会会员，亦增至二百七十余人。我国会计师事业之发展，不可谓不速矣。兹将笔者个人调查所得之统计，略举如下，以资参证焉。

---

① 摘录《组织上海会计师公会缘起》。

(一）会计师人数表

在北京政府时代领得会计师执照者		在国民政府时代领得会计师证书者		
自民国七年至十年	十三人	在财政部主管时代	二百六十八人	连复验者在内
自民国十一年至十三年	一百〇一人	在前工商部主管时代	一百八十四人	连复验者在内
自民国十四年至十六年	一百七十人	在实业部主管时代	五百十人	截至廿二年四月十五日
共　　计	二百八十四人	共　　计	九百六十二人	

(二）会计师公会表

1. 上海会计师公会	十四年三月成立
2. 平津会计师公会	十五年八月成立
3. 广东会计师公会	
4. 武汉会计师公会	十五年十月成立
5. 浙江省会计师公会	二十年六月成立
6. 九江会计师公会	二十一年五月成立
7. 南京会计师公会	二十二年三月成立
8. 山东省会计师公会	二十二年三月成立

(三）上海会计师公会会员人数统计表

	入会会员人数	出会会员人数	共　　计
民国十四年	二十三人		二十三人
十五年	十六人	一人	三十八人
十六年	二十人	一人	五十七人
十七年	三十五人	三人	八十九人
十八年	二十人	四人	一百〇五人
十九年	五十五人	二人	一百五十八人
二十年	七十人	五人	二百二十三人
二十一年	五十七人	二十五人	二百五十五人
二十二年至四月止	十二人		二百六十七人

观于上列各表，可知近年来我国会计师人数之增加，不可谓不速。会计师公会之

成立，不可谓不众。因而推知此项新兴职业，确有蒸蒸日上之势。唯其业务之发展，究已至若何程度，则不幸无从统计。至其大概可得言者，则会计师事务之发生，仅仅限于国内少数之通都大邑，至于内地，则如凤毛麟角，寥若晨星，或仅有，或绝无。且即以业已设立会计师公会之各都邑而言，只有上海一埠，会计师事业，可谓已由幼稚时代而入青年时代。至如平津汉粤，则此业仍属幼稚，尚鲜发展。其余各处，则更甫在萌芽，尚不足以称为专业。各处之执行会计师职务者，大都以此为副业，而另兼正式任务。其在平津粤汉等处，则专于此业不兼他职者，仍极少见。至于上海一隅，公会会员虽多，绝对以此为专业者，至于今日，仍只二三十人耳。盖会计师业务之在今日，方诸医师律师，其社会需要之普遍，尚不可相提并论。不过在过去五六年中，会计师业务，确已引起各界注意，且已得一部分头脑较新之工商企业家之信任，进步不可谓不速也。

查我国会计师之执行职务，在各项民事商事法令之中，原无具体规定，一任各界之自由信任委托，故业务之发展自觉迟缓。民国十五六年间，会计师同人，佥以旧公司条例中所定公司监察人制度，不能举清查账目切实证明之实效，屡次献议政府，请求修改公司监察人制度。至民国十八年，国府颁布公司法，其中第一百五十七条，有监察人得代表公司委托会计师，将董事会所造送于股东会之各种表册，核对簿据，调查实况，报告其意见于股东会之规定。会计师职务发生法律上之根据者，实以此为嚆矢。其后主管官署亦曾数次发布通令，凡本国人所有会计事项之查核证明，非由本国会计师为之，不生法律上之效力。又股份有限公司每届决算，应依法造具各项营业簿册，委托会计师查核证明，呈报备案等情（十八年前工商部商字第二七五〇号咨）。至二十年，各省举办营业税，所订施行细则之中，亦多有规定以会计师为营业税评议员之一者。同年，国府颁布银行兑换券发行税法及银行业收益税法，其中亦均规定以会计师为评议员之一。凡此种种，虽对于会计师专业之发展，直接尚少多大之助力，然以新兴之职业，使其在法令上占有相当重要之地位，不可谓非政府奖掖此业之美意也。

在实际上观察会计师业务之发展，则可就上海一隅言之，以概其余。盖上海实为全国会计师事务最发达之区域也。在民国十五年前，社会上对于会计师之委托事务，大概限于财产之清理。公共租界会审公堂及法公廨，常常指派外国会计师，担任破产清算时之管财人。至于本国工商各界，委托会计师担任常年查账或改良会计事务者，殊不多觏。至于今日，则公司组织之工商业，其范围较大者，几无不聘有常年会计师，代表监察人，担任查账事务。各银行之设有储蓄部，以及有钞票发行权者，大都亦委托会计师，按月按季，将账目库存及准备金，加以检查，然后登报公告，以征信于社会。此实为会计公开方面一显著之进步。至于政府机关，以其本身及所管事务上之会计，委托会计师代为查核者，亦日见其多。在笔者个人而论，则于民国十六年间，受任国民政府整理清查招商局委员会之聘，为常任会计师。民国二十年，浙江省政府以省审计处尚未设立，省府及所属机关之账目，无整个审核之机关，特颁布聘任会计师章程，即于省府设立聘任会计师办公处，以从事于省属各行政机关账目之稽核，聘任笔者担任其事。实此为正式行政机关委托会计师查账之创例。最近中央机关，如建设委员会、水灾救济会、交通部、教育部等，亦先后委托笔者担任其本身及附属各机关账目整理稽核或改良等事务，工作整年不辍。而国立省立营业机关或学校等之以会计事务委托办理者，更属难以缕举。至于各级法院，对于诉讼上账目银钱纠纷之判断，行政机关对于私营公用事业之监督，商厂劳资纠纷之调解，或仲裁，尤多指派会计师为账目之检查，观其报告之内容，以为判决裁定之根据焉。政府机关对于会计师职业之重视及倚毗，盖与日而俱增矣。

至于年来各项公益或公共团体，为欲征信社会起见，亦多聘任会计师担任查账事务。其地位与国际信用有关者，如中华教育文化基金，如中英庚款董事会，中国红十字会等亦均聘任笔者担任常年查账职务。其他如筹赈机关、募款救国机关，范围较大而关系较重者，几无不聘有会计师为之检查账目，盖非此不足以昭信于社会也。由此足征年来我国一般社会，对于会计师职务之作用，已多认识与了解。实足为我会计师业前途贺。而我会计师同人，其应如何兢兢自励以期毋负于社会也。

三、会计师职务之范围

关于会计师之职务，各国立法，有明定者，有不明定者。大概斯业先有习惯上之发达，始形成成文法者，职务多不明定，如英美是。先定法规以提倡之者，职务大都明定，如日本及我国是。查我民国七年，北京农商部所颁布之会计师暂行章程第六条，有"会计师受有委托时得办理关于会计之组织查核整理证明鉴定及和解各项事务"之规定，其范围较为狭隘。民国十六年，国府成立，将会计师之管辖权，归移财政部。当时另颁会计师注册章程，酌取英美会计师业务之现状，并参照吾国之实况，及工商社会之需要，将会计师职务，详细规定于章程第一条。其后会计师移归工商部管辖，由该部另颁会计师章程，最后于民国十八年，立法院制定会计师条例，由国府公布施行。关于职务一条，除文字上较前略有更改外，其内容类多一仍其旧，无甚增删。查国府颁行之会计师条例第一条，将会计师职务规定如下：

会计师受公务机关之命令或当事人之委托，办理关于会计之组织、管理、稽核、调查、整理、清算、证明及鉴定，各项事务。

会计师得充任检查员、清算人、破产管财人、遗嘱执行人及其他信托人。

会计师得代办纳税及登记事务，并得代撰关于会计及商事各种文件。

观于此条之规定，已知会计师之职务，至为广泛。然此不过举其大纲，兹就我国会计师通常所办各项事务，依照该条规定，为之分类列举如下。

(一)会计组织事项

甲、会计事务处理方法之规划。

乙、会计科目之规划。

丙、账簿表单票据等格式之规划。

丁、工厂成本会计制度之规划。

戊、官厅学校及其他财团会计制度之规划。

己、编制预算办理决算方法及格式之指导。

庚、各机关工厂商店会计收支审核规则之拟订。

(二)会计管理及整理事项

甲、会计事务之代办

　子、为委托人办理其账簿表单等计算及记录之日常事务,或为登记各种账簿之全部或一部。

　丑、为委托人办理结账手续。

　寅、为委托人编制决算报告表册,如营业报告书、资产负债表、财产目录、损益计算书,及公积盈余分配之议案等。

　卯、为委托人办理报销及交代手续。

乙、会计事务之整理

凡有账目紊乱,不能结算,或会计簿记方法不良,或试算不正确者,均可委托会计师将账目之全部或一部,加以整理。

丙、代委托人编制财政计划书、营业概算书,以及业务统计图表等,以为公布或提交于银行或股东会债权人会之用。

(三)会计之稽核调查证明鉴定事项

甲、定期查账

受当事人之委托,继续担任常年查账员,为下列之检查。

　子、财产检查

对于受检查人某日所有财产即资产负债之种类价值及数量,加以检查,并为出具证明书及报告书。

　丑、损益检查

对于受检查人所有某时期内损失利益之来源及数量,加以检查,并为出具证明书或报告书。

　寅、详细检查

对于受检查人之全部账目单据文件财产为详细之检查。

以上三种检查，以时间之长短，分为每月检查一次，每半年检查一次，或每年检查一次等。

乙、临时查账

受当事人之临时委托，为之检查账目。

丙、调查事务

凡会计上发生弊端，或其他问题，非调查事实，不能明了者，会计师可受当事人之委托，为之调查事实及证据，并出具报告书。

丁、鉴定事务

 子、关于地产、房屋、机械器具、货物、有价证券、牌号、商标等估价之鉴定。

 丑、关于账簿表单真伪涂改之鉴定。

戊、受官厅之选派，或公司股东会之选任，充任检查员。

(四) 会计之清算事项

甲、公司宣告清算时，受股东会或债权人会之委托或法院之指派，担任清算人。

乙、合伙或个人宣告破产时，受破产者或债权团之委托或法院之指派为破产管财人。

丙、受遗嘱之委托，或法院之指派为遗嘱执行人，担任分配遗产事务于继承人及受赠人。

丁、受继承人之委托，或法院之指派，担任遗产之管理及分配事务。

(五) 信托事项

甲、代委托人管理各项财产(如房地产有价证券等)之收益，买卖及抵押等事务。

乙、为公司发行公司债时之抵押信托人。

(六) 会计财政及商事之顾问指导事项

会计师此项事务，因属顾问性质，不发生法律上具体之关系，故未明定于条例之内。然历年以来，因社会上有此需要，殊有相当之发展也。举例如下：

甲、关于公司商店设立前后手续之指导。

乙、关于公司章程合伙契约及各种合同规约之研究或指导。

丙、关于变更公司章程注册事项等手续之指导。

丁、关于变更公司商店组织及增减资本之研究，及其手续并会计上处理方法之指导。

戊、关于募集公司债之研究，及其手续，并会计上处理方法之指导。

己、关于公司解散清算等手续,及会计上处理方法之指导。

(七) 代办纳税专利事务

甲、代办免税减税事务。例如本国工厂所出商品,合于免税奖励之条例者,可代为呈请政府免税减税、免除重征及免征出口税等。

乙、代办计算及缴纳营业税等事务。

丙、代办计算及缴纳收益税等事务。

丁、代办专利、著作权、特许权等之呈请事项。

(八) 代办注册登记事务

甲、为商号呈请创设及其他各项法定事项之注册代理人。

乙、为公司呈请设立、变更、合并、解散、募集公司债及其他各项事务登记或备案之代理人。

丙、为公司商号或个人呈请商标专用权之注册代理人,及为关于商标争议评定诉愿等事务之代理人。

丁、为其他特种营业,如银行信托公司轮船汽车电气及其他公用事项等商业机关呈请主管官署批准立案注册给照之代理人。

戊、为特种工业呈请奖励,或为发明改良之工业技术,呈请专利之代理人。

己、为各种公益慈善团体会馆公所等,呈请主管官署注册立案之代理人。

庚、为不动产登记之代理人。

以上各项注册登记事务,仅就吾国目前会计师所通常办理者言之。此等事项,随时随地,当随法令而有变更,未可一概而论也。

(九) 商业文件之代撰事项

如公司章程办事细则、议事录、检查报告书、合伙契约、营业计划书、营业概算书以及关于商事之合同契约,关于商事之呈文函稿说明书等之代撰,以及上款所列各项呈请注册登记事项文件之代撰等。

四、会计师应具备之资格

会计师业务之繁复重要,既如上节所述,则其在社会上之地位,及其对于社会所负之责任,当亦甚为重大。故执行此种业务者,自应具备适当之资格。盖会计师既为负有专门学识经验之一种高尚职业,非严定其资格,实无以杜倖进而示慎重也。资格可从积极、消极两方面分别观察。积极方面,又可从学识经验两方面分别观察。此两点又可从法律上之规定及事实上之需要两方面,分别观察。虽然,法律之所能规定者,仅其资格之最低限度耳。为会计师者,苟欲于其职务之上,得心应手,无忝厥职,协助工商之进展,取得社会之信仰,则不可不于法律规定之最低限度之上,另求高深宏博之学识,与切实纯熟之经验也。兹分析述之于后。

甲、法律规定之资格

子、消极资格 会计师之资格,为法律所规定者,计有消极与积极两项。查会计师条例第四条:"凡有下列情形之一者,不得为会计师,(一)受禁治产之宣告者,(二)因损害公私财产被解职或解雇者,(三)受破产之宣告,尚未复权者,(四)受褫夺公权之区分,尚未复权者,(五)有反革命行为,判决有案者,(六)吸用鸦片或其代用品者,(七)受除名及撤销证书之惩戒者。"凡此皆系消极资格之规定,为会计师人格与信用,作一最低限度之保障也。

丑、积极资格 若夫会计师之积极资格,则有学识与经验两端。夫学识重在会计专门之学识,非仅卒业于学校之谓。经验重在会计专门之实务,非仅办事于公司之谓。故查各国法例,会计师资格之甄别,多以试验行之。至若英美等国,会计师职业之所以至为发达,多真才而富信用者,实其试验审查制度之严密,有以造成之也。

查吾国会计师法规,十余年来,变更五次。其中关于资格一点,差异最甚。民国七年,北京农商部所颁布之会计师暂行章程第一条,对于会计师之资格,规定凡本国人民年满三十岁以上之男子,在本国或外国大学商科或商业专门学校三年以上卒业,并在资本五十万元以上之银行或公司,充任会计主要职员五年以上者,得呈请为会计师。对于会计师之学识经验,尚能两面顾到。唯不采试验主义,且学识仅须商科卒业,不问其于会计一科,是否修习有素,已不免失之过宽。迨经十二年五月之修正,则凡有上列学识或经验两项资格之一者,即可呈请为会计师(该条本文,为凡中华民国人民年满三十岁以上,具有下列各款资格之一者,得依本章程呈请为会计师。(一)在国内外大学或专门学校之商科或经济科以会计为主要课程之一,肄业三年以上,得有卒业文凭并具有相当经验者。(二)在资本五十万元以上之银行或公司,充任会计主要职员,继续五年以上者)。则资格之限制益宽,人才之趋降益甚。依笔者所知,却有在经济科卒业,从未习过会计,而亦呈准为会计师者。有在银行公司数年,专司记账核对之事,对于商业及会计各科之知识,亦无研究,亦得呈请为会计师者。会计师之资格能力,宽滥若此,而欲求社会信任,不亦难哉。

迨夫民国十六年,国府财政部颁布会计师注册章程,对于会计师学识上经验上之资格,采用严格主义,以试验为原则,以审查为例外,可称为会计师法规之一大进步。兹录其条文之要点于下。

(一)会计师应为中华民国人民,年满二十五岁,并合格于会计师试验,或免试审查者。

注：查财政部会计师注册章程初颁时，此条原有会计师必须为国民党党员之规定。彼时谬采强迫党化之说，风靡一时。经笔者罗列会计师不应及毋庸列作国民党之专业各理由，呈准中央党部及国府，将此款撤销。

（二）受会计师试验者，应兼具下列学识经验两条件。

1. 在国内外大学或专门学校商科或经济科，以会计为主要课程肄业三年以上，得有卒业文凭者，或在大学或专门学校教授会计主要科目，继续三年以上者。

2. 在会计师事务所充任会计事务员二年以上，得有办理善良之证书，或在企业机关或公务机关充任会计事务员三年以上，得有办理善良之证书者。

（三）具有下列各条件之一者，得受会计师免试审查。

1. 在外国领有会计师证书者。

2. 在北京政府领有会计师证书者，唯须由财政部复验。

3. 在国内外大学或专门学校商科或经济科毕业，曾读满会计学科目二十学分以上，成绩优良，并在企业机关或公务机关，充任会计主要职员七年以上，得有成绩证明书者。

上项章程颁布之后，会计师试验，迄未举行。故自民国十六年至民国十八年间，凡领得会计师证书者，率皆以上项免试资格中之第二、第三两款呈请者也。

迨夫民国十八年，会计师移归工商部管辖，由该部另订会计师章程，对于会计师资格一项之主要原则，无甚变动，唯将其资格放宽，故其受试及免试资格，改定如下。

（一）受会计师试验者，只需具备下列学识经验两项之一。

1. 在国内外大学或专门学校商科或经济科肄业三年以上，得有卒业文凭者。

2. 在中学以上之学校毕业，充任会计师助理员，或在工商部所认为合格之企业机关官厅公署或公务机关，充任会计事务员二年以上，得有办理善良之证书者。

（二）受会计师免试审查者，除在国外领有会计师证书者外，应在大学或专门学校教授会计学必修科目继续二年以上，并曾在中学校毕业，在企业机关或公务机关充任会计主要职员，继续五年以上，得有成绩优良之证书者。

上列免试资格之两项条件，一般人士，不易备具。故在此项章程实行以后，领得会计师证书者，为数甚少。工商部乃将免试资格，改为应具上列两项条件之一，因之又与北京政府在民国十二年之修正案相似，会计师资格，又不免流于疏滥。所幸不旋踵而立法院即通过《会计师条例》，于十九年一月，由国府公布施行。

查现行会计师条例，第三条之规定，在会计师考试未举行以前，凡本国人民，具备下列两项资格者，经工商部审查合格，得为会计师。

1. 在大学或专科学校之商科或经济科毕业者。

2. 曾在专科以上学校教授会计主要科目二年以上，或在公务机关或在实收资本十万元以上之公司，任会计主要职员二年以上者。

上项条文,对于会计师之学识经验两项资格,更未能为完备之规定。盖在学校卒业,兼任教员者,其缺乏实际上之经验,无可讳言。之于任职二年之规定,流弊颇多,未可赖为充分会计经验之保证。故欲提高会计师学识经验之程度,必有赖于日后之考试制度矣。

查我国考试院,于民国十九年十二月二十七日,公布《高等考试会计人员会计师考试条例》。复于二十年六月十九日,修正公布,同日施行。兹将其内容要点,述之如下。

(一)本国人民,有下列各款资格之一者,得应会计人员之高等考试,考试及格者,得依法充任会计师。

1. 国内外大学或专科学校修习经济、财政、商业学科三年以上卒业者。

2. 有大学或专科学校经济、财政、商业等学科毕业之同等学力,经检定考试及格者。

3. 确有会计专门学术技能或著作,经审查及格者。

4. 经普通考试及格四年后,或曾任各机关会计职务及与委任官相当职务三年以上者。

(二)考试分为第一试、第二试及第三试,其所试各科目如下。

甲、第一试

1. 国文 2. 论文 3. 公文 4. 党义、三民主义建国大纲、建国方略及国民党重要宣言及议决案

乙、第二试

A. 必试科目

1. 中华民国训政时期约法

2. 民刑法大意

3. 商事法规

4. 会计制度及会计法规

5. 财政学

6. 公司理财

7. 会计学

8. 官厅会计

9. 审计学

B. 选试科目

1. 行政法大意

2. 财政法规

3. 岁计制度

4. 各国会计制度

5. 货币及银行论

6. 商业组织及管理

7. 成本会计

8. 公司会计

9. 银行会计

10. 投资会计

11. 铁路会计

12. 外国文

以上选试科目，任选三种，但第7至第11科目中，至少须选一种。

丙、第三试，就应试人必试之科目及其经验面试之。

至前条所称检定考试，乃为具有大学或专科学校毕业之同等学力而无其资格者特设之规定，所以为拔取真才之计也。检定考试及格，获得与大学或专科学校毕业同等之资格，凡欲应会计人员（及行政、财务、统计人员）之高等检定考试者，照检定考试规程之规定，应试以国文、比较宪法、政治学、经济学、行政法、中外历史、中外地理，共七科目。

观于上列种种规定，而知我国对于会计师之考试办法，实不能认为适当。盖我国考试院对于高等会计人员之考试只希望其为政府机关拔取适当之会计人才。故所试科目，类多偏于行政方面。至于会计师之考试，不过以之附于会计人员考试之内，并不为之另外专试。此在考试院图省事起见，固甚得计。不过会计师系为工商社会服务之专家，与高等考试及格之会计人员，全为政府服务者不同。故其执行业务上所需要之学识与经验，亦迥乎不同。何能强令削足适履，以贻害于工商界哉。查英美各国，于会计师一业，无不于普通行政考试之外，另举行一种专业之考试。其所考试各科目，胥偏重于各种工商专业会计之原理与应用。至于行政各科，并非必需，故其所取之才，殊适合于工商各业之用。倘使我国不为会计师另订考试条件，另订必试科目，则日后即使实行考试，恐及格充任会计师者，为政府机关服务则有余，为工商界服务则不足也。

本文之所以详叙历次会计师法定资格之变化者，所以表示我国会计师学识经验之程度，参差过甚，对于此业之发展，未免受不良之影响。所望考试制度，早日改良，切实举行，俾日后新进之会计师，对于学识经验两端，均有切实适当之程度，则本业对于工商社会之服务，工商社会对于本业之信用，均能相得而益彰矣。

乙、事实上应备之资格

虽然，会计师之资格，法律上所能规定者，只为其最低之限度，且不过用推定的方法，以为合于上列各条件者，其学识经验，当可执行会计师业务，而一般社会，可以不蒙其害而已。其实学识经验之所需，何能在法令上为有效具体之规定。且同一领得免试证书之会计师，即同一经过考试及格之会计师，在同一时间、同一地点，执行业务，恐其个人之成就，及对于社会之贡献，未必尽同。此无他，在法律规定之最低资格以上，尚有事实上应具备之资格在也。兹就笔者愚见所及，以为普通一般之会计师，欲期望其业务有相当之成就者,其必须具备之学识及经验,实较之法定之最低限度,高出甚远。兹请分述如下,以就正于各同业焉。

（一）学识,常人之意,以为具有医药知识,便可充任医师;具有建筑学识,便可充任建筑师;具有会计学识,便可充任会计师。此在医师、建筑师或然,而在会计师则殊不然。会计师固应具备根本经济学识及各种簿记会计专门学识,如合伙会计、公司会计、银行会计、成本会计、投资会计、政府会计及审计学等。然仅有完全优良之会计学识,只可在一机关内之会计科任一事务员或主任,不能作胜任愉快之会计师,因会计师所行使之职务,并不限于会计一部分,实无往而不与商业全体有关也。故各种商业常识,如商业组织、商业管理、工厂管理、商业理财、商业政策、销售学、商品学、银行、货币、财政、税则、汇兑,以及劳工问题诸科,靡不应习之有素。更应熟谙本国民事商事各项法律,如民法、民事诉讼法、商人通例、公司法、票据法、保险法、海商法、破产法、商标法、银行法以及注册登记各项条例规则等。且对颁布之各项实业法令,尤应随时留意,以备委托人之咨询。苟对于各种不同之工商专业,有特殊研究者尤佳。盖会计师执行职务之范围,断难以一业一事为限,有时对事对物,为证明或鉴定,非赖有充分之商业常识,难以正确无误,而代委托人处理事务,充任各项信托人,则又无往而不与法律发生关系也。

（二）经验,仅有充分之学识,断不能即为优良之会计师,必有充分之经验以佐之方可胜任。盖查账之职业,实带有技术的性质,与医师之治病相仿佛,断难全于书本中求进步也。譬如,尽悉其各种规律,而未熟悉其临阵时之应用,则步步皆荆棘矣。尝忆笔者初为委托人办理案件,因缺乏经验,每有明知其误而卒生错误之处。例如最初一次向官厅具呈,呈文上明知贴印花,然而缮发时竟致忘却,以致呈文被官厅退回。又例如昔年缮备注册文件,每自谓完全合法,然偶经官厅指出不合各点,将呈文驳回,方悉有在法律规定之外,与成例不符之处。且也,法律上之规定,有非尽为实际上所适用者。其实用至如何程度,非可在书本中研究而得,非在各地各业,积聚数年数十年之经验,断不能彻底明了。至于查账方面,有赖乎经验之处更多。尝忆五年前有本埠某厂主委托笔者查核历年账目。依照账册记载,查悉历年亏折甚巨。余以检查所得,向厂主直言不讳,谓应使经理负责,乃厂主反心中坦然,殊无愠意,且事事为经理解释,余意此厂主必中经理蛊惑之毒,厂事将不堪问,私以为之忧虑不置。孰意其后经理私语笔者,账上之亏,系厂主故意将各项开支数目增加,使账面有损无余,则厂内工人,不致发生加薪要求耳。余自得此经验之后,对于各处委托检查之账目,究属为盈为亏,每不敢以数目上加以深信,必须在数目之后,再加研究,以为决定。即此一端可证查账经验之重要矣。语云,熟能生巧,会计师查账之技能,全赖乎此。至于经验之精深,殊无止境,盖会计师与各种商业,均可发生关系,其有五年十年之经验者,当可于各种性质不同之委托事件中,取得相当之经验也。

至于预备以会计师为职业者,欲求得会计师之经验,最好在著名之会计师事务所中,实习二年至三年。仅在一企业机关或公务机关中实习,则事倍而功不过半,因各种工厂商店或官署机关中,其所可求得之经验,只限于一业一隅,断难期诸普遍。若在会计师事务所中服务,则各种会计经验,皆可阅历而得,因所办事务,各业各地,随时有变换也。

(三)才能,在上列学识经验两项之外,会计师尚应具有相当之才能,即对事对物,应有精细敏速之观察,公平准确之判断。对人,应有机警温和忠勇之性格与素养。处理事务,应有勤奋缜密及有规则之习惯。盖会计师为独立执行业务之人,故不仅须长于对内之技术工作,更应长于对外之应付才能。且其所接触之各种事务及人士,邪正善恶,无不具备。而职务有时忙迫异常,非赖有上述各项才能,实难应付裕如,此笔者所深自愧恧,非敢所以自期也。

五、会计师之职业道德

夫学识经验及才能,在会计师固无一项可缺,然根本上究不若道德之重要。因社会环境,千变万化,利诱威胁,无所不极。会计师苟无强固之道德观念,则在执行职务之际,在在可以代人舞弊,在在可以为己舞弊。然会计师之为职业,实为工商企业保障信用而设,苟有不道德行为,而自丧其信用,则此项职业,即失其根本存在之理由,殊背国家社会期望之厚意,可不慎哉。

会计师之职业道德,亦可从积极消极两方面着想。所谓消极之道德者,即会计师行为之限制,不得于此限制之外,执行其职务,所以保存会计师之身份与人格,而防止其有不正当之行为者也。所谓积极之道德者,即会计师应具有公正之品格,诚笃之心地,廉洁之操守,勤奋之精神,以恢张其信用,而发挥其效能者也。考各国情形,凡关于会计师之消极道德,类多有法律为之明文规定。但若积极道德,自不能恃法律以求改进,必于法定限制之外,同业互相切磋砥砺,以提高其程度焉。

甲、消极方面之职业道德。夫会计师之职业,重在独立公正,超私利而严信守,以谋社会各方之福利。故其举措设施,丝毫不容假借苟且。但吾国昔年,北京农商部所颁暂行章程,关于会计师行为之取缔,只有两条:(一)会计师对于查核账目事项,非经委托者之许可,不得宣布。(二)会计师对于有关本人或其亲族利害关系事项,不得执行职务。当时事属创举,规定自不免简略。故对于会计师兼任公职之限制,兼营私业之限制,以会计师名义办事之限制,拒绝委托之限制,被人假借名义之限制,利害关系参与之限制,报酬利益授受之限制,招致业务之限制,以及怠忽业务之限制等均一无规定,而听任会计师之自由行动,实嫌遗漏。上海同业,鉴于职业道德之亟相应互相监察砥砺,于民国十四年,组织会计师公会时,将整肃会员风纪之规定,一一订入公会章程,俾资信守。其后政府修订会计师法规之时,即将此种规定,大都采入法规之中。兹不嫌繁冗,依照规行会计师条例,逐条列举如下,俾举世咸晓然于我等职业之高尚焉。

（一）会计师于登录后（即开始执行职务后）,不得兼任他职,但临时名誉公职及学校讲师,不在此限。（条例第十一条）

（二）会计师于登录后,不得兼营工商。（条例第十二条）

上两条规定会计师兼任公职及兼营私业之限制。盖会计师职业地位,必须独立自由,与各方面决无利害关系,亦不受任何方面之牵制,庶几于执业时,得常保持其公平正直无偏无私之态度。对于此点,各国法规,均有明文禁止,我国仿之又加甚焉。虽然,我国会计师事业,尚在萌芽,通常会计师执业上所得之报酬,尚不足以维持其地位的生活,因之绝对不得兼职,未免限之过甚,使多数优秀分子,不敢轻于尝试,是必预设法补救者。此会计师条例施行细则（十九年九月十一日工商部令公布）第六条,所以有"会计师原任他职或营工商业者,得于登录时声明不得已情形,呈由实业部酌定,解除原有职务或业务之期间,在此期间得先行使会计师职务,但不得办理原职务或业务有关之会计事项"之规定也。

（三）会计师对于本身或其亲属,有利害关系事件所应办之会计事项,不得以会计师名义,行使职务。（条例第十三条第一款）

此条规定以会计师名义办事之限制,盖会计师办理对于本身或亲属有利害关系之事件,实足以影响其独立地位,致不能见信于人,此自应力予避免者也。

（四）会计师担任清算人、破产管财人、遗嘱执行人及其他信托人等职务时,不得以会计师名义办理其所任职务上之会计事项。（条例第十三条第二款）

此条规定以会计师名义办理会计稽核证明事项之限制。盖会计师担任此等职务,已处于执行地位,自不能再将自己名义,对于自己行为,加以稽核及证明。此执行人员不得兼任监察之本旨。会计师处于执行地位,所办理之会计事项,亦必另由他会计师为之查核证明,以照大公也。

（五）会计师对于当事人之委托,公务机关之命令,办理事件时,非有正常理由,不得拒绝。（条例第十四条第三项）

此条规定会计师执业之义务及拒绝委托之限制。夫会计师之职务,含有公的性质,对于社会,固有以服务为重、取费为轻之义务。故对于办理困难之事,不应畏难而推诿。对于报酬微薄之事,不应唯利是图而拒却。法院每因顾全无力聘请辩护人之刑事犯,而代为指定义务辩护人者,律师与会计师彼此固有同样情形也。

（六）会计师不得与非会计师共同行使职务,或使非会计师用本人名义行使职务,但使有会计师证书之会计事务员代理时,不在此限。（第十五条第一款）

此条规定会计师假借名义及不亲自执行职务之限制。盖国家既以会计师具有会计上之特长而予以一种特别资格,则自希望其对于职务,必能躬自办理,不得假手于人。且会计师对于职务负有较为重大之责任,与普通非会计师办理其事者不同。至于会计师之名义,更应重视,不可轻假,庶几社会公众,不致因误会而蒙损害,此所以有此限制也。但设会计师之助理员,亦具有会计师资格,则上述各弊,自可毋庸顾虑,故不须加以限制矣。

(七)会计师不得受债权人专任索债之委托。(第十五条第二款)

此为防止会计师专务于业外之行为,而设之限制。盖专任索债,已涉于法律诉讼之事项矣。

(八)会计师不得为职务以外之保证人。(同条第三款)

此为防止会计师滥用其在社会上之信用而设之限制。

(九)会计师不得于合法约定报酬及实际费用外为额外之需索,或与委托人订立成功报酬之契约。(第四款)

会计师之执行职务应超私利而重公义,故关于报酬费用之授受,最应明白规定。且会计师为委托人办理事件,虽受其相当之公费,唯仍应以公证人自居,断不能偏护委托人之利益,此与律师之专为当事人利益辩护者不同。盖法律诉讼事件,是非曲直之判断,其权操之法官,故律师不妨尽量为一造作辩护。至于会计事项正确与否之证明,其权实操之会计师、法官及当事人,无从为自由之决定。故会计师应以绝对公正之态度,处理其事,倘使会计师得向委托人为额外之需索,或订定所事成功后始受报酬,则其对于所办之会计事务,即不能不偏顾委托人片面之利益,而失却公平之意志矣。故会计师之报酬,最应事先决定确数,不论其会计上查核证明鉴定等事,其结果是否为委托人所满意,是否可使委托人之事务有成功之希望,均应照数支给,不得有多有少。此乃会计师职业道德中最重要者之一端也。

(十)会计师不得收买职务上所管理之动产或不动产。(第五款)

夫会计师对于所管理之资产,实具有信托关系。倘使准其自行收买,则其流弊滋多。此项限制,盖所以使会计师对于所管职务,始终以超然之第三者自居,而不致有利害关系之发生也。

(十一)会计师未得公务机关命令或委托人许可,不得宣布职务上所得之秘密。(第六款)

此实为会计师消极职业道德中之最重要者。盖委托事件不论关于工商或人事,倘可随便宣布其秘密,则人将莫敢委托会计师办理其事矣。且不唯秘密而已,即一切通常所视为不必秘密各事项,会计师对于外界亦应缄口不提,以避嫌疑。此在医师律师,于其业务之执行,亦有同样之规律。盖医师不得任便宣布就诊人身体上之秘疾,律师不得任便宣布当事人行为上之秘密也。不过倘有公务机关如行政主管官署或法院等之命令,则其事必与公共利害有关,会计师自当从直报告,不应为委托人有所隐匿。盖会计师对于国家社会之责任重,对于委托人之责任轻也。

(十二)会计师对于受命委托事件,不得有不正当之行为,或违背废弛其职务上应

尽之义务。(第七款)

此条意义,甚为明显,不待解释,即可明了。所谓不正当之行为者,如收受贿赂、颠倒曲直之类是也。所谓违背应尽之义务者,如对于所管理受信托之事务,营私舞弊之类是也。所谓废弛应尽之义务者,如对于职务,疏忽致误、延迟不办等是也。

各地会计师公会,为维持各会员职务上之道德起见,除于会章内订定会员必须遵守会计师条例所定上列各项禁条外,复多有下列三项之规定,以为条例之补充。

(一)会员执行职务时,应公平处理,不得稍涉偏私。

(二)会员雇用之事务员,均须品行端正,不得有损害会计师地位及信用之行为。

(三)会员不得用不正当手段,招致委托事件。

上列第一二两项,已涉及积极方面之职业道德,且俟后节论之。至所谓以不正当之手段,招致委托事件云者,系指下列各项方法而言:(1)以分与利益报酬为条件,托人为委托事项之招揽与介绍。(2)以非执行职务上所必需要之广告,为自介之工具。(3)以过去之经验或学识,于职业上自炫其能力。凡此诸点,皆足以自贬其地位与人格,而致高尚自由职业,效仿市侩兜售之行为,其品斯下。故为会计师所切戒者也。

以上各项,为会计师条例及公会章程所规定。会计师倘有违反情事,主管官署得酌量情形之轻重,施以训诫停职或除名等惩戒。倘使委托人因而受有损害,在我国虽尚未有委托人对于会计师诉请赔偿之先例,但在英美各国,则已数见不鲜,我国亦难为例外也。虽然,上列各条,仅规定会计师消极道德最低之限度,苟低于此,即为违法。实际上会计师应有之职业道德,自应较此高出多倍。例如一般商民,仅不触犯刑章,自不能即认为道德之高尚,必须敦品励行,高出庸众,方能见重于社会耳。

乙、积极方面之职业道德。窃尝考英美各国会计师职业,所以如此普通发达之原因,盖无不因会计师具有高尚之道德,所以能博得社会之信任,作其根本职业之基础。所谓高尚之道德者,统括言之,约有四端。一曰公正,二曰诚信,三曰廉洁,四曰勤奋。分项释之,约如下文。

(一)公正 夫会计师职业之作用,小而言之,则为各个企业信用之凭借,大而言之,则为整个社会信用之保障,初非为保全个人私利之计也。是以执行职劳时,应公平处理,不得稍存偏私,致失社会公正人之地位。普通社会人士,不明会计师职业之性质,以为会计师之为委托人办事,亦如律师之为当事人辩护,以故两方对于账目,发生纠葛,常见原告委托会计师查账,同时被告亦常另行委托他会计师复查,此实为我国会计师界信用未孚之明证。其实会计师对于账目之查核证明鉴定,只有根据账簿内容及实际情形,为公正之报告,决不当顾及其报告书是否与委托人有利或有害,苟能如此,则原告所委托之会计师,当为被告所信任,被告所委托之会计师,亦当为原告所信任矣。故会计师第一应具之美德,即为具有不屈于任何诱惑或威胁之勇气,依其学识经验才能之所及,观察会计之正确与谬误,从直报告,毫无隐徇。倘若委托人对于会计师有不正当之希望,欲其为偏私之判断,则会计师为保全一己及全业之地位计,其唯一之办法,只有拒绝委托耳。

(二)诚信 我国古圣常言,人而无信,不知其可也。又曰,民无信不立。西哲亦云,诚信为最善之方策(Honesty is the best policy)。是以诚信一端,实为各业所倚赖,岂独会计师职业为然哉。虽然,会计师职业之发展,其有赖于诚信之一端,实较其他百业为尤要。盖会计师之所以成为一业者,其唯一之目的,即为建立社会各界财政上之信用。盖本身不能以绝对诚信自期,更焉能为他人之信用做证明耶?故诚信两字,实为会计师职业成功失败之所系,证以笔者个人之经验,益深信之而不疑。笔者执行会计师业务,七年于兹,自念学识浅薄,经验日陋,才能短绌,无一不去成功之标准甚远。然所以幸获稍有树立者,实赖始终抱持诚信之旨,不肯苟且耳。请述个人经历一二则,以证斯言之非诬。

某年笔者与某二职业家合办一案,案中遗有委托人余资数千金,而不为委托人所悉。在事实上,办案之人,设将此余资分而藏之,决无他虑。在道德上,则实为藏匿之不正当行为。彼两人者取其应得之分以去,在笔者则将一己所余之数,返还其原主。因此得其信仰,以后凡渠所有案件,均托笔者一人办理,所得正当之报酬,实较他两人不义而得之数倍蓰焉。此以诚得效之实例也。

又有人焉,以账册委托笔者查核,而又不欲认真办理。私语笔者曰:账内详情,毋庸细查,君止签字于证明书上,便可将公费奉酬也。笔者应之曰,不然,会计师之执行职务,绝对不可敷衍塞责,苟非检查结果,确有把握,决不为人具书证明。因苟且证明,不仅背信弃诚,与职业道德,大有妨碍,且于未来业务,亦多损害。君今日因有苟且证明之需要,故以此事来委托,倘依君意,今日虽得君之微酬,然因之永失君之信任,设他日尊处另有账册,必须认真检查者,君将因我今日之苟且,不我委托矣。当时委托人对于笔者诚实之言,颇表钦佩,未隔半年,即陆续有其他委托事项,嘱为认真办理,报酬之数,较先一次所许者,奚止十倍。至于其他类此事件,则每年常遇其例也。

总之,会计师如不能以"诚信"两字,取信于人,则人将无复以重要及正常事项委托办理者。所办者必为无关紧要或不入正途之事,则会计师之职业,尚有希望耶。笔者之为斯言,非敢故自鸣高,实仅以自警耳。

(三)廉洁 夫廉洁为公正诚信之根本,会计师苟存贪念,则将时时以收益报酬为重,而办事之结果,难免偏私或欺伪,至于通常之所谓廉洁,尚涵有两种意义。一对于依照规定或约定所应取得之公费,丝毫不应另有需索,另有取纳。二对于贫苦无力而遭受屈抑之人,应为之仗义执言,不应斤斤于酬报之计较。至对于以信托人之资格,为他人管理财产,更应坚壁清野,丝毫不苟,则无待言矣。

(四)勤奋 会计账目事项之繁重,较凡百他事为甚。故会计师执行业务,办理一案,所须之时间,常须兼旬隔月,继续不辍,绝非如医师之奏一刀,开一方,律师之撰一状,出一庭之简便也。苟不以勤奋之精神,努力从事,则不仅遇事拖延,使委托人感受重大之不便,即会计师本身,亦将感于收入之微薄,不足以自赡矣。

以上四端,实为会计师事业成功之锁钥,然而目标有定,进程无穷,此则笔者愿与同业诸君,共勉毋忽,以期共促此业之进步者耳。

六、会计师开始执业之准备

会计师向实业部领得证书之后,预备开始执业之前,其应有之准备事项,计有两端。一应加入其事务所所在地或最近地之会计师公会,此所以便同业之互相砥砺监察也;二应具申请书,连同证书,呈由所在地工商行政官署验明,将下列各事项,登录于会计师登录簿。此所以便主管官署之监督也。

（一）姓名、年龄、籍贯、住所
（二）资格
（三）证书号数
（四）发给证书年月日
（五）事务所
（六）助理员之人数、姓名、略历
（七）开始职务年月日
（八）加入之公会

应行登录事项,如有变更,则应呈请为变更事项之登录。倘因兼任公职或兼营商业,停止执行职务,则应向所在地工商行政官署,自行声请撤销登录。但其事由消灭时,得再请登录。

以上所举各点,试一查阅会计师条例,便可详悉无遗,实毋待笔者为之复述矣。

七、会计师事务所之组织

会计师事务所之组织,其范围大小,各国不同。如英美各国之会计师事务所,常集合各有专长之会计师数十人,事务员数百人,分部办事。其分事务所动辄以数十计,遍设各地。此乃为分工、合作、互助、互利之良策。反观我国,此项职业,至今尚在幼稚时代。故迄无大规模事务所之组织,非若英美各国,人才众多,业务发达可比也。但照我国会计师条例所规定之业务范围,以及本文第三节所详举之业务项目,则会计师之业务,诚有非个人或少数人智力、才力所能胜任者,因会计师之职责,在对于工商各界业务上、财政上、会计上各事,指陈其利弊得失,而为之改良者也。对于各业财政上、会计上、业务上之共通原则,固当为会计师所明悉,然各种专业之内容利弊,欲使一人尽悉无遗,究为事实所难能。是以实有大规模组织之需要也。兹特不揣谫陋,姑以本所为例,而一述其组织如下。

本所创设之初,在民国十六年一月,其时笔者鉴于我国经济社会对人对物之信用,必须确立基础,方足以谋工商业之发展。故辞去一切职务,专心执行会计师业务。最初事务甚简,仅在本埠爱多亚路,分赁某律师办公室之半间。雇佣计核员一人,以资助理而已。隔二月,自赁一室于原址,添聘职员三人。至十六年冬,事务渐繁,原址狭小,不敷布展,因改在江西路赁屋三间。其时职员增至十数人,已有分工办事之需要,嗣因十七年春季,开办会计夜校,复添赁教室两间。去年七月,移入宁波路新址,各部专任职员,已增至三十余人,而兼任之夜校教师及练习生尚不与焉。所有内部组织,略如下图所示。

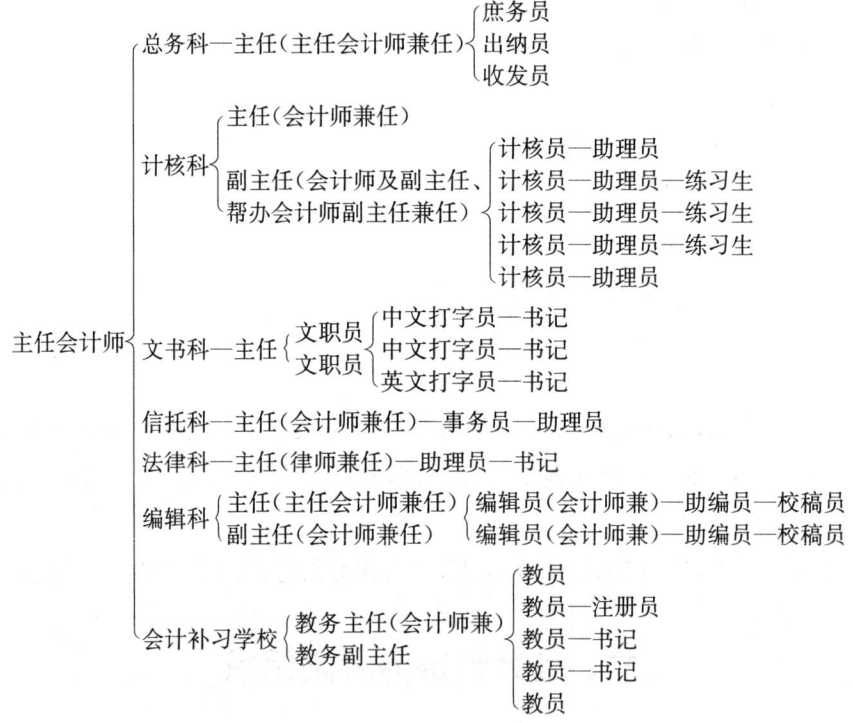

八、会计师服务之报酬

会计师为维持其适当之生活,及支付其设所执业之费用起见,不得不视其为委托人服务之质量,征收相当之公费。此会计师条例第十四条第一二两项,所以有明文之规定也。依此规定,会计师公费章程,当由主管之实业部订定。不过实业部因各地情形不同,至今尚未有公费规则之颁布。凡我同业,刻所守为准绳者,有上海会计师公会于民国十七年十月由执监联席会议所决议施行之会计师公费标准规则二十三条。兹特将其要点摘录如下。

关于会计之组织管理稽核调查整理证明清算及鉴定等事项,其公费标准,分为论时及论案两种。

(一)论时公费标准。会计师每日三十元。事务员每日十元。

(二)论案公费,须视案件之大小,案情之繁简,约计承办此案所须会计师及事务员之时间若干,而计算其收费之总数。

关于信托事项,即充任清算人、破产管财人、遗嘱执行人及其他各种信托人,所有处理一切现款及财产等事务,其公费标准,除照前条论时论件计算外,得照收入或经付现款数目,提成计算,其规定如下。

(一)不满一千元者,提百分之五。

(二)一千元以上,不满一万一千元者,除一千元提百分之五外,余提百分之四。

(三)一万一千元以上,不满六万一千元者,除一万一千元照上定成数提收外,余提百分之三。

(四)六万一千元以上,不满十六万一千元者,除六万一千元照上定成数提取外,余提百分之二。

(五)十六万一千元以上,除六万一千元照上定成数提取外,余提百分之一。

关于代办纳税注册登记等事务,并代拟各种商事文件,其公费以论件计算,每件至少约数十元至一百元。

关于顾问咨询之事项,亦仅规定其最低限度,即常年顾问每年至少一百元,临时咨询每件至少十元。

会计师受托案件,如需赴外埠时,应附带收取之费如下。

(一)舟车费　会计师以头等舱位收取,事务员以二等舱位收取。

(二)膳宿费　会计师每日十元,事务员每日五元。

查英美两国会计师公会亦各有公费标准之议定,兹为附录于下,以资比较。

英国	主任会计师	每日五镑五先令
	会计师	每日二镑二先令
	帮办会计师	每日一镑十一先令六便士
	事务员	每日一镑一先令
美国	主任会计师	每日五十金元
	会计师	每日二十五金元
	帮办会计师及事务员	每日十五金元

由此可知我国会计师所定之公费标准,较之英美各国,相差颇远。此一因国内之经济程度,不逮英美。更因我国会计师事业,方在萌芽,自应将报酬一项,减至最低限度,以期委托之易于普遍也。

九、结　论

　　观于以上各节,可知我国会计师职业之概况。所望同业诸君,秉其服务社会之初衷,力求进展。更望社会各界,对此最近新兴之职业,多予掖助。使此业得以发荣滋长,则笔者之所深自期望者。至于会计师对于会计各项事务,究应如何办理,方为适当,则笔者将于本刊陆续发表专篇,以事讨论,再当于本刊之外,编著专书,以事研究,是所望于国内国外会计专家之不吝指教焉。

　　　　　　　　　　　　　　（原载《立信会计季刊》第2卷第1期,1933年。）

敬告国内有志于会计职业之青年

潘序伦

鄙人与立信会计师事务所及立信会计学校同人，以会计服务于国家社会，业将二十载矣。积二十载之经验，深知国家社会对于会计人才之需要，方兴未艾。有志青年，欲从会计一途冀求上进，以期效力于国家社会者，其机会亦甚多。不过国家社会所需要之会计人才，其德性上学识上经验上种种修养，自必有一定之标准。有志于会计职业之青年，苟欲于会计界中，求乐业进业之道，不可不先在德性学识经验三方面，加以充分而适当的修养。鄙人不敏，对于会计界诸青年，忝居先进，深愿以此二十载中所得关于会计职业之经验，公之同志，以备咨询。并为扩充服务范围起见，专设立信会计职务咨询所，以从事于此。当兹本所正式成立之日，谨敢将会计方面修业得业乐业进业之途径，掬诚撮要，为诸君告焉。

一、会计职业之优点

考会计职业较之他种职业，有下列各项优点：

甲，修习会计学术，足以养成吾人科学化合理化之精神。此因会计一科之原理与方法，极有秩序，极能正确，久习之者，其思想与精神，亦必能逐渐科学化与合理化，不致犯理想家文学家美术家思想虚玄、行为芜乱之弊。

乙，从事会计职业，足以养成吾人实用而经济的习惯。会计系实用科学之一种，其活动之范围，又纯以吾人之经济生活为限。故从事会计职业者，必能养成一种实用的习惯，而其一举一动自能合于经济生活之原理。

丙，会计职业之服务范围甚广，习之者得业较易。此因会计事务，随人类之经济生活而俱生，不论个人或公私团体，其生存于世也，盖无一不有其经济上的活动，即无一不需要会计人员以记载整理其财产与收支账目，大而政府机关，小而个人企业，外如教堂寺院，内而庭园家计，莫能例外。故一般社会对于会计人员之需要，至为普及，诚非他种职业所可比拟，因而会计人员得业之易，亦非他种人才所能及也。

丁，会计人员进业之机会较优，失业之可能性较微。此因会计人员服务于每一机关之中枢,熟悉各该机关之全部事务,故每能升任一机关之主管人员。至于服务成绩优良之会计员,在雇主方面,正多利赖,断不愿时易生手,以增困难,故殊少无故辞退之事。

二、会计职业之难点

会计职业虽有上述之优点,但亦有下列各项难点:

甲,修习匪易。考会计职务,在经济社会各种活动尚属简单以前,原可视为一种人生普通事务,凡略识文义稍知计算者即可充任。故以前一机关之会计员职务,与庶务员同列,例得引用亲故私人。唯至今日,社会上种种之经济生活,日见繁复,关于会计事务之处理,学术上法律上习惯上已有种种极繁细之规律。此种规律,苟非习之有素,绝不能勉强应用。因之现代会计,已成为一种专门化之职业,一般普通人才,绝不能担任其事。且会计一职,与医术同,不能仅持书本上之学识,而尤赖于实际上之经验。是以现在各机关之征用会计人员者,每用考选方法以求专才,而不再从亲友私人中采用,是可见其修习之不易也。

乙,责任重大。担任会计职务者之责任,较之其他职员,远为重大。此项情形,不待言而自明。因会计员之工作,直接与金钱财产发生关系,一有错误或过失,每致其所管理之金钱财产,发生损害,轻之应负赔偿之责,其数或达巨万。重之应负刑罚之责,而受侵占背信之名。故担任会计职务者,对于事务之处理,常应小心翼翼,如临深渊,如履薄冰,不可稍有疏忽焉。

丙,工作辛苦。担任会计职务者之工作,较之其他职员,远为辛苦,盖一机关内之会计工作,无间寒暑,迄无停止。且一机关之他项工作,每先会计事务而了结,会计工作则每须待他项工作均已了结而了结。例如银行于下午五时闭市,至时各部职员均可休息,但会计科职员则正需接受各部营业之报告,而为记录结算与审核之工作,非至夜间六七时,不能完工。又如学校例有暑假年假,届时各教职员均可离校休假,只有会计员与庶务员,仍须留校办事,不能任意离职。

三、会计员德性上应有之修养

会计职业既有若干优点,复有若干难点,吾侪有志青年,其将畏难而避之耶?抑不畏艰难而仍从业于兹耶?吾知有志青年之必吾从也。唯会计从业员因须克服种种困难,在其德性上,必须有特殊之修养,兹择要略举如下。

(一)守信。"信"之一字,所包甚广。简言之,即诚实不欺,言行如一,有诺必践之谓也。孔子云,民无信不立。可见信为吾人立身之要件,尤为吾会计从业员之要件,此因吾辈会计员受人重托,担任金钱财产之记录保管及管理工作,设稍于信字有亏,则不仅本人名裂,亦将贻害社会。故凡会计员必先养成其会计的人格。所谓会计的人格,即可以"信"之一字概括之。

(二)负责。会计事务具有重大之责任,既如上述,则其从业者必须具有绝对负责之天性,方能称职。如有随便苟且之念,抱敷衍塞责之心,以处理其事,则不仅机关方面,易生损失,且从业者本身,亦将发生民事上及刑事上之责任,不可不戒也。

(三)耐劳。会计职位之服务时间,每较他职为长,数字抄写计算之工作,又每较他事为繁琐而沉闷。是以任会计员者,必须具有耐劳耐苦之习惯及体质,方能胜任而愉快。

四、会计员学识经验上应有之修养

会计员德性上应有之修养,已略举如上矣。至于其学识经验上应有之修养,则当视会计员所任职务而有不同。按会计职业可分为四个阶段,一曰簿记员,二曰会计员,三曰会计主任或主管员,四曰会计师。其中会计师一类,系独立执行职务,与本所介绍职业工作无关,故本文不予论及。兹仅将其他三种职务,所需学识经验上之修养,列举如下。

(一)簿记员。簿记员为会计职业中之初级职务,至少应熟习普通簿记及初级会计学,兼具普通商业常识,至于珠算笔算应极纯熟而正确,小楷端正而书写迅速。同时最好须有制绘简单统计图表之技能。此种职务,以高中商科卒业生充任,最为相宜。曾任旧式商号簿记职务,而曾补习新式簿记会计学者,尤称合用。

(二)会计员。会计员为会计职业中之中级职务,除应具备簿记员之学识与技能外,更应习过高级会计学。其任专业会计职务者,更应分别学习专业会计。例如,任银行会计员者,应熟习银行会计,任工厂会计员者,应熟习成本会计,任公务机关会计员者,应熟悉政府会计。此外,会计员更应熟悉决算表之编制方法及其分析与解释之方法。盖会计员对于会计事项之处理,应有判断决定之能力,非如簿记员之仅司记录,一切听命于会计员也。此项会计员之职务,最好应用受过会计专门教育者任之。已有丰富经验之簿记员,亦可充任。

(三)会计主任。会计主任为会计职业中之高级职务,除应备具会计员所应备具之学识技能外,尤应具有工商管理之学识及应付各事之才能。故对于法律及商事知识,务求丰足,普通知识亦甚重要,因非如此则遇事难以决定其处理办法,而指挥簿记员及会计员以处理之也。此项职务最好以受过高等商事或专门会计教育并有丰富之会计经验者任之,方能称职焉。

本文限于篇幅不能将会计职业方面应予提示之要点详告读者,唯若蒙读者以会计职业方面修业求业乐业进业之道惠临见询,鄙人及本所同人当竭其愚诚,尽其所知以奉答焉。

(原载《立信月报》第 3 卷第 7 期,1940 年。)

吾国之会计师职业

潘序伦

一、会计师职业之今昔

吾国之会计师职业,创始于民国七年北京农商部颁行之会计章程,新制初建,推行未广。至民国十年沪上始有会计师事务所之设立;越三年,上海会计师公会发起,其缘起中,有"夫会计师制度,实为经济进化后之产物,际此工商业勃兴、企业组织日益复杂之秋,举凡创始之设计、平时之检查以及收束之清理,胥有赖乎会计师为之整理擘划,方诸律师医师,其社会相需之功,未为多让。而又处于超然之地位,本其独立不倚之精神,证明财界诸般之真相,以坚社会之信用,而供公众投资之参证,其影响所及,正不独直接之利害关系人而止,此美国所以有公共会计师之称也"等语。当上海会计师公会成立之初,会员仅二十余人,部颁会计师证书,亦只百号。至二十二年,沪公会会员人数,几及三百人,全国领取会计师证书人数,亦达千号之谱。洎至今兹,全国注册会计师人数,已达二千号以上,以重庆市会计师公会而论,成立十年,最初会员寥寥数人,今会员几及二百人,已为战时后方唯一完整之会计师职业团体(最近贵州省会计师公会成立),吾国会计师职业之发达,于此可见一斑矣。

二、会计师之服务范围

夫会计师之服务范围,就狭义言,以会计事务为主体,就广义言,则不仅以会计事务为限,所有财务上、税务上及商事上之一般事项,攸关财政、金融、法律、经济各部门者,无不包括在内。依重庆会计师公会会员会计师服务规程第四条规定:"会计师遵照会计师条例第一条之规定,受公务机关之命令,或当事人之委托,办理下列事项:①会计之组织事项;②会计之管理及整理事项;③会计之稽核及证明事项;④会计之调查及鉴定事项;⑤会计之清算事项;⑥充任检查员、清算人、破产管理人、遗嘱执行人及信托人;办理各该职份以内之事项;⑦代办所得税、利得税、遗产税、营业税等纳税之计算及申报事项;⑧代办公司商号商标、各特种营业及产权之登记注册及免税专利权、工业奖励等呈请事项;⑨代撰关于会计商事及与官厅交涉之文件;⑩关于工商经营及会计、财政、商法上各种手续程序及其他商事问题之商榷指导。"由上所示,可知会计师之服务范围甚为广泛,此所以有"企业医师"与"公共会计师"之称也。

三、会计师之职业道德

会计师之专业服务,有其道德上之立场,是于会计师条例中有明文之规定例如:"会计师不得兼任公务员或工商业之经理人员或董事理事","对于其有利害关系之事件,不得执行业务","不得利用会计师地位,在工商业上为不正当之竞争","对于受命受托事件,不得有不正当之行为,或违背废弛其业务上应尽之义务"等均是;重庆市会计师公会会员服务规程中亦订有"道义专章",以上均为会计师职业道德之消极面。作者愚见,会计师之执行业务,尚有积极之职业道德在,试分述之:

① 公,会计师之执业,贵在以第三者之超然地位,秉公处理,毋偏毋倚,故其职业道德,以"公"为第一义,大公无私,公正严明,均为"公"字之注脚。

② 信,会计师之使命原在建立社会之信用,故其承办业务,必须于"信"字上多下功夫,对人对事,尤以保持"信誉",建立"信用"为要件。

③ 廉,会计师承办业务,多与财务相关,设非操守严谨,廉洁自矢,将无以确保"公""信",抑将完全丧失其立场与地位矣。

④ 密,会计师受公务机关之命令,或工商界当事人之委托,承办业务,多有机密性,不能外泄,故会计师之确保机密,顾及委托人之利害关系,实为其不可缺少之职业道德,此于会计师条例第十五条第六项,亦有明文之规定。

⑤ 勤,会计师接办案件,事繁责重,必须朝斯夕斯殚精竭虑,始克有济。语云:"业精于勤",为会计师者,允宜奉为圭臬。

⑥ 敏,会计师承办案件,多有时间性,必须按日程,限期完成,不能迟滞迁延,漫无期限,故非有"敏"之职业道德不为功。

四、会计师职业之展望

吾国经济建设事业,正随抗战而同时并进,一俟战局敉平,百废俱兴,深信更有长足之进展。会计师之专业服务,原以建立财务信用、保障社会各界之利益为其使命,展望前途,会计师服务之需要,正与经济建设事业之猛进,相得益彰。作者蠡测今后会计师职业之动向,约有后列三端:

① 公营事业。我国经济建设,以民生主义为指导原则,民生主义之真谛,在节制

资本与平均地权,基于前者,今后国家资本之膨胀,公营事业之发展,殆为必然之势。其时会计师将以专家之身份,并以超然之第三者地位,贡献其学识经验技能,为一般公营事业服务。虽公营专业受政府之管制,政府设有专管之审核机关,但以公营事业之经营,必须商业化,不能机关化,而会计师富有商业上之学识经验,深信政府必须借重会计师之专业服务也。

② 民营事业。民生主义虽以节制资本为原则,但不与国家经济事业抵触之民营事业,仍在政府奖励掖助之列,将来抗战胜利,致力复兴,深信民营事业必能健全推广,尤以合作事业,其旨趣与民生主义完全联合,必能在政府奖助之下,空前开展,其时会计师正有广大良好之服务机会焉。

③ 人民团体。吾国社会组织,素有"一盘散沙"之称,惟抗战六年,人民之组织能力,已随国家意识之提高,而不断增长,现时社会各界之人民团体组织,已呈蓬勃发皇之象,深信将后益能健全开展,其时所赖于会计师为会计上、财务上、税务上及商事上之专业服务必多,可断言也。

(原载《立信会计月报》第 2 卷第 5 期,1943 年。)

谈谈会计人员的职业道德

潘序伦

道德是社会的意识形态，它是由一定社会的经济基础所决定，并为一定的社会经济基础服务的。任何道德都具有历史性，在有阶级的社会中，道德更有强烈的阶级性。资产阶级的道德本质特征是个人主义，维护剥削制度，为剥削利益服务；无产阶级道德的本质特征是集体主义和全心全意为人民服务的精神。随着社会分工的越来越细，各行各业除了社会的公共道德外，还有它处理职业行为时的准则，即职业道德。例如：商业有商业的道德标准，医生有医生的道德标准，教师有教师的道德标准等。毫无例外，会计这一行工作，从会计人员的地位、作用和工作特点出发，当然也应有它自己的职业道德。

提倡职业道德是搞好"五讲、四美、三热爱"，建设社会主义精神文明的重要内容，体现了人与人的新关系，反映在道德观念上，就是思想觉悟、知识水平和主人翁责任感。从心灵深处展示了一个人的精神境界，它对人们行为的影响是极其深刻的。譬如：当一个人真正相信诚实是一种美德时，做了诚实的事，就会觉得内心的愉快和满足；凡是做了虚伪的事，就会感到极大的痛苦和不安。职业道德的基本要求，就是忠于本职工作，使自己的服务对象，得到满意的服务效果；为了达到这一点，则又必须具备从事该项职业的特有技术水平和业务水平。因此，我们认为会计人员的职业道德，应该包含品德、责任和业务技术三方面的内容：

1. 品德方面。首先要热爱党、热爱社会主义、热爱祖国，坚持四项基本原则，把自己的知识与才能贡献给革命事业。这与资本主义社会中的会计师的职业道德，有着本质的区别。过去我在旧社会从事会计师业务是为资产阶级效劳，是为资本家的利益服务，是为自己的"立信事业"而奋斗，虽也标榜着公正信义等立场，但毕竟是个人主义的东西。现在时代不同了，我们必须提高政治思想觉悟，建立起新的社会主义同志与同志之间的关系。正确处理好会计监督与服务的辩证统一的关系，寓监督于服务之中，既要热爱自己的工作，也要尊重别人的劳动，谦虚谨慎、诚恳待人、正直无私、不畏权势、不为利诱、勤勤恳恳、踏踏实实、全心全意为社会主义建设服务。因此，就应该做到：

(1) 遵纪守法,以身作则。会计工作是根据党的方针政策,国家的经济法规和现行的财务规章制度来办事的。要掌握它就先要熟悉它,才能照章办事,分辨是非,进行会计监督,敢于同违反财经纪律、财务制度的人和事作斗争。同时执法者必须守法、以身作则,绝不允许知法犯法、监守自盗。

(2) 坚持原则,廉洁奉公。财会人员是经管钱财工作的,每日有千千万万的钞票财物在手中进进出出,绝不能见钱眼红,而要以俭养廉、以勤致富,做到洁身自爱、不捞油水、不占便宜、不走歪门邪道、一尘不染。

(3) 忠诚老实,毋忘立信。"人无信不立",待人、处事、做事,都要坚守信用,从事财会工作者,更应提倡做老实人,办老实事,讲老实话。在职务、法令条例规定应予保密的事项,不得泄露。要学习模范共产党员、马克思主义经济学家孙冶方同志一贯忠于党和人民,不唯上、不唯书、不人云亦云、不墨守成规,始终坚持真理,实事求是的精神。

2. 责任方面。做任何工作,都必须具有高度的主人翁责任感。马克思说过,会计工作最基本的职能是反映和监督。首先要尽职尽责,按政策办事,维护党纪国法;按计划办事,不乱搞关系;按制度办事,不营私舞弊,不怕打击报复。其次是如实反映,对会计核算的内容,一是一,二是二,不夸大,不缩小,不隐瞒,不歪曲,老老实实,绝不弄虚作假。当前正在进行经济体制改革,贯彻责、权、利相结合的经营承包责任制和按劳分配政策,要保证会计数据的真实可靠,不能按照"长官意志"或讨好群众,改变成本利润数字,这样才能正确做好分配,兼顾国家、企业和职工三者之间的利益。此外,还要注意保护消费者的利益。

勤俭建国、勤俭办一切事业是我党的光荣传统,浪费可耻、节约光荣,是无产阶级的高尚思想。毛主席曾经说过:"为了革命事业,节约每一个铜板,是我们会计制度的原则。"所以每一个财会人员都必须加强责任心和原则性,围绕提高经济效益这个中心,反对浪费、厉行节约、精打细算,为国家积累更多的资金。

为了明确经济职责,严格工作要求,财会人员也应制定工作守则和岗位责任制,包括基本的经济责任、具体的工作标准和质量要求,以及上下、左右之间的协作关系等内容,加以明文规定,并定期进行考核。

3. 业务技术方面。目前,会计工作大大落后于形势发展的要求,这固然是由于会计、审计工作的重要性还没有得到社会的普遍重视,另一方面也由于会计人员本身的技术水平和业务水平低,不能发挥会计应有的作用。会计人员要为人民服务得好,就得有过硬的本领,像白求恩大夫那样,在技术上精益求精,既要有基本功,又要勤奋学习新知识。会计是一门应用科学,没有现代化的科学知识是不行的。我们必须勤学苦练,精通专业。过去我培育学生,要求记账、算账、报账,都做到百分之百的正确,好比医生看病开刀一样,不能有丝毫差错。在当前会计学科已由理财会计进入管理会计,电子计算技术已应用到算账记账上来,我国面临着经济振兴,开创社会主义现代化建设新局面的时代,更要有接受新事物、研究新问题的紧迫感。这样,才能扭转现在财会工作中尚存在着的"脏、乱、差"的现象,整顿好企业财务;才能设计制定出勾稽严密、手续齐全,符合我国国情的会计核算制度,健全财务成本管理;才能方便审查账目,分析发现问题,提出改进措施,当好领导的参谋;才能完成党和国家所赋予的职责和任务,不断提高服务效率,在社会主义物质文明建设中作出贡献。

会计人员职业道德水平的高低,直接关系到会计工作能不能做好。但道德不同于法制纪律,也与工作要求有所区别,只有当它成为群众的自觉行动和社会的共同舆论的时候,才会产生巨大的威力,促使党风、民风的根本好转。当前,我们响应党中央号召,正在进行一场伟大的改革,在这样的新形势下,讲究会计人员的职业道德,更具有特殊重要的意义。

(原载《财务与会计》第 4 期,1983 年。)

会计师职业与信用制度之关系

潘序伦

研究经济学者，莫不知天然、人工、资本与商业组织为生产四大要素。但今日生产制度，日见演进，生产要素，亦有加增之势；故最近之经济学者，已有将广告及信用二端，并入称为生产六要素者，实因近世企业界中信用之推行日广，其效用亦日著；就各种大小企业之本身而言，苟无信用以资周转，其能维持营业现状不致闭门停业者，百中殆不一二。觐故每当社会发生恐慌，信用制度一时破坏，则企业之牵连倒闭者踵相接也。

我国信用制度之设立，虽远在千百年前，但近世纪间，其发达实远逊欧美各国；然而最近数十年中，银行事业勃兴，大小企业，均逐渐注重利用信用以为筹措短期长期资本之方法。且以我国商店流动资本，大都缺乏，尤不能不仰仗于短期贷款，以供贸迁需要；然而社会信用制度，如何始可得相当之保障，如何始可维系于不敝，遂为当今识者申论之要点。间尝考之，能维系信用制度，保障社会全体者，惟赖社会各企业，厉行经济公开之法，而经济公开之实施，必假手于与企业本身无利害关系之第三者，第三者惟何？即十年来我国之新兴职业会计师而已。

完美之会计师，必具优良之道德，高深之学识，充分之经验与干练之才能四项，故恒能根据其观察之所得，对各企业之内容，为平允诚确之评论；兼以处境超然，职业独立，各种法令，对会计师之事业，复有严峻规定，利诱威逼之所不能及，外而同业竞争，社会清认，故足为会计师之暮鼓晨钟；且承办业务，限于与本人无切身利害关系之事，尤能以冷静之头脑，旁观之态度，言所欲言，无所顾忌，故在欧美各邦，莫不视会计师之查账报告为可靠确实之文件，向银行贷款，如未备曾经会计师确实证明之贷借对照表，往往不能得良好结果焉。

会计师之查账报告，为各企业财政实况所由表见之文书，社会全体，根据此项报告，而定放款投资之去取，不利之资金运用，因而免除，因经济之不公开，或公开而不彻底而发生之种种不幸事件而消灭，企业倒闭数量，借此减少，经济恐慌之发生，亦可于事前防止，信用制度，遂得维持不隳。就企业本身言，因经济之彻底公开，与会计师之负责证明也，无信用者变而为有信用，有信用者变而为更有信用，社会人士，亦竞愿予以融通资金之便利，事业因之发展，利益借此增厚，是则会计师事业之进展一步，即全社会信用制度之保障巩固一步，社会全体莫不实受其惠，然则会计师事业之在今日，实处扼要之地位可知。

准前所述，因得结论曰，信用为生产要素之一，在近代社会中，其重要且胜于资本，因信用所赋予者无限止，无穷时也。故社会信用制度，亟须确立；而社会信用制度之保障，则在经济公开之实施，且必假手于超然之会计师，方能收确实之效果。质言之，会计师为社会信用制度之保障者，如会计师职业有充分之进展与运用，然后社会上信用制度，方能有切实彻底之保障也。

（原载《经济汇报》第4卷第1期，1928年。）

会计从业员应有的修养

潘序伦

任何企业或团体,不论它的范围是大是小,既做了社会中间的一分子,当然脱离不了经济方面的活动。所以少不掉要请一个会计员去司理账目,所以从这一点讲,会计职业确乎要比旁的职业灵活些,它的范围也比较广泛些。一机关可以不必请教工程师、律师或者医师,可是一个会计员是少不了的,这可以说是会计职业界独有的优越权利。

在一企业的整个组织中,会计是对内的,营业是对外的,对内的责任,有时比对外还要重要。所谓对内,当然是指企业的管理和设计,如果在这方面不能表现良好的成绩,那么一切对外活动也自然无从谈起。一企业要求管理完密,总不外根据以往的经验,察看目前的处境,来确定它日后应行采取的方策。会计记录的最大功用就是在供给这种经验上的资料,作为企业当局抉择管理方针的章本。所以从这一点讲,会计从业员又有其"至重且大"的责任。

明了了会计从业员的责任,也就同时明了会计员道德修养的重要。会计员应有的道德修养,当然很多,但是最重要的莫过于"诚"和"信"。"诚""信"这两个字,虽说是人人都应具有的,不过在会计员一方面,因为他职务的关系,这是尤其重要;"会计"在整个企业之中是处于稽核的地位,如果他本身缺少了公正、廉洁、忠实、诚恳的四种条件,也自然无从去尽他分内的职任。

此外,会计从业员对于体育和智育两方面,也当要十分注意。一般而论,会计员的工作是比较繁重的,他的办公时间,普通总比旁的职员要延长些,因为任何机关在办公(或营业)时间终了的时候,也同时是会计员工作最紧张的时候。所以会计从业员应当借业余的时候去注意他们身体,要把自己训练得像一个健全的工具,以便应付他所从事的琐屑而重要的工作。一般从事会计工作的人,很少是身体健康的,这实是目前会计从业同人最应注意的一个问题。

关于智育方面的修养,是说会计从业员应该要从事新智识的搜求。换句话说,他们应当从事加强他们本位的工具,努力研究新的会计原理。所谓智识,当然不是限于书本的,以宇宙之大,随时随地都布满着需要我们研究的事物。拿会计从业员来讲,他所从事的一机关,就是他应加研究的绝好资料,他应当注意这个机关的内部组织,随时设法改善它的会计制度,万物的进步是要靠人们继续不断地研究的!

益友社成立周年,有社刊特辑的出版,主编先生向我讨篇文章,我因社友中间,极多我的同业,所以草就这篇短文,作为颂辞的代替品。

(原载《益友》第 2 卷第 4、第 5 期,1939 年。)

怎样做一个成功商人

潘序伦

要做一个成功的商人,必须具有三个条件:①要有赚钱的本领。②要守信义的规律。③要抱服务的宗旨。关于第一点要有赚钱的本领,我想不必多谈,大家都晓得,商人如不能赚钱,就是商人中的"饭桶"而不成其商人。在从前商人赚钱是难事,现在赚钱已不是一项难事了。关于第二第三两点,我要详细地谈一谈。

"信义"两字,古往今来,一向是我们做生意的规律,商人如不能守信义,决不能成功。"信"就是说了话要算话,商人如和人订立契约,利害关系太大,说了话一定要算话,就是一定要守"信",可是"信"有积极的和消极的两种意义,从前的商人对于信义着重于消极的意义。因此他们所讲的"信"是被动的,所谓"征信""昭信""明信",是我们中国社会上对"信"一般的观念,我觉得这样不够,因为须先有信,然后可征,可昭,可明。一个模范的商人,人家对他即使无信,他也应设法建信,把这个信建立起来,所以兄弟所办的会计学校叫做"立信会计学校",我们的信不能处在被动的地位,应立在主动的地位。

中国人说:"信义通商""信义立业",说到"信"就加个"义","信义"两字实有其不可分的关联性在。《论语·颜渊》章:"子贡问政,子曰:足食足兵,民信之矣,子贡曰:必不得已而去,于斯三者,何先?曰去兵。子贡曰:必不得已而去,于斯二者?何先?曰去食。自古皆有死,民无信不立。"由此可知信比国防民生还重要,但孔子又说过:"言不必信,行不必果,惟义所在。"可见信虽然万分重要,但守信的行为必以义为条件,对于不义之事,便无所谓守信。

冯友兰先生在《新世训》中曾讲过一个故事:古有一尾生,与其女友约于桥下,久候不至,卒为洪水冲去而死。尾生为女友守信而死,太不值得,是为不义,反之,他如奉国令守桥有责,战敌而死,就是大义。义的意思,有时候失之毫厘,谬之千里。所以"信"是固定的行为,"义"是常变的举动,要看各人的判断力而定。譬如行商里出纳员与会计员某晚约定作弊,卷款潜逃,会计员自反而悔,但悔则对于出纳员为失信,而此种守信显明不义。我想普通一般人对这种事情,辨别不会错误,只有商人须要考虑,或许自以为义而实不义,对于国家社会是否忠实——"义"。这种判断力全凭我们的认识道德而定标准。

谈到"信义",我现在特别提出一个极严重和难解决的问题,就是假账的问题。现在有许多商人,学问道德很好,往往不能避免造假账的行为,殊不知造假账对国家对社会,对股东对债权人,都是不信的。这几年是我在后方,晓得有一种账目叫做"真账假报"。有一次我到某机关去看某某会计长,当时来了一个职员就要出差,他说:四十元一天,旅费开支不够,他不肯去,后来会计长答应增加二十元,变成六十元,他说,还不能去,于是答应他在路上报了一个生病医药的开支。还有现在更普通的,就是一个人差了一个工友算两个人出差的报销。现在我们样样东西有官价,有了官价,一定有黑市,官价与黑市相差很远,因之现在商家往往有两套账目:一是记官价,一套是记黑市。

事实摆在前面,我们会计师首当其冲,对这假账问题究竟应如何解决呢?前年下半年我曾发起扫除假账运动,事先我应征询各方意见,有的不予赞同,有的说:可以赞同,我又征询工商界的意见,我说:我发起这个运动,一定得罪你们,你们应想如何?他们说:没有什么不赞成,恐怕公务员不赞成,因为公务员也有人造假账的。同时,我们知道一个立法手续的完成,时间不能怎样快,而事实又需变通办理,所以我给他们一个名词叫"事实需要说"。

有时候,不信也是对的。我在小报上看见一篇游戏文章题为《尊伪论》,他说,有时虚伪也要得的,譬如我家里有一个小孩子,我们夫妻两人出去,他常要吵跟随出去,买这样,买那样,非常麻烦,我们就对他说:我们要到医院里去,他听了到医院去,他就不跟我们出去了。这种的"伪"也是要得的。又如有人病要死,安慰他说病很轻,不必死的,也许就真感轻一点了。这种的"伪"不是为自己的好处,而是为人家的利益,所以我给他们一个名词,叫做"非自利说"。在商人方面造伪账,有稳健作用,他们怕分股东职工很多的红利而把握公司的基础,因此把红利价值打得很低,完全为公司着想,与上述安慰病人说假话一样,非为自利而为利他,还有时是要得的。

还有一种事实,就是造假账以逃税。讲到逃税,为国法所不许,是不义的行为,但商人有时也主张他的"理由",他说:在此物价高涨情形之下,所有的盈利都是虚假的,现在英国物价涨不到一倍,美国只涨到百分之二十,我国物价涨得很高,赚钱平均不能赚到百分之一百,而纳税要纳到百分之六七十,如此势必亏本,为顾全商业根基计划,商人不能不造假账,此种解释,不论对与不对,我加给他一个名词叫做"自利说"。

还有一种说法就是往往两种道德有冲突时,"两害相权取其轻",即在伦理学上所谓"经权说"。天下的事,一种是经一种是权,权以辅经,亦以应变,因此造假账以辅经应变也是要得。三国时赵苞奉命守城,敌将其母掳去为质,迫他投降,他母亲说:"不要以我为念,你为国尽忠罢",他母亲被敌害死,他后来率兵御敌,卒将敌人赶走。后人以赵苞忠孝不为两全,非常可惜,但他在这种情势之下,只好取权应变,有时做假账的人,亦往往以信义不能两全为解,这是受环境压迫,其情形,或有可以原谅之处,但造假账,究竟不足为训,只可说是非常时期许多非常和不幸的现象之一,平时绝不会发生的。

我觉得商人应以信义为重,因信义是赚钱的手段,是营业必取的途径,但赚钱是否即为商人成功的条件呢?现在一般人看不起商人,我国自古以来士农工商四民中,商人列为最后,就看不起他,外国从前对于商人也看不起,以为人民之中,最崇高的是律师、教师、医生,自从英国重商主义兴起后,外国人对于商业人才为之改观。商人之所以被人轻视,就因为商人以赚钱为直接目的,以自利为出发点,商人的行为虽非不道德的,但至少可说是非道德的,其他的教育文化职业,可说是道德的行为,至少表面上是服务人家的行为。譬如教授知识的教师就是服务人家的职业。

孙中山先生说:"人生要以服务为目的……最大要服千万人之务,少则服几百人之务,最少要服几个人之务。我们要以服务成分的多寡,来估定做人的价值,商民锱铢必较列在士农工之后,因为他服务人家的较少。"我们会计人员也是一天到晚计算钱财,故会计职业亦不为人所重视,况且英、美有会计案的历史不过百年,为时甚暂,我们所以要提高它的职业地位,就是不要完全以赚钱自利为目的,要服务社会,发挥更大的效能。

我又常看见商人赚钱以后,拿出他的钱来开办学校,捐助文化机关或赈济灾难,每自以为这是了不起的行为,殊不知服务人群实在是做人最低的条件。"人为万物之灵",人与禽兽的区别,就是人有自觉心,知道做人的正轨,而禽兽则无,易言之,人之所以成为一个人,就是彼此服务,彼此互助,而禽兽不能,所以几千年来人群文化发达,文明进步,而禽兽则受御于人。我们会计人员就要以我们的聪明才智贡献出来,服务社会,要明白服务是做人最低限度的道德和义务,这是从道德观念而言。

再从经济原理来讲,我谓"边际效用"一词,我们服务社会要以最少的代价,发挥最大的效益,我们的生活只求衣暖食饱,钱太多有何用处,不若对于社会服务事业,尽量参加,尽量贡献,以期取金钱所能产生之最大的"边际效用"。所以从经济的观点服务实是最合算的经济行为,商人能知道这项道理,躬践力行,才当得起一个成功的商人。

(杰伦记)

(原载《时兆月报》第3卷第1期,1945年。)

潘校长演讲词录

信 义

今天我来和你们谈"信义"二字,古人说:"信义为立业之本"。什么叫做信?信就是人言,不信就不是人讲话,论语中子贡问政于孔子曰:"足食足兵,民信之矣,必不得已而去一,去何者耶?"孔子曰:"自古皆有死,民无信不立。"由此知信比死还要重要,因为假使人没有信用的话,大家约定的话都不作准,那么什么事情都不能办,世界还成什么世界呢?从前外国人很喜欢和我们中国人交易,说中国人很守信用,一句话就等于一张契约。日本人却不是这样,他们不但说了不守信用,连订了契约亦要改变,所以没有信用。信是我国古有之美德,古时有一个尾生,他等一个女朋友在桥洞底下,约好一定时间相遇,刚巧这个时候洪水来了,他想假使离开的话,岂非失了这个女朋友的信,结果活活被洪水淹死,究竟尾生这种死是应该还是不应该呢?

在我们现在看来这种信是愚信,他的死不过轻于鹅毛,并不能增进他的女朋友的好感,假使尾生现在是奉军令守敌在这个桥洞底下,为了保全数十万人生命,这时候洪水来了,他假使不逃,继续守桥,而被洪水淹死,那我们都觉得他的人格是非常的伟大,他的死尤重于泰山,与上面大不相同了,这是什么缘故呢?就是一个是义,一个是不义,所谓义者宜也,孔子曰"言不必信,行不必果,惟义所在",所以信一定要与义配合在一起,我们做一件事,假使是义的话,一定要守信,不然就可不守信,但是义与不义有时很难区别,当我在重庆讲信义的时候,有一个女同学她起来问我,我们知道做假账是不义,但是我们经理先生叫我们做假账怎么办呢?究竟做还是不做呢?这类问题义与不义很难区别,下一次,我来讲假账问题给诸位听。

假 账 问 题

今天我来讲假账问题,因为这几年来后方造假账是十分的普遍,差不多没有一个商店不造假账,作用虽然很多,有的经理欺骗股东及职员,有的职员欺骗经理,不过他们更多的是欺骗政府,为了(一)逃避纳税;(二)逃避管制。据他们自己说造假账的原因,有下列数种:

(一)事实需要说——现在官价是一月规定一次,等到定出来的时候,与黑市已经大不相同,况且商人到沦陷区来运货,等到运到那边的时候,他的成本早已超过官价,这个时候假使照官价卖一定要亏本,于是不得不卖黑市,但是黑市违法,只得做二套账,一套官价(假账),一套黑市(真账)。

(二)非自利说——后方现在营业税很大,假使一个商店所得利润超过其资本额一倍以上,其超过部分要抽过分利得税百分之六十,这方法在物价不十分上涨的时候,很好,现在不对,物价往往一年升高十倍,到了年底的时候,没有一个商店不赚钱,超过其资本数倍以上,其时政府依照其超过额抽过分利得税百分之六十,商店虽尚剩有大部盈余,但是这时候要补进货物,只能补原数三分之二,因货物已涨,结果商店的货物愈来愈少,钞票虽然加多,五年之后此店差不多已完全属于政府了,所以商人说他们为了全店的前途以及股东的利益起见,只得做假账,以减少他们的纳税额。

(三)正当防御说——譬如现在政府官利只有三分,银行假使照官利去放款,结果其所得收入一定不足开支,同时反助长他业囤积居奇,所以银行为了自身利益起见,一定要做黑市,其利息最高曾达三角,于是又发生假账真账问题了。

由上三点,可知假账问题在后方是一个严重的问题,后方有一句口号"无商不奸,无会计师不假",就是说没有一个商人不是奸商,没有一个会计师不做假账。我为了这事辞去会计师的职务,这样可以免得人家说我无一会计师不假了,但是我到了上海,上海的物价又狂涨得惊人,一般商人又要做假账,我为免得将来人家说我无会计师不假起见,我现在已经不大愿意做会计师了,你们诸位刚好现在在求学时代,可以免去这种困难问题,等到你们毕业,物价亦早已安定,商人一定不会做假账,你们可以很快活地做一个会计人员了。

(邵怀英记)

(原载《友讯》复刊第 1 期,1946 年。)

信用制度革新论

章乃器

自革除阴历以还，习惯上所谓三节付账制度，乃成为问题，在政府既力求于新历程序中，定一适宜之日期，以为三节之替代，在人民则对于所替代者，仍多怀疑非难之声，而最近苏锡等六县钱业公会，以农作季节为辞，请政府改定以一月终为结束之期，尤堪注意。不佞于此，窃有欲为我政府人民告者，则习惯上所谓三节付账制度，实为最腐旧最拙劣之一种制度，政府以新三节代替旧三节，固属改革而未能彻底，而国民争持于三节早迟之间，即令持之有故言之成理，亦属舍本逐末而近于无谓。三节付账制度，即令在沿革上有相当之理由，而充其量，亦只能适用于十八九世纪，而决不能适用于现世纪。不佞敢谓，我国数十年来，产业未能有长足之进步，金融事业未臻发达完善，其间固有种种复杂之原因，而此拙劣之三节付账制度，要负甚重大之责任，而三节付账制之根本取消，其重要固较废除阴历为尤甚也。

在实际上，我工商业者，殆无一不痛心疾首于所谓三节付账制，其弊害之最显著而为一般人所同感者，则为资金周转之困难。吾工商业者因三节付账制之存在，放账数目过巨，因而须筹划三四副之资本，然后可以言营业。易言之，即营业范围，须减缩十分之七八，然后可以言稳妥。其影响于国家社会者，则为生产力之非常的降低与物价之腾贵，盖资金短绌之结果，工厂势须减少其生产，而小量生产之结果，卖价自须因成本之增加而加大，而同时国内工商业之不足与外人工商业竞，亦即肇因于此。然此犹仅就新兴工商业而言，其比较根深蒂固之固有工商业，则因奇货可居，既病三节付账制之无法沿用，而一时又未能别求比较适宜之方法，乃不得不极端的采取现金交易制，若沪上通行之五日十日期庄票出货，及大小月底付账等方法，初不过欧美短期现金交易(Prompt Cash)之变相。因之，多数工厂及一部分居间商人，乃受现金交易制及三节付账制之二重压迫，购入原料及商品，则受现金交易制之约束，而须于最短期内筹付现金；而售出产物及商品，则往往又须服从三节付账制，非俟三五月以后，不能收到货款，因此，倘主其事者过于谨慎，则势必无业可营，而万一过于急进，则一旦周转不灵，势又必须破产。吾人徒诋吾国工商业者之故步自封，罔知进取，而不知此拙劣之三节付账制，实阶之厉也。

然三节付账制之贻害经济社会,尚不止此,其足以酿成严重之变故者,则为金融季节之划分,过于锐利,而至于无术调和。盖当三节付账之际,现金之需要骤增,市场易感金融之枯竭,而工商业者则易感周转之不敷。以多数市场而论,当三节付账之前后,常有市息增高洋厘飞涨之现象。而所谓三节者,在统计图上,常成三个重大的波澜,工商业者之破产与金融业者之搁浅,亦往往于此时见之,而在昔所谓大结账之阴历年终,此种情形,尤为显著。吾人若以内地市场之情形为比例,则此硕大之上海市场,殆犹幸有短期付现制之调剂,若仍多数保守三节付账制,则尔时金融之枯竭,当更不知作何景象。夫金融季节之成,固属于生产贸易及分配者,事属无可得已,吾人犹不惜加以人工的调剂,而三节付账制,则反以人工造成金融季节,其愚蠢诚有不可及者。

三节付账制之弊害,固非仅及于工商业及金融业而止,即于消费者亦有不良之影响。美国售货,通行按月摊还法,识者犹且病其鼓励浪费。然按月摊还法,犹可以债务者月入为标准,适宜订定,若三节付账制,则真漫无标准。债权人之放债,无非盲从习惯,而债务人之举债,更多寅吃卯粮,即在修信自好者流,而为期过久,预算难期精确,索逋临门,猝无所措手足者,亦复往往而有。而其平时之足以鼓励浪费,破坏个人及家庭预算,自属更无疑义矣。

三节付账制原属农村之产物,充其量亦仅能适用于小都市之间,沪市大宗贸易,多已废除三节付账制,可知其早为工商业者所厌弃。惟吾人所引为深憾者,则沪市各业废除三节付账制以后,其所设以为三节之替代者,乃过于幼稚而无意义耳。在事实上,其替代方法,不出下列之五种。

一、现金售货

二、五日或十日期庄票出货

三、月半及月终两次结账——即俗所谓大小月底结账

四、月终结账

五、每月之某一日结账——如五金业于每月二十日结账

就债权人即卖方片面的资金周转之便利而言,上述五种方法,确较三节付账制为优,但就信用制度以立论,则实只可认为退化。盖信用交易,原为现金交易之进步,就进化意义而论,绝无由信用交易改为现金交易之理。上述五种方法,一二两项,固属现金交易,三四五等项,亦近于短期现金交易,其舍弃信用交易而倾向于现金交易,则为明甚。此种改革,于债权人即卖方固属有利,而对于债务人,则适以增其资金周转之困难,凡事牺牲一方面以增加他方面之利益者,殊未足以言进化,而此种只顾片面利益的改革,则适以暴露国人自私之恶根性也。更有甚者,付账期限,倘过于短促而出乎事实上可能范围之外,则其结果,期限将等于虚设,而适以养成人民不守信约之恶习。在实际上,前项期限,固已甚多等于虚设,而国人宕债之习惯,确已因此而滋长不少也。

信用制度之巧妙的应用,可以使卖买双方同时获得利益,卖方于货物卖出之际,可

以即时取到现金以资运用,而买方支付货款,则直可待至数阅月之后。其间自有金融业者,调剂于卖买两方之间,一面承受买方应付卖方之债权,而一面先以现金供给卖方,从中收取若干之利息。以此法行信用交易,不独卖买双方交受其利各得其所,即居间之金融业,亦可借此以获得其应有之营业。一举而三善备焉。

虽然,卖方所有之债权,如仅为账上簿之记载,则金融业者,必不肯于承受,以故现代信用制度中,最进一步之设计,在使账簿上之债权,变为可以流通之票据,金融业承受此种流通票据之业务,名为贴现。在世界进步市场中,贴现已成金融业放资方面之最重要业务,而流通票据,则已成为现代信用制度之枢纽,一般所谓信用云者殆可谓流通票据之作用而已耳。

规定于吾国票据法者,票据种类,有汇票本票支票三种,但可作为信用工具者,则仅为汇票本票二种,支票则依法应为支付工具,不能作为信用交易之用也。在现代信用制度之下,信用交易之法则如次。

一、卖方送货于买方,同时发行以自己或自己所往来之银行为受款人之汇票,使买方签字于其上,承诺于若干时期后付款。

二、卖方送货于买方,请买方发行以卖方为受款人若干时期后付款之本票。

前项汇票及本票之期限,由卖买两方事前订定,或依通行之习惯定之,卖方取到前项票据后,即可持向其所往来之银行请求贴现。银行许可贴现后,扣除贴现费,将余数转入卖方之往来账,以备其随时支用或径付以现金。卖方对于前项票据,除贴现之外,并可转让与人,以充购货或偿还债务之用,如为外埠交易,则可将汇票及提单保险单等一并送交银行,请求押汇,总之,票据之在今日,已成为现金之代用品,而现代货币学者,固亦认票据为通货之一部分也。

吾人于此当可恍然于票据信用制度之高出一切信用制度。即沪上通行最短期之月半月终结账制,一般所认为最有利于卖方者,然犹须使卖方资金,固定达半月一月之久,而票据信用制,则资金直可无一日之停滞,卖方之资金,既不因信用交易而停滞,则对于信用期限,自可充分放长,以期能应买方之需要,买方资金,更亦因之而得适宜之调剂。资金既得适宜之调剂,营业自更可充分发展,对于卖方之货物,自亦有更大之推销力,而卖方之营业亦随而得以充分进展,如此循环不已,经济社会,乃愈臻发达,金融业者调剂于卖买两方之间,营业亦自愈臻繁盛矣。

质言之,信用制度之意义,直接的所以便利债务人即商业交易之买方,而间接的求整个经济社会之发展。以故,信用制度之改革,倘片面的只顾债权人即交易之卖方之便利,而不惜予债务人以困难,则其改革,已尽违信用制度之本义,更有进者,则信用制度之进步在能以信用制度制造通货。申言之,在使账簿之债权,化为流通之票据,倘制度改革之结果,而账簿上之债权,犹是账簿上之债权,则通货之数量,即不能因信用制度之存在而增加,而所谓新制度者,其腐旧拙劣自亦决不在旧制度之下也。以故,吾人不言改革则已,欲言改革者,则舍采用票据信用制度外,无他途也。

最后有须申言者,则票据信用制度之采用,绝非需要若何繁复之手续,兹就本埠固有习惯,拟定改革之简单方案如次。

一、各种票据之程序,由商会依法拟定,交由印刷者代印,装订成册发售,其用法亦详加订定,刊印册内。

二、各业各以固有放账期限为根据,公同议决票据付款期限,其期限应较固有放账期限略长,使债权债务,双方交受其益。

三、各业规定交易在若干数目以上者,一律于送货时使收货人在汇票上承诺付款,或由收货人发给本票,以代替目下通行之收货回单。

四、细数交易在若干数以下者,可仍用收货回单,俟积至前项数额以上时,再付票据,但每月终必须结算,以票据付清。

五、对于到期票据,不得有拒付情事,否则除依法处理外,并由同业加以惩戒。

六、对于现金交易,应照欧美习惯,予以特别扣折,以抵偿利息。

七、对于消费者,可仍用每月终付账制。

上述七项中,其最重要之一点,即为以票据代替收货回单。此点必须特别提出,使事务上不致发生任何困难,良以吾国商界中,犹多头脑过于腐旧之份子,若辈墨守成规,不喜更易,倘事务上有几微之难点,而非彼浅识之所能解决者,则且引为口实,以反对新方法之推行也。

本文且止于此,有暇当再草《信用制度之革新与金融事业之前途》一文,以详论此举所予金融业之裨益,金融业愿否承受票据,自亦为一般人所欲知者,则亦有待于尔时之加以解释也。

(原载《银行周报》第 14 卷第 41 期,1930 年。)

信用概论

李文杰

绪言

经济之发达就交易之形式上言之,可分三期;即——(一)物物交换时代;(二)货币时代;(三)信用时代。

物物交换为"非交通经济时代"之现象,已成历史上之陈迹,无讨论之必要。至于以货币作易中之用,实为"交通经济时代"之产物,国民经济之发达,所以有今日者,皆货币之所赐也。惟以货币之授受为交易之手段,此种关系,只在现时,欲移其结果留待他日计算,则势有不能;此货币之所短,"信用交易制度"遂代生焉。夫节约货币以省授受之烦劳,延长期限以扩贷借之范围,事孰有便利如此者;故信用之发达,与日俱进,其范围非仅限于交换买卖贷借也;近且见于各种"银行制度""保险制度""交通制度""企业组织"等;其发达之速,为经济社会开一新纪元;虽货币尚未绝迹于经济社会,然原夫物物交换之为货币所代替,吾人固可断言信用制度终有完全代替货币易中之一日也。

信用与近世经济社会之关系,既若是重要,其有研究之价值,固不待言,而对于固有之制度加以改良及推广,俾能袪其弊端而引伸其利,自为学者之天职。反观吾国,社会之经济事业,备极幼稚,益以农村破产,产业枯敝,即原有现状尚不易维持,遑论改良及推广;加之群众之经济观念,亦极薄弱,宁愿藏金于地窖,不愿信托于人,以生利子,此而倡言信用制度,又焉能成? 虽然,不进则退,事之恒理;因些微之障碍而停止进行,则障碍加增,反见退化,此岂民族复兴声中所应取之态度? 处境愈劣,进取的精神应愈发越;故居今日之中国而言经济,当一面以进取的手段,发展现有之实业,以期有造于今日;一面应介绍新世纪最新式之经济制度,灌输于群众,以期发达于将来;如此,新的经济社会,终必实现于老大之中华民族。作者爱本斯旨,特搜集关于信用方面之材料,参加中国之现象与个人之意见,而成是篇;主旨在唤起一部分国民对于经济之注意,尤以最新的信用制度为要焉。

就本篇之段落言之，约可分三大节，先揭之如下：

第一，信用之意义及其类别；第二，信用机关；第三，信用之利弊。

不明信用之意义，不能了解其性质；不知其类别，不能识别信用之界限，此本篇首论"信用之意义及其类别"也。凡事之行，必有行之之工具，事乃有济，信用机关者，信用之枢纽也，无之，则信用不克盛行，此本篇于次即论"信用机关"也。凡事之有利者，亦必有弊，在经济学研究利弊，尤为切要，盖期其引利去弊，而收实际之利益，此本篇论"信用之利弊"于其末也。

一、信用之意义及其类别

经济上所谓"交易"，以交易当事者双方为一定之"经济行为"为必要；在法律上言之：所谓"双方行为"而非"片面行为"也。故当交易当事者之一方（卖主）提供财或劳力，则他方（买主）对之不可不提供他财——以货币为主——或劳力以为反对之给付；然此种给付有同时行之者；有经若干时日后而行之者，前者谓之"现金交易"，后者为"信用交易"，俗所谓"赊账"或"挂金"也。

信用交易之发生，基于当事者之"信用"，自不待言。然信用者何？即对于他人信认其能守约束而有践约之能力之谓，此种信认，在经济上则专属于财，而于现在货币经济发达之时代，则以专属于货币及有货币价值之物为常；故信用者，乃交易当事者之一方，交付"经济货物"——货币或有货币价值之物——于他方之当事者，确信其将来有偿还代价之能力，而许其延期为给付之谓也。分而言之，吾人知信用之成立，必具有数要件焉；即——（一）出于当事者之自由意思；（二）当事者之一方，确认他方有履行债务之能力；（三）二者之交付，必有一定之期间；（四）受信用者——债务人或买主——失约时，法律应强制其履行之；是也。盖（一）订定契约之原则，首重自由意思表示，若经胁迫，恐吓而授受信用，则非真正之意思结合，不能成为法定行为，故应出于当事者之自由意思；（二）授信用于对手人，期得代价于将来也，倘他日不能取回，则何必授之于今日，故对于受信人之境遇，不有确切调查，则信认无据，他日必蒙损害，故当事者之一方须确认他方有履行债务之能力；（三）信用之所以便民利商者，为可作延期之支付也，然延期苟无制限，则何日偿还，不能确定，故为便利双方计，二者之交付，必有一定之期间；（四）信用之交易，本为一极危险之事，倘授信失当，所信非人，授信者之权利，往往易于动摇，难期确定，法律为保授信人利益起见，应有强制失约受信者履行债务之规定也。

一国信用发达，则交易敏捷，产业兴盛，分配平均，诚社会经济发达之表象也。原其发达之因，皆互相牵连而造成；分述于下：

（一）道德进步——此为信用发达之根本原因，盖道德进步，则风俗淳朴，人心忠厚,奸诈欺骗之行为,人不屑为;如此,则信用之授受,根本上无所顾虑矣。

(二)法制完备——法制完备,则关于保护人民权利之规定,自较周详,宵小之徒,难逃法网;因之有志授信之人,可得安心投资,而信用之范围,遂见推广。

(三)产业之发达——信用之用途,除少数供消费外,大多供产业之发展;然又必有发达之产业,而后信用之效能乃见,盖产业果见发达,其有待于信用者甚多,容纳之量亦大,苟投资有人,产业可因之而愈发达焉。

(四)交易之自由——凡事障碍少则发达速,信用之事业,何莫不然,此交易之自由所为必要也;自由之范围愈广,则信用之发达愈甚,盖法制上、政治上及技术上果能极端自由,则订约、调查等事,易达融通活动之域也。

(五)资本充实——信用之生,由于授信,授信之人,先交出经济货物,此种经济货物,乃资本也;资本之量少,则信用之范围狭,故欲信用之发达,为其基础之资本非充实不可也。

(六)信用机关之完备——信用机关者,授受信用之枢纽也,信用全体之关系,操于其手,倘中枢一有变动,势必牵及信用社会之全体;故欲图信用安全达于发达之境,信用机关若不完备,则不得期其稳敏,此银行、征信所、票据交换所之设立,所以不可或缓也。

总之,上述六事,皆为发达信用之要件;惟彼此皆有相互关系,必待平均发展,而信用始得发达焉。

信用之受入,其效用等于资本,吾人甚易见之。然谓信用即资本,则又不然,学者中颇多持此种误解者;不知授信者所得之债权,固为资本,而自受信者之方面观之:虽因信用而得资本,然同时仍负将来必须履行之债务,是信用关系之发生,初无资本之取得。故谓信用为借入资本之力则可,若谓信用即为资本则不可也。虽然,在商业上,信用之发生,与资本额之增加,殆有同一之效力,故可视为无形之资本;在今日信用经济时代,商业之运用,基于信用而其发达益著,盖无信用则交易必需现金,商业之范围自隘矣,且在个人,若现有之资本不足,则虽具经营事业之才能,势不得经营大规模之事业,苟借信用以吸收资本,则其人得利用其效力而达创业之目的也。

信用之意义已加叙述如上,其次所当知者,信用之类别是已。自国民经济之发达,日新月异,信用之种类形式,亦渐增多,范围日广,手续日新;兹分述之于下:

第一,信用主体上之区别:

甲　公的信用

乙　私的信用

第二,信用性质上之区别:

甲　对物信用

乙　对人信用

第三，信用用途上之区别：

甲　消费信用

乙　生产信用

第四，信用期间上之区别：

甲　长期信用

乙　短期信用

以下顺次说明之：

第一，自其主体上区别信用时，则分"公的信用"与"私的信用"；公的信用者，谓受信者之为公法人者也；如国债、地方债一般称为"公债"者属之。私的信用者，谓受信者之为私法人或一私人者也；如公司债、个人借款以及票据之贴现等凡称为"私债"者皆属之。不问其为公债抑为私债，要之其信用皆直接受之于银行，而间接得之于公众也。

第二，自其性质上区别信用时，则分"对物信用"与"对人信用"；前者谓对于担保品而发生之信用，后者谓对于债务者之人格而发生之信用。如抵押物品之借款贴现与所谓保证金者，属于对物信用；通常商业上票据之贴现，属于对人信用。对人信用又由保证人之有无，而可分为"有保证人对人信用"与"无保证人对人信用"二者，对物信用中亦有"动产信用"与"不动产信用"之别焉。

第三，自其用途上区别信用时，则分"消费信用"与"生产信用"；消费信用谓所受之信用全以充一己生计上及享乐上之用者也。生产信用谓所受信用用之于生产或营利等事业之上者也。生产信用更由其用途之如何，分为"设备信用"与"营业信用"之二。如因地基、厂屋、机械之购入而借入资本者，设备信用也。他若借入营业上逐日流转之资本者，营业信用也。

第四，自其期间上区别信用时，则分"长期信用"与"短期信用"；长期信用者，信用期间长。短期信用者，信用期间短。期之长短，即利息高低之所由判；期长者利率高，期短者利率低。前者每用之于农工业等之资金不易回收之事业上，"农工银行"之信用，多属此种；而后者多用之于普通商业，"商业银行"之信用，多属此种也。

二、信用机关

信用机关者，使信用发生及助信用发达之机关也；依其性质之如何，可分三种：（一）信用给付机关；（二）信用媒介机关；（三）信用辅助机关。

"信用给付机关"者，融通自己之资本以应当面信用之需要者也；如"典业""放债业"是。"信用媒介机关"者，举其自社会一方所受入之信用，更授之于他方，以图金融之便者也；如"银行"。"信用辅助机关"者，具备特别功用，予信用交易以种种便利，如征信所、票据交换所等是，然典业及放债业，非资本之分量有限度，即营业之范围有制限,在今日则不足应时代之要求;征信所等事业,其性质有待于专论,故重要之金融机关与信用机关,非银行莫属。今兹专论银行,而分为二款:先概说银行之性质、意义与类别,而后乃分述银行之业务焉。

一、银行概说

"银行"者,立于货币之需要者与供给者之间,依自己之计算,而与两者为信用交易之金融机关也。浅释之:即用存款汇兑等方法以吸收资金,而以放款、贴现诸名义放出之,而取其利息之差额,以为利得者也;故银行为授受信用之机关。然则银行不需资本,但为居间可乎?是又不然;银行之授信所需资金,虽可取给于受入之信用;然受入信用,必有使授信者信认之凭借,而巨额之资金乃得吸入;取信之道维何?巨额之资本金与有财力之当局是已。信用愈著,则吸收资金愈易;而业务乃愈发达。巨额之资本,必非一人之力所易举,且个人经营事业,则其人之成败生死,必影响其业务,固定之状态,不能期其永久;此银行之经营,必待"公司组织"也,公司组织之股东众多,一人之死亡固不能影响全体,且人多则酿资易而巨,业务之当局系众意所推选,其人具备能力、声望与道德,必能担负重任;此银行之应为公司组织,不论在理论上与事实上,皆应认为必要也。

银行既当授受信用之冲,其关系之及于国民经济之发展至重且要,自不待言;故观商务之盛衰,但考金融机关发达之程度而已足,非过论也。原夫银行之发达,盖以渐而来者;其始仅为兑换而已,其后乃为贵金属之保管,乃为受入资金之贷放,乃为异地之汇兑,乃为票据之贴现,及后了解纸币发行之术,更发行纸币以流通市面,近日范围日广,且进而为生金银及有价值证券之买卖焉。

银行之发行纸币,全恃信用。按照纸币之性质,银行有随时应持票人之请求而付以现金之义务;故银行为尊重信用计,应准备几成现金,以供不时之需,国家为保护持票人之权利起见,关于纸币准备金,法律亦应有明白确当之规定。然纸币之发行,苟无限制,则滥发之事,必不能免;一旦银行不能照付现金,则流弊所及,必将关于国民经济之全体。故近世各国,为便于监督计,大都禁止普通银行发行纸币,而以纸币发行之权,委之于中央银行,视为该行之特别权利;发行额有相当之限制,准备金有一定之比率。如英国之英伦银行则十足准备;美国之联合准备银行则交出相当之有价证券,归联合准备局保管;法国之法兰西银行则定纸币之最高发行额;其所以巩固纸币信用之方法,诚无所不至也。

就银行之种类言之,自广义上解释为社会资金融通之金融机关;可别为二:(一)一般金融机关;(二)特殊金融机关。

"一般金融机关"者,商业银行之谓,即通常所谓银行者是;次节所谓银行之业务,亦即此种银行之业务也。自大体上,此种银行又可别为二种:甲、中央银行;乙、普通银行。

"中央银行"者,有发行纸币之权,其地位立于"普通银行"之上,有左右金融界之势力,学者或谓之为银行之银行。"普通银行"者,经营普通业务之银行也;其次所谓"特殊金融机关"者,有特殊目的之银行及银行类似业之谓;举其主要者,则有——(一)不动产银行;(二)动产银行;(三)储蓄银行;(四)信托公司;(五)信用合作社。

以下试略说之:

(一)"不动产银行"一名"农业银行",即以土地、家屋等不动产为抵当,依长期及年赋偿还之方法,图农业上金融之便,所设立之银行也。此种放款之回收迟,其资金多流于固定;故国家予以特别权利,即资本招足之后,可许其发行债券以增加资本也。

(二)"动产银行"一名"工业银行"者依债券之发行,经营以财产为抵当之放款,且引受股票债票而为之发行,以图工业上金融便利之银行也。盖工业固定其资本,虽不若农业之甚,然终不如商业之易于周转;设工业银行,于其资本金之外,更以公众存款及发行债券所得之资金,司工业上之放款;此可与农业银行与工业银行鼎立而三也。但此种银行之业务,往往被并于他种银行,而日见式微焉。

(三)"储蓄银行"者,奖励细民储蓄,收集零碎资金之银行也。有公设(如邮政储金局)有私设(如一般储蓄银行),有营利业有非营利业,其组织与性质虽甚不一,要皆以诱发中等以下之社会不知银行性质者之储蓄心为旨;其应有严重之取缔,以图保管之安全,固为必要;而业务之处理,亦应以便利细民为宜;如零存整付、整存零付、零存零付及整存整付等方法,至其计利,则多依"复利法"也。

(四)"信托公司"者,受他人委托,代为处分或管理其财产权或其他权利之机关也。言其业务如遗产及财产之管理及利殖,投资之代理,代募各公司股份及债票等是。此种公司之业务,复杂异常;人民图放资之安全,公司冀处理之便易,多乐于信托之,此其所以日渐发达也。此种公司,在美国最为发达。其业务与银行多类似之点,但其范围较广耳;有谓信托公司为扩张之银行者,诚的论也。

(五)"信用合作社"者,产业组合之一种,本社员之共同计算,以共同金融、共同储蓄为目的之组织也。盖聚多数之小产阶级于一组织之下,合小资本为大资本,合小信用为大信用;以低利对于社员为小宗之放款与借款,自为一金融机关;一可避免高利之束缚,而得扩张事业,他方亦可于不知不识之间,养成储蓄、诚实、勤俭之美德,协力自立之精神;无怪其日臻发达也。

二、银行业务

今兹所谓银行业务,乃普通商业银行之业务也;由其大体上分之,则"授信的业务"与"受信的业务"是也。细分之,银行之业务,可概括为九种:(一)兑换;(二)保管;(三)存款;(四)纸币发行;(五)放款;(六)贴现;(七)汇兑;(八)买卖生金银及有价证券以及(九)代收款项是也。惟"兑换"之事,已有专业经营,无待银行为之;且得利又微,故一般银行皆视之为无足重轻,"保管"之经营,银行预备保管机关,所管者多为贵重物品,从而征收经手费;故此可谓银行之附随业务,而非授受信用之主要业务也。"纸币发行"之权,归诸中央银行;与普通银行,自无关系。至若"买卖生金银及有价证券"之事,往往在金融停滞、资金无所运用之时为之,盖为特殊情形所趋,非常态也。"代收款项"则由他人之委托而为之,顾主委托及本地代收,往往有不取"经手费"者。故银行业务之九者之中,惟以"存款""放款""贴现""汇兑"四种为主要业务;以下分别论之:

第一,存款。银行营业之基金,多由吸收公众之资金而来;存款额之多寡,直接关系于银行之盛衰,因银行实借此种存款为放款、贴现之运用也。而吸收存款,须视银行当局者之人格与资本金之额如何而定,不外在社会上博得最厚之信用也。

近今信用制度发达之国家,除少数定期存款以现金存入而外,估大部分之活期存款,大都由"转账"而来。何谓转账?即由放款与票据贴现金之转账,或代取票据金及支票转入为多。支票为活期存款授受之具,信用发达之社会,往往以支票授受为常,故现金可以省却;银行应付之支票,亦往往在银行集合之"票据交换所"与他行应付之支票相交换,但以差额交付,此又不必交纳现金,但由存在中央银行——票据交换所之主宰——内之"存出金"划拨,银行即就应付之支票额,分别转入各户之往来存款内;一转移间,不待现金之授受,而各户之债权债务已明白记入账内矣。

第二,放款。放款云者,以一定之期限及利率,放出一定之金额,至于满期,将利息与原本合算,一并偿还;即与贴现同为银行运用其所吸收资金之重要业务者也。放款依其性质及期限,可分为五种:(一)担保放款;(二)保证放款;(三)信用放款;(四)活期存款透支;(五)活期放款。

(一)"担保放款"者,以动产——提单、公债票等——为质而放出之放款,所谓对物信用也;此种放款,多为定期,以三个月乃至六个月为常,逾期债务者不履行债务时,以其担保品担保其所生之损失也。(二)"保证放款"者,有保证人为担保之放款也;有一时放出者,有约定一定之金额,而后随时支取者;若银行要求偿还而不能清结时,保证人应负偿还之责。(三)"信用放款"者,银行对人信用之放款也;由借主观之,固可不需抵押品,不因保证人,而得资金融通之便,然于银行方面,则殊危险;银行为审慎计,对于债务者之人格,非经切实调查与信认不可也。(四)"活期存款透支"者,即存户对于银行提出相当担保品,得于存款额以上,发行若干金额之支票,银行应于其约定范围内,对其支票负支付之责也;此种放款,颇能便利存户,其利息多按日计算。(五)"活期放款"者,即借款人无论何时,预应银行之请求而偿还者也;此种放款,盛行于欧美,借款人多为票据经纪人及交易所经纪人,其担保品则以商业票据或公债票、股票为之。要之,今日银行之放款方法,虽有五种;然除保证放款及信用放款而外其他皆附有抵押品,银行之稳健者,亦多不愿为保证及信用放款,以有抵押品可保障银行债权也;至抵押品之性质,自以(一)易于卖却,(二)价格少变动及(三)易于保存为最合宜。

第三,贴现。贴现者,即以定期支付之票据,于其到期之前,银行应持票人之请求,自票面金额中,扣去自本日至到期日之利息,而付其余额于持票人,该票到期,由银行向出票人取款之谓也。换言之:即银行以较票面金额为廉之价值购入期票或汇票也。其性质略同放款,惟(一)放款之利息,至满期日始收取,而贴现利息,则即时扣除也,(二)在放款负偿还之义务者为借主,在贴现负偿还之义务者,则为出票之人;此其异点也。且票据具有流通性,倘银行他日需要金额时,更得以之转卖于同业者;此谓之"再贴现"。故贴现之放款,颇便利于银行在"票据法"明订之国家,此种业务为银行放出资金之最善方法;而他方又可使商家资金易于融通,间接可资实业之发达也。贴现因支付票据款项地域之不同,有"本埠票据贴现"与"外埠票据贴现"之别;外埠票据贴现,银行多托外埠之分行或约定行代收款项,间有因手续之烦难,由银行于贴现费之外酌征经手费者。又因担保品之有无而分"担保贴现票据"与"无担保贴现票据"之二;前者由"贴现请求人"以有价物为异日票据款项不能收回之担保也。

第四,汇兑云者。异日银行,以转账行为,商人谋付款取款之便利方法也。譬如甲地丙商,购乙地丁商之货,价五千元,此时丙商应付五千元于丁商,惟地隔辽远,以现金转输,则烦难莫甚。有汇兑之方法,则丙商但缴金五千元于甲地银行,该银行乃出汇票交丙商,丙商即以此票寄与丁商嘱向乙地银行取款,该行如数付之;如此丙丁二商之债权债务,一转而为甲地银行与乙地银行之债权债务,即甲地银行欠乙地银行五千元也。他日乙地戊商欠甲地己商之款五千元,亦以此法于该地同一银行行之;则甲乙二地银行,各有五千元之债务与债权,彼此相消,便利孰甚;即有时二者之间微有差额,则为数亦甚小;此汇兑方法之便利也。汇兑依其大体有"国内汇兑"与"外国汇兑"之别;依其性质有"送款汇兑"与"货价押汇"之分;依其形式又有"电报汇兑"与"普通汇兑"之别;各种之中,皆可从名词上了解其意义,惟外国汇兑与货价押汇须待解释。兹专论外国汇兑与货价押汇之二:"外国汇兑"者,国际间之汇兑也。各国货币不同,"本位币"异而价值亦异;以本国之货币,换算为他国之货币,其复杂自可臆知。"汇兑平价",各国本位币间,因此国本位币之纯金量与彼国本位币之纯金量或纯银量,以比较及计算而得之法定平价也;此平价为国际间输送现金计算之标准,至"汇兑市价"亦以此为基础以各种情形之不同,汇兑市价或高或下,而汇票之需要与供给或多或少,而货物输出额与输入额或增或减;故国外汇兑之情形如何,足以左右"国际贸易"之盛衰;关系固大,学理亦深,非片言所可说明,此其一斑耳。"货价押汇"者,以请求人运出货物价金为担保,为贴现式之放款,而计外埠银行代收该货之价金也。譬若甲地商人,发卖货物于乙地商人,于发货之时,即欲领取其价金,乃作汇票一张,以收货人为付款人,以银行为收款人,以货价为抵押,向银行请求放款,银行扣去贴现费,以余额付给之。于是乃将该汇票及附属书类——提单保险单等——寄交外埠银行,托其如期向收货人收款,此款即作为甲地银行存入该行之存款。此种汇兑,系先付款而后收款,非若普通之送款汇兑先收款而后付款,故较为危险,往往以收相当之担保品为常例也。

夫银行为社会之重要金融及信用机关,其范围之广,学理之深,自不待言;关于银行之科学,其门类亦颇多,其不能为简略而明晰之说明也明甚。本节只概论银行之主要业务,即此已简无可简,其他挂一漏万之处尤多;所以如此者,因此篇为信用论,本节所论之信用机关,其一部分耳,非专论银行学也。幸读者加之意焉。

三、信用之利弊

关于信用之各种理论,既已明白其大概矣;利在何处?弊在何处?吾人不可不知,知之则可导其利而矫其弊矣;以下先分述信用之五利:

第一,信用有增加资本分量之力——世有拥巨资而因衰老、幼弱、疾病不能通用者,此种死藏之资本,不能利殖,失其固有之效能,岂不可惜;信用机关发达,则此种资本可因信认而授之有为企业家之手,效用自大。又如中产阶级以下之人,其金钱为额小,易于耗散,倘信用机关完备,可以之存储,可以之信托,由小额资本化合为巨额;此类巨额之财富即可融通市面。不但此也,信用发达,则资本之运用,可增加回数;是又不啻增加其分量也。

第二,信用有增加资本效力之力——世有财力有余而才力不足者,亦有才力有余而财力不足者;信用制度发达,则公司合作社发达,财力有余者为"资本主",才力有余者为"企业家",二者协力,固大可增加资本之效力也。即不然而银行、信托公司、信用合作社等金融机关,皆得吸收现金。则资本常归有为者之手,自能大增效力。要之,资产者未必即为事业家,欲得两者之调和,以增资本之效力,非借信用机关不可也。

第三,信用有使交易敏捷之力——信用盛行以后,则得由票据、支票、登账、转账、销账以及票据交换等极简便之手段,以为巨额之授受,而凡检查个数、鉴别真伪及往来搬运之烦难及费用,可得消除;交易之事,自敏捷而易行矣。

第四,信用有节约货币之力——信用发达而后,社会上用为授受之具,要为流通最便之券据;此种券据之信用,固立于货币之基础上,无货币则信用无独存之理,是以信用无论如何发达,终不能全弃货币而不用;惟随信用之发达,而现货之用以减,此必然之势也。货币之节约,不仅仅授受之便已也;凡货币铸造上所需之费,输送上所需之费,俱可节省,且可以所省之金投诸他途,以博利益。

第五,信用有改良社会风化之力——资本之分量与效力,既以信用而增加,社会事业亦随信用而发达;则信用之有无大小,即其业盛衰兴亡所由决;于是社会益觉信用之必要,而重视信用之风化以启:小之足以陶镕个人之品性,大之足以改进全国之风化也。

顾有利不能无弊,事理往往如斯;信用之利益如彼,而其弊亦有可列举者五端,以下试说明之:

第一，信用有唤起恐慌之弊——信用制度既生，则现金交易减而挂金交易增；授受上之支付，胥俟决算之期，始图履行；一国之中，大小商业，彼此相互牵连，以成此"信用组织"，不幸此组织内之一点，偶生破绽，则全体动摇，支付停止，而恐慌以起；破产倒闭者，将迭出而不穷，其极也，商业为之替衰，工业失其销路，而服役于是等商工业之劳动者，势必全部失业，融通资金于商工业之银行，悉受亏损；不特一国之经济界失损害，且将波及全世界之金融焉。

第二，信用有使生产过剩之弊——信用为物，可与无资产者以资本，可使有资产者之资本，为之增大；故凡企业之人，能乘其信用而加倍经营超度实力之事业。当市况繁盛之时，任意扩张事业；一旦市况萧条，即有意外之过多产物，于是物价暴落，而失其贩卖之途，事业日衰，难期恢复；不特徒费一国之资本劳力于无用之地，且足以陷经济社会于恐慌之境遇焉。

第三，信用有诱发过度之投机心之弊——投机之心不至启发过度，其为害尚浅；然贪得之念，人所恒有；既以信用而易为资金之融通，则投机之事自趋于极端；遂搅乱经济社会之秩序，而至于不可收拾。

第四，信用有使人类浪费之弊——信用之生，虽足奖励有金者之储蓄，亦足启无资者之浪费；盖无现金而有信用，即可因赊账而购物，故虽月终或岁终无偿还之源，然诱于目前欲望，甚至购买不切要供奢侈之物，以作浪费。日计有余，月计不足；月计有余，岁计不足；中下等社会之所由日困者，因信用而生之赊账制度，未始非一因也。

第五，信用有使贫富悬隔之弊——信用发达，固能使无资产者易于有资本，然无资者之信用，终不若有资者之厚，有资者所享信用上之利益，究非无资者所可比拟；征诸现时各国情形，凡由银行融通低利之贷款与贴现，以及发行票据等利益，享之者概为大资本家，中产阶级以下之人无与焉。因是富者得便宜而愈富，贫者陷于不利而益贫；社会贫富之悬隔，将随信用制度之发达而相差日远，而尤以"资本主义"横行之今日为特甚焉。

综而观之：信用之为物，应时势之需要而发达，其弊虽有，其利实溥；吾人不能因噎废食，而认为无利之制度；惟救济其弊端之责职，自在于操纵经济社会者及立法者之手。作者不揣谫陋，谨举补救方法数端于下，以供参考。

（一）授信者对于受信者之信用，应有切实之调查。——对于对手人之人格及境遇，应行调查确实，以为授信之标准；如此则他日信用之收回较有把握，"征信所"及各银行各大商店"信用调查课"之设立，即本此意也。

（二）利用"信用保险之制度"。——此制度不维可填补失信之损失，且他方可因其有保证损失之效力，增加无资产者之信用程度；信用之利，大资本家遂不能独专，而贫富阶级悬隔可资调和矣。

（三）法律应有禁制过度投机之规定。——法律有强制性，投机之心虽切，然惧罹于法,此心亦可稍敛;而滥用信用搅乱经济社会之弊,可无由生矣。

（四）提倡社会道德与增高经济知识。——此为信用之弊端之根本救济策;盖群众之道德高尚,则贪得之欲,可得自敛也,失信之事,可得自绝也,且人人开诚布公以相见,则经济社会之隐恶无、弱点去,即有之,亦昭然若揭,易于补救;至若从事经济事业之人,其知识增高,则坚忍心、持久心、识别力、理事力、判断力自然增高,处事裕如,洞烛于机先,伸缩其计划;苟无意外之变、恐慌之事,必能消灭于无形,而不至有莫大之影响于全体经济社会也。

（原载《绸缪月刊》第 1 卷第 2、第 5 期,1934 年。）

理想中的会计人员

陈文麟

年来国内学习会计的人员虽然一天多于一天,但是因为需要方面增加更速的缘故,所以至今反而日感缺乏。笔者因职务的关系,常有机会经办会计职业介绍的事务,就经验所及,将一般委托物色会计人员者心目中所希望的良好适当人员的要件,分条约述于后,聊供学习会计者的参考。

(甲)学识经验方面:

(一)会计精通。良好会计人员的第一要件,自以熟谙各种记账方法和会计原理。在普通贩卖商店,固然只须普通商业会计,但在制造企业,则更须熟习成本会计(目前需要最切的就是这种人才),在银钱业,必须同时精通银行会计,在政府机关,必须同时深明政府会计。总之,必须对于实际发生的各种交易,都能用最经济最完备的方法,适当记录于各项账册,管理当局所需要的资料,都能随时于账册上显示。

(二)基本学识充实。良好会计人员除须精通会计以外,对于国文英文等基本的学术工具,也必须有相当的良好根基,国文程度不行,一切受其牵制,英文不识,也有种种不便。此外关于各该企业或机关的实务,以及与会计上有密切联系关系的常识,都应该求其充实。

(三)书算敏捷。良好会计人员的书写,必须敏捷而秀丽,而珠算一项,更应十分熟练,现在许多商科大学或中学毕业的学生,不十分善于此道,实是一个缺憾。

(四)经验丰富。良好会计人员再有一个要件,就是丰富的经验,一般委托征聘会计人员者所提的条件中,总指明须有相当经验的,因为只知学理,未曾实习过的,将来实际处理各项事务时,总不免处处发生困难。不过经验的获得,与各该人员以往的经历有关,学识可以从书本中求得,经验非实地体验不可,补救的方法,全靠注重习题的习作,如能平时多做各种习题,那么虽然没有实际做事,但至少能熟练会计处理上的种种问题。

(乙)品性方面:

(一)诚信。良好会计人员品性方面的第一要件,最需诚实守信。因为会计人员所管的是银钱账目,如不绝对诚信可靠,势难付以重任。诚和信是做人的条件,应为工商界人士所重视。

（二）稳重。良好会计人员的态度,必须稳重而不浮躁,因为会计工作是相当沉闷的,镇静以赴,才能应付裕如,假如心躁情急、一刻不能静止的人们那就难以胜任了。

（三）谦和。良好会计人员也和其他人员一样,对人方面,必须谦虚和气,同事间才能融洽合作。有许多学识技能都很高超的人才,只是他的脾气太坏,不能同人家合作,结果就很难有所作为。

（四）进取。良好的会计人员,也应时刻自求进步,不论在学识经验方面,都该不断地抱着精益求精的前进精神。否则老是停留在原来的地位,不但自己要发生厌倦无兴,就是人家对他,也觉得难以造就和重用。

（丙）体格方面：不论任何事业,都须有健全的体格,才能胜任愉快,否则即使具备以上所述的各种良好条件,结果仍是枉然。一般企业或机关的管理当局,在聘请会计人员时,对于此项条件也是非常注重的。愿一般学习会计的于学识品性方面善加修养外,对于体格方面,也同时加以锻炼。

以上所说的,虽然都是一些老套,但是假如每一个会计人员都能一一照他实践起来,我可以保证他们,一定能够得到成功。

（原载《益友》第 3 卷第 6 期,1940 年。）

会计师在社会上之地位及其职责

陈文麟

我国之有会计师称号，肇始于民国初年，而在法律上确认会计师之职业者，实滥觞于民国七年前北京政府农商部所颁布之会计暂行章程。此项职业之创始虽晚，但进步殊速，将来之发展，更可预卜。虽然，此种新兴职业，我国一般社会人士，对其地位与职责，似尚乏彻底之明了，因此对其工作与立场，有时亦不无误会之处，爰志数语，以充解释。

一、会计师之职务范围，会计师之职务，范围至为广泛，查账职务，不过其中之一端。查国府颁行之修正会计师条例中规定，举凡会计制度之设计与改良，会计事务之代办与整理，会计账表之审核鉴定与证明，他若纳税登记与商业文件之代办，以及检查员、清算人、破产管理人、遗嘱执行人暨其他信托人等之充任，均在其列。是故会计师者，乃具有会计、审计、财政、经济、商业、法律上专门之学识与丰富之经验，而经主管官署核准登记之一种自由职业也。

二、会计师之公正态度，会计师执行职务时，依法应绝对保持其超然独立之地位，不偏不倚之公正态度，例如对于账目之查核证明与鉴定，只有依其学识经验才能之所及，观察会计之正确与误谬，为公正之报告，决不稍存偏私之成见，专顾其报告书之是否与委托人有利或有害，而牺牲其独立自由之立场。盖非如是其意见将不足以见信于社会，而为人误解其亦若律师之专为当事人辩护也。

三、会计师之职业道德，会计师之所以为社会人士所信任，除其丰富之学识经验，与夫公正之超然地位而外，其高尚诚信之职业道德，亦为其主要因素之一。所以会计师应绝对保守其业务上之秘密，不准兼任公务人员与公司之经理董事，以及不得利用其业务上之地位，在工商上作不正当之竞争等等，均为法律所明白订定。且会计师服务之主要目的，不外建立社会财务信用，保障社会各般利益，以及辅导整个工商业之发达改良及健全，如其本身无绝对高尚诚信之人格，焉能为他人之信用作证明，为社会之利益谋保障耶。

会计师在社会上应有之地位，已约为上述，其职责之重大，亦于此概见。惟欲期社会一般人士彻底之信任推重，应自我同业本身努力自勉始。

（原载《立信会计月报》第 2 卷第 5 期，1942 年。）

会计人员道德谈

陈文麟

会计人员是掌握各机关银钱账目的,责任非常重大,地位也极重要,所以他们的道德问题,素为一般人士所注意。不过通常所注意的,似乎只限于片面的,而并不能及于全面。作者近来对于这一个问题,颇多感观,所以随便提出谈谈,以供会计人员的注意和讨论。

一提起会计人员的道德问题,我们似乎直觉的就会联想到,会计人员应该诚信可靠,不能营私舞弊,这种原则,固属会计人员职业道德的天经地义。不过所谓职业道德,应从多方面作广义的解释,决不能狭义的单从偏面着想。

每一个道德高尚的会计人员,固然不应该在他的职务上,单独地或首先起意地去作什么损人利己的勾当,同时进一步说,即使人家首先起意,要你帮同舞弊的时候,也应该毅然决然地拒绝合作,而不能糊里糊涂地就去同流合污。关于第一点,不单独地或首先起意地去做不正当行为,大概一般普通的会计人员,都还能做得到,不过第二点,他人要你通同舞弊的时候,而仍能不为利诱,不受利用的,那就比较困难一层了。因为假使你周围的同事,正在进行或已经做过什么舞弊事件,来要你合作下去,每容易为意外利益,以及同事情面等种种事实环境所困扰,终于失去了理智的自主能力,跟着他人陷于不能自拔的泥潭里去。尤其是逢到上级人员起意的事件,带着命令式地要你帮着舞弊的时候,更为不容易坚持信心,不受牵连。

作者最近七八年来,差不多每天同许多的青年会计人员相接触着,平时所听到这一类的事实问题,真实不少。现在可以举出两三个例子,随便谈谈。

大概在三四年以前吧,我们夜校里的一位同学,他是服务在一家某某商店里的,担任会计职务,因为他的勤谨而又干练,所以很得店主的倚重。忽然有一天他专程跑来告诉我,说他已向店主提出辞职,预备另找相当机会,要我替他随时留意介绍。经过详细谈话以后,我知道他辞职的唯一原因,是不愿意听从店主的命令,替他们店里造起一套虚伪的存货账簿的缘故,当时他并不知道店主要造假存货账的目的何在,不过他觉得总是违背良心而且触犯刑律的,所以结果虽经店主的再三留他,但他终于毅然决然地走了出来。后来隔了二三个月的时间,他又来告诉我说,那爿商店自从他辞职了没有多少天,就突然地发生了火警,因为那次火烧得非常奇怪,所以被保险公司、救火会、巡捕房等查出。那是店主等有意自己放的,而要想拿假的存货账簿去诈取巨额的保险赔款。于是店主同后来继续他的那个会计,都被判了徒刑。当时他自己觉得非常庆幸地没有被累,我也十分赞佩他当时能有如此坚强的毅力。

以前再有一位同学,他是担任某省某县的会计主任,因为县会计主任当时已经是省里直接派的,所以财务上的权力相当的大。那个县长屡次利诱胁迫要他共同舞弊,他终是坚持着不允,后来意见闹得非常的深,互相控诉于省方,虽然结果是因势力不敌的缘故,反遭解职,但是他回来同我说,精神上仍是非常的愉快。

最近还有一位同学,是在一家公司里担任会计的,也因为经理营私舞弊,要他记那舞弊的账目,而许他相当的特别酬劳,他来同我商量,为保持他将来的光明前途计,他决意立即辞职了。

上面所说的三位会计人员,都有正确的信念、坚强的意志;所以不受任何利诱威迫,终于实践了他们的志愿,为我们会计界增添了不少的光荣。实则每个会计人员,都有他们独立的人格,在职务上有时固然要受主管人员或其他方面的监督指挥,但绝不是说任何事件,不问是非,都应任人摆布地去盲从人家。遇到此种重要关头,决不能迟疑莫决地抱着随便态度,一定要积极地发挥自己主张,绝对不予他们以合作。

总括地说起来,会计人员的职业道德,应从多方面着想,不但本人对于事业机关不作任何营私舞弊,并且进一步也要不为他人利用,去做他人作恶的工具,每个会计人员应当随时的检讨自己,日常所做的工作,有无违反良心,触犯国家刑律的情事。假使每个会计人员都能有正确的思想,坚毅的意志,我想这个影响倒也不小哩!

(原载《益友》第 3 卷第 5 期,1940 年。)

后 记

《诚信文选》作为上海市"课程思政"整体试点校项目、"信用中国"课程以及上海立信会计金融学院2017年度"序伦学者"培养计划的重要建设内容,是立信诚信教育和诚信文化研究的系列成果之一,也是立信培育和践行社会主义核心价值观、落实高校立德树人根本任务、贯彻落实《新时代公民道德建设实施纲要》的最新成果,其编辑出版有利于诚信教育的持续深化,有利于诚信文化的研究与传承,既可以作为诚信教育和课程思政建设的补充读本,也可以作为诚信文化研究者的参考读物。

《诚信文选》从动议立项到编选完成历时1年多,上海立信会计金融学院党委书记李世平召集编选团队多次研讨确定全书体例结构和编选标准,并审定各篇内容。全书分为中国古代篇、中国近代篇、中国现代篇、西方篇、立信篇五个部分,共86篇文章。各部分篇章排列基本以时间为序,力求精选古今中外重要诚信论述,展现诚信文化研究的广度、深度。

全书分工如下:中国古代篇由成富磊、王妍、李天星负责编选;中国近代篇由李天星负责编选;中国现代篇由孔祥成负责编选;西方篇由季晓峰负责编选;立信篇由王妍、虞晨阳负责编选;全书由李世平、王妍负责统稿。

上海立信会计金融学院对《诚信文选》的编辑出版工作给予高度重视,马克思主义学院为本书编写工作提供团队支持,党委办公室、党委教工部为本书编辑出版提供信息、创造条件,立信会计出版社对图书选题和编校进行专业指导,本书所选篇章的原始文献涉及大量文言文和繁简体字转换,工作量极大,责任编辑方士华副编审为图书编校付出了辛勤劳动,在此一并表示感谢!

编 者
2019年12月